当代中国『三农』问题论丛

一

Contemporary China
Agriculture, Rural Areas
and Farmers

清华大学中国农村研究院 编

中国发展出版社
CHINA DEVELOPMENT PRESS

图书在版编目（CIP）数据

当代中国"三农"问题论丛（一）/清华大学中国农村研究院编.
北京：中国发展出版社，2016.6
ISBN 978-7-5177-0516-1

I.①当… II.①清… III.①农业经济—研究—中国 ②农村经济—
研究—中国 ③农民问题—研究—中国 IV.①F32 ②D422.64

中国版本图书馆 CIP 数据核字（2016）第 115858 号

书　　　名：当代中国"三农"问题论丛（一）
著作责任者：清华大学中国农村研究院
出 版 发 行：中国发展出版社
　　　　　　（北京市西城区百万庄大街 16 号 8 层　　100037）
标 准 书 号：ISBN 978-7-5177-0516-1
经 　销 　者：各地新华书店
印 　刷 　者：北京科信印刷有限公司
开　　　本：710mm×1000mm　1/16
印　　　张：22.5
字　　　数：367 千字
版　　　次：2016 年 6 月第 1 版
印　　　次：2016 年 6 月第 1 次印刷
定　　　价：88.00 元

联 系 电 话：(010) 68990630　68990692
购 书 热 线：(010) 68990682　68990686
网 络 订 购：http://zgfzcbs.tmall.com//
网 购 电 话：(010) 88333349　68990639
本 社 网 址：http://www.develpress.com.cn
电 子 邮 件：bianjibu16@vip.sohu.com

序

　　2015 年秋冬，党中央连续召开了一系列重要会议。党的十八届五中全会提出了创新、协调、绿色、开放、共享的发展新理念；中央经济工作会议明确了着力推进供给侧结构性改革的重要方向；中央农村工作会议按照上述会议精神，提出了大力补齐"三农"短板、加快农业现代化、实现全面小康目标的要求。所有这些，揭示出我国经济社会发展已经进入了一个新的阶段：未来五年，将是我国全面建成小康社会的决胜阶段，是在经济发展进入新常态下加快转变经济发展方式、破解各类新难题的关键阶段。这也是"十三五"时期我国农业农村改革发展所必须承担起的重大任务。

一、当前农业发展所面临的深层问题不容忽视

　　党的十六大以来我国农业的发展取得了举世瞩目的成就。世纪之交，由于众多复杂因素所致，我国粮食产量从 1998 年的 51230 万吨这一历史最高水平连续 5 年下滑，到 2003 年粮食产量仅为 43070 万吨，已经产不足需。为了尽快扭转这一局面，2003 年秋冬，党中央、国务院在制定新世纪第一个指导农业农村工作的中央一号文件时推出了一系列力度空前的重大政策措施，主要包括减免农业税收、财政直接补贴种粮农民、放开粮食购销市场、在主产区对市场短缺的粮食品种实行最低收购价格制度等。这些政策措施消除了农

　　本文选自陈锡文："落实发展新理念　破解农业新难题"，载《农业经济问题》，2016 年第 3 期。

民发展粮食生产的后顾之忧，极大地调动了农民的种粮积极性。2004 年粮食一举增产 3875 万吨，同时适度增加进口，初步缓解了当时粮食供不应求的燃眉之急。之后，国家支持粮食生产的政策力度持续加大，粮食连年增产，至 2015 年，粮食总产量达到 62143 万吨，创造了连续 12 年增产的奇迹。但即便如此，我国粮食仍不能完全自给，供求之间在数量上还有数百亿斤缺口。因此，适度的粮食净进口仍然是必需的。

但是，近两三年来的局面却着实令人困惑，因为国内粮食产量、进口粮食数量、社会库存总量连续出现了"三量齐增"的局面，这就难以用"供求尚有缺口"来作解释了。

1. 粮食供求的品种结构存在突出矛盾

据有关部门测算，目前我国粮食在数量上产不足需的缺口约为 2000 万 ~ 2500 万吨。但 2015 年我国进口粮食近 12477 万吨，已远远超出弥补国内供求缺口的需要。主要原因之一在于国内粮食供给的品种结构明显不适应国内市场的需求。

随着国民收入水平的提高，人们在膳食结构上的明显变化就是对植物油和动物蛋白类食品消费量的快速增加，这反映在对粮食的需求上便是对大豆消费量的快速增长。我国是大豆的故乡，曾长期雄居大豆产量和出口量世界第一的位置。但从 20 世纪 90 年代中期开始我国开始成为大豆净进口国。目前，我国大豆产量居世界第四位，进口量位居世界之最。2015 年，我国进口大豆 8169 万吨，接近国内大豆产量的 7 倍，是国内粮食供求缺口总量的 3 倍多。而进口大豆的数量又占据了当年粮食进口总量的 2/3。可见，国内粮食的产不足需，就品种而言主要在于大豆。但以进口填补了国内大豆的产需缺口后，如没有其他品种粮食的相应出口，国内粮食的总供给就将明显超出总需求，于是部分供过于求的品种就只能进仓库。这表明，当前我国粮食供求中的突出矛盾并不在于总量而在于品种结构，即增产的品种未必是市场所需要的，而短缺品种的供求缺口却在继续扩大，只能靠增加进口来满足需求。这是近年出现粮食"三量齐增"的一大原因。

我国大豆的平均亩产长期徘徊在 125 公斤以下，以目前国内的生产水平计算，如想以国内的生产来全部替代进口大豆，需要占用 4000 万公顷以上的播种面积，即需占用我国四分之一的农作物播种面积，这显然不具可能性。

因此，国内大豆的产需缺口将长期通过进口来弥补。而测算国内粮食的产需平衡，如只注重总量而忽视具体品种，则必出偏差。

2. 缺乏价格竞争力是我国粮食生产的软肋

我国粮食价格持续大幅度高于国际市场始于 2012 年底，成因颇为复杂。第一，国内粮食生产成本的持续上升。近年来，土地租金、人工工资、投入品和农业服务的价格都在持续上升，粮食生产成本自然不断攀升。第二，主产区粮食的最低收购价和临时收储价格持续提升。为了弥补成本上升对农民种粮收益的减损，自 2008~2014 年，政府每年都适度提高最低收购价和临时收储价。第三，世界金融危机的后果持续发酵，通货紧缩导致全球大宗商品价格暴跌，粮食也未能幸免。2012 年底全球粮价开始持续大幅度下跌，到 2015 年底，国际市场以美元计价的大米、小麦、玉米、大豆的价格已分别下跌 32.3%、32.2%、44.8% 和 34.9%。2015 年，我国进口粮食的数量比上年增长了 24.2%，而总金额却减少了 3.7%，国际粮价跌幅之大由此可见一斑。第四，人民币汇率坚挺。与 2005 年相比，人民币兑美元已升值约 25%，意味着以美元结算的国际市场粮食进入中国市场后将有相应幅度的降价。第五，全球海运价格暴跌。受全球原油价格暴跌拖累，海运价格的跌幅同样让人惊叹，散装粮食从美国墨西哥湾到我国广东黄埔港的运价，如今只相当于 2008 年时的 1/3 左右。国际粮价跌、海运价格跌、美元兑人民币汇率跌，"三跌合一"，最终就体现为进入我国市场的国际粮食价格大幅度下跌。而与此同时，我国粮食的生产成本和价格却仍在上升。目前，我国小麦、大米、玉米、大豆等主要粮食品种的国内市场价格约比国际市场高出 30%~50%，明显缺乏价格竞争力。

但这并不能说明我国的粮食生产已遭灭顶之灾。世界各国发展粮食生产的资源禀赋差异极大，由此也导致了各国粮食生产成本的各不相同。为避免具有资源优势的国家向其他国家低价倾销粮食、以合理保护其他国家的农业产业和农民生计，世界各国逐步达成了对国际粮食贸易的基本共识，这就是从关贸总协定到世界贸易组织所逐步形成的关于国际农产品贸易的规则。我国经历了漫长而艰辛的从"复关"到"入世"的谈判，最终，按照世界贸易组织的规则，达成了我国农产品市场对国际市场开放的管理制度，这主要就是关税配额制度。根据这一制度，我国政府承诺，对进口的主要粮食品种

（小麦、玉米、大米）实行关税配额管理，即对配额数量内进口的粮食实行1%的关税，而对超过配额进口的粮食则实行65%的关税。我国承诺每年进口粮食配额的上限为小麦963.6万吨、玉米720万吨、大米532万吨（籼米、粳米各266万吨）。迄今为止，上述三大谷物的进口数量都未达到过我国承诺的配额数量。由于有关税配额制度，能够进口到我国市场的三大谷物在数量上就是可控的，其总量不会超过我国目前谷物总产量的4%。因为超过配额进口的三大谷物，在被征收65%的关税后，其完税成本价格就将高于我国目前的国内价格，进口便无利可图。

但这决不是说我国的粮食生产就可以高枕无忧了。第一要看到，我国国内的粮食生产已经到了离不开关税配额制度保护的程度。我国粮价曾长期低于国际市场。从1997～2008年这12年间，除2004年外，我国始终保持着谷物的净出口。因此，在加入世贸组织最初的那七八年间，即便是配额内只征收1%关税的国际市场粮食，也因无利可图而难以进入我国市场。但从2009～2011年，我国在小麦、玉米、稻谷这三大谷物上就已渐次成为净进口国了。如国内粮价继续按前几年的态势持续上涨，预计5～7年，我国粮价就将全面高于征收65%关税后的进口粮食完税成本价，那就意味着关税配额制度的防线将全面失守。第二要看到，当前我国粮食市场受进口冲击大的品种主要是非关税配额管理的品种，如大豆、大麦、高粱、玉米酒糟以及木薯等。近年来，这些不受关税配额管理的品种进口数量激增，就是因为大豆、大麦、高粱和玉米酒糟既无进口配额数量的限制、又分别只征收3%、3%、2%和5%的关税，而对来自东盟的木薯则实行零关税。如果说国内大豆产需缺口巨大、进口大豆是我国市场自身的选择，那么，进口后主要在饲料行业作为玉米和麸皮替代品的大麦、高粱、玉米酒糟和木薯等，则构成了对我国玉米市场的严重冲击。2015年，进入我国市场的这些替代品高达3927万吨，再加上配额内进口的玉米约473万吨，合计接近我国当年玉米产量的20%。这就迫使相应数量的国产玉米失去了市场，不得不进入仓库。这是引发粮食"三量齐增"的另一大原因。

人无远虑必有近忧。我国农业发展面临着一系列深层矛盾和问题，如资源和生态环境的压力、农产品质量和食品安全的挑战、农业效率和农民增收的矛盾等。而当务之急，则是必须尽快解决我国粮食生产与国内、国际这两个市场之间存在的突出矛盾，即粮食生产既要适应国内市场的需求变化、又要化解来自国际市场的进口冲击。

二、加快推进粮食价格形成机制和收储制度的改革

党中央、国务院针对部分农产品生产与市场之间的矛盾，经深入调查研究后陆续作出决定，一是从 2014 年开始，对新疆的棉花、东北三省和内蒙古的大豆实行目标价格改革试点。二是将 2015 年小麦、稻谷的最低收购价格稳定在 2014 年的水平，停止了自 2008 年以来年年上调的做法。三是从 2015 年开始，在中央财政对主产省给予适当补贴后不再实行油菜籽临时收储政策。四是对东北三省和内蒙古的玉米临时收储价格，由上年的平均每公斤 2.24 元调整为 2015 年的每公斤 2 元。主产区粮棉油产品的价格形成机制、补贴政策、收储制度改革，直接关系到国家的粮食安全、农民的切身利益和社会稳定的大局，因此必须采取分地区、分品种以及试点先行的审慎做法。经过两年多的实践探索，各方面逐步形成了对玉米先行实行"市场定价、价补分离"改革的基本共识。

1. 最低收购价格和临时收储政策的功能演变

2004 年，为尽快调动农民种粮积极性，国家明确提出全面放开粮食收购和销售市场。为消除农民对放开市场后出现"谷贱伤农"局面的后顾之忧，国务院又制定了在主产区对市场紧缺的主要粮食品种（小麦和稻谷）实行最低收购价的政策。即在市价过低时，国有粮食收储企业将在主产区按国家规定的最低收购价格收购小麦和稻谷，直至市价回升到最低收购价水平以上。由于当时小麦和稻谷的市价普遍高于国家制定的最低收购价，因此实际上并不需要大规模启动此项政策。2004 年首次公布小麦和稻谷最低收购价格后，此后 3 年均未作调整。可以说，在此期间，最低收购价政策取得了促进粮食持续增产、市价基本稳定的明显效果。但随着粮食生产成本的上升，为了保障农民种粮的合理收益，国家自 2008~2014 年每年都适当调高最低收购价格的水平。在这 7 年中，小麦的最低收购价提高了 63.9%，早籼稻、中晚籼稻和粳稻的最低收购价格分别提高了 92.9%、91.7% 和 106.6%，其年均提价幅度为 7.3%~10.9%。

在农业生产成本普遍上升的背景下，为了保障其他粮食品种主产区生产

者的合理收益，国家于 2007 年和 2008 年又先后对东北三省和内蒙古的玉米和大豆实行了临时收储政策。这一政策的本意与最低收购价政策类似，都是为了避免在市价过低时谷贱伤农。不同之处在于，最低收购价在作物播种季节前公布，而临时收储价在作物收获季节公布。与最低收购价一样，自 2008 年起，玉米和大豆的临时收储价每年也均有所提高。到 2014 年，国家公布的玉米和大豆临时收储价格比最初实行时分别提高了 60% 和 29.7%，其年均提价幅度为 8.1% 和 4.4%（自 2014 年起，国家已在东北三省和内蒙古实行大豆目标价格改革试点）。

不难看出，最低收购价和临时收储价的政策功能在实行过程中发生了重大转变。它们的初衷都是为了对市场价格形成顶托作用，以避免市价过度下跌伤害农民利益；但在实行过程中其重心却逐步转向了促进种粮农民的收入增长。因此其实质就发生了从粮食价格政策向收入补贴政策的演变。2008 年是开始这一演变的时间节点。

2. 最低收购价和临时收储政策功能演变的利弊分析

首先是促进了粮食增产、粮农增收。如前所述，初始实行最低收购价政策时，还伴有一系列其他调动农民种粮积极性的政策，如减免农业税收、对种粮农民实行直接补贴、对农民购买良种和农业机械进行补贴等。粮农当时的普遍反映是，尽管"一免三补"是开天辟地以来从未有过的好政策，但最让他们心中有了底的政策还是最低收购价。粮农认为，国家在播种季节前公布了粮的最低收购价格，农民就不怕粮价跌破底线，也不怕种出粮食无处可卖，就可以据此盘算出种不种、种什么、种多少粮食，心里有了底就消除了后顾之忧，就可以放心大胆地种粮，因此粮农把最低价称作"托底价"。最低收购价政策，对于我国粮食产量重新跃上 5 亿吨台阶继而登上 6 亿吨高位，可说功不可没。

但在工业化、城镇化快速发展的进程中，农业的生产费用也快速上涨，由此出现了尽管粮食连年增产但城乡居民的收入差距却持续扩大的反常现象。2004～2009 年间，城乡居民的人均收入倍率由 3.21 倍扩大到 3.33 倍，达到了历史峰值。正是在这样的背景下，最低收购价和临时收储政策才把促进农民增收也纳入了自身的目标，由此便有了自 2008 年起国家每年都适当提高最低价和临时收储价的做法。效果当然也是明显的：自 2010 年起，农民人均纯收入的增幅每年都高于城镇居民的收入增幅，而自 2010 年起，城乡居民的人均收入倍率也呈现出逐步缩小的态势，2015 年城乡居民人均可支配收入的倍率为 2.73 倍。

但在最低收购价和临储政策的功能更多地转向补贴粮农收入时，副作用也同时产生，那就是对市场机制的干扰。

一是最低价和临储价由市场托底价逐步演变成了市场最高价。2008 年以后逐年提高的最低价和临储价，到 2010 年以后开始高于由供求关系形成的市场均衡价格，导致参与粮食多渠道购销的经营主体不得不逐步退出市场，从而迫使国有粮食收储企业成为最大的买主。这种现象，在实行玉米临时收储政策的东北和内蒙古尤为明显，由中储粮系统收购的玉米，随着临储价格的提高其比重也在不断上升，预计到 2015 年玉米临时收储期结束时，当地玉米产量的九成以上将由中储粮系统所收购。在主产区，粮食购销市场已被称为"政策市"，多主体经营、多渠道流通的粮食收储市场实际上已不复存在。

二是粮食加工企业陷入经营困境。当不断提高的粮食收购最低价和临储价超出市场可接受的水平后，粮食加工企业便陷入了左右为难的窘境：按市场均衡价格不可能收到粮食，而购买按中储粮拍卖价出库的粮食，企业经营将几无利润甚至亏损。原粮收购价格上涨速度持续快于成品粮销售价格的上涨速度，最终形成了粮食购销价格的倒挂，出现了所谓"麦强面弱"、"稻强米弱"等现象。一些粮食加工企业感叹不仅经营利润薄如刀片，而且还都是来自于副产品。东北地区的玉米加工企业有半数停产，能够维持生产的企业也都要靠地方政府的补贴。三是导致粮食进口大幅度增加。国内粮食最低价、临储价的上涨曲线与国际市场粮价下跌的曲线在 2012 年形成了交集，这就为国际市场的粮食进入我国市场提供了条件。2012 年，我国净进口谷物 1317 万吨，比上年猛增了 2 倍多。2013 年，高粱的净进口量从上年的 5 万吨激增至 106 万吨。2014 年谷物净进口 1875 万吨，比上年增长 39%，而其中近 60% 是大麦和高粱，高粱的净进口量比上年增加了 5.4 倍多。2015 年谷物净进口 3218 万吨，比上年增长 71.6%，其中大麦和高粱的净进口量达到了 2143 万吨，比上年增长 91.7%。这一轮粮食进口的增加，显然不是因为国内粮食的供不应求，而在于国内外粮食价格的倒挂。此轮粮食进口增加的特点是：按关税配额管理的小麦、玉米、大米的进口量增长有限，但不受关税配额管理的大麦、高粱以及玉米酒糟和木薯则进口猛增（2015 年进口的玉米酒糟和木薯分别为 682 万吨和 1102 万吨）。大规模进口既不受关税配额管理，价格又明显低于国内市场的玉米替代品，显然是粮食加工企业应对国内高粮价的理性选择，但这也形成了对国内玉米市场的巨大冲击。

3. 对玉米实行"市场定价、价补分离"的改革已势在必行

当前粮食购销中最突出的矛盾在玉米，因此，对玉米的购销政策改革必须先行。2015 年，国家已将东北三省和内蒙古的玉米临时收购价格降至每公斤 2 元，比此前降低了约 10%。但这一价格水平仍比进口玉米及其替代品的到岸完税成本价高出 25% ~ 30%，既挡不住进口的冲击，也改变不了玉米收购仍然是中储粮系统一家独大的局面。为此，2016 年中央"一号文件"提出："按照市场定价、价补分离的原则，积极稳妥推进玉米收储制度改革，在使玉米价格反映市场供求关系的同时，综合考虑农民合理收益、财政承受能力、产业链协调发展等因素，建立玉米生产者补贴制度"。按此要求推进的改革，至少要同时实现四大目标。

第一，改革玉米价格形成机制。玉米收购价格的形成，要尽快改由市场供求来确定，并以此引导农业生产区域布局和品种结构的调整，切实推进粮食的供给侧结构性改革。国内玉米的总供求，必须考虑配额内玉米进口和不受配额管理的玉米替代品的进口状况，只有使国内玉米的价格贴近进口玉米和替代品的到岸完税成本价格，才能从根本上改观国内玉米的产销状况。

第二，激活玉米购销多元化的市场主体。玉米价格回归市场，是形成玉米购销多渠道经营和改变中储粮系统一家独大局面的前提。在此基础上，要解决好对各类符合条件的经营主体在金融服务方面的一视同仁，同时也必须落实地方政府、行业主管部门和金融机构对多元化粮食收储企业的监管责任，以确保入库玉米和信贷资金的安全。

第三，促进玉米产业链协调发展。要使加工企业在原料使用上目光向内，关键在于扭转国内外玉米价格倒挂的局面。要针对当前的实际状况，尽快采取既有利于调动加工企业积极性又有利于玉米去库存的相关政策措施，着力扩大加工企业对国内玉米的需求。

第四，切实保障玉米生产者的合理收益。在当前全球粮价低迷的大背景下，玉米实行市场定价后，如何在合理范围内弥补粮农的损失，将成为避免玉米生产出现断崖式滑坡、确保国家粮食安全和农民收入持续增长的关键之

举。粮食生产滑坡容易爬坡难，要切实避免一旦粮农基本利益受损、粮食生产几年缓不过劲来的现象再次发生。要加快研究出台符合国情和世贸组织有关规则的玉米生产者补贴制度，使农民在剧烈的市场波动中能够平稳渡过难关。

玉米价格形成机制和购销制度改革的先行，并不意味着其他粮食品种就可以不必改革。实际上，我国小麦、稻谷等主要粮食品种也面临着与玉米类似的挑战和压力，只是程度不同而已。考虑玉米改革先行，是因为玉米面对着不受配额管理的替代品大量进口的冲击，因此玉米面临的矛盾最为突出。同时，因为稻谷和小麦是居民的基本口粮，社会对其的价格波动比主要作为饲料和工业原料的玉米更为敏感。此外，稻谷和小麦受替代品进口冲击的压力小于玉米，也为改革在时间上提供了一定的回旋余地。2016 年中央"一号文件"提出"继续执行并完善稻谷、小麦最低收购价政策"，表明对稻谷和小麦的收储政策，当前是重在完善，但改革仍不可回避。因为玉米由市场定价后，稻谷和小麦的改革如不能相继跟进，就会破坏主要粮食品种之间的合理比价关系，那就会使粮食供求在品种上产生更为严重的结构性矛盾。

三、加快转变发展方式，着力提高粮食生产的质量效益

我国粮食已经连续 12 年增产，目前谷物产量约占世界总量的 22%，比位居第二、第三位的美国、印度分别高出约 28% 和 1.3 倍。但取得如此成就所付出的代价也不可忽视，尤其是要清醒认识到，当前我国农业的状况，离中央提出的"走产出高效、产品安全、资源节约、环境友好的农业现代化道路"还有很大差距。而当前我国充满矛盾的粮食供求状况，既对农业原有的发展方式构成了巨大的压力和挑战，也为深化改革、创新农业发展方式提供了宝贵的机遇。要结合粮食购销体制的改革，协调推进建立现代农业所必须的各项相关改革。

1. 高度重视提高我国农业的基础竞争力

农业基础竞争力的提高不完全取决于资源禀赋。从经济、社会、科技发展的角度看，通过加强农业基础设施建设、促进农业科技进步、提高农业装备水平、培养现代职业农民等途径，就能在相当程度上打破资源约束的瓶颈，

明显提高农业的基础竞争力。我国农业的发展在这些方面有着巨大潜力。党的十八届五中全会通过的"十三五"规划的《建议》、2016年中央"一号文件"等，明确提出了大规模推进高标准农田建设、强化现代农业科技创新和推广体系建设、提升农业各领域及各生产环节的机械化装备水平、加快培育新型职业农民和新型农业经营主体带头人等着眼于提高农业基础竞争力的要求。落实这些要求，不仅是一般意义上推进农业现代化的需要，更有着鲜明的现实针对性。过去，为了解决吃饱饭这个天大的问题，我国在农业上消耗了巨大的资源，也引发了不容忽视的环境问题。现在我们具备了实现绿色发展的条件。但这也意味着有部分耕地将实行退耕还林还草还湿地，有部分耕地需治理污染和恢复地力而将实行修养生息，超量使用化肥农药的现象将受到遏制，化肥农药的施用量将逐步实现零增长乃至负增长等。所有这些都要求加快创新我国农业的发展方式，切实提高农业的基础竞争力，否则我们这个十几亿人口的大国就难以确保自身的粮食安全。

2. 大力创新农业经营体系

必要的农业作业规模是充分发挥现代农业设施和技术装备作用的前提。但我国人多地少的基本国情，以及农户数量庞大、规模细小、经营分散的现状，显然与上述要求存在着尖锐矛盾。消除这一矛盾需要有一个历史过程，但渐变时刻都在发生。据有关部门统计，截至2015年6月，全国共有承包农户2.3亿户，共承包集体耕地合同面积13.3亿亩（按第二次国土调查结果，实际应为18亿亩）。由于工业化、城镇化的推进，越来越多的农业劳动力离开土地到第二、三产业就业，其中有相当部分进入了城镇。据统计，2015年底全国农民工为27747万人，其中外出（离开本乡镇6个月以上）的农民工为16884万人，已分别占农村劳动力总量的约51%和31%；与此同时，全国承包耕地的农户中，有约占28.5%的农户以多种形式转出了部分或全部承包耕地的经营权，流转面积已约占农户家庭承包耕地总面积的33%，其中约56%转入了其他农户。据有关部门在全国对1.1万多户种粮农民的调查，2016年户均经营耕地面积为21.64亩，户均粮食播种面积为23.22亩（以复种指数计）。这表明，由于承包土地经营权的流转，粮农的实际经营规模正在逐步扩大。

但从近年来农民探索的实践看，发展农业规模经营，除了耕地经营权的流转外，实际上还可以有多种途径。较常见的至少还有两种形式。一是承包农户自愿以承包耕地的经营权入股，发展股份合作制的农业生产合作社。在这种形式下，合作社的重要经营活动由社员民主决策，但多数入社农户的主要劳动力在外务工经商，日常生产由专业管理和作业团队负责，年终根据经营状况按入社股份分红。二是实行耕地"托管"或"代耕"。有些外出务工经商的农民，自己无力耕种承包地，但又不愿以出租方式让渡耕地经营权，于是一些地方便出现了耕地"托管"或"代耕"的形式。农户按约定将自己承包的耕地交由接受"托管"或"代耕"的经营主体管理，在扣除生产投入和服务费用后，产品归承包农户所有。这两种形式的共同特点是，第一，消除了农户对承包耕地经营权流转可能带来风险的后顾之忧；第二，避开了日渐上涨的土地租金问题，形成了承包农户与耕地实际经营管理者之间风险共担、利益共享的机制。当然，上述两种形式的规模经营也需要一定的条件，一是耕地能够集中连片，二是种植的作物基本相同，而这也是实行大规模机械化标准作业的前提。因此，这两种形式也更适合于粮棉油等大宗农产品的主产区。

在作更深入的探究后不难发现，在目前条件下通过耕地经营权流转方式所达到的耕地经营规模，在多数情况下仍难以满足实行大规模机械化标准作业的规模要求，因此虽然能够获得一定的耕地规模效益，但对于农业技术装备而言却仍难充分发挥效率。正是在这样的背景下，以提供先进技术装备服务为主要经营形式的农业社会化服务机构便应运而生。他们有的自身也经营部分耕地，同时为其他农业经营者提供服务，有的则专为他人提供服务。这些服务，可以是对农作物耕、种、管、收各环节的全程性服务，也可以是根据需要提供的"菜单"式专项服务。但无论是哪种形式，由于扩大了服务的规模，就都能取得服务者和被服务者双方共赢的效果。在当前的实际情况下，无论对于通过耕地经营权流转而形成的耕地规模经营，还是通过为他人提供服务而实现的农业技术装备作业的规模经营，都应当给予同等的重视，以使农民在发展中国特色现代农业的具体途径上，有更为充分的自主选择权。

3. 充分发挥新型城镇化和农村新业态对现代农业的双轮驱动作用

加快减少我国农业人口的总规模是富裕农民尤其是种粮农民的必由之路。我国快速推进的城镇化已经吸纳了大量农业转移人口，但他们中的大多数人还只是城镇的常住人口而非真正意义上的市民。党中央、国务院已经作出一系列制度安排，要求加快户籍制度改革，让有条件、有意愿进城落户的农民工举家转为市民；同时，要落实居住证制度，使在城镇居住、就业一定年限但暂时还不具备转为市民条件的农民工及其家属，也能享有与当地城镇居民同等的基本公共服务。随着以人为核心的新型城镇化的推进，将会有更多的农民工及其家属成为新市民，这将为农业发展多种形式的规模经营提供更为适宜的条件。

但我国农业人口总量庞大，即便人口城镇化率达到70%，仍将有4亿多人居住在农村。因此，必须着眼于充分发挥农业农村的多种功能，推动农村一、二、三产业的融合发展，以农业、农村产业链的延伸和价值链的提升为农村劳动力提供更多就业机会和收入来源。当前，居民消费的快速升级、交通通信等基础设施的快速发展以及互联网的广泛应用等，都为农村发展新产业、新业态提供了重要机遇。农业产业加快接"二"连"三"的进程，实现了初级产品生产与加工、销售的融合；农业生产的特殊性加上农村特有的人文历史和自然景观，为实现农业与旅游、休闲、体验、养生、养老等产业的融合，提供了得天独厚的条件；电商、网购等新业态在农村的兴起，为众多产在深山无人识的名特优农产品开拓了广阔的市场。农业农村中正在发生的产业结构的深刻变革，预示着围绕农业这个核心，农村将创造出极为丰富的新供给，也将引领和满足人们日渐多样化的新需求。随着以农业为核心的农村产业深度融合发展，传统意义上的农民将需要重新定义，农村劳动力中的相当部分将不再直接从事传统的种养业，而耕地经营也将向新型职业农民集中，农业尤其是粮食生产的规模和效率将由此得到显著提升。为加快这一进程的演进，必须加大农村基础设施建设和社会事业发展的力度，加快城乡基本公共服务和基本社会保障均等化的步伐，加强对农村劳动力多样化职业技能的培训，拓展农村产业融合发展和就业空间，也为粮食等大宗农产品生产实现多种形式的规模经营创造条件。

中央农村工作领导小组副组长、办公室主任

清华大学中国农村研究院院长　　陈锡文

前　言

　　全面建成小康社会，最艰巨最繁重的任务在农村，没有农村的小康，特别是没有贫困地区的小康，就没有全面建成小康社会。2013 年 12 月，习近平总书记在中央农村工作会议上强调："一定要看到，农业还是'四化同步'的短腿，农村还是全面建成小康社会的短板。中国要强，农业必须强；中国要美，农村必须美；中国要富，农民必须富。"在 2020 年全面建成小康社会目标下，中国农业农村发展面临一系列的挑战和考验。如何让农业更强、农民更富、农村更美？

　　2015 年 7 月 4~5 日，"2015 清华农村研究博士生论坛"在清华大学公共管理学院举行，主题为"全面建成小康社会目标下破解'三农'难题新思路"。作为推进研究生创新教育改革的重要组成部分，"清华农村研究博士生论坛"由清华大学中国农村研究院（简称"农研院"）发起，旨在推进研究生教育创新计划，培养高层次的专业人才，为全国涉农领域的优秀博士生提供一个相互学习与交流的平台，拓宽学术视野，提升创新能力，共促学科发展。

　　来自清华大学、浙江大学、复旦大学、厦门大学、中国农业大学、南京农业大学、西北农林科技大学等近 50 位全国高校和科研机构的博士生及新近毕业博士参加论坛，3 位知名专家学者在专家演讲环节作了精彩的特邀报告，26 位博士生代表围绕现代农业、农村土地制度、农村公共服务、乡村治理、城镇化等"三农"研究领域的热点问题，分别在"农业现代化"和"乡村治理创新"分论坛、博士生学术论文报告会进行了论文宣讲和现场交流。来自农业部、国家发展和改革委员会、国务院发展研究中心、清华大学等众多专家学者对参会博士生代表的现场发言从选题、研究方法、写作规范等多方面作出细致和专业的点评，并提出改进建议。论坛现场气氛热烈，学术氛围浓厚，既有建设性的学术争鸣，也有针对性的学术建议。

本论丛收录的论文是从此次论坛 52 篇入围论文中筛选的部分论文及"清华农村研究博士论文奖学金"资助论文。这些论文从多个角度探讨了如何在"全面建成小康社会目标下破解'三农'难题新思路"。

本书编写工作由农研院陈锡文院长、韩俊副院长领导，农研院副院长魏唯、王亚华、何宇鹏具体组织，农研院办公室工作人员参加了全书的统稿和汇编整理工作。

本书在汇编过程中得到了清华大学中国农村研究院学术委员陈剑波、方言、孟庆国、孙中华、汪小亚、张红宇，博士后陈春良、王晓莉、张瑞娟、丁琳琳、于海龙、许建明、王海侠、万婷婷的大力支持，中国发展出版社李莉编辑对本书的出版付出了大量辛苦工作，编写组对此表示深深感谢。

目　录

嘉宾致辞

清华大学副校长谢维和
在"2015 清华农村研究博士生论坛"上的开幕致辞[*]

尊敬的陈锡文主任、各位领导、各位来宾、老师们、同学们，大家上午好！

正值炎炎夏日，又逢学校的期末就要到来，我们在这里欢聚一堂，举办首届清华农村研究博士生论坛，我谨代表清华大学对此次论坛的举办表示热烈的祝贺，对莅临此次论坛的各位领导、各位专家、各位老师、各位博士生同学表示诚挚的欢迎，对长期支持清华大学和中国农村研究院发展的各级领导、各界友人表示衷心的感谢！

清华大学有很多研究院，在各种不同类型的研究院里，清华大学中国农村研究院是办得最好的研究院之一，它的成果、影响力以及在运行方面积累的经验，为清华大学相关研究机构提供非常好的示范。今天，中国农村研究院举办首届农村研究博士生论坛，说明农研院不仅仅是在做研究，同时也是在建设一个人才培养的平台，我想在这里代表学校，让我们大家用热烈的掌声对他们表示衷心的感谢！

今天论坛的主题非常重要，"全面建成小康社会目标下破解三农难题的新思路"这个题目选得非常有担当。按照党中央的目标，实现中国的小康社会只有不到 6 年的时间了，如果说在全面建成小康社会方面我们充满信心，另一方面也应该非常清醒地看到我们所面临的挑战和难题。其中农村的改革、"三农"问题特别突出，或者说是一个短板，如何能够集中我们的智慧特别是怎样通过深化改革来破解"三农"难题，坦率地说是一个非常艰巨的任务。我本人从事教育研究，农村教育一直是整个教育领域中的难题。所以，怎样能够把难题攻克，我想今天的论坛将发挥很重要的作用，在座的各位领导、专家也将会发挥很重要的作用。

---

* 谢维和，时任清华大学副校长，现任清华大学校务委员会副主任、清华大学中国农村研究院学术委员会副主任。

从我个人的角度理解，现在农村改革最大的问题是分离性，没有形成一个很好的整体，农村教育也是如此。我记得陶行知先生早期办乡村教育的时候，在谈到农村改革时他提出了一个非常著名的口号叫"大联合"，意思是农村的改革、农村的教育一定要和农村、农民、农业等各个方面联系起来做整体的建设。

我衷心地希望、也坚信我们今天的论坛一定会很好地积累、吸收大家在各个研究领域中提出的真知灼见。今天我们特别有幸请到一大批国内最顶尖的专家、领导给大家作报告，分享他们的思考、国家对未来农村发展的新思路以及政策的趋向，这是一次很难得的机会。我也希望各位同学能通过这样一个论坛，提升自己对"三农"问题的认知，拓展视野，更重要的是能够有一份对农村改革的担当和责任心，农村的改革是清华人的一种责任，是我们在座年轻人的责任！

衷心希望此次论坛取得圆满成功，谢谢大家！

专家论点

促进城乡公共资源均衡配置

韩 俊[*]

改革开放以来，人民群众物质文化生活水平显著提高，城乡面貌发生了翻天覆地的变化。但由于受城乡二元体制的束缚，我国城乡发展不平衡的矛盾依然突出。习近平总书记多次指出，小康不小康，关键看老乡。全面建成小康社会，最艰巨最繁重的任务在农村。必须按照《中共中央关于制定国民经济和社会发展第十三个五年规划的建议》提出的要求，坚持工业反哺农业、城市支持农村，促进城乡公共资源均衡配置，尽快补齐农村这块全面建成小康社会的"短板"，推动实现城乡基本公共服务均等化，让广大农民平等参与现代化进程、共同分享现代化成果。

一、促进城乡公共资源均衡配置的必要性和紧迫性

1. 城乡公共资源均衡配置，是从根本上消除城乡二元结构的必然要求

新中国成立后，为了在较短的时期内实现国家工业化，国家实行以农补工政策，限制农村人口流入城市，农民被排斥在工业化、城镇化进程之外，城乡二元体制逐步形成并不断强化。改革开放以来，城乡分隔逐步被打破，城乡联系显著增强，农村面貌发生巨大变化。党的十六大以来，国家实施了具有划时代意义的农村税费改革，对农业生产实行直接补贴，农村水、电、路、气等基础设施建设

---

* 韩俊，中央财经领导小组办公室副主任，中央农村工作领导小组办公室副主任，清华大学中国农村研究院副院长。

本文选自韩俊："促进城乡公共资源均衡配置"，载《经济日报》，2015 年 11 月 11 日。

取得显著进展，全面实施农村义务教育经费保障机制改革，全面建立和完善新型农村合作医疗制度、农村最低生活保障制度，全面开展新型农村社会养老保险试点工作，统筹城乡经济社会发展迈出重大步伐。近年来，各级党委和政府按照党的十八大的战略部署，坚持把解决好农业农村农民问题作为重中之重，加大公共资源向"三农"配置的力度，加快健全城乡发展一体化体制机制，农业基础地位显著增强，农村社会事业明显改善，城乡收入差距明显缩小，在破除城乡二元结构上迈出重要步伐，取得重大进展。经过努力，作为公共资源核心部分的公共财政，其覆盖农村的范围不断扩大，从纯公共产品逐步向准公共产品延伸，已基本改变了"农民的事农民自己办"的格局。但相比城市而言，公共资源对农村的覆盖范围和支持力度还不够，不能满足农业农村发展对各种公共产品的实际需要，包括公共基础设施建设投资体制、教育卫生文化等公共服务体制、社会保障制度等仍带有明显的二元特征，城乡居民仍属于身份不同的社会群体，在就业、教育、医疗、社会保障等领域所享受的公共服务水平仍存在很大差距。现在，我国正处在加速破除城乡二元结构、形成城乡经济社会发展一体化新格局的关键时期，推动城乡公共资源均衡配置是破除城乡二元结构的关键之举，必须继续把"三农"作为各级财政支出的优先保障领域，持续加大对农业农村的支持力度，健全公共资源在城乡之间均衡配置机制，推动公共资源对"三农"实现全方位覆盖。

2. 城乡公共资源均衡配置，是全面建成小康社会的必然要求

近年来，国家持续加大强农惠农富农政策力度，农业和农村经济发展呈现良好势头，粮食连年增产，农业综合生产能力有了质的飞跃，农民收入增幅连续多年高于城镇居民，农村贫困人口大幅度减少。预计到"十二五"期末，农村居民的恩格尔系数将稳定降至40%以下，标志着农民的收入和生活水平整体上开始走向宽裕。但应清醒地看到，我国"三农"问题的解决远未达到理想的程度。虽然长期困扰国民经济发展的农产品供给严重不足的矛盾缓解了，但农业和农村经济结构不合理、农业综合效益不高、竞争力不强的矛盾仍很突出；虽然农民收入增长速度明显加快，但中西部一些省区贫困群体规模仍然较大、贫困程度较深，城乡收入差距依然很大。在城市面貌日新月异的同时，农村基础设施建设和民生保障方面的历史欠账还很多，农村环境脏乱差的面貌还没有根本性改观。现在，实现到2020年全面建成小康社会的目标只有五年多时间了，如果到全面建成小康社会之时，还有大量的农村人口生活在贫困之中，还有不少地区农村山河依旧、长期落后，那样的全面小康社会就是不完整的，成色是不足的。如果是那样，必然影响人民群众对全面建成小康社会的认可度和满意度。在全面建成小康

社会的征程中，必须加快补齐农村这块"短板"，决不能把农民落下，决不能让农村掉队，决不能一头是发达的工业和繁荣的城市，另一头是凋敝的农业和荒芜的农村。前不久，习近平总书记在吉林调研时强调，任何时候都不能忽视农业、忘记农民、淡漠农村。必须将更多公共资源配置到农村，始终坚持强农惠农富农政策不减弱、推进农村全面小康建设不松劲，在认识的高度、重视的程度、投入的力度上保持好势头，拓展农民增收渠道，完善农民收入增长支持政策体系，促进农村形成良性发展机制，增强农村发展内生动力，全面繁荣农村经济，促进农村社会全面进步。

3. 城乡公共资源均衡配置，是统筹推进新型城镇化和新农村建设的必然要求

农村的发展离不开城市的辐射和带动，城市的发展也离不开农村的促进和支撑。在我国现代化进程中，必须推进城镇化和新农村建设双轮驱动，使之相辅相成、互促共进，促进城乡经济社会高度融合、共同繁荣。适应我国城乡结构这一大棋局的变动，一方面，必须加大公共资源对农村的配置力度，切实改善农村生产生活条件，让农村的产业能留人，让农村的环境能留人，让留在农村的人口能够安居乐业；另一方面，必须改变长期以来以户籍人口为依据配置公共资源的体制机制，将更多的公共资源配置到接纳农业转移人口较多的城镇。近年来，一些吸纳农业转移人口较多的城镇，常住人口规模在相对较短时期内急剧膨胀，教育、医疗、保障性住房等各类公共设施和服务的供给能力与常住人口的增长速度不匹配，造成公共服务供给出现脱节，无法做到对外来常住人口均等覆盖。如果在同一个城市里有大量常住人口不能享受与其他市民同等的基本公共服务，必然会引发社会矛盾，影响稳定和发展。因此，必须切实改善这些城镇的公共服务条件，加快消除进城农民与当地户籍人口的"二元结构"，实现基本公共服务的同城同待遇，让大多数进城农民工在就业居住地稳定下来，逐步融入城市，避免在城市周边形成大量的贫民窟，造成城市畸形发展。

总之，随着我国综合国力的显著增强，已到了工业反哺农业、城市支持农村的发展阶段，具备了统筹城乡发展和促进公共资源在城乡均衡配置的物质基础。我们要从党和国家事业发展的全局和战略高度，来深刻领会和全面把握促进城乡公共资源均衡配置的重大意义，加快健全城乡发展一体化体制机制，促进形成以工促农、以城带乡、工农互惠、城乡一体的新型工农城乡关系，努力缩小城乡发展差距。

二、努力在促进城乡公共资源均衡配置上取得重大突破

1. 健全农村基础设施投入长效机制

要统筹城乡基础设施建设，进一步加大公共财政对农村基础设施建设的投入力度，推动城镇公共服务向农村延伸，促进城乡基础设施互联互通、共建共享。创新农村基础设施和公共服务设施决策、投入、建设和运行管护机制，建立自下而上的民主决策机制。积极引导社会资本参与农村公益性基础设施建设、管护和运营。

2. 开展农村人居环境整治行动，建设美丽宜居乡村

提高社会主义新农村建设水平，一是坚持城乡环境治理并重，深入开展农村人居环境整治工作。加快推进农村危房改造，统筹开展农房抗震改造。支持农村山、水、田、林、路及小流域综合治理。继续推进农村环境连片整治，统筹农村饮水安全、改水改厕、垃圾处理，推进种养业废弃物资源化利用、无害化处置。二是加大传统村落民居和历史文化名村名镇保护力度。传统村落是一种不可再生的文化遗产，保护传统村落是为了传承文明，让人们"记得住乡愁"。近年来，传统村落遭到破坏的状况日益严峻，加强传统村落保护迫在眉睫。要加大公共财政对传统村落民居和历史文化名村名镇保护建设力度。鼓励有条件的地方在保护好村落设施和自然景观基础上，合理开发文化、旅游资源。三是大力推进美丽宜居乡村建设。坚持规划先行、完善机制，构建适应我国城乡统筹发展的规划编制体系，尽快修订完善县域乡村建设规划和镇、乡、村庄规划，在乡镇土地利用总体规划控制下，探索编制村土地利用规划，提高规划科学性和前瞻性，强化规划约束力和引领作用。因地制宜、分类指导，突出乡村特色、地域特点和民族风格，逐步实施村庄绿化美化。还应强调，推进美丽宜居乡村建设，主要在于提高农村基础设施水平，改善农民公共服务，方便农民生产生活，要防止搞不切实际的大拆大建，搞劳民伤财的"形象工程"，损害农民利益。

3. 把社会事业发展重点放在农村和接纳农业转移人口较多的城镇

解决城乡公共服务差距过大和部分城镇公共服务供给压力过大的问题，关键是完善以公共财政投入为主的基本公共服务供给制度。一是推进形成城乡基本公共服务均等化的体制机制。完善县域城乡义务教育资源均衡配置的机制。建立城乡统筹的公共文化服务体系建设协调机制。整合城乡居民基本医疗保险制度。健

全全国统一的城乡居民基本养老保险制度，完善待遇确定和正常调整机制。加快推进最低生活保障制度城乡统筹发展。加强农村留守儿童、妇女、老人关爱服务体系建设。规范基本公共服务标准体系，促进城乡区域标准水平统一衔接可持续。二是推动农业转移人口在城镇落户和平等享受城镇基本公共服务。加大均衡性转移支付支持力度，健全财政转移支付同农业转移人口市民化挂钩机制，保障农业转移人口享受应有的基本公共服务。公办义务教育学校要普遍对农民工随迁子女开放。采取政府购买服务等方式对公益性民办学校、普惠性民办幼儿园进行扶持。落实符合条件的农民工随迁子女接受义务教育后在居住地参加中考、高考的政策。扩大社会保险覆盖面，把进城落户的农业转移人口完全纳入城镇社会保障体系。统筹规划城镇常住人口规模和建设用地面积，建立城镇建设用地增加规模同吸纳农业转移人口落户数量挂钩机制。完善住房保障制度，将符合条件的农民工纳入住房保障实施范围。

为什么要把转型升级、提质增效
作为"十三五"规划的主线

杜 鹰[*]

今年是"十二五"的收官之年，一件很重要的工作就是着手编制"十三五"规划。改革开放以来，我们已经编制了7个五年规划，但我以为，编制"十三五"规划与以往有很大不同，因为世情国情都发生了深刻变化，世界经济进入以弱复苏、慢增长、多风险为特征的新常态，我国经济则进入从高速增长转向中高速增长的新常态，今后的发展之路究竟怎么走，确实需要新思路、新举措。

国民经济增速的换挡只是一个表观现象，它实际上是一系列条件变化和矛盾转化的叠加反映，归根到底要求我们加快国民经济增长动力和发展方式的转变，为此，应鲜明地把转型升级、提质增效作为"十三五"规划的主线，凝聚全党、全社会的力量，推动我国国民经济实现从要素投入型增长向创新驱动型增长的跃迁，保证中国经济换挡不失势、转型不转向，为全面建成小康社会、实现中华民族伟大复兴的中国梦打下坚实基础。

转变经济发展方式及类似的提法，并不是新近才提出的。早在1996年，"九五"计划就提出了著名的"两个转变"，即经济体制从传统的计划经济体制向社会主义市场经济体制转变，经济增长方式从粗放型向集约型转变；此后，"十五"计划提出坚持把结构调整作为主线，"十一五"规划提出必须加快转变经济增长方式，"十二五"规划要求以加快转变经济发展方式为主线。20年过去了，我们在转型发展方面不断迈出新步伐，不断取得新成绩，但是从总体上看，仍未从根本上实现转型发展，转变经济发展方式仍然任重道远。正如国家发展与改革委员会"十二五"规划实施中期评估报告指出的那样，依靠投资拉动经济增长的模式没有得到根本转变，产业优化升级进展缓慢，技术进步和人力资本对经济增长的贡献不高，以加快转变经济发展方式为主线的发展要求没有得到有效落实。

传统经济增长方式的典型特征是：从需求结构看，主要依赖投资和出口拉动；从产业结构看，主要依赖工业扩张带动；从要素投入结构看，主要依赖物质资源和简单劳动投入推动，并带有"高投入、高消耗、高排放、低效益"粗放发展的明显特征。值得深思的是，为什么早就提出要转变经济发展方式，但迟迟转不过来？深究其原因，既与观念转变、政策举措、体制改革不到位有关，也与特定阶段上的客观支撑条件尚未根本变化、路径依赖性强有关。我国作为一个发展中的大国，近二十年来正处在工业化中期阶段和城镇化快速推进时期，经济社会结构变革带来的消费需求和投资需求强劲，劳动力、土地等要素的低成本优势彰显，加入世界贸易组织、深度融入国际市场后，这些条件和优势被进一步放大。"萝卜快了不洗泥"，这些特定阶段的特定条件又反过来绑定了要素投入型增长方式，使之难以实现质变。

现在的问题是，我国几乎所有支撑要素投入型增长方式的条件和环境都发生了重大的或根本性的变化，我们已经到了发展方式不转不行、不转就难以为继的时候了。一是人口红利正在逐步消失，劳动年龄人口已呈现负增长，劳动力成本日趋上涨，通过城乡劳动力资源重配提高劳动生产率的作用明显减弱；二是由依靠投资增长带来的资本劳动比上升，投资的边际报酬递减开始显化；三是长期的低水平扩张造成产能过剩严重，企业赢利空间收窄，同时又抑制了企业的再投资；四是以低成本支持传统产品出口增长已不具优势，且不可持续；五是以高杠杆和泡沫化为主要特征的房地产、债市、股市各类风险积累，去杠杆化本身又制约了财政金融手段的运用；六是资源环境不堪粗放型增长的压力，承载能力已经达到或接近上限。这些条件和环境的变化，对我们来说既是严峻挑战，也是重大的机遇，是倒逼我们真正实现转型发展的历史性机遇。

习近平总书记多次指出，要从要素投资驱动型增长转向创新驱动型增长、质量效益型增长。创新驱动型增长与要素投入型增长是两种根本不同的增长模式，两者的根本区别在于动力机制不同，后者的增长主要靠要素的累加投放，而前者的增长主要不是靠投入量的增加，而是靠不断提高全要素生产率。全要素生产率（TFP）是效益型增长的核心指标，它的来源包括技术进步、组织创新、专业化分工和结构变革，即产出增量中不能被要素投入增量所解释的部分。李克强总理在今年的政府工作报告中首次提出"提高全要素生产率"，一语中的地指明了提质增效、转型升级的本质。

对比日本、韩国等东亚国家（地区）的发展经验，可以清楚地看到我们在转型发展方面的差距。有资料表明，日本在 1950～1973 年期间，整体经济的全要素生产率年增长率为 5.1%，台湾 1970～1990 年全要素生产率的年增长率为 4.5%，而中国在 1992～2010 年期间，全要素生产率的年增长率只有 1.2%，日本的技术进步和效率改善的速度几乎是中国的 4 倍。又比如，韩国在中等收入阶段（1972～1997 年），资本、劳动和全要素生产率对经济增长的贡献率分别为 61.2%、18.9% 和 19.9%；而在高收入阶段（1998～2011 年），三者的贡献率分别为 46.4%、-0.3% 和 53.9%，全要素生产率的贡献大幅提高了 34 个百分点，成为经济增长的主要驱动力，而据专家测算，我国 1979～1999 年全要素生产率对经济增长的贡献率仅为 14.9%。

"十三五"时期是我国转变经济发展方式"爬坡过坎"的关键时期，能否有效地推动国民经济向转型升级、提质增效方向迈进，对于保持国民经济平稳较快增长，对于实现全面小康奋斗目标、进而实现中华民族伟大复兴的中国梦都具有决定性的重大意义。

第一，是解难题、稳增长的坚实基础。在经济发展进入新常态的情况下，需求不足和产能过剩是制约国民经济发展的突出矛盾。应该看到，这些问题本质上是结构性的矛盾，是传统发展方式下的必然产物，而需求是可以通过供给创造的，产能是可以通过升级平衡的，推动国民经济的战略性结构调整正是破解矛盾的总钥匙。如，一方面我国钢铁、有色金属产能严重过剩，另一方面高强度钢、钛合金管材等高端新产品还需大量进口，此类现象普遍存在，意味着创新增长潜力巨大；又比如，"互联网＋"推动了新业态层出不穷、井喷式发展，我国网上购物的销售额已超过进出口总额，有效地扩大了内需、带动了就业。在传统发展方式边际效益递减的同时，新的发展方式孕育了巨大的希望、生机和潜力。"人间正道是沧桑"，只要我们大力推进大众创业、万众创新，就会不断赋予国民经济发展新的动力。

第二，是重塑竞争新优势的必然选择。我国是世界第二大经济体和制造业大国，但与发达国家相比，我国的制造业仍处在世界产业链的低端，自主创新能力和产业的核心竞争力不强，许多重大装备和关键技术仍依赖于人。如，作为信息产业"心脏"的国产 CPU 性能仅相当于奔腾 3、奔腾 4 的水平，处理速度为世界先进水平的 1/10～1/5；高档汽车的发动机，外资和合资品牌占国内市场的份额高达 72% 以上；机器人生产所需的高精密减速机、高性能交流伺服机、多轴运动控制器等关键零部件基本被国外垄断；国产涡喷、涡扇发动机主轴轴承寿命只有国外先进水平的 1/4。我国每年高新技术装备的进口都要花费上千亿美元。面对日趋激烈的国际竞争和传统比较优势的消退，重塑竞争新优势已成为国民经济的重大命题和当务之急。我们要紧紧抓住新一轮科技革命和产业变革的历史机遇，切实加大自主研发能力建设和人力资本投资，尽快突破一批具有带动作用和战略意义的关键核心技术，打造中国产业竞争新优势。

第三，是实现可持续发展的内在要求。在传统发展方式下，资源环境付出了过于高昂的代价。在环境方面，多种污染物排放量远远超出了环境容量，环境风险日益突出。大气污染日趋严重，按新标准，全国有70%左右的城市空气质量不能达标；水体污染依然突出，20%左右的国控断面水质为劣Ⅴ类，57%的地下水监测点位水质较差甚至极差；土壤污染日益凸现，全国20%的耕地土壤污染超标，对农产品质量和人体健康构成威胁。在资源方面，粗放增长方式消耗了过多的资源。2014年，我国经济总量占全球经济总量的13.3%，但消费了全球22.4%的能源总量、47.2%的钢铁、36.9%的铜和51%的铝。中国是一个13亿人口的大国，如果这种生产方式不改变，中国要迈入高等收入国家行列，把全球的资源都给中国也不够用！传统的发展方式已难以为继，转变发展方式势在必行。

第四，是跨越"中等收入陷阱"的根本途径。第二次世界大战以后，有100多个国家赢得了独立，其中不少国家完成了从低收入向中等收入阶段的跨越，但真正实现现代化、成功跻身高收入国家行列的没有几个，大多落入了所谓"中等收入陷阱"。这些国家进退两难，因为进入了中等收入阶段，低成本的比较优势丧失，在低端市场上难以与低收入国家竞争；又受制于自身研发能力和人力资本的不足，难以在中高端市场上与高收入国家抗衡，经济停滞不前，发展失去动力，与之伴生的是贫富分化、腐败多发、民主乱象和社会动荡。那么，为什么这些国家会落入"中等收入陷阱"？学界的解释很多，但归结起来看，根本原因就是这些国家错失了发展模式转型的契机，未能顺利地实现经济发展方式的转变。由此我们可以说，不同的发展阶段所要求的发展方式是不同的，要素投入型发展模式只适用于从低收入到中等收入发展阶段，而要实现从中等收入向高收入国家的迈进，就必须实现向创新驱动型发展方式的转变。我们国家目前就面临着这道坎，经济增速的变化只是表象，本质要求是加快推进发展方式转变。

从国际经验来看，中等收入国家要完成从要素投入型增长到创新驱动型增长的转变，即全要素生产率对经济增长的贡献率从较低水平提高到50%以上，大体需要15~20年时间，而"十三五"正是这一进程的关键时期。

"十三五"时期推进转型升级、提质增效的基本思路是：主动适应和引领经济新常态，把转方式调结构增效益放到更加突出更加重要的位置，深入实施创新驱动发展战略，以保持国民经济一定增长速度为前提，为转型发展创造有利条件；以大力培育自主创新能力、强化人力资本投资为切入点，为转型发展取势做好"两只眼"；以积极推进新型工业化、信息化和农业现代化为着力点，重塑产业竞争新优势；以统筹国内国外资源配置为依托，拓展国民经济转型发展空间；以深化改革、强化竞争为动力，建立健全与转型升级相适应的体制机制，确保"十三五"期间经济结构调整取得实质进展，全面深化改革取得重大突破，新的经济增长动力机制基本形成，国民经济发展质量效益显著提升，实现全面建成小康社会目标，为向第二个一百年目标迈进打下坚实基础。

以人为本的"十三五"：全面建成小康社会宏伟蓝图

胡鞍钢*

①"十三五"的定位是"全面建成小康社会决胜阶段"，我们将它视为实现这一核心目标的全面决战期、全面决胜期、全面建成期。

②中国已经提前实现了党的十六大报告所提出的"2020年全面建成小康社会"的核心目标。

③国家发展规划本质是全体人民共同发展的规划，而且还要给世界各国一个惊喜，因为中国已经是世界增长的发动机和火车头。

④"十三五"规划的核心定位就是根据社会主义现代化"五位一体"（经济建设、政治建设、文化建设、社会建设、生态文明建设）的总体布局，按照"五大发展"（创新发展、协调发展、绿色发展、开放发展、共享发展）新理念，从七个方面来充实完善全面建成小康社会的目标。

⑤首次将"点目标"改为"区间目标"，这一做法是科学理性的，本身也是一个宏观调控手段的创新。这是保底线的机制，也是力争上游的机制。

⑥"十三五"时期经济社会发展目标充分体现了全面建成小康社会的目标要求，也具体体现了五大发展的核心理念。在目标制定上，更加注重以人为本，更加注重促进人的全面发展，更加注重促进全体人民的发展，真正体现了以人民为中心的发展思想，把增进人民福祉作为发展的出发点和落脚点。

---

* 胡鞍钢，清华大学国情研究院院长、教授，清华大学中国农村研究院学术委员会副主任。

本文选自胡鞍钢："以人为本的'十三五'：全面建成小康社会宏伟蓝图"，载光明网，2016年3月14日。

一、从"绝对贫困时代"到"小康社会时代"

从改革开放以来，中国的社会主义现代化进程取得令世人瞩目的发展奇迹，至 2020 年经历 42 年，从量变到部分质变再到根本质变（指不同的发展阶段），将一个世界最大规模的绝对贫困社会建设成为世界最大规模的小康社会，将一个世界第十大经济体建设成为世界第二大经济体，将世界第二十九位贸易体建设成为世界第一位贸易体。

从国际发展水平比较，中国发展分为四个重要阶段：第一阶段是极低收入阶段（1978～1990 年），提前实现 GDP 比 1980 年"翻一番"的目标，基本解决 11 亿人民温饱问题。这一阶段是从"绝对贫困时代"进入"温饱水平时代"，按汇率法美元现价计算，我国人均国民总收入从不足 200 美元上升至 330 美元，占总人口绝大多数的农村居民家庭恩格尔系数从 67.7%（绝对贫困型）下降至 58.8%（温饱型）（见表 1）。

第二阶段是低收入阶段（1991～2000 年），提前实现 GDP 比 1980 年"翻两番"目标，进入"小康水平时代"，人民生活总体上达到小康水平，但还是低水平的、不全面的、发展很不平衡的小康。人均国民总收入达到了 930 美元，城乡居民家庭恩格尔系数已分别下降至 39.4%（富裕型）和 49.1%（小康型）。根据世界银行的国际贫困线标准，按每人每日支出低于 1.25 美元计算，1990～2002 年，中国贫困人口从 6.94 亿人减少至 3.6 亿人，贫困发生率从 60.7% 下降至 28.1%。

表 1　　　　　　　城乡居民家庭恩格尔系数变化（1978～2020 年）

年份	城镇人口（亿人）	恩格尔系数（%）	类型	农村人口（亿人）	恩格尔系数（%）	类型	全国恩格尔系数（%）	类型
1978	1.72	57.5	温饱	7.9	67.7	绝对贫困		
1990	3.02	54.2	温饱	8.41	58.8	温饱		
2000	4.59	39.4	富裕	8.08	49.1	小康		
2005	5.62	36.7	富裕	7.45	45.5	小康		
2010	6.70	35.7	富裕	6.71	41.1	富裕		
2014	7.49	30.0	更富裕	6.19	33.6	富裕	31.0	富裕
2015	7.74	29	更富裕	6.08	31.5	富裕	30.6	富裕
2020	8.79	25	更富裕	5.41	30 以下	更富裕	27	更富裕

数据来源：国家统计局编：《中国统计摘要 2012》、《中国统计摘要 2015》；2020 年数据系作者估算。

第三个阶段是下中等收入阶段（2001～2010 年），进入了"全面建设小康社会时代"，提前实现 GDP 翻一番的目标。我国人均国民总收入达到了 4300 美元，城乡居民家庭恩格尔系数已分别下降至 35.7% 的富裕型和 41.1% 的小康型（见表1），按国际贫困线标准，到 2010 年我国贫困人口已降至 1.23 亿人，贫困发生率降至 9.2%（见表2）。

表2　　　　　中国国际贫困线人口及发生率（1990～2020 年）

年份	低于 1.25 美元		低于 2 美元	
	贫困人口（万人）	贫困发生率（%）	贫困人口（万人）	贫困发生率（%）
1990	69400	60.7	96460	85.0
1993	65066	54.9	94340	79.6
1996	45773	37.4	80600	66.2
1999	45283	36.0	77520	61.9
2002	36095	28.1	64950	50.7
2005	20659	15.8	46970	36.0
2008	16335	12.3	37583	28.3
2010	12336	9.2	31109	23.2
2011	8530	6.3	25061	18.6
2014	4000	3	18000	13.2
2020	0	0	<3000	<3

数据来源：世界银行数据库。

第四个阶段进入上中等收入阶段（2011～2020 年），也进入了"全面建成小康社会时代"。其核心目标就是实现国内生产总值和城乡居民人均收入比 2010 年翻一番，人均 GDP 从 4000 美元达到 2015 年的 8000 美元以上，再达到 2020 年的 1.2 万美元以上，接近或达到高收入阶段（门槛）。这里又区分为两个五年：一是"十二五"时期，它的定位是"全面建设小康社会（承上启下）的关键时期，是深化改革开放、加快转变经济发展方式的攻坚时期"；二是"十三五"时期，它的定位是"全面建成小康社会决胜阶段"，我们将它视为实现这一核心目标的全面决战期、全面决胜期、全面建成期。

二、党中央：三次设计百年宏伟目标

中国 2020 年宏伟目标，就是实现第一个百年目标，即"在中国共产党成立一百年时全面建成小康社会"。那么，这一宏伟蓝图是什么？党中央又是怎样持续地设计这一目标？

2002年，党的十六大报告首次设计2020年目标：到2020年，GDP力争比2000年翻两番，综合国力和国际竞争力明显增强，全面建设惠及十几亿人口的更高水平的小康社会。时任国家计委主任曾培炎还提出了2020年小康社会的三个量化指标：一是富民目标，人均国内生产总值年均增长7.2%，2020年人均国内生产总值达到3000美元以上，大体相当于当时中等收入国家的平均水平；二是城镇化目标，城镇化率每年提高一个百分点，到2020年城镇化率超过50%；三是基本实现工业化目标，农业从业人员比重到2020年降到30%左右。基于这一报告和党的十六届五中全会的《建议》，2006年设计并制定了"十一五"规划目标。

2007年，党的十七大报告第二次设计2020年目标：到2020年，人均GDP比2000年翻两番。基于这一报告和党的十七届五中全会《建议》，2011年设计了"十二五"规划目标。2007年，党的十七大报告第二次设计2020年目标，提出实现人均国内生产总值到2020年比2000年翻两番的核心目标。当时国家发改委还是提出了4个量化指标：一是到2020年人均国内生产总值达到5000美元，这仍是中等收入平均水平的目标；二是第一产业在就业结构中的比重降低到30%左右；三是2020年我国城镇化率接近60%；四是到2020年我国国内市场总体规模位居前列。

2012年，党的十八大报告第三次设计2020年目标：到2020年，实现国内生产总值和城乡居民人均收入比2010年翻一番。

党中央持续地进行了三次总体设计百年宏伟目标，这在世界大国中也是独一无二的。这解释了为何中国在过去十几年中能迅速缩小和发达国家的差距。

到2015年，中国GDP相当于2000年的3.96倍，人均GDP超过8000美元，城镇化率达到56.1%，农业从业人员比重已降至29.5%（为2014年数据）。这意味着，中国已经提前实现了党的十六大报告所提出的"2020年全面建成小康社会"的核心目标。当然，从2020年全面建成小康社会的目标和指标来看，也不是一成不变的，目标内涵会不断丰富，发展水平会不断提高，具体的指标会不断调整。

那么，基于当前我国经济社会发展水平，如何进一步设计更高水平、更加全面、更可持续的全面建成小康社会的宏伟目标？为此，根据《中共中央关于制定国民经济和社会发展第十三个五年规划的建议》，国务院编制了《国民经济和社会发展第十三个五年规划纲要（草案）》，正式提交第十二届全国人民代表大会第四次会议审议和批准。

三、"十三五"规划：2020 年宏伟蓝图

2020 年我国全面建成小康社会的社会主义现代化宏伟蓝图的真面目究竟如何？惠及十四亿全体人民的目标导向如何实现？这就是"十三五"规划的基本任务，这是要向全国人民作出令人满意的回答，因为国家发展规划本质是全体人民共同发展的规划。而且还要给世界各国一个惊喜，因为中国已经是世界增长的发动机和火车头。

"十三五"规划的核心定位就是根据社会主义现代化"五位一体"（经济建设、政治建设、文化建设、社会建设、生态文明建设）的总体布局，按照"五大发展"（创新发展、协调发展、绿色发展、开放发展、共享发展）新理念，从七个方面来充实完善全面建成小康社会的目标。

对此，李克强总理在《政府工作报告》的第二部分做了充分的说明。这里，我作为国家"十三五"专家委员会委员，从专业的视角作一详细说明和解读。

综合考虑未来五年国内外发展环境，我国所处的发展阶段与发展趋势，发展有利条件与不利条件，发展优势与劣势，发展机遇与挑战等因素，特别是针对发展不平衡、不协调、不可持续等突出问题，《纲要》提出了到 2020 年我国经济社会发展的主要目标和指标，包括七大类目标、25 个主要指标（实有指标 33 个），也充分体现了五大发展理念，具有发展方向导向、发展目标导向、解决问题导向以及政策导向。

第一，经济发展目标是保持经济中高速增长，推动产业迈向中高端水平。

"十三五"时期经济年均增长保持在 6.5% 以上。这个指标国内外都很关注，既是五年规划的核心指标，又是中国经济发展的风向标。不同于以往历次五年规划经济增长速度的预期目标（见表 3），首次将"点目标"改为"区间目标"，这一做法是科学理性的，留有余地。中国经济规模已超过 10 万亿美元，又更广泛深度融入世界经济，国内外各种不确定性因素更加复杂，例如 2015 年《政府工作报告》提出货物进出口额达到增长 6% 的预期目标，但实际结果是负增长，为 -7.0%。因此，经济增长率预期目标采用区间目标，这本身就是一个宏观调控手段的创新，从下限看，"6.5% 以上"是确保实现到 2020 年国内生产总值和城乡居民人均收入比 2010 年翻一番，给市场主体发出了明确的信号，也给国际社会发出了准确的信息，这是"保底线"机制，同时又留有充分余地，从努力方向看，增速争取达到 7%，这是力争上游机制。国家规划经济增速区间目标，也给地方提供了明确的信号，有利于推进供给侧结构性改革，加快转变经济发展方式，真正做到"稳增长、调结构"，也为降低能源资源消耗、保护生态环

境、降低二氧化碳排放等提供了良好的、宽松的宏观经济环境。实际上，许多地区"十三五"规划已经采用了经济增速区间目标。今后这一作法将成为常态。

表3　　　　中国经济增长率预期目标值与实际值（2001～2020 年）

时期/年份	预期目标值（%）	实际值（%）	实际值 - 预期目标值（%）
"十五"	7	9.5	2.5
"十一五"时期	7.5	11.2	3.7
2011	8	9.3	1.3
2012	7.5	7.7	0.2
2013	7.5	7.7	0.2
2014	7.5 左右	7.4	- 0.1
2015	7 左右	7.8	0.8
"十二五"时期	7	7.8	0.8
"十三五"时期	6.5 以上		
2016	6.5～7.0		

数据来源：预期目标数据引自历年《政府工作报告》；实际值引自国家统计局编：《中国统计摘要2015》。

按照上述 6.5% 以上的经济增长率，到 2020 年，按 2015 年不变价格计算，中国 GDP 总量从 2015 年的 67.7 万亿元将达到 92.7 万亿元，也可能超过 100 万亿元，若按人民币现价计算，还会更高。这是什么概念呢？从历史视角看，中国的经济规模增长是不可思议的，按不变价格计算，我们估计从 1978～2020 年的 42 年间，GDP 总量增长 42 倍左右；按当年价格计算，1986 年中国 GDP 超过 1 万亿元，1995 年超过 5 万亿元，2001 年超过 10 万亿元，2008 年超过 30 万亿元，2014 年超过 60 万亿元。尽管经济增速下降，但是经济规模的增量越来越大。从国际比较看，按汇率法计算，1994 年中国 GDP 超过 5000 亿美元，1998 年超过 1 万亿美元，2009 年超过 5 万亿美元，2014 年超过 10 万亿美元，到 2020 年，中国的 GDP 总量相当于 16 万亿美元，占世界经济总量的比重从 2015 年的 15.5% 上升至 20% 以上。按购买力平价方法计算，到 2020 年，中国的 GDP 将超过 20 万亿美元，占世界经济总量比重从 2015 年的 17% 上升至 20% 以上。

加快推进产业结构优化升级。中国经济发展进入新常态的重要特征，就是各类结构性指标不断优化升级。从三大产业来看，"十三五"时期，服务业增加值占 GDP 比重从 2015 年的 50.6% 提高至 2020 年的 56%；服务业就业比重也相应地从 2014 年的 40.6% 提高至 2020 年的 46.6%，而农业就业比重还会下降至

23%左右。推进农业现代化，构建现代农业经营体系，推动农业适度规模经营和区域化布局、标准化生产、社会化服务，到2020年，粮食等主要农产品供给和质量安全得到更好保障。到2020年，先进制造业、战略性新兴产业比重大幅提升。加快推进服务业优质高效发展，加快发展生产性服务业，促进与先进制造业的融合，优化发展商贸服务业，特别是发展电商或跨境电商服务贸易，并向农村地区延伸，积极发展旅游业，使旅游业综合经济贡献率及就业贡献率明显提高，鼓励发展社区家庭养老服务业，全面发展健康产业和全民健身产业。积极发展未来新经济、新业态、新领域，拓展网络经济空间，加速发展绿色产业，开拓蓝色经济（指海洋经济）。

不断提高全员劳动生产率，从人均8.7万元提高到12万元以上，年平均增长速度达到6.6%以上。这是首次作为主要指标，主要的考虑有，当劳动年龄人口数量开始持续下降，关键是提高劳动生产率。加速转移农业劳动力，是提高农业劳动生产率的基本途径，在农业增加值增长率保持在4%左右的情况下，进一步减少农业劳动者人数，就可达到上述目标。由于提高制造业、现代服务业的物质资本强度（指人均资本存量）、研发强度、人力资本强度，还会提高其劳动生产率，有可能超过上述目标。

第二，创新发展目标是强化创新引领作用，为发展注入强大动力。

科技进步对经济增长的贡献率达到60%。到2020年，全社会研发经费占GDP比重从2015年的2.1%提高至2.5%，全社会研发经费支出从1.42万亿元增加至2.32万亿元，5年累计投资11.22万亿元，相当于"十二五"时期总支出的1.93倍。"十三五"时期将启动科技创新2030重大项目6项（航空发动机及燃气轮机、深海空间站、量子通信与量子计算机、脑科学与类脑研究、国家网络空间安全、深空探测及空间飞行器在轨服务与维护系统）、重大工程9项（种业自主创新、煤炭清洁高效利用、智能电网、天地一体化信息系统、大数据、智能制造和机器人、重点新材料研发及应用、京津冀环境综合治理、健康保障），为2030年中国科技发展超前谋划、重点部署。

建设一批高水平的国家科学中心和技术创新中心，其中北京、上海成为具有全球影响力的创新中心。鼓励建设运行一批高水平海外科教中心。培育壮大一批有国际竞争力的创新型领军企业，特别是进入世界500强企业、世界2000强企业、世界品牌500强企业的中国企业数明显增加，其中世界品牌实验室500强的中国企业数翻一番。

每万人口发明专利拥有量从2015年的6.3件提高至2020年的12件，全国发明专利拥有量从119万件提高至168万件，既反映了中国技术创新资本存量，又充分体现了中国国内自主创新能力的提高。需要说明的是，这一时期全国发明专利拥有量增速预期目标是7.1%，明显低于"十二五"时期的39.1%的速度（见表4），实际执行结果还会高于这些预期指标。

表4　　　　　　　　科技发展主要指标（2010～2020年）

	2010年	2015年	2020年目标值	2010～2015年均增速（%）	2015～2020年均增速（%）
R&D 人员全时当量（万人年）	255.4	393.7（2014）	>550	11.4（2010～2014）	5.7（2014～2020）
R&D 经费支出（亿元）	7063	14220	23200	15.0	10.3
R&D 经费支出与GDP之比（%）	1.73	2.10	2.5		
发明专利受理数（万件）	39.1	110		22.98	
发明专利受权数（万件）	13.5	35.9		21.6	
每万人口发明专利拥有量（件/万人）	1.7	6.3	12	29.95	13.8
发明专利拥有量（万件）	22.8	118.9	168	39.14	7.1

资料来源：2010～2015年数据：《中国统计摘要2015》。

到2020年，力争在基础研究、应用研究和战略前沿领域取得重大突破。其中，基础研究要能够对世界科学发展有重大原创贡献，有支撑和引领经济社会发展的重大源头创新工作。国家支持中国科学院等进入世界同类研究机构前列，进入国际领跑行列。

互联网普及率大幅度提高。固定宽带家庭普及率从2015年的40%提高至2020年的70%，用户数从6.88亿人提高至9.80亿人；移动宽带用户普及率从57%提高至85%，用户数从7.8亿人提高至11.9亿人。这意味着，人的发展能力大幅度提高，即人均拥有信息量、知识量以及应用能力普遍地提高，并强化了更大范围的互联互通，分享、共享信息资源，这就为创造新经济、发展新经济、分享新经济提供了巨大的信息网络平台。加速互联网与各行业渗透融合，大大地促进了各类新兴产业快速增长，同时也大大地改造并提升了传统产业，从而创新和加速发展新经济、新产业、新业态。

实施人才优先发展战略。2020 年的人才发展总目标是：培养和造就规模宏大、结构优化、布局合理、素质优良的人才队伍，确立国家人才竞争比较优势，进入世界人才强国行列。我们估计，人才资源总量将达到 2 亿人以上，人才资源占人力资源总量的比重提高到 17.6%，其中从事研究与开发活动人员全时当量超过 550 万人年，每万劳动力中研发人员达到 70 人年，我国科技人力资源总量超过 8000 万人，均超过《国家中长期人才发展规划纲要（2010～2020 年）》的 2020 年目标。鼓励大众创业、万众创新、亿众创富（创造各种财富），市场主体登记数从 2015 年的 7700 多万户增至 2020 年的 1.1 亿户。积极吸引学成回国留学人员，估计"十三五"时期累计可达到 200 万人，相当于"十二五"时期（131 万人）的 1.5 倍以上。积极吸引海外各类专家人才，力争从"十二五"时期的 300 万人次提高至"十三五"时期的 450 万人次；积极吸引来华外国留学生人数翻一番，累计达到 250 万人次，相当于"十二五"时期（162 万人次）的 1.5 倍以上；三者合计达到 900 万人次，这表明中国将成为世界最吸引人才的国家之一，到中国留学，到中国工作，到中国创新，到中国创业，到中国挣钱，将成为世界各类人才走向新潮流。

第三，协调发展目标是推进新型城镇化和农业现代化，促进城乡区域协调发展。

早在 2002 年，党的十六大报告提出，到 2020 年工农差别、城乡差别和地区差别扩大的趋势逐步扭转。实际上，在过去十年，这三大差别扩大的趋势，先后出现了根本逆转，呈现了"趋同"的趋势。为此，"十三五"规划首次提出缩小城乡区域差距的核心目标。

深入推进以人为核心的新型城镇化。我国正处在城镇化加速阶段，"十五"时期，城镇化率提高 6.77 个百分点；"十一五"时期，城镇化率提高 6.96 个百分点；"十二五"时期，城镇化率提高 6.15 个百分点；预计"十三五"时期，城镇化率预期目标将超过 60%（见表 5）。首要任务是提高城镇人口素质和居民生活质量，把促进有能力在城镇稳定就业和生活的常住人口有序实现市民化作为首要任务。实现 1 亿左右农业转移人口和其他常住人口在城镇落户，完成约 1 亿人居住的棚户区和城中村改造，引导约 1 亿人在中西部地区就近城镇化（3 个 1亿）。到 2020 年，常住人口城镇化率达到 60%，常住人口达到 8.4 亿人，比 2015 年增加 7000 万人，我们估计常住人口城镇化率会超过 60%，常住人口会超过 8.6 亿人；推进户籍制度改革，出台居住证制度，到 2020 年，户籍人口城镇化率达到 45%，户籍人口达到 6.3 亿人以上。这都会进一步促进城乡区域差距缩小。新型城镇化建设，实现"三生"统一协调，生产空间集约高效，生活空间宜居适度，生态空间山清水秀。发展各具特色小城镇、智慧城市、绿色城市、森林城市、海绵城市等多样化的城市。

表5 　　　　　　　　中国发展差距与城镇化（2000～2020）

年份	城乡居民收入差距（倍）a	全国居民收入基尼系数 b	城区人均 GDP 差异系数（%）c	城镇化率（%）d
2000	2.79		72.5	36.22
2003	3.23	0.479	74.6	40.53
2004	3.21	0.473	75.1	41.76
2005	3.22	0.485	67.0	42.99
2006	3.28	0.487	65.0	44.34
2008	3.32	0.491	61.6	46.99
2009	3.33	0.490	57.1	48.34
2010	3.23	0.481	56.0	49.95
2011	3.13	0.477	47.7	51.27
2012	3.10	0.474	45.5	52.57
2013	3.03（2.81）	0.473	44.2	53.73
2015	2.90（2.73）	0.462	43.5（2014）	56.1
2020	2.5 左右（2.35）	0.45 左右	39 左右	>60

数据来源：a、d，国家统计局：《中国统计摘要2015》，第17、第57、第59页；b，国家统计局网站，2016年1月16日；c 系作者按各地区人均 GDP 不变价格计算。

不断缩小区域发展差距。2004 年以来，中国的地区差距呈现持续缩小的趋势，各地区人均 GDP 差异系数从 2004 年的 75.1% 下降至 2014 年的 43.5%，下降了 31.6 个百分点，我们估计，到 2020 年，各地区人均 GDP 相对差异系数还会下降至 40% 以下（见表5）。各地区基本公共服务均等化达到更高水平。这反映了实施"沿海率先发展"、"西部大开发"、"振兴东北老工业基地"、"中部崛起"四大（板块）战略，即区域协调发展总体战略取得了十分积极的效果，也反映了市场机制促进人口流动、劳动力流动的作用越来越大，这就形成了"两手合力"，促进中国地区发展差距持续缩小。目前，中国区域发展战略扩展为"4+3"的新版本。在东、中、西、东北地区"四大板块"的基础上，又加上"一带一路"建设、京津冀协同发展、长江经济带发展"三大战略"。基于"两横三纵"为特征的城镇化发展战略所涵盖20多个经济区（可以定义为"小格局"），进一步通过区域战略整合起来，形成国内区域发展的"大格局"，把国内区域与周边和沿线国家发展共同合作统一，推动区域经济一体化、世界经济一体化，这将极大地重塑21世纪中国与世界经济地理。

继续加强重大基础设施建设。高铁营业里程达到3万公里（见表6）、覆盖

80%以上的大城市；新建改建高速公路通车里程约3万公里，高速公路通车总里程达到15万公里，建设15.2万公里通建制村沥青（水泥）路；建设沿海、沿江、沿边、沿线（"一带一路"）"四沿"大通道；建设京津冀、长三角、珠三角世界级机场群；推进上海、天津、大连、厦门等国际航运中心建设；新增城市轨道交通运营里程约3000公里；农网供电可靠率达到99.8%；实施"宽带中国"重大工程，98%的行政村实现光纤通达，实现城乡宽带网络全覆盖，覆盖90%以上的贫困村；农村自来水普及率达到80%。中国正在加速基础设施现代化，在世界上投资规模最大，技术设备工程最先进，建成运营长度最长，覆盖国土面积最广，服务人口数量最多。

表6　　　　　　　高速铁路主要指标（2008~2020年）

年份	营业里程（公里）	占铁路营业里程比重（%）	客运量（万人）	占铁路客运量比重（%）	旅客周转量（亿公里）	占铁路旅客周转量比重（%）
2008	627	0.8	734	0.5	15.6	0.2
2009	2699	3.2	4651	3.1	162.2	2.1
2010	5133	5.6	13323	8.0	463.2	5.3
2011	6601	7.1	28552	15.8	1058.4	11.0
2012	9356	9.6	38815	20.5	1446.1	14.7
2013	11028	10.7	52962	25.1	2141.1	20.2
2014	16456	14.7				
2015	19000（时速300公里以上：9600）		91000			
2020	30000					

第四，绿色发展目标是推动形成绿色生产生活方式，加快改善生态环境。建设天蓝、地绿、水清的美丽中国。

耕地保护作为红线。采用全口径的GDP，不仅有助于促进工业降低单位产出水耗，也有助于促进农业、服务业及全社会降低单位产出水耗。这包括两个核心指标：一是耕地保有量18.65亿亩。从"十一五"、"十二五"规划将耕地保护作为一条红线之后，中国耕地面积自1957年以来持续减少的趋势根本改变，从2006年之后出现了"脱钩"，即经济增长、城市发展、基础设施建设，而耕地保有量基本不变。二是新设约束性指标：新增建设用地规模控制在3256万亩以下，旨在不断提高建设用地人口密度、经济密度。

高效利用水资源。这包括一项核心指标：今后五年，万元国内生产总值用水量下降23%，"十一五"、"十二五"规划是采用"单位工业增加值用水量降低30%"的指标；次优先指标三项：用水总量控制在6700亿立方米以内，有效灌溉面积达到10亿亩以上，农田灌溉面积有效利用系数提高到0.55以上；限制地下水超采区超采用水。

森林发展取得重要进展。停止天然林商业性采伐，森林覆盖率从2015年的21.66%提高至2020年的23.04%，森林蓄积量从151亿立方米增加至165亿立方米，进一步提高碳汇能力。实施湿地保护与恢复工程，全国湿地面积不低于8亿亩。实行新一轮草原生态保护补助奖励政策，草原植被综合覆盖率达到56%。新增水土流失治理面积达到27万平方公里，大力治理荒漠化、石漠化。

能源资源开发利用效率大幅提高。能源消费总量控制在50亿吨标准煤以内，比2015年的43亿吨标准煤增长16.3%，平均增速3.06%，但是过去仅为2.3%，我们估计可以控制在47亿~48亿吨标准煤，既要限制煤炭消费总量，又要加强煤炭清洁高效利用，推进以电代煤、以气代煤；大力发展绿色能源，开工建设常规水电6000万千瓦，核电运行装机容量达到5800万千瓦，在建达到3000万千瓦以上，非化石能源占一次能源消费比重从2015年的12%提高至2020年的15%，不排除达到16%以上；单位GDP能源消耗强度下降15%；单位GDP二氧化碳排放降低18%，建立地区性、全国性碳交易市场，鼓励各地区、各行业、各企业公布自主减排行动目标。

生态环境质量总体改善。"十二五"规划提出的目标是"环境保护成效显著"，重点是减少主要污染物排放总量，"十三五"规划首次提这一目标，这是两个规划的最大不同之处，我称之为中国环境保护战略的2.0版。如果从1996年"九五"计划算起的话，我们花了四五年计划或规划，从遏制污染排放总量控制到改善环境质量。为此，国家已经从"十二五"时期实施大气、水、土壤污染防治三大行动计划。特别是治理大气雾霾取得明显进展，细颗粒物（PM2.5）未达标地级及以上城市浓度下降18%，全面推广车用燃油国五标准，试行国六标准，基本淘汰黄标车和老旧车。地表水质量明显改善，其中达到或好于Ⅲ类水体比例从2015年的66%提高至2020年的70%以上，劣Ⅴ类水体比例从9.7%降至5%以下，主要江河湖泊水功能区水质达标率达到80%以上，城市、县城污水集中处理率分别达到90%和85%。与此同时，继续大幅度减少主要污染物（化学需氧量、氨氮、二氧化硫、氮氧化物）排放总量，减少10%~15%，挥发性有机物排放总量下降10%以上，实现与经济增长、城市发展彻底脱钩。

第五，共享发展目标是持续增进民生福祉，使全体人民共享发展成果。

消除极端贫困人口。坚决打赢脱贫攻坚战，我国现行标准下的农村贫困人口实现脱贫，贫困县全部摘帽，解决区域性整体贫困。"十二五"时期，国家制定了现行农村贫困人口标准，即按照每人每年 2300 元（2010 年不变价），高于目前国际贫困线（每人每日支出 1.9 美元），相当于每人每日支出 2.19 美元。农村贫困人口从 2010 年的 16567 万人消减至 2015 年的 5575 万人，减少了 10992 万人（见表 7），到 2020 年消除国家贫困线以下人口，也意味着中国提前 10 年实现联合国提出的 2030 可持续发展目标（SDG 发展目标）中的最核心目标，即消除绝对贫困，贫困发生率小于 3%。为此，国家还专门设立了脱贫攻坚重点工程 8 项，举全国之力实现消除极端贫困人口目标。

推进教育现代化，提升全民教育水平。其核心指标是：劳动年龄人口平均受教育年限从 10.23 年提高到 10.8 年。还提出了三个次优先指标：义务教育巩固率提高到 95%；学前三年毛入园率从 2015 年的 75% 提高到 2020 年的 85%。这不仅提前实现了原定 2020 年 70% 的目标，而且也高于 OECD 国家的平均水平（82%）；高中阶段毛入学率达到 90% 以上，普及高中教育；高等教育毛入学率达到 50%（见表 8）。还提出了建设世界一流大学和一流学科等重要目标。党中央、国务院提出建设世界一流大学的战略设想仅十多年，就获得了重大进展，据泰晤士高等教育、美国新闻与世界报道、QS（Quacquarelli Symonds，英国一家教育组织）等多家大学排行，我国大陆已有 30 多所大学进入世界前 500 名，7 所大学进入前 200 名，北京大学、清华大学等跻身前 100 名。2014 年我国高校进入基本科学指标数据库（ESI）世界排名前 1% 的学科数近 600 个，进入 1‰的学科超过 50 个。到 2020 年，上述世界排名还会明显提高，与中国在世界上的经济地位大体相当。形象地讲，中国大学必须与中国经济巨人的"大脑""科学""技术""学术""思想""理论""知识""智慧""文化"等相适应、相促进，更要为世界的科技进步、文明进步作出中国大学的应有贡献。为此，国家还专门设立了教育现代化重大工程 9 项。

构建体系完备的终身教育。继续教育参与率大幅提升，从业人员继续教育年参与率达到 50% 以上。现代国民教育体系更加完善，终身教育体系基本形成，促进全体人民学有所教、学有所成、学有所用。

表 7　　　　全国农村贫困人口及贫困发生率（2000~2020 年）

年份	2008 年标准		2010 年标准	
	贫困人口（百万人）	贫困发生率（%）	贫困人口（百万人）	贫困发生率（%）
2000	94.22	10.2		
2001	90.29	9.8		
2002	86.45	9.2		
2003	85.17	9.1		

续表

年份	2008 年标准		2010 年标准	
	贫困人口（百万人）	贫困发生率（%）	贫困人口（百万人）	贫困发生率（%）
2004	75.87	8.1		
2005	64.32	6.8		
2006	56.98	6.0		
2007	43.20	4.6		
2008	40.07	4.2		
2009	35.97	3.8		
2010	26.88	2.8	165.67	17.2
2011			122.38	12.7
2012			98.99	10.2
2013			82.49	8.5
2014			70.14	7.2
2015			55.75	
2020			0	0

数据来源：国家统计局编：《中国统计年鉴 2014 年》，第 170 页；2014～2015 年数据来源于国家统计局 2014、2015 国民经济和社会发展统计公报。

推进健康中国建设，提升全民健康水平。核心指标只有一个，为人均预期寿命提高 1 岁，从 2015 年的 76.34 岁提高至 2020 年的 77.34 岁，实际可能超过 77.5 岁。次优先指标 4 个，分别是一个卫生人力资源投入指标，即每千人口职业（助理）医师数达到 2.5 名；其他三个指标分别是健康服务产出指标：婴儿死亡率下降至 8‰，5 岁以下儿童死亡率下降至 10‰，孕产妇死亡率下降至 18/10 万，实际可能都会低于上述指标。从国际视角看，除人口预期寿命之外，其他三个指标均接近或达到世界极高人类发展组平均水平（见表 9）。健康中国还包括建成全民健康社会和全民健身型社会。为此，还提出了青年体质达标率达到 95% 以上的量化指标。国家还专门设立了健康中国行动计划 8 项工程。

实现充分就业目标。这始终是五年规划的核心目标之一，从实际完成情况来看，与预期目标要高得多。如"十五"计划曾提出 400 万人，实际结果为 4200 万人；"十一五"规划曾提出 4500 万人，实际结果为 5771 万人；"十二五"规划曾提出 4500 万人，实际结果为 6431 万人。为此，"十三五"规划提出的核心指标是，五年城镇新增就业 5000 万人以上。这就意味着城镇新增就业人员在 1000 万人以上，尽管经济增长下行，但是中国创造就业的能力在扩大，这有两个相互关联相互重叠的创造就业的因素。一是城镇化因素，最近世界银行一份重要的报告指出，推动城市发展是创造就业引擎。2010 年我国城镇就业人数从 2010 年的 34687 万人提高至 2015 年的 40410 万人，净增 5723 万人，平均每年增加 1145 万人。二是服务业因素，2010 年我国服务业就业人数为 26332 万人，到 2014 年增加至 31364 万人，净增 5032 万人，平均每年增加 1258 万人。此外，20 世纪 50 年代 60 年代生育高峰出生的劳动力正在大规模的退出就业队伍，也为新生劳动力腾出了更多的就业岗位。今后，每年仍有 700 多万大专以上和 700 多万左右高中、中职毕业生进入就业大军，从总体上不断提高在职在岗人力资本水平，也会明显抵消人口红利下降的负面作用。

完善收入分配制度，缩小收入差距。我国已出现城乡收入差距缩小，全国居民收入基尼系数也在缩小的趋势。尽管《纲要》没有提出具体的指标，但是这两个双缩小趋势还会继续下去，我们预计，到 2020 年城乡居民人均可支配收入相对差距，从 2015 年的 2.73 倍缩小至 2.35 倍；全国居民收入基尼系数从 0.462 缩小至 0.45 左右（见表 5）。同时也鼓励沿海地区和有条件的中西部地区加大政府对收入分配调节的力度，争取所辖地区城乡居民人均可支配收入相对差距小于两倍。这也是实现全面建成惠及十四亿人口的小康社会重要标志、最大亮点之一。

实现社会保障制度全覆盖。其核心指标是基本养老保险参保率从 82% 提高到 90%，堪称世界最大的社会保障安全网。次优先指标城乡医保参保率稳定在 95% 以上，约有 13.3 亿人口，堪称世界最大的医保安全网，逐步提高个人、社会和财政补助标准，使制度更加公平、更加合理、更可持续。加快健全城乡社会救助体系，不断提高城乡低保补助标准，为各种特困人员、临时救助人员提供援助，使他们能充分分享全面建成小康社会的成果。

完善住房保障体系，城镇棚户区住房改造 2000 万套。到 2020 年，基本消除各类棚户区，这也是全面建成小康社会的重要标志。同时，城镇保障性住房覆盖率达到 20% 以上，为中低收入家庭或外来人口提供租赁房，基本实现住有所居的目标。

第六，国民素质和社会文明程度显著提高。

构建现代公共文化服务体系，城乡人口全覆盖。实现广播节目综合人口覆盖率、电视节目综合人口覆盖率达到 99%，服务人口均超过 13 亿人口以上；有线广播电视进入农民家庭覆盖率，从目前的 1/3 左右提高到 2/3 左右；大力改善市县公共文化馆、图书馆、博物馆设施条件；提高村级综合文化中心功能和使用效率；贫困地区县县配有流动文化车；加快文化资源数字化建设，推动中华优秀文化网上传播；开展全民阅读活动。

文化产业成为国民经济支柱型产业。到 2020 年，文化产业增加值占 GDP 比重达到 6% 以上，文化产业及相关产业吸纳就业人数约占全国非农产业人数的 6% 以上。中国已经成为世界第二大电影生产国，2015 年电影制作达到 686 部，电影总票房收入达到 440 亿元，同比增长 48.7%，其中国产影片占六成，在"十三五"时期，将成为世界最大的电影市场和第二大海外电影市场。

中华文化影响持续扩大。中国继续成为全球文化最大出口国，文化产品贸易总额再翻一番。积极推动中央电视台在全球主要国家落地，不仅进入主要宾馆，还要低费或免费进入家庭。实施公民道德建设、中华文化传承等工程。

四、"十三五"发展目标的特点

"十三五"时期经济社会发展目标充分体现了全面建成小康社会的目标要求，也具体体现了五大发展的核心理念。在目标制定上，更加注重以人为本，更加注重促进人的全面发展，更加注重促进全体人民的发展，真正体现了以人民为中心的发展思想，把增进人民福祉作为发展的出发点和落脚点。

"十三五"时期经济社会发展主要指标分为四大类：经济发展；创新驱动；民生福祉；资源环境。选取得当，具有代表性、充分体现创新驱动、结构优化、补齐短板、改善民生、绿色发展。各项指标的目标值都经过了深入分析、反复论证、精心测算，既满足发展的客观需要，又留有充分的余地，既考虑了现实的可行性，又能够通过努力如期实现。

从"十三五"主要指标来看，经济发展有 4 个，占总数的 16%，实有 5 个，实际占总数的 15.2%；创新驱动有 4 个，占总数的 16.0%，实有 5 个，实际占总数的 15.2%；民生福祉有 7 个，占总数的 28.0%，实有 7 个，实际占总数的 21.2%；资源环境有 10 个，占总数的 33.0%，实有 16 个，实际占总数的 48.5%（见表 10）。

表 10　　　　　　　　　　"十三五"规划主要指标的分布

	指标（个）	比例（%）	实有指标（个）	比例（%）	约束性指标（个）	实有约束性指标（个）
经济发展	4	16.0	5	15.2		
创新驱动	4	16.0	5	15.2		
民生福祉	7	28.0	7	21.2	3	3
资源环境	10	40.0	16	48.5	10	16
合计	25	100	33	100	13	19

与"十二五"规划主要指标相比(见表11), 总指标数从24个增加至25个, 实有指标从28个增加至33个; 约束性指标从12个增加至13个, 实有约束性指标从16个增加至19个。此外,《纲要》还提出了43个次优先指标, 也充分反映了五大发展理念的目标。这反映了强化政府在规划实施中的职责, 更加体现中央政府负责宏观调控, 地方政府履行公共服务、市场监管、社会管理、环境保护的基本职能。也更加体现了各级政府合理配置公共资源(包括公共财政、公共投资、公共设施、公共政策等), 全心全意为人民提供公共服务, 以看得见的手为市场主体这一看不见的手提供良好的投资环境、法治环境、营商环境, 降低各类外部成本, 减少各种外部风险。

表11   "十二五"规划主要指标的分布

	指标 (个)	比例 (%)	实有指标 (个)	比例 (%)	约束性指标 (个)	实有约束性指标 (个)
经济发展	3	12.5	3	10.5		
创新驱动	4	16.7	4	14.3	1	1
民生福祉	8	33.3	12	42.9	7	11
资源环境	9	37.5	9	32.1	4	1
合计	24	100	28	100	12	16

第一部分
农村土地

农地流转如何影响农户收入

——对中部五省千户流转农户的调查

本文采用中部五省的千份农户调查数据，分析农地流转对农户收入的影响，考察哪些因素会对农地流转促进农户收入的影响起作用。分析表明：第一，农地流转具有农户增收的效应，其中农地流转的规模效应、资源配置效应凸显，而就业效应并不显著，农地流转规模、农地流转期限、农地流转方式对农户不同类型收入皆有显著影响，农地流转价格对农户增收影响不大；第二，农地流转促进农户增收的依赖中间变量有产权稳定性、劳动力转移、种植结构，而不同兼业类型、不同地区农户的增收路径存在显著差异，有必要进一步的分类对比研究；第三，农户长期投资、交易费用、农业补贴和资源禀赋对农户增收的作用不显著。

一、引言

关于农地流转在农户增收的有效性上学术界存在争论。有学者认为土地制度对农民收入影响并不显著（廖洪乐等，2003），土地流转没有改变目前农业生产的方式和生产要素的质量，从而也没有给农业生产带来质的突破（贺振华，2003）。而更多学者通过实证数据，得出了农地流转是有效率的结论（章奇等，2007；陈海磊，史清华，顾海英，2014）。

目前农地流转与农户收入之间关系的论文，结论还存在不一致的地方，这促使我们进一步研究。笔者认为，以往的研究存在如下不足：第一，缺乏对农地流转与农户增收逻辑关系的系统理论梳理，比如没有区分农户类型，转入户和转出户农地流转后的行为是不同的，也没有探讨其对不同收入类型的影响差异；第

本文作者：徐玉婷，南京大学地理与海洋科学学院 2014 级博士研究生；黄贤金，南京大学地理与海洋科学学院教授。

二，对农地流转如何实现农户增收的研究不多，寻找到农地流转后顺利实现农民增收的依赖中间变量的研究需要加强；第三，在农地流转和农户收入的实证研究上，以往文献采用跨省大规模的调查数据的研究并不多见。

本文采用中部五省的千份农户调查数据，试图对当前农地流转对农户收入的影响做更精确和更深入的估量，并考查有哪些因素影响了农地流转对收入的作用。通过对农地流转对收入影响的系统分析，作者真正关注的问题是：农地流转对农户收入是否有影响？如果有影响的话，是什么样的影响？又有哪些因素会对农地流转促进农户收入的影响起作用？这些问题的回答不但能够评价正在进行中的农地流转政策，也能为下一步改革提供方向性的经验证据。

二、文献回顾及理论研究假设

关于第一个问题，农地流转给农户收入带来的影响是多方面的，笔者从理论上将农地流转对增收的影响主要归结为如下三类。

第一，规模效应。土地流转会导致土地的集中，从而带来规模经营。而关于规模效率的研究，学术界有不同的观点。第一种观点认为，小农的土地产出率要高于大农户的土地产出率，农地经营规模与土地产出率成反比的关系（Juliano J. Assunção，Maitreesh Ghatak，2003）；更多学者认为，农地流转促进土地规模经营，带来规模经济和效益的提高（速水佑次郎，2000）。

第二，配置效应。配置效应主要是指农户层面掌握的土地资源、劳动力资源和资本的要素优化配置效应。从理论上来讲，农地流转在微观上改善农户的资源配置效率，增加农民收入（罗必良，2012）。姚洋指出，土地交易权具有边际拉平效应和交易收益效应。边际拉平效应指的是土地边际产出率较小的农户将土地流转给土地边际产出率较高的农户（姚洋，1998，1999；Yao，2000）。贺振华（2006）提出在存在一个完善的土地流转市场的情况下，土地流转有助于生产效率的提高。

第三，就业效应。就业效应指转入户的农业就业和转出户的非农就业。从理论上来讲，农地流入使得农户家庭内部分工重新组合，农户通过农地流转继续从事农业生产，实现农业就业（胡初枝、黄贤金、张力军，2008）。

因此，提出本文的第一个假设命题。假设1：农地流转具有农民增收效应，主要包括规模效应、配置效应和就业效应。

对于第二个问题，在有限的文献中，学者主要从产权稳定性、农户投资、农业补贴、交易费用、劳动力转移、农户兼业、资源禀赋等方面讨论了其在农地流转中的重要作用，在此笔者试图从中找到农地流转促进农户增收的中间变量，以及这些变量将如何影响农地流转对农户增收的作用力。

1. 产权稳定性

经济学家一直以来都认为产权制度是经济发展的关键（kung and Cai，2000）。产权经济学认为资源的产权主体明确并允许产权的自由转让，同时与这一转让相应的收益得到有效保护，产权主体才有可能最大限度地在产权约束的范围内配置资源以获取最大收益。发展经济学文献关注较多的是产权稳定性对农户投资，特别是长期投资的影响（Jacoby，Li，Rozelle，2002；Feder and Onchan，1987）。

2. 农户投资

如上文所述，产权制度对农户投资效应的研究很多。然而，随着农地流转发展，对于农地流转对农户投资的影响的实证研究也增多（俞海等，2003；张改清，2005；蔡昉，2008；邰亮亮，黄季焜，Rozelle Scott 等，2011）。但目前在农地流转对农户投资尤其是长期投资的效应结论存在分歧，研究农户农地流转后的投资行为具有较强的现实意义。

3. 农业补贴

不断增加的农业补贴问题产生的实际影响是目前学术界特别关注的政策问题。已有的文献就补贴可以在一定程度上提高农民收入达成了一致（肖琴，2011）。围绕补贴对农地流转的影响，国内的学术界也开展了一些讨论。从补贴受益者的角度，我国农业补贴在实际操作中大多数按照第二轮土地承包后农户的承包面积给予原土地承包人，而非享有土地的实际种植者。冯锋等（2009）、熊群芳（2009）都认为这样的补贴机制并不有利于农地流转的发展。从租金的波动角度，Roberts 等（2003）、Lence 等（2003）和 Kirwan（2009）的研究表明，农业补贴会提高土地的交易价格和租金。

4. 交易费用

众多国外研究显示，交易费用是阻碍农地流转的一个因素。Bogaerts（2002）研究指出，中欧国家的制度因素增加了农地交易费用，阻碍了农地交易。Dong（1996）的研究认为，交易成本抑制了中国农户流转农地的需求。近年来国内对交易费用的关注逐渐提升（金松青，2004；刘克春、苏为华，2006；邓大才，2007；罗必良、汪沙、李尚蒲，2012；庞新军、况云武、龚晓红，2014），促进学界认识到关于交易费用对农地流转影响的研究具有较强的政策意义。

5. 劳动力转移

相关研究文献认为，农村劳动力转移是农地流转的原因之一。贺振华（2006）认为土地流转之所以产生的最初原因是部分农村劳动力外出打工，从而将土地出租给别人耕种。Yao（2000）和kung（2002）等的研究表明，农民非农就业率的提高有助于农地的流转，从而提高土地资源配置效率。非农就业可以促进农地流转，提高农业生产的专业化水平（黄大学，2006）。也有学者指出，非农就业并非必然导致农地流转，但呈现"半工半耕"或"男工女耕"的农户兼业化特征（钱忠好，2008）。

6. 农户兼业

劳动力转移不彻底就会带来农户土地经营模式的兼业化。对于兼业效应也存在两种观点：一种观点认为农户兼业虽然不是最有效的资源配置方式，却是理性的，对于利用农业剩余劳动力资源和增加农户收入方面都具有积极意义（速水佑次郎、神门善久，2003）；另一种观点核心围绕斯密定理，即分工是经济增长的源泉（Smith，1776），运用分工视角的超边际分析，为农户兼业研究提供了较为完善的理论框架和分析工具。所以农户兼业不能简单地认为其就会阻碍农地流转，农户兼业对农地流转的影响实证分析意义显得尤为重要。

7. 种植结构

贺振华（2003）认为推进农地流转应有利于农业结构的调整，而不应该是为流转而流转。随着农地流转的不断推进，流转过程中的"非粮化"种植现象也日益突出。国内学者开始认识到农地流转后的"非粮化"种植现象值得关注（黎霆等，2009）。耕地流转后的"非粮化"种植问题不仅关系到农业种植结构的变化，更关系到农民增收以及国家粮食安全，是现阶段值得关注和重视的问题。

8. 区域差异

目前的中国农地市场处于初级阶段，发育缓慢，具有显著的区域差异性，并与中国社会经济的区域性、农地制度的区域差异性相一致（叶剑平、蒋妍、丰雷，2006）。中国农地流转市场发育程度的不同，促使有必要对不同地区的农地流转分开探讨，其对相关政策的制定具有重要的指导意义。

9. 资源禀赋

除了上述因素，农户自身的资源禀赋，如农户家庭劳动力状况、家庭财富、家庭持有的土地、户主的性别等特征变量也是影响农地流转的因素（刘克春，2006；游和远、吴次芳，2010；侯石安，2012）。

基于以上农地流转与农户收入的文献研究，为了进一步研究农地流转到底如何影响农户收入，本文提出假设 $H_2 - H_{10}$，如下。

H_2：产权稳定性是农地流转促进农户收入增长的中间变量，具有正向影响。

H_3：农地流转有赖于增加长期投资以促进农地农户增收。

H_4：交易费用是农地流转促进农户收入增长的中间变量，具有负向影响。

H_5：农业补贴是农地流转促进农户收入增长的中间变量，具有正向影响。

H_6：劳动力转移是农地流转促进农户收入增长的中间变量，具有正向影响。

H_7：不同兼业类型农户的农地流转增收效应存在差异。

H_8：农地流转有赖于改变种植结构以促进农地流转，粮食作物增收效应低。

H_9：不同地区农户的农地流转增收的路径存在差异。

H_{10}：不同资源禀赋农户的农地流转增收的路径存在差异。

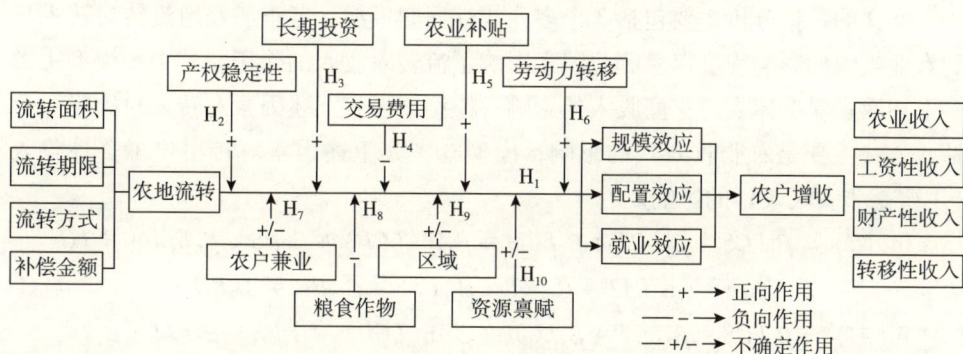

图1 农地流转对农户增收影响的逻辑框图

三、数据来源、变量选择与模型设定

1. 数据来源

本文采用的数据资料由国家自然科学基金委员会管理科学部主任基金应急科学研究专款项目"促进农村土地流转、增加农民收入的改革政策与配套措施研究"

课题组于 2014 年 2~3 月收集的全国抽样调查数据。调查采用多阶段分层随机抽样方法，在安徽、河南、湖北、湖南、江西五省 31 市 140 个行政村获取有效样本共2007 份，包括村级问卷 140 份，转入户问卷 925 份，转出户问卷 942 份。

2. 变量选择

农民收入是指农村居民在一年内所取得的全部实际收入总和，按照我国统计口径，农村居民收入按来源可分为家庭经营性收入、工资性收入、财产性收入和转移性收入。在此，我们首先将因变量分别设置为家庭总收入、家庭经营性收入（主要是农业种植收入）、家庭工资性收入。

第一组自变量是农地流转变量，包括农地流转规模、农地流转期限、农地流转方式和补偿金额 4 个变量，是要重点考察的对象。

第二组自变量包括上述假设中所述 9 个变量。加入这些变量的目的，是为了探究农地流转如何影响农户收入，又有哪些因素会对农地流转促进农户收入的影响起作用。

3. 模型设定

本文的数据分析主要包括 3 个多元线性回归模型，考查了农地流转对转入户的农业收入的影响程度以及哪些因素影响了流转对收入的作用。其中，模型①考察上述因素对全体农户家庭收入的影响；模型②考察上述因素对转入户家庭经营性收入（主要是农业收入）的影响；模型③考察上述因素对转出户工资性收入（主要是非农收入）的影响。

$$\ln(NI) = \beta_1 LCS + \beta_2 LCT + \beta_3 LCM + \beta_4 \ln(LCP) + \beta_5 PS + \beta_6 FLI + \beta_7 TC + \beta_8 AS + \beta_9 LAT + \beta_{10} FT + \beta_{11} PLS + \beta_{12} PR + \beta_{13} RR + \varepsilon \qquad ①$$

$$\ln(AI) = \beta_1 LCS + \beta_2 LCT + \beta_3 LCM + \beta_4 \ln(LCP) + \beta_5 PS + \beta_6 FLI + \beta_7 TC + \beta_8 AS + \beta_9 LAT + \beta_{10} FT + \beta_{11} PLS + \beta_{12} PR + \beta_{13} RR + \varepsilon \qquad ②$$

$$\ln(WI) = \beta_1 LCS + \beta_2 LCT + \beta_3 LCM + \beta_4 \ln(LCP) + \beta_5 PS + \beta_6 FLI + \beta_7 TC + \beta_8 AS + \beta_9 LAT + \beta_{10} FT + \beta_{11} PLS + \beta_{12} PR + \beta_{13} RR + \varepsilon \qquad ③$$

四、实证结果与分析

表 3 列出 3 个多元线性回归模型的非标准化、标准化回归系数和调整后 R^2 值，检验农地流转对农户收入的影响和哪些因素会导致农地流转对农户收入的影响的差异。

表 3	农地流转对农户收入影响的线性回归结果		
自变量	模型① 总农户 N = 1867 因变量家庭总收 （NI） 非标准化系数	模型② 转入户 N = 925 因变量经营性收 （AI） 非标准化系数	模型③ 转出户 N = 942 因变量工资性收入 （WI） 非标准化系数
流转规模（LCS）	0.0036 （.000）****	0.0041 （.000）****	0.0489 （.074）
流转期限（LCT）	0.013 （.009）**	0.0162 （.025）*	0.0031 （.865）
农户自发型（FL）	—	—	—
集体主导型（CL）	0.0447 （.640）	0.2339 （.102）	− 0.4639 （.046）*
政府主导型（GL）	− 0.1580 （.393）	− 0.391 （.155）	− 1.2471 （.005）***
补偿金额（LCP）	− 0.026 （.587）	0.0634 （.372）	0.0383 （.739）
产权稳定性（PS）	− 0.061 （.043）*	− 0.033 （.369）	0.0061 （.961）
农户长期投资（FLI）	0.0001 （.391）	0.0001 （.115）	0.0000 （.845）
交易费用（TC）	− 0.049 （.760）	− 0.359 （.073）	− 0.0243 （.971）
农业贴补（AS）	0.0002 （.761）	0.0002 （.744）	− 0.0020 （.255）
劳动力转移（LAT）	0.3226 （.000）****	0.3844 （.003）***	0.3297 （.175）
纯农户（PF）	—	—	—
一兼农户（PTF1）	0.3152 （.018）*	− 0.093 （.574）	—
二兼农户（PTF2）	0.5195 （.000）****	− 1.184 （.000）****	1.8069 （.000）****
种植结构（PLS）	− 0.082 （.323）	− 0.127 （.297）	0.0100 （.961）

自变量	模型① 总农户 N = 1867 因变量家庭总收 （NI） 非标准化系数	模型② 转入户 N = 925 因变量经营性收 （AI） 非标准化系数	模型③ 转出户 N = 942 因变量工资性收入 （WI） 非标准化系数
安徽（ANHUI）	—	—	—
河南（HENAN）	0.0156 （.879）	0.5843 （.000）****	− 0.1216 （.614）
湖北（HUBEI）	0.4027 （.001）***	0.7095 （.000）****	0.5764 （.027）*
湖南（HUNAN）	1.1833 （.000）****	1.4981 （.000）****	0.9678 （.224）
江西（JIANGXI）	0.3236 （.022）*	0.8337 （.000）****	− 0.6109 （.179）
资源禀赋（RR）	0.0003 （.708）	− 0.0005 （.654）	0.0036 （.196）
常数项	9.783 （.000）	8.990 （.000）	8.131 （.000）
调整后 R^2	.242	.479	.223

注：显著性水平 **** 代表 ≤0.000；*** ≤0.005；** ≤0.01；* ≤0.05；表中无数据"—"表示参照组，括号内数据为标准误；模型③一兼农户（PTF1）是被踢出变量。

1. 农地流转对农户增收效应的验证

（1）从模型①和②可以看出，农地流转规模（LCS）对总农户家庭总收入和转入户的经营性收入都具有正向影响，且都非常显著（显著水平在.000），即农户流转规模越大，家庭总收入和转入户的经营性收入越高，而转出的农地流转面积对农户的工资性收入影响并不显著。这从实证上验证了适度增加农地流转规模可以提高农户收入，尤其是家庭经营性收入。

（2）从模型①和②可以看出，农地流转期限（LCT）对总农户家庭总收入和转入户经营性收入都具有正向影响，且显著，即农地流转约定期限越长，农户家庭总收入和转入户的经营性收入越高，而流转期限对转出户的影响不大。

（3）模型③显示，农地流转方式（LCM）对转出户的工资性收入影响显著，较之参照组的农户自发型（FL），政府主导和集体主导都制约了农户工资性收入的增加。从调查结果看出，中部五省传统的农户自发流转仍占绝对主导

（69%），然而集体主导和政府主导的流转正在加速。集体流转和政府主导的模式在促进农地流转规模、长期流转和流转补偿金额等上有较大优势，但是交易费用和非粮种植比例偏高。由此可见，集体和政府主导的农地流转为农户增收只提供了充分条件，但并不是必要条件，由集体和政府主导的不顾农民意愿的农地流转可能会带来新的社会问题，危及国家粮食安全。

（4）模式①至③显示，农地流转价格（LCP）对家庭总收入的影响系数是负的，对转入户的经营性收入和转出户的工资性收入的影响是正向的，但都不显著。这一模型结果与我们理论分析有所差异，从理论上来说农地流转的价格对理性的农户经济行为乃至收入有重要影响。究其原因，当前中部五省的农地流转市场发育尚不完全，大部分农地并未按照市场价格交易，这样实际上一个地区农地实行一个统一"价格"，且转出农户反映农地流转的亩均补偿金额要低于自己种植经验的收入，补偿金额偏低，而转入户反映由于农业比较效率较低不会考虑转入价格高的农地，这就不难理解农地流转价格为什么对农户增收的影响不大。

综上分析，就此假设 H1 部分得到验证：农地流转具有农户增收的效应，转入户的规模效应较为明显，而流转户就业效应并不显著。

2. 农地流转促进农户农地流转的中间变量验证

进一步分析农地流转促进农户收入增长的条件，表 3 中回归拟合结果验证了 H_2 至 H_{10} 的假设，具体分析如下。

（1）假设 H_2 的验证：从模型结果可以看出，产权稳定性（PS）与农户家庭总收入、转入户经营性收入和转出户工资性收入皆呈负相关，且对总流转户农户家庭总收入有显著影响。这表明，土地调整的次数越多，对农户增收负向影响越高。这一结果的政策含义是目前保证农户承包权关系长期稳定的政策导向是正确且有效的，产权稳定性的实证检验结果与假设 H_2 的检验结果保持一致。

（2）假设 H_3 的验证：模型①②③皆显示，农户长期投资（FLI）与农户收入呈正相关，但是影响都不显著。这表明，农户长期投资对农户增收有促进作用，但作用不明显，假设 H_3 未通过实证检验。

（3）假设 H_4 的验证：模型①②③皆显示，交易费用（TC）与农户收入呈负相关，但是影响不显著。这表明，农户交易费用对农户增收有制约作用，这与假设预期相符，但交易费用的作用不明显，假设 H_4 未通过实证检验。

（4）假设 H_5 的验证：从模型结果可以看出，农业补贴（AS）与农户家庭总收入、转入户的经营性收入呈正相关，与转出户的工资性收入呈负相关，农业补贴的作用效果并不显著。这表明农业补贴对农户增收的作用有限，假设 H_5 未通过实证检验。

（5）假设 H_6 的验证：从模型结果可以看出，劳动力转移（LAT）与农户家庭总收入、转入户的经营性收入呈正相关，且作用显著；与转出户的工资性收入呈负相关，作用不显著。这表明，家庭第一产业劳动力的增加带来了农户家庭总收入和转入户经营性收入的增加，假设 H_6 通过验证，农地流转促使劳动力转移，提高了资源配置效率，假设 H_2 农地流转资源配置效应显现。

（6）假设 H_7 的验证：从模型结果可以看出，与参照组纯农户（PF）相比，一兼农户（PTF1）对农户家庭总收入增加有促进作用，对转入户的经营性收入增加有抑制作用；与参照组纯农户（PF）相比，二兼农户（PTF2）对农户家庭总收入和转出户工资性收入增加有促进作用，对转入户的经营性收入增加有抑制作用，且影响显著。这一实证结果与假设 H_7 保持一致，不同兼业类型的农户农地流转的增收效应存在显著差异，从收入增加的角度来说，农户兼业对总体农户是有效率的，但是不利于农户经营性收入的增加，即农户由于兼业带来的对农地的投资效应是要低于其替代效应的。

（7）假设 H_8 的验证：模型①②显示，种植结构（PLS）与农户家庭总收入、转入户农地呈负相关，与转出户的工资性收入呈正相关，但是影响不显著。这表明，从事非粮食作物种植（调查区域主要是经济作物、林业）的农户的家庭收入和转入户的经营性收入较之从事粮食作物种植的高，假设 H_8 得到验证。根据调查，277 户转入户从事的非粮食种植，占转入户的 30%，农户"非粮化"倾向较高。客观来说，发展优质经济作物、反季节作物、水产养殖和旅游观光等高附加值农业可以给农户带来实惠，但从国家粮食安全角度来看，这是一个需要注意的问题。

（8）假设 H_9 的验证：首先模型①显示，与参照组安徽（ANHUI）相比，河南、湖北、湖南、江西与农户家庭总收入呈正相关，其中湖北、湖南、江西影响显著；模型②显示，河南、湖北、湖南、江西与转入户经营性收入呈正相关，且都非常显著；模型③显示，湖北、湖南与转出户工资性收入呈正相关，其中湖北影响显著，河南、江西与转出户工资性收入呈负相关。这表明，中部五省的地区农户收入总额及收入结构存在显著差异，假设 H_9 通过实证检验。

（9）假设 H_{10} 的验证：从模型结果来看，农户资源禀赋（RR）与农户总家庭收入和转出户工资性收入呈正相关，与转入户家庭经营收入呈负相关，作用皆不显著。这表明农户初始的资源禀赋对农户增收的效应不显著，假设 H_{10} 未通过检验。一些学者（刘克春、苏为华，2006；侯石安，2012）通过实证检验得到的结论是：愈是具有经营农地资源禀赋的农户，转入农地的可能性愈大，转入的面积也愈大。

综上所述，通过检验的假设包括 H_1、H_2、H_6、H_7、H_8、H_9，未通过检验的

假设有 H_3、H_4、H_5、H_{10}。

五、结论与建议

1. 结论

（1）农地流转具有农户增收的效应，其中农地流转的规模效应、资源配置效应凸显，而就业效应并不显著。农地流转规模、农地流转期限、农地流转方式对农户不同类型收入皆有显著影响，农地流转价格对农户增收影响不大。

（2）农地流转促进农户增收的依赖中间变量有产权稳定性、劳动力转移、种植结构，而不同兼业类型、不同地区农户的增收路径存在显著差异，有必要进行进一步的分类对比研究。

（3）农户长期投资、交易费用、农业补贴和资源禀赋对农户增收的作用不显著。

2. 建议

以上研究的政策含义在于：欲促进农地流转的增收效应，应适度开展规模经营、稳定流转期限，采用适宜的流转方式，建立健全农地流转市场，完善农地流转的价格机制；加快发展农村第二、三产业以进一步转移农村剩余劳动力，在保证粮食安全的基础上优化农业种植结构，优化农地资源的配置效率；因地制宜，为不同类型的农户提供不同的就业途径和技能培训，增加政府对转入户的政策和资金支持，提高转出户非农就业能力并完善农村社会保障体系。

参考文献

[1] Bogaerts, T., Williamson I, P. and Fendel, E. M.. The Roles of Land Administration in the Accession of Central European Countries to the European Union. Land Use Policy, 2002, 19 (1): 29 – 46

[2] Dong X. Y.. Two – tier Land Tenure System and Sustained Economic Growth in Post – 1978 Rural China. World Development, 1996, 24 (5): 915 – 928

[3] Feder, Gershon and Tongroj Onchan. Land Ownership Security and Farm Investment in Thailand. American Journal of Agricultural Economics, 1987, 69 (2): 311 – 320

[4] Jacoby, H. G., Li, G., Rozelle, S.. Hazards of Expropriation: Tenure Insecurity and Investment in Rural China. American Economic Review, 2002, 29 (5): 1420 – 1447

[5] Juliano J. Assunção and Maitreesh, G.. Can Unobserved Heterogeneity in Farmer Ability Explain the Inverse Relationship between Farm Size Productivity. Economics Letters, 2003, (80): 189 – 194

[6] Kirwan, Barrett E.. The Incidence of U. S. Agricultural Subsidies on Farmland Rental Rates. Journal of Political Economy. 2009, 117 (1): 138 – 164

[7] Kung, J. K. S and Yong – Shun Cai. Property Rights and Fertilizing Practices in Rural China: Evidence from Northern Jiangsu. Modern China, 2000, 26 (3): 276 – 308

[8] Kung, J. K. S.. Off Farm Labor Market and the Emergence of Land Rental Market in Rural China. Journal of Comparative Economies, 2002, (30): 395 – 41 4

[9] Lence, Sergio H. and Ashok K. Mishra. The Impacts of Different Farm Programs on Cash Rents. American Journal of Agricultural Economics, 2003, 85 (3): 753 – 761

[10] Roberts, M. J., B. Kirwan and J. Hopkins. The Incidence of Government Program Payments on Agricultural Land Rents: The challenges of Identification. American Journal of Agricultural Economics, 2003, 85 (3): 762 – 769

[11] Smith, Adam. An Inquiry into the Nature and Causes of the Wealth of Nations. Reprint, Edited by E. Canna, Chicago: University of Chicago Press, 1976

[12] Yao, Y. The Development of the Land Lease Markets in the Rural China. Land Economics, 2000, 76 (2): 252 – 266

[13] 蔡昉, 王德文, 都阳. 中国农村改革与变迁: 30 年历程和经验分析. 上海: 格致出版社、上海人民出版社, 2008

[14] 陈海磊, 史清华, 顾海英. 农户土地流转是有效率的吗？——以山西为例. 中国农村经济, 2014 (7)

[15] 邓大才. 农地流转的交易成本与价格研究——农地流转价格的决定因素分析. 财经问题研究, 2007 (9)

[16] 冯锋, 杜加, 高牟. 基于土地流转市场的农业补贴政策研究. 农业经济问题, 2009 (7)

[17] 郜亮亮, 黄季焜, Rozelle S, 等. 中国农地流转市场的发展及其对农户投资的影响研究. 经济学 (季刊), 2011 (4)

[18] 贺振华. 农村土地流转的效率: 现实与理论. 上海经济研究, 2003 (3)

[19] 贺振华. 农户外出、土地流转与土地配置效率. 复旦学报 (社会科学版), 2006 (4)

[20] 胡初枝, 黄贤金, 张力军. 农户农地流转的福利经济效果分析——基于农户调查的分析. 经济问题探索, 2008 (1)

[21] 黄大学. 农户兼业对农地利用效率与农地流转的影响——以湖北省荆门市为例分析. 当代经济, 2006 (4)

[22] 侯石安. 初始禀赋差异、农业补贴与农地流转选择——全国 8 省 30 村的微观实证分析. 中国农业科学, 2012 (1)

[23] 金松青, Klaus Deininger.. 中国农村土地租赁市场的发展及其在土地使用公平性和效率性上的含义. 经济学 (季刊), 2004 (4)

[24] 黎霆，赵阳，辛贤．当前农地流转的基本特征及影响因素分析．中国农村经济，2009 （10）

[25] 廖洪乐．农村承包地调整．中国农村观察，2003（7）

[26] 刘克春，苏为华．农户资源禀赋、交易费用与农户农地使用权流转行为——基于江西省 农户调查．统计研究，2006（5）

[27] 罗必良，汪沙，李尚蒲．交易费用、农户认知与农地流转——来自广东省的农户问卷调 查．农业技术经济，2012（1）

[28] 庞新军，况云武，龚晓红．交易成本、土地流转与收入增长关系的实证研究．统计与决 策，2014（13）

[29] 钱忠好．非农就业是否必然导致农地流转——基于家庭内部分工的理论分析及其对中国 农户兼业化的解释．中国农村经济，2008（10）

[30] ［日］速水佑次郎，神门善久．农业经济论（新版）．沈金虎，周应恒，张玉林译．北 京：中国农业出版社，2003

[31] 速水佑次郎，拉坦．农业发展的国际分析．北京：中国社会科学出版社，2000

[32] 肖琴．农业补贴政策的有效性研究及其政策改革分析——基于顺序 logistic 模型的分析． 工业技术经济，2011（3）

[33] 熊群芳．对土地流转过程中粮食补贴情况的调查及建议——以江西永修县为例．金融与 经济，2009（7）

[34] 姚洋．农地制度与农业绩效的实证研究．中国农村观察，1998（6）

[35] 叶剑平，蒋妍，丰雷．中国农村土地流转市场的调查研究——基于 2005 年 17 省调查的 分析和建议．中国农村观察，2006（4）

[36] 游和远，吴次芳．农地流转、禀赋依赖与农村劳动力转移．管理世界，2010（3）

[37] 俞海等．地权稳定性、土地流转与农地资源持续利用．经济研究，2003（9）

[38] 张改清．农地调整、流转对农户投资的影响研究——基于山西省的实证．山西农业大学 学报（社会科学版），2005（3）

[39] 章奇，米建伟，黄季焜．收入流动性和收入分配：来自中国农村的经验证据．经济研 究，2007（11）

农地产权是"有意的制度模糊"吗

——兼论土地确权的路径选择

本文从中央政府能力和目标导向、制度绩效视角对"有意的制度模糊"进行分析,并结合当前土地确权背景对土地确权路径进行探讨。主要观点有:①农地产权制度并非只取决于中央政府意愿,也与农民推动密切相关;中央政府目标在于地权明晰化而非模糊化。②从制度绩效来看,模糊地权充满效率的观点并不正确,模糊的地权已成为社会冲突的主要原因之一。③通过所有权确权来解决地权模糊面临诸多困难,中央政府试图通过"稳定所有权,明晰承包权"的确权路径来化解模糊性,这是一次重大的理论创新与实践探索。

一、引言

近年来,长期研究中国农村土地制度的荷兰籍学者何·皮特提出一个让国内学界耳目一新的观点,即中国农地制度是"有意的制度模糊"(Intentional Institutional Ambiguity)。在《谁是中国土地的拥有者?——制度变迁、产权和社会冲突》一书中[①],何·皮特(2014)指出,"关键是中央政府经过审慎考虑之后,决定将农村土地产权制度隐藏在模棱两可的迷雾之中——我称之为有意的制度模糊"。由于中央政府在制定法律时有意模糊"集体"概念,因此我们无法确定究竟哪一级集体掌握着土地实权。在解释中央政府动机时,何·皮特解释道,这一方面是由于"制度的不确定性是体制运行的润滑剂";另一方面则是为留出回旋余地和"应对社会发展过程中的突发事件"。

本文作者:钱龙,浙江大学中国农村发展研究院 2013 级博士研究生;洪名勇,贵州大学和浙江大学博士生导师,教授。本文已发表在《经济学家》2015 年第 8 期,感谢《经济学家》给予的版权支持。

① 该书第一版于 2008 年在中国大陆首次发行,但本文参考的是 2014 年该书的最新版本。

何·皮特关于农地产权制度是"有意的制度模糊"这一观点在国内学界产生了广泛影响，并得到诸多学者认同。如刘圣中（2009）指出国家之所以迟迟不对农村土地主体进行明晰化，主要是考虑到明晰化可能会提高农民博弈能力，削弱国家对集体的控制能力。王金红（2011）则认为"有意的制度模糊"是一个富有深意的观点，它不仅是一种制度安排，而且是一种政治艺术。罗必良等（2013）认为国家之所以存在模糊产权倾向，关键原因在于官僚集团希望通过制造公共领域来设租和寻租。严冰（2014）则认为推进产权的"清晰"反而弊大于利，黄砺、谭荣（2014）也认同模糊的农地产权具有相对优势。

何·皮特的观点颇具启发性，但是鲜有学者对这一立论提出质疑。既然何·皮特认为中央政府是"有意的制度模糊"，该理论就必须回答以下几个问题，并形成逻辑自洽。农地产权制度能够被中央政府"有意的选择"吗？中央政府是朝着产权模糊方向努力吗？当前农村土地制度依然有效率吗？本文意在与何·皮特"有意的制度模糊"的论点进行商榷，指出其不足之处，并试图通过回应上述问题，对这一论点进行批判性分析。同时，也希望通过这一过程，对"有意的制度模糊"理论予以澄清，消除可能的理解偏差，从而加深对中国农村土地制度的认识。另外，结合当前土地确权的政策背景，指出中央政府的目标在于建立"归属明晰、权责明确"的农村土地制度，但选择的路径并非是明晰土地所有权，而是采取"稳定所有权，明晰承包权"的办法，这条道路具有重大创新性，是一次十分有意义的路径探索。

二、对中央政府"有意的"能力和"模糊"导向的质疑

何·皮特（2014）认为，中国农村地权结构来自中央政府的主观意愿，即农地制度的模糊性是中央政府"有意的"选择。那么其隐含的意思至少包括以下两个方面：一是当前地权结构是中央政府能够单独决定的；二是中央政府目标在于农地产权的"模糊化"，但事实并非如此。

首先，农地产权制度并非中央政府能够单独决定。作为经济社会的基本制度，农地产权制度不仅是外在设定的，更是内生演进的（洪名勇，2012）。虽然国家具有暴力潜能，但一项制度能够得以长期存在和演化必然是自我实施的，不存在外在强制性。因为制度在本质上来说是人们信念或者意向性的产物（诺斯，2013），只有当制度符合人们的信念，人们才会去遵守它，不被人们所遵守的强制性安排只是"空制度"（何·皮特，2014）。因而，农地产权制度不只取决于中央政府的主观意愿，也受到劳动人民"集体意向性"的显著影响。新中国成立后，在意识形态导致的产权偏好影响下，农村土地很快实现了从土地私有制向

土地私有集体经营转变。1956年，全国又掀起合作化高潮，毫无思想准备的农民很快从初级农业合作社直接迈进高级农业合作社。同年底，全国就有87.8%的农户加入高级合作社（张悦，2011）。与互助组时期相比，高级社实现了土地集体所有制。但由于高级社否定土地农民私有制，取消土地分红，这既违背农民意愿，更脱离当时的社会生产力，从而引起农民强烈不满。1956年秋至1957年夏，全国许多地方出现拉牛退社现象，但都被中央制止。1958年后，加入人民公社更是成为一种强制性安排，农民丧失了退出权，这种情况一直持续至1981年（林毅夫，2000）。

由于丧失退出权，集体内农民的重复博弈变成一次性博弈。在农业劳动成果计量困难，成员相互监督和外部监督激励不足的背景下，"自我实施的协约"无法维持，出现了"懒惰驱逐勤劳"的现象。国家强制力推行的集体所有集体经营下的人民公社体制，并没有显示"一曰大、二曰公"的优越性，却带来极大的生产力破坏。1959～1961年，农业产值尤其是粮食产量出现大幅下滑，三年累计减少达到了4036.5万吨（洪名勇、钱龙，2015）。饥荒在全国普遍盛行，尤其是农村地区出现大量人口死亡，中央政府和农民之间的矛盾终于以农业大危机的形式表现出来。"致命的自负"导致生产力的暴动，已经危及农民最低生存和政权合法性（周其仁，1995）。在意识到此次饥荒源于"三分天灾、七分人祸"后，中央政府终于向农民妥协。

为缓解饥荒，恢复农业生产，1960年中共中央在《关于农村人民公社当前政策的紧急指示信》中，提出生产大队为"三级所有制"的基本核算单位。1961年《农村人民公社工作条例》继续坚持这一原则，指出"以生产大队的集体所有制为基础的三级集体所有制，是现阶段人民公社的根本制度"（刘圣中，2009）。虽然中央政府努力维持大队的基本地位，但由于生产大队仍然存在较严重的平均主义，农民生产积极性并不高。为加快恢复农业生产，中央再次做出退让，并于1962年发出《关于改变农村人民公社基本核算单位问题的指示》和《农村人民公社工作条例（修正草案）》，将基本核算单位设定为生产小队（刘圣中，2009）。由此，"三级所有、队（生产小队）为基础"的制度正式形成。但由于各地区实际情况差异较大，队的规模也不一①，因而对实行大队所有还是小队所有存在争论。本着对地方性知识的尊重，中央默认上述两种情况同时存在，允许地方根据自身实际来确定。

可见，农地制度变迁虽然由中央政府主导，但并非其单独决定。农民通过主

---

① 比如，有些地方的生产大队相当于原来的高级社，生产队相当于原来的初级社。但有些地方的人民公社实在太大，在公社与生产大队之间又分出一个层级，称为管理区。

动或消极抵制,使得中央政府产权偏好不得不兼顾农民利益。"三级所有、队
(生产小队)为基础"的产权制度安排是中央政府的主观意愿随着实践深入不断
调整的结果,其本质是特定时空背景下兼顾双方的诉求的折中产物,是一定情景
下的双方"合意"。中央坚持了土地公有制的底线,而农民获得更多自主权,勉
强维持着生存。1984年人民公社解体后,公社转变为乡镇政府、生产大队转变
为行政村、生产小队转变为村民小组或自然村,各自继承变革前的土地所有权。
据"全国农村固定观察点办公室"的抽样调查,土地所有权归行政村占比
39.6%,归村民小组占比44.9%,归行政村和村民小组共有的占比14.7%(全
国农村固定观察点办公室,1998)。鉴于农村土地归属的多样性,1986年《土地
管理法》第八条规定集体土地依法分别属于村内各农民集体、村农民集体和乡镇
农民集体所有。显然何·皮特并没有意识到中国地方多样性和差异性,错误地认
为中央有意将《农村人民公社工作条例(修正草案)》中规定的土地所有权模糊
化,在新的法律中故意表述为三个不同层次的农村集体,殊不知这是对地方多样
性的继承和尊重(陈胜祥,2014)。

其次,中央政府的目标导向在于土地产权的明晰化。何·皮特认为中国农地
制度"本该成纲成条、没有任何歧义",只是因为中央政府主动不去贯彻,并故
意使地权结构模糊化。但从法律演变来看,何·皮特的这一论点不能够成立。
《宪法》作为国家根本大法,首先在原则上规定农村土地属于集体所有。1986年
《土地管理法》第八条则详细列举了"集体"的三种类型,即村农民集体、乡镇
农民集体和村内农民集体。对于集体代理人缺位问题,2004年修订的《土地管
理法》第十条进一步完善,规定上述三种集体土地分别由村集体经济组织或者村
民委员会经营管理、乡镇农村集体经济组织经营管理和村内各该农村集体经济组
织或者村民小组经营管理。2007年《物权法》第59条规定农村土地所有权"属
于本集体成员",表现出引入"成员权"来界定农村土地主体的意图。因而,从
立法演变来看,中央政府一直是希望明晰"集体"含义而非相反(陈胜祥,
2014)。政府明晰土地产权的意图也可以从土地规章和国家政策演变中看出。为
了应对土地制度频繁变更带来的产权模糊及遗留土地纠纷,国家土地管理局在
1989年出台了《关于确定土地权属问题的若干意见》,在1995年出台了《确定
土地所有权和使用权的若干规定》,国土资源部也在2003年颁布了《土地权属争
议调查处理办法》,2011年国土资源部等部门又联合下发了《关于加快推进农村
集体土地确权登记发证工作的通知》,这些规章政策在解决土地产权模糊化导致
的纠纷中发挥着重要作用。可见,中央政府是试图通过渐进式的变迁来明晰化农

村土地产权①。

三、模糊的农地产权制度充满效率吗

在探讨农村土地产权制度有效性时，何·皮特（2014）指出，模糊的地权是"欣欣向荣的农村经济"的制度基础，是"中国农村改革之所以会取得成功"的关键。中国在改革初期稳定土地所有权，"通过土地承包而不是恢复原先土地所有权的方式实现土地私有化"，是中国避免中东欧转轨国家改革失败命运的关键。对于上述观点我们表示赞同，但我们讨论核心并不在于农地制度的历史绩效，而是关注其是否依然是有效率的制度安排？何·皮特认为这一制度将会长期存在且能够继续发挥积极作用。他指出当前地权虽然模糊、农民的土地承包权也在频繁变动，但依然是可信的制度。在实现新的有效制度替代旧制度前，必须解决下述两个问题：一是什么时候必须建立新的制度；二是社会经济状况在多大程度上制约了制度经济，但"这两个问题目前都没有确切答案"。如果制度变迁在错误的时间进行，会导致"农民的土地权利遭受到粗暴的践踏，社会矛盾将日趋激化"。因而要继续坚持模糊的地权，以避免大规模社会冲突。

我们对何·皮特关于农地集体所有制将会长期存在的论断表示赞同。集体所有制切合国家意识形态和农民的社会保障需求，在路径依赖的作用下，土地产权结构会继续在集体所有制的基础上进一步完善。诺斯对路径依赖作用有过精彩的表述："路径依赖与其说是一种'惯性'，还不如说是过去的历史经验施加给现在的选择集的约束"（诺斯，2013）。事实上也是如此，各地的创新试验，如"两田制""股份制""增人不增地，减人不减地"等，都秉持一条基本原则：在坚持土地集体所有制基础上进行完善、修正和补充。但何·皮特关于模糊的土地产权制度能够长期发挥正面效应的观点值得商榷。

首先，从经典产权理论来看，模糊的地权更有效率的观点不能成立。Corse是现代产权理论的奠基者，在《联邦通讯委员会》和《社会成本问题》两篇论文中，Corse（1959，1960）通过无线通讯频率、排污权等具体案例证实，只要产权不明确，外在性将不可避免。德姆塞茨（1990）首次对产权概念进行了界定："所谓产权，意指使自己或他人受益或受损的权利"，由于事关每个人的利益，因而清晰的产权界定是提高资源配置效率的首要条件。威廉姆森（2002）则进一步指出，降低交易费用是产权设计的主要目的之一。诺斯和托马斯（2009）

---

① 从另一个视角来看，多年来试图明晰化的努力成果并不明显，制度模糊可能并非是中央政府"有意的"选择结果，更可能是中央政府被动接受的一个制度安排。

通过对西方世界兴起的研究，指出西方国家之所以能够取得领先地位，其关键在于有效率组织的出现，而产权确立和明晰化则是有效率组织得以出现的前提。虽然不赞同将产权权利绝对化，但巴泽尔（1997）也认同产权明晰化更有效率。巴泽尔认为由于技术和信息条件限制，以及资源天然的多维度属性，任何产权都不能被完全界定，总有一部分价值会留在"公共领域"。但随着新的信息获得和技术提升，明晰产权边界的成本会逐渐下降，产权也会不断被重新界定，"公共领域"会不断缩小，逐渐实现产权明晰化。实际上，产权学派已经在理论和实践两个维度、历史和逻辑两条主线，深入论证产权越清晰越有效率这一规律的存在，所谓有效率的制度模糊仅仅是一种臆想和猜测。

其次，从实际绩效来看，模糊的地权已经显现出诸多不适应，并没有起到减少社会冲突的作用。于建嵘（2005）的调查发现，上访农民中涉及土地问题的占比约73.2%，被告方中又以县乡村三级基层管理部门及其官员为主，合占75.2%。且近十年来，因土地而发生的冲突呈现快速增长态势，群体性事件频发，已经严重威胁到社会稳定和农民群众切身利益。谭术魁对农地冲突的触发因素做了归纳，发现土地产权的确定、土地所有权行使、土地使用、土地征收和土地流转是土地冲突频发的领域（谭术魁，2008）。深入探究后，虽然每一类型冲突的触发因素、争夺目标、利益诉求等方面存在差异，但发现其根源在于模糊的地权（李红波等，2006）。正是制度本身缺陷，才导致土地利益归属存在争议，引致利益分配不均、产生既得利益群体和强势群体对弱势群体的侵害，进而引发群体间冲突。由此看来，模糊的地权并未避免大规模社会冲突的发生。相反，随着经济社会发展，农地利益会逐渐增加，而模糊的产权导致"公共领域"大量存在。缺乏明晰产权会导致各个利益群体对"公共领域"中的租值进行竞争性掠夺，如果不加快实现明晰化，引发大量租值耗散不说，还会引发更多社会冲突。因而，模糊的农地产权制度绩效并非像何·皮特所言那样依然充满效率，而是已经成为社会冲突的主要根源之一（于建嵘、石凤友，2012）。

四、农地产权清晰等于所有权清晰吗

如何化解农地产权的模糊性呢？何·皮特认为关键在于通过土地确权来实现土地所有权清晰化。但实现土地所有权确权极为困难，而且即使能够克服重重困难，确权也不一定能化解"模糊性"。何·皮特（2014）指出，"只有在地方条件允许的时候才能进行土地确权，即当土地登记赢得充分的社会支持时，或者土地确权已经成为一种能够解决分配冲突的初级制度方案的形式时"。如果忽视上述原则，只会建立起"空制度"。"空制度"会"导致激烈的冲突"，"或者是对社会行动者的行动没有明显影响"。他就此断定，"土地确权是曲折复杂、无意的经济发展的结果"①。

可见何·皮特认为只有将集体土地所有权予以明晰化，才能够真正解决地产权模糊性。但确权阻力和社会成本过高，在近期不可能实现。如果强制推行，还会引起更多社会矛盾，成为一种"停留在纸上的制度"，因而最好是保持不变。历史实践也证实何·皮特关于土地所有权确权极为困难的判断。新中国成立以来，中央政府先后开展了三次针对农村集体土地的确权工作（于建嵘、石凤友，2012），但效果均不理想。2010 年中央"一号文件"再次提出要在 3 年内完全包括农村集体土地所有权、承包经营权、宅基地使用权等方面的确权。2011 年，国土资源部等部门为落实这一工作，联合下发了《关于加快推进农村集体土地确权登记发证工作的通知》，但当年底，集体建设用地使用权和宅基地使用权登记发证率分别达 81.9% 和 78%，而集体土地所有权多数只登记到行政村一级，"农村集体土地所有权确认到每个具有所有权的农民集体"的政策目标基本没有实现。

但土地确权并不等同于土地所有权确权，农地产权明晰也不等同于所有权明晰化。我国当前如火如荼推进中的农村土地确权实践包括土地所有权、集体建设用地使用权、农地林地和草原承包经营权。就农地产权明晰化而言，并不只有土地所有权确权这一条路径。实际上，中央政府在实践中不断试错学习，已经找到新的确权方向。当前农地确权重心已经转移至对承包经营权的明晰化，寄希望于承包经营权明晰化来解决或缓解地权模糊性。这一点能够从当前的政策演变中看出。2013 年中央"一号文件"提出要加快建立"归属清晰、权能完整、流转顺畅、保护严格"的农村集体产权制度，决心用 5 年时间基本完成农村土地承包经营权确权登记颁证工作，妥善解决农户承包地块面积不准、四至不清等问题。2014 年中央"一号文件"依然聚焦于土地、草原和林地的承包经营权问题，指出土地承包经营权"可以确权确地，也可以确权确股不确地"。2015 年中央"一号文件"针对部分地区利用"确权确股不确地"强制农民流转土地搞规模经营的现象，提出"总体上要确地到户，从严掌握确权确股不确地的范围"。可见土地确权政策是沿着不断强化农民土地承包权和塑造农民土地使用权主体地位的方向持续演进。结合十七届三中全会决定提出的承包经营权长久不变政策，2007

---

① 何·皮特的观点显然是受到哈耶克的影响（他自己也承认），哈耶克认为人类合作秩序是自生自发的。但正如前述提及，何·皮特认为这种模糊性的产权是中央政府刻意为之，这显然是基于建构理性思维展开的。这两种理性有着根本性的差异，甚至可以说是对立的，可见其理论体系构建存在自相矛盾之处。

年《物权法》将土地承包权界定为"用益物权",十八届三中全会提出要赋予农地承包经营权抵押担保权能,以及当前背景下提倡三权分置,鼓励承包权和经营权相分离,由此,中央政府的目标已经明朗化,即赋予农民清晰稳定的土地承包权。

同时,变革土地所有权性质未必能够提高产权结构的有效性。产权结构有效性关键在于各项权能能否有机搭配和组合,以及是否具有自我优化和演进机制。同样实行土地私有制,有的国家因产权清晰而有效率,但也有国家表现差强人意。与主流经济学家强调所有权不同,张五常则认为所有权并不重要。他指出,中国农村改革的成功之处在于不动所有权和搞活承包权。如果个人的权利和义务界定清楚,并赋予农民完整的转让权,保障农民的使用权和收益权,那么这种产权结构和私有产权的效率并无二致(程恩富,1994)。被誉为"新土改"的土地确权似乎选择了这一路径,并沿着这一方向不断演化。这既是路径依赖使然,也是社会成本较低和最可能实现的一条路径。这一实践不同于土地所有权明晰化或土地私有化,如果能够取得成功,既是对所有权不重要判断的有力印证,也是对土地私有化才能明晰产权观点的实践否定。何·皮特认为解决土地产权模糊化的唯一路径是土地所有权确权,但由于推进过程极为困难,他又主张在演化中等待问题的自发解决。然而,土地所有权确权并非唯一的路径,市场经济发展和改革的深化也迫切要求实现地权明晰化,消极等待并不可取。中央政府另辟蹊径,已经找到一条以"稳定所有权、明晰承包权"为核心思路的确权路径,这是一次重大的农地制度创新和实践探索。

五、结论与启示

本文从中央政府"有意的"能力和"模糊"导向、当前地权的制度绩效视角对何·皮特"有意的制度模糊"论点进行了批判性剖析,并结合当前的土地确权背景对消除"模糊性"的途径进行了探讨。最终得出以下结论:①地权结构并非中央政府单独选择,农民的推动也在其中发挥着重要作用。中央政府目标导向并非是产权模糊化,实际上一直在努力明晰化产权。②模糊地权结构的制度绩效并不高,已经引发大量的社会纠纷和矛盾,迫切需要变革。③土地确权并不等于所有权确权,何·皮特主张的所有权确权实行困难重重。中央政府意在通过"稳定所有权、做实承包权"方式来明晰土地产权,从而消除"制度模糊"。

本文的主要启示有:第一,中央政府的意志和产权偏好固然重要,但农地制度并不仅是其主观意愿的产物,也与农民群众推动密切相关。集体农地产权制度的实质是特定历史背景下,中央政府在自身偏好和农民意向性间的折中选择,是双方的合意。第二，任何制度都有生命周期，随着时间推移均会显示出效率递减。模糊的农地产权在农村改革中有着诸多贡献，但当前其运行绩效并不高，且引起诸多社会矛盾。这说明只有不断的改革和创新制度安排，才能够让制度不断适应经济社会的发展。第三，通过所有权与承包权甚至包括经营权的分离，做到"稳定所有权，明晰承包权"是解决模糊性的一个可能路径。为避免农地所有权模糊在承包权领域的再现，"明晰承包权"的土地确权不能单兵挺进，而是需要法律和制度环境等其他方面的协同推进。不仅要坚持承包权长久甚至永久不变，还需要在法律上对承包权主体权利、权益内容、权益流转等方面予以明晰。另外，各级政府要加强自我约束，不能够随意干涉农民的土地承包权和经营权，要赋予农民更多的谈判能力，防止政府从"援助之手"向"掠夺之手"转变。

参考文献

[1] 何·皮特. 谁是中国土地的拥有者？——制度变迁、产权和社会冲突（第二版）. 林韵然译. 北京：社会科学文献出版社，2014

[2] 刘圣中. 国家和集体压力下的农户产权——中国农地产权制度结构及其缺陷的政治学分析. 南昌大学学报（人文社会科学版），2009（4）

[3] 王金红. 告别"有意的制度模糊"——中国农地产权制度的核心问题与改革目标. 华南师范大学学报社会科学版，2011（2）

[4] 罗必良等. 产权强度、土地流转与农民权益保护. 北京：经济科学出版社，2013

[5] 严冰. 农地长久确权的现实因应及其可能走向. 改革，2014（8）

[6] 黄砺，谭荣. 中国农地产权是有意的制度模糊吗. 中国农村观察，2014（6）

[7] 陈胜祥. 农地产权"有意的制度模糊说"质疑. 中国土地科学，2014（6）

[8] 洪名勇. 中国农地产权制度变迁：一个马克思的分析模型. 经济学家，2012（7）

[9] 道格拉斯·诺斯. 理解经济变迁过程. 北京：中国人民大学出版社，2013

[10] 张悦. 中农村土地制度变迁——基于意识形态的视角. 北京：经济管理出版社，2011

[11] 林毅夫. 再论制度、技术与中国农业发展. 北京：北京大学出版社，2000

[12] 洪名勇，钱龙. 1959~1961 中国大饥荒：成因、分布与解释. 贵州大学学报（社会科学版），2015（1）

[13] 周其仁. 中国农村改革：国家和所有权关系的变化（上）. 管理世界，1995（3）

[14] 全国农村固定观察点办公室. 当前农村土地承包经营管理的现状及问题. 中国农村观察，1998（5）

[15] Corse. The Federal Communications Commission, Journal of Law and Economics, Vol. 2, No. 1, 1959, pp. 1-40

[16] Corse. The Problem of Social Cost, Journal of Law and Economics, Vol. 3, No. 1, 1960,

pp. 1 – 44

[17] 哈罗德·德姆塞茨. 关于产权的理论. 经济社会体制比较, 1990 (6)

[18] 威廉姆森. 资本主义经济制度: 论企业签约和市场签约. 北京: 商务印书馆, 2002

[19] 道格拉斯·诺斯, 罗伯斯·托马斯. 西方世界的兴起. 北京: 华夏出版社, 2009

[20] 巴泽尔. 产权的经济分析. 上海: 格致出版社、上海三联书店、上海人民出版社, 1997

[21] 于建嵘. 土地问题已成为农民维权抗争的焦点. 调研世界, 2005 (3)

[22] 谭术魁. 中国土地冲突的概念、特征与触发因素研究. 中国土地科学, 2008, 22

[23] 李红波, 谭术魁, 游和远. 当代中国土地冲突问题及其根源探究. 天府新论, 2006 (6)

[24] 于建嵘, 石凤友. 关于当前我国农村土地确权的几个重要问题. 东南学术, 2012 (4)

[25] 程恩富. 问张五常: 财产所有权果真无足轻重吗. 上海经济研究, 1994 (6)

"三权分置"条件下土地承包经营权入股及其股权权能初探

改革开放以来,随着我国农村人地关系的发展变迁,地方的实践探索不断创新并丰富着以"集体所有,家庭承包使用"为基础的农村土地产权制度,其中"所有权、承包权和经营权"分置是探索路径之一。十八届三中全会后,中央已经明确农村土地产权制度改革的政策基调:"坚持农村土地集体所有权,稳定农户承包权,放活土地经营权",即"三权分置"。由此,在新的历史条件下,从理论上探讨并界定土地承包经营权与土地承包权、土地经营权的相互关系成为一种必然。同时,进入新世纪以来,我国多地实行以"土地承包经营权入股"为主要内容的农用地股份合作制,深入考察其在"三权分置"条件下,土地承包经营权入股以及入股后可能形成的股权及其股份权能如何,也成为一项重要课题。基于此,本文试图做出初步探讨。

改革开放后,我国确立了以农村土地所有权和使用权[①]分置(简称"两权分置")为基础的家庭联产承包责任制,从此拉开农村改革的序幕,为释放农村活力、提高农业生产力奠定了制度基础。但是,随着"三农"形势的发展变化,地方的实践探索不断创新并拓展该制度的实现形式,丰富其内涵和外延。2014年中央"一号文件"进一步提出"坚持农村土地集体所有权,稳定农户承包权,

---

本文作者:张毅,清华大学城镇化与产业发展研究中心/土木水利学院建设管理系,博士后;张红,清华大学城镇化与产业发展研究中心/土木水利学院建设管理系,教授、博士生导师。本文得到国家社会科学基金项目《完善我国农村土地股份制制度设计研究》(14BJY090)和国家自然科学基金项目(71373143)的支持。

① 该"使用权"在本文主要指农民以家庭承包方式取得土地使用权,其等同于《农村土地承包法》规定的"土地承包经营权"。

放活土地经营权"（简称"三权分置"），使土地承包经营权划分为承包权和经营权，于是我国农村土地产权制度由"两权分置"转化为"三权分置"，这是我国农村土地产权制度的又一次重大变革。

十八届三中全会通过的《中共中央关于全面深化改革若干重大问题的决定》提出"保障农民集体经济组织成员权利，积极发展农民股份合作，赋予农民对集体资产股份占有、收益、有偿退出及抵押、担保、继承权"。赋予农村集体成员对集体资产享有股份权，是对农民集体所有权理论的重大突破。《物权法》已经明确土地承包经营权属于用益物权。由于用益物权也属于财产权的一种，这意味着作为广大农民最重要的财产之一的承包地，也可以被股份化。

新时期，在土地"三权分置"的条件下，明确土地承包经营权与土地承包权、土地经营权三者的关系，确定土地承包经营权入股后形成的股权的各项权能，以及实现这些权能的途径，成为理论界和实务界共同面对的难题。

一、土地承包经营权与土地承包权、土地经营权的关系

土地承包经营权是一项极富中国特色的土地用益物权制度，身份制约是土地承包经营权的鲜明特征。农民具有的农村集体经济组织成员身份，是其取得土地承包经营权的前提。我国《物权法》第117条规定："用益物权人对他人所有的不动产或者动产，依法享有占有、使用和收益的权利"，由此可知，土地承包经营权的权能包括占有、使用和收益三项。同时，由于我国《土地管理法》规定农民可以通过转让、出租、转包等方式流转土地，从而赋予土地承包经营权一定的处分权能；但这并不改变土地权利的最终归属，农村集体仍然保留了最根本的处分权利。

1. 土地承包经营权与农户承包权的关系

土地承包权是取得土地承包经营权的前提[①]。承包权是成员获得承包土地的资格，但这种资格并不是一种可落实的财产权。当集体成员通过承包合同获得相应的承包土地时，承包权就转化为另一种形态的权利：承包土地使用权[②]。[③] 但从中央文件最新措辞"稳定农户承包权"来看，它所要稳定的绝不仅仅只是农

[①] 丁关良：《土地承包经营权流转法律制度研究》，中国人民大学出版社 2011 年版。

[②] 本文作者对这里所谓"承包土地使用权"的理解是："承包土地使用权"等同于"土地承包经营权"。

[③] 刘俊："土地承包经营权性质探讨"，《现代法学》，2007 年第 2 期，第 174 页。

户拥有的承包土地的资格，而更多的是赋予承包权以实实在在的权能和财产权地位，从而发挥土地承包权与土地承包经营权同样的社会保障功能。同时，土地承包权与土地承包经营权保持一致，都以家庭为基本单位。家庭承包权以同一的用益物权来包容同一家庭中不同成员在同一家庭承包土地上的权和利，使一部分成员享有物权，而全体家庭共享物权收益①。由此可以推断，未来家庭承包权的法律地位有两种可能：一种是在现行法律规定的土地承包经营权的基础上享有占有、使用、收益和部分处分权能；另一种是通过全面修改法律，用家庭承包权取代土地承包经营权的占有和部分处分权能，将其使用和收益权能划归为土地经营权。

2. 家庭承包权与土地经营权的关系

土地经营权权利内涵无法界定，不是法定的民事权利②。由于上述前一种情况不仅使土地承包经营权和土地承包权模糊不分，也不利于土地承包权和土地经营权的区分，因此笔者认为后一种情况的可能性会更大些。由此可进一步推断：在家庭自主经营情况下，家庭承包权和土地经营权合二为一，加起来相当于土地承包经营权；在家庭委托他人经营情况下，家庭拥有土地承包权，受托方拥有土地经营权。家庭承包权需要以家庭为单位与集体签订承包协议，尔后家庭成员共同享有家庭承包权；而土地经营权则属于家庭内部成员，是以每一位农民个体为单位的，因为"土地经营权由农民家庭在取得家庭承包权之后自然获得，其权利是从（家庭）承包权中派生出来的"③。土地经营权的核心在于"经营"，即土地经营权人为了获取经营土地的（农业）增值收益而对土地实实在在地使（利）用。与家庭承包权不同，土地经营权人还可能会超出农民家庭这一范围。如此一来，为更准确地反映土地经营权的权利本质，不论农民家庭是自主经营土地还是将土地委托给他人经营，土地经营权都应该打破土地承包权以农民家庭为主体的边界束缚，赋予其以农民个人为主体的机动性和灵活性。

二、土地经营权与股权的关系

土地股份合作制的发展，必然出现地权转股权。正是由于有些农民担心地权

---

① 余梦秋、陈家泽："固化农村集体经济组织成员权的理论思考"，《财经科学》，2011 年第 11 期，第 90 页。

② 丁关良：《土地承包经营权流转法律制度研究》，中国人民大学出版社 2011 年版。

③ 国务院发展研究中心学术委员会副秘书长刘守英研究员在"2015 中国农村发展高层论坛"上发言时提出，参见："农村土地三权分置改革专家谈"，《经济参考报》，2015 年 8 月 6 日。

转股权时原有农户承包的财产被合作组织拿走,所以产生了不损害承包权而流转经营权的土地制度创新需求:土地承包权仍然掌握在农户手中,经营权让渡给合作社。另外,根据中央"放活土地经营权"的精神,不论是未来的农用地股份合作制改革,还是落实十八届三中全会提出的"允许土地承包经营权入股发展农业产业化经营"政策,都应当进一步明确允许土地承包经营权入股条件下的土地承包经营权特指土地经营权。而这与国务院办公厅发布的《关于引导农村产权流转交易市场健康发展的意见》(国办发〔2014〕71 号)指导精神①也是一致的。

由此可推断:未来土地股份合作组织将由农民以土地经营权直接入股组建,然后把土地经营权转化为股权。也可以说,在土地承包经营权入股条件下,农民家庭让渡土地经营权后取得股权,土地股份合作组织让渡股权后取得农民家庭曾经拥有的土地经营权,从而实现家庭和集体的双赢。

三、土地经营权入股所形成股权的各项权能

在土地经营权入股情况下,农民将土地经营权的使用权能让渡给土地股份合作组织,只保留收益权能。这里的收益权能中的"收益"只是股份合作组织进行规模经营(自主经营或委托经营)后获得的规模经营收益的一部分,与土地经营权未入股时农民或农民家庭自主经营农用地所获收益不同。因此,这一股权的权能主要表现为部分收益权。进一步讲,由于股权可以带来实实在在的收益,理论上,在一定的约束条件下,农民可以将该股权用于转让、担保,也可以有偿退出、继承。而这些从理论上推导出的股权权能与十八届三中全会关于农民享有对集体资产的各项权能基本上是一致的。

1. 股份占有权

股份占有权是实现股权其他一切权能的基础。由于股权是由享有土地经营权的农民以其土地经营权入股加入土地股份合作组织后形成的,入股农民理所当然享有股份占有权。股份占有权表面体现的是农民对土地股份合作组织的股份权,实质体现的是农民对承包地乃至集体土地的股份权。因为,入股模式打破了承包地之上"集体所有,家庭承包"的旧式人地关系,重新构建了"农民个体按份

---

① 该文件规定"以家庭承包方式承包的耕地、草地、养殖水面等经营权,可以采取出租、入股等方式流转交易"。

所有①，集体经营"的新式人地关系。从这个角度理解，土地经营权入股的过程也是农村再集体化的过程。

2. 股份收益权

股份占有的直观体现就是其收益权。没有收益的股权对于农民没有意义，也将使农村土地股份合作制改革的效果大打折扣。难点在于股份收益的大小该如何确定；与入股前的土地经营权收益相比，股份收益如何更突出地发挥比较优势。现实中，对股份收益的分配有三种做法：第一种是保底收益，第二种是保底收益＋固定分红，第三种是保底收益＋浮动分红。由此可见，股份收益权首先体现的是股权的生存保障功能，或者说利益共享，其次体现的才是风险共担。而制度顶层设计的缺乏，也使不同区域以及同一区域的不同村庄，其农民的股份收益出现较大差别。依据地租地价理论，对不同农业产业化道路上规模经营条件下承包地增值收益各环节做出详尽的分解，成为化解股份收益难题的关键。

3. 股份担保权

股份担保权是指农户或农民个人等将其所持有的股份为自己或其他债务人提供履行债务的担保，当债务人不履行到期债务或发生当事人约定的事由时，债权人可通过折价、拍卖或变卖该股份获得的价款优先受偿。股份担保权从属于债权，随着债权的存在而存在，随着债权的转移而转移，并随着债权的消灭而消灭。其中，股份质押作为股份担保的形式之一，因其操作便捷性，是目前最可能得到推广和落实的股份担保形式。

股份收益权是股份担保权能够设定并实现的基础和前提。农民以股权证所代表的股份权益设定担保权时，需要由第三方评估机构对担保股份依据一定年期的收益做出合理的价值评估。由于目前我国各地农村都处在第二轮土地承包期，在第二轮承包期满后土地承包关系该如何确定、"长久不变"的具体涵义仍不够明确的情况下，将"一定年期"界定为二轮承包期满是比较合理的。一旦农民或其家庭不能及时偿还贷款等债务，其一定年期的股份收益权将由债权人享有，但解除担保权后的股份仍归农民个人所有。

4. 股份退出权

《农村土地承包法》规定的土地承包经营权退出的途径有三个，分别是：承

---

① 在土地经营权入股条件下，土地集体所有制由入股前的"共同共有"转变为入股后的"按份所有"。

包地流转（转让形式）、征地、农民家庭落户城市（设区市）。鉴于土地承包经营权与股权的特殊联系，股份的退出也应当分这三种情况。第一种是承包地以转让形式流转情况下，由于承包地转让后农民失去土地承包经营权，根据前述土地承包经营权与家庭承包权、土地经营权的关系解析，承包地转让后农民同时失去土地经营权，从而也同时失去股权。第二种是征地情况下，由于农民变为"失地农民"，土地承包经营权随即丧失，自然也失去股权。第三种是农民家庭落户城镇情况，与前两种情况类似。值得说明的是，农民个人而非举家搬迁进城的情况下，由于以家庭为单位的（家庭）土地承包权仍旧存在，只是家庭内部土地经营权人的数量发生了变化，体现在股权上，就是同等条件下家庭股份收益的变化。

另外，股份退出应得到相应的补偿，尤其是在承包地转让流转和征地两种情况下，且补偿的额度在某种程度上要体现股份的实际价值。如果是农民自愿举家落户城市，放弃股份，则可以没有补偿。

5. 股份继承权

虽然股权由土地经营权转化而来，但是作为土地经营权来源的土地承包经营权继承，在法律上并没有确切表述。通过对《继承法》《农业法》《土地承包法》《物权法》等法律的梳理可以发现，我国法律对土地承包经营权继承是普遍认可的，但不同法律的具体规定也存在差异。比如，《继承法》（第4条）和《土地承包法》（第31条）允许继承的是承包地收益；《农业法》（第13条）设置继承的前提是承包人死亡；《物权法》（第128条）采用"等方式"的模糊处理办法，按照"法不禁止即可为"的原理，可以认定继承有效。

因此，股份的继承可参照前述法律的立法思路，将股份继承权设置为股权人死亡的前提下，对股份剩余年限收益的继承。

四、实现农民对承包地股份权利必需的制度建设

虽然中央政策和地方实践层面都对农民享有承包地股份权做出了规定和有益探索，但由于相关法律法规的滞后，农民对承包地股份权的行使仍面临约束。为此，需要从以下几方面进行制度建设。

1. 依法合理界定农地"三权"的法律地位

被实践经验不断推动着的一系列农地产权政策调整，正在将我国农地"三权分置"的形态逐步明确化和法制化。由前述分析可见，农民所享有的承包地股份

权与农民依法享有的土地承包经营权密切相关，对股权各项权能的界定都不可回避地要追溯土地承包经营权的权利行使。因此，在中央已经明确了农村集体土地"三权分置"改革思路的情况下，进一步从法律上明确家庭承包权、土地经营权与土地承包经营权之间的法律关系，成为有效发挥农民对承包地股权的首要任务。

2. 创新承包地农业经营体制，建立合理的股权收益分配机制

股份收益权的实现是承包地入股经营的关键。入股后承包地的经营体制问题直接关系到其规模经营效益的发挥。因此，要创新承包地农业经营体制，充分调动农民合作社、种粮大户、家庭农场、农业企业等各种新型农业经营主体的积极性，充分发挥家庭经营、集体经营、合作经营和企业经营等多种经营方式的比较优势，着力提高承包地的规模收益。并在此基础上，运用土地发展权理论，测算不同经营体制条件下，承包地规模经营的不同环节的成本与收益，并在局部地区试点探索，最终形成能够反映规模经营各主体合理利益诉求的股权收益分配机制。

3. 发展农村估价和金融等中介机构，建立农村股权交易市场

不论是股权担保，还是股权退出和继承，都需要对股权收益做出充分、合理的估价。因此，要依托现有土地估价尤其是对集体土地估价经验丰富的估价机构，尽快建立农村股权估价机构，为股权流转提供基础保障。同时，还要依托农业银行、农村信用社等成熟的金融结构，鼓励发展针对农村地区的村镇银行、小额融资及担保机构等中小型金融服务机构，建立针对农民集体资产股份的服务全面、竞争有序的农村金融体制。并在条件具备时，建设农村股权交易市场，促进农民股权效益最大化和农村集体经济运行公开化。

参考文献

[1] 周应江. 论土地承包经营权的身份制约. 法学论坛，2010（4）：150 - 151
[2] 王利明. 物权法研究（修订版）下卷. 北京：中国人民大学出版社，2007
[3] 丁关良. 土地承包经营权流转法律制度研究. 北京：中国人民大学出版社，2011
[4] 刘俊. 土地承包经营权性质探讨. 现代法学，2007（2）：170 - 177
[5] 余梦秋，陈家泽. 固化农村集体经济组织成员权的理论思考. 财经科学，2011（11）：87 - 92
[6] 陈会广，钱忠好. 土地股份合作制中农村土地财产的剩余权与退出权研究. 中国土地科学，2011（7）：19 - 24
[7] 钱忠好. 中国农村土地制度变迁和创新研究. 北京：社会科学文献出版社，2004

第二部分
农业现代化

沿海地区农业适度规模经营演进和中国农村改革：
以江苏省海安县为考察对象的实证研究

随着人民公社制度的废除，中国农村实行了家庭联产承包责任制，提高了农民的积极性和农业生产力。但由于现代技术和规模经济不能在小规模农业生产上实现，小农经营限制了农业的进一步发展，城乡差距加大。许多学者和官员认为农业应该适度规模化、产业化，农村集体经济应该得到发展和"第二次飞跃"。本文假设中国农业的规模化一般会从具有密集资本、技术、组织管理经验和市场需求的东部沿海地区开始。这篇论文通过对江苏省海安县的田野调查，调研规模种养、农业产业化、农村集体经济和土地流转，发现海安县和江苏省其他地区已经形成一定程度的规模经营，并且还在往"适度规模"的方向发展，和当代前三次革命式的农业改革不同，这次是渐进式的演化，是长三角地区工业化、城市化的后果。尽管官方推进"农业适度规模化经营"是在 2000 年后发生的，但这次改革却始于 1980 年代中期的农业产业化探索和合作组织的基层创新。基于强大的工业和资本资源，海安以及江苏的农业正在演进升级，且并不像日本或者欧洲简单的对农业进行财政补贴，而是在真正的进行部门升级，对于参与者来说是可以产生利润的，与之伴随的政府职能和农村社会环境也在不断发生变化。本文还提出了"延续的后路易斯模型"，并进一步分析，农业的规模经营需要伴随城乡一体化和城镇化发展，三者相辅相成。城镇化需要政府投资推进，城乡一体化需要政策上的顶层设计和引导，随之而来的农业规模经营则交由市场完成。在这个过程中，市场起决定性作用，政府起基础性作用。

本文作者：张陶，复旦大学经济学院 2013 级博士研究生，英国剑桥大学发展研究中心联合培养博士，伦敦大学亚非学院访问学者，诺丁汉大学硕士，布里斯托大学学士。

一、引言

家庭联产承包责任制是伴随着 1978 年人民公社的废除而诞生的。将土地承包给农民提高了农民的积极性，并且在 1980 年代早期提高了农业生产力。然而，由于现代技术和规模经济并不能应用和体现在小规模的农业生产上，这限制了农业的进一步发展。随着城市工业发展的成功，1985 年后城乡差距开始拉大。许多学者和官员支持农业规模经营、农业产业化和发展农村集体经济，正如邓小平提出的那样，中国农业应该有"第二次飞跃"。农业的规模化经营发展应该会从具有密集资本、技术、组织管理经验和市场需求的东部沿海地区开始，再逐渐向全国推广。

这篇论文通过在江苏省中部的海安县进行田野调查，调研规模种养、农业产业化、农村集体经济和土地流转，发现海安县以及江苏省的其他地方已经具有一定程度的规模经营，并且还在往"适度规模经营"的方向发展。研究还发现，与当代中国前三次革命式的农村变革不同，这次改革是一次渐进式的演化过程，是长江三角洲地区工业化和城市化的后果。尽管官方推进"农业适度规模化经营"是在 2000 年后实施的，这次改革却始于 1980 年代中期农业产业化和合作组织的基层创新。基于强大的工业和资本资源，海安县以及江苏省的农业正在升级。并且不像日本或者欧洲的农业仅仅简单依靠财政补贴，而是在真正的进行部门升级，对于参与者来说是可以真正产生利润的。文中还讨论了党政机关和基层农民组织也在不断通过制度创新以适应经济结构和农村社会环境的变迁。本文最后提出了"延续的后路易斯模型"（A Continued "Post – Lewis Model"），并进一步分析，农业的规模经营需要伴随城镇化和城乡一体化的发展，三者相辅相成。城镇化需要政府投资推进，城乡一体化需要政策上的顶层设计和引导，随之而来的农业规模经营则交由市场完成。在农业现代化和城镇化的过程中，市场起配置资源的决定性作用，政府起经济建设全局的基础性作用。换句话说就是"政府搭台，企业和农民唱戏"。

二、文献综述：中国农业的发展

1. 家庭联产承包责任制和规模经营

中国目前的农业制度是 1978 年改革人民公社制度后实行的家庭联产承包责任制，该制度允许个体农户向集体承包土地、机械和其他设施。邓小平 20 世纪

90 年代早期提出，在联产承包制发展十年后农业应该有"二次飞跃"。许多学者和官员也认为中国农业应该朝着规模经营、农业产业化和发展农村集体经济的方向发展。

2. 联产承包责任制的局限性

1997 年起，农民收入的增速持续下降，小农户经营激励了农业生产的动力，但也限制了农业的进一步发展。

①土地是行政划分的，产权和交易权缺失和不清晰，不能在市场上交易。一方面，土地结构不能随着劳动力结构、劳动—土地关系的改变而改变（魏东风，2009）。另一方面，缺少长期土地契约的保障，让农民缺失长期耕作的动力，耕种行为短视，滥用化肥，土地肥力衰减（张培刚，2011）。

②中国人口多，耕地少。联产承包制进一步平均分配土地，使耕地碎片化，制约了农业机械化和高附加值农业生产的发展（魏东风，2009）。

③中国历来的传统小农经营被加强，合作和集体经营丧失。中国农业无法向专业化社会化生产经营转型，无法与现代工商业整合对接（张培刚，2011）。

④联产承包责任制缺乏基础设施和公共产品的提供。尽管相对人民公社制度，农业生产的效率有所提高，但从人民公社到联产承包责任制的改革，却让基础设施和社会服务变成了真空领域，农村医疗和教育的提供都相对降低了。1978 年前的农村医疗非常成功，大大提高了预期寿命（Naughton，2007）。小农户很难提供农村基础设施，而集体却可以高效率地提供。

⑤和集体农业相比，联产承包责任制不鼓励农业的资本投入。联产承包责任制改革后国家、集体和农民对农业的投资都逐年下降。投资的减少使得农业生产力和收入增长差距相对快速增长的工业拉大。投资的缺乏使得集体化时代农业的研究创新和推广在联产承包责任制后也停止了，农业新品种的培育、科研的投入都有所降低。另外，农业相关产业，农产品的加工、储藏、运输都由于缺乏投入而处于欠发展状态。缺乏投资限制了农业多样化、农民收入的提高和农业产出的增长（张培刚，2011）。

3. 关于规模经营的争论

一般认为，规模经营可以提高农业生产力、单位土地投入产出，提高农产品质量，帮助转移剩余劳动力到工业和服务业，增加农业劳动收入，提高农村生活水平。根据现代工业经济理论，实现生产现代化的方式是规模化、密集化、机械化生产，从而降低成本、提高生产率和利润。然而在农业实践中人们却很难看到明显效果。提高机械参与度可以提高人均生产率，但并不完全等于提高单位土地产出。给定土地量的制约导致资本投入的边际效益递减。

张孝德（2010）认为农业规模经营会失去农业多样化，导致农产品单一和多元农业系统的崩溃。高密度大规模农业生产可以短期内提高单一作物的产出，但长期降低了土地肥力。传统家庭农场有多元化生产的优势，他们能更高效地利用环境资源，小农生产的总产出效率高于规模农场。如果规模农业的速度超过城市产业化的速度，那么就会导致大量农民失业。产业化的农业生产会对农村劳动力产生挤出效应，造成农民失业、乡村社区的消失。他提到拉美曾遇到这种情况，农田都集中到大农场主手中，农民只能失业变成贫困人口。

农业规模化有可能陷入"农业资本化陷阱"。规模化经营使得农业产业链增长，从而让资本家富裕，农民却没有得到实惠，最后资本家垄断农业生产，最初资本家进入的可能只是高技术农业，但最终会垄断全部农业生产包括传统农业。张孝德举例说，美国超市售价 1 美元的一块面包农民只能得到 6 美分，还不到利润的10%。另外，武广汉（2012）指出单一物种的养殖会导致流行疾病传播的风险，这样的损失远远大于家庭农户的多样化养殖。

4. 中国目前的农业发展状况

黄宗智和彭玉生（2007）提到1990年代出现了两种新的农业生产形式，即生产高附加值产品的"新农业"和适度规模化的"老农业"。前者相对传统作物的耕种是劳动密集和资本密集的，后者相对传统的劳动力过剩或劳动力不足的农田情况，通过土地流转实现充分劳动力的投入。另一些学者提出中国发生着隐藏式的农业革命（Hidden Agriculture Revolution），即向资本主义大农场雇佣工人的方向或家庭农场的方向发展。

黄宗智、高原和彭玉生在文章《没有无产化的资本化：中国农业发展》中通过最新数据发现，每年被企业及家庭农场雇佣的农村劳动力只占3%而自耕农却占97%，但是过去20年中国农业的资本化发展迅速，单位土地的资本投资增长显著。这个现象和古典政治经济学、马克思主义政治经济学以及新古典经济学的理论相互矛盾。18世纪的英格兰和现在印度的情况却是农民大量被雇佣，印度45%的农民被地主雇佣。没有无产化的资本化是中国农业发展非常重要的特征。他们总结道：中国将继续这种以家庭为主、结合农民合作组织、市场导向的农业形态。

黄宗智还指出家庭农场的优势是没有劳动力成本，而企业农场却要支付工人工资，因此家庭农场有更高的投资回报率。在他的文章《小农户与大商业资本的不平等交易：中国现代农业的特色》中提到相对资本主义雇佣工人的规模农场，资本家倾向于通过签约结合的"商业资本＋农户农场"形式。通过签约，资本家克服了田野中监督工人的困难，农业生产的风险也转移给了农户，而小农户由于处于弱势的讨价还价位置，因此更好控制。

武广汉（2012）解释了"中间人＋农户"的模式。和肉类养殖领域"企业＋农户"不同的是，这种形式往往发生在种植领域。农户生产农产品卖给中间人，中间人再卖给商场或顾客。农民自行种植，其收入取决于中间人的收购价或者商品的成交价。小农户和大市场的矛盾，让农民很难直接将自己的产品卖给市场，这就使得农民依附于商业资本。面对处于垄断地位的商业资本中间人，农民会失去生产的动力。他认为"企业＋农户"是更稳定的农业经营形式，因为双方更多的合作和共担风险，双方都希望有稳定的需求和供给，并且政府往往会参与进这种形式。而由于市场的波动，"中间人＋农户"的形式非常不稳定。他提出未来的趋势是从"中间人＋农户"变为"企业＋农户"最后到"企业＋农业基地"，这样资本会从购买农民产品过渡到雇佣农民。

高原（2011）反驳了马克斯·韦伯和卡尔·马克思所认为的小农户会被农业企业自由雇佣工人取代，传统乡村社群会消失的观点。通过研究近15年华北地区某村的变化，高原发现中国的情况和西方经典理论相违背。他发现市场经济对某村冲击很大，传统的粮食和棉花种植被替换为高附加值的劳动密集的温室蔬菜种植，但小农户却没有被农业企业所替代，农民变成了小资产阶级，村委会的功能从行政机构转变为经济服务机构。农民们建立经济合作组织来纵向整合生产和商业销售链。这样的变化让小农户能够面对大市场的环境。

三、中国沿海东部地区和江苏省农业规模经营的情况特点

1. 中国沿海地区的特点

中国分布着不同特点的地缘经济区域。按照经济发展水平，学者将之分为三个部分，即东部、中部、西部；或四个部分，即东部、中部、东北和西部。

按照不同地区的发展阶段和特点，分别研究农业发展阶段是比较合理的。东部地区是中国经济上最发达的地区，其第二、第三产业占经济总量的比重也高于其他地区，是最有可能实现农业规模化组织生产和农业产业升级的地区。规模经营应该会从东部开始，因为这个地区有着人力资源优势、对高附加值农产品的市场需求、足够的资本和组织经营管理的经验，这个地区的政府也有足够的财政能力去补贴农村进城的移民，另外这个地区的新型农业项目因为有利可图，足以吸引到足够的资本投资，而非单靠政府补贴。

2. 江苏省的情况

①规模经营的驱动力量。江苏是中国人口最多的省份之一，每家农户分到的土地有限，并有大量的农村移民，大部分青壮年劳动力都已转移到了城市的第二、第三产业，而农村中剩下的劳动力多是老人和女性。这样，一方面种养专业户得不到足够的土地，而另一些农户却不认真对待他们的耕地，结果便出现了农户之间自行相互流转土地的情况；另一方面，江苏的工商业非常发达，所以这里有足够的剩余资本可以用于投资农业。

②规模经营的基础。苏南地区，第一产业占经济总量的比重为 2.8%，这和美国的 2%、日本的 1.4% 非常接近。第二、第三产业在苏南地区占经济总量比重分别为 58.7% 和 38.5%，城市化率为 67%，72.6% 的劳动力被非农部门雇佣，大部分农村劳动力被转移到了乡镇企业、农村服务性产业和自营经济。苏南的农村社会保障系统已经建立起来，三大居民社保系统——基本资助保障、基本医疗保险和失业保险——已经覆盖了 95% 的农村居民（Liu，2012）。

③规模经营的情况。2008 年，江苏省共有 2286 万亩的土地实现规模经营，占耕地总面积 32%，其中 792 万亩（约占联产承包土地的 15.8%）是通过土地流转的形式实现规模经营的。直到 2012 年，共有 3026 千亩土地实现规模经营，约占总耕地面积的 43%。基于 2009 年 9 月份的统计，江苏还成立了 2.2 万个农民专业合作组织，403 万户加入了农民经济合作组织。农民合作组织发展飞速，截至 2011 年，共有 3.8 万个农民合作组织成立，42% 的农户加入。

四、方法

1. 研究问题和目的

本研究的目的是为了了解当下中国东部沿海发达地区农业发展的情况和渐进规模化"二次飞跃"以及农村集体经济成长的趋势。此研究将实证检验上文中沿海发达地区的假设条件特点是否成立以及是否有规模经营的趋势。通过对海安的田野调查和实证研究，本文将找出：农村的现实情况、家庭联产承包责任制的表现和局限、规模化经营发生在沿海发达地区的原因、在海安出现了哪些形式的规模经营以及它们的表现、它们是如何发展的、规模经营将给中国的农民农村农业带来哪些变化、谁更愿意开展规模经营而谁却不愿意以及这是否给下一阶段的中国农业改革提供了一个模式。

2. 海安的概况

海安县位于江苏省的中部，南通市的北部，有着 8.55 公里的黄海海岸线。2008 年人口统计数量 938100 人。2011 年土地面积为 1108 平方千米，2011 年末，耕地面积 806.8 千亩，共有 10 个乡镇。

作者选择海安作为考察对象的原因：2011 年，海安县的经济生产总值429.52 亿元，城镇居民年平均可支配收入 23775 元，农民年平均可支配收入11216 元，三大产业占经济总量比为 10∶53.1∶26.9。经济发展水平和工业化水平比苏南地区低，比苏北地区高。和高度工业化的苏南比，位于苏中地区的海安县还有十分可观的农业存在。海安也是全国的百强县，它应该是全国农业最发达的地区之一。因此，选择海安县作为调研中国农业的现状和"二次飞跃"的趋势应该是合适的。

3. 田野调查 (Field Work) 的方法

本文为定性实证研究（Qualitative Empirical Research），通过走访、访谈、记录、笔记、照相和文件档案收集的方式进行。在调研过程中，作者在当地有关党政部门，特别是南通市和海安县农办农委的帮助下，调查了海安县所有形式的农业经营组织，尤其是规模的、产业化的、资本密集和高附加值的农业经营。为了收集无偏的基层的信息和观点，作者只身调查采访了当地农村居民，进行了一个多月高强度的田野调查。

①田野调查的乡镇。此次调研的乡镇包括海安镇、墩头镇、曲塘镇、雅周镇、大公镇、南莫镇、白甸镇、城东镇、角斜镇、老坝港镇、滩涂。不同的乡镇有着不同的情况，它们生产不同的高附加值农产品，然而基本农产品却是相同的，即稻米、小麦、油菜花、桑叶和蚕茧。海安镇是海安县的行政中心，一个乡镇花数天的时间进行田野调查。

②深度访谈（In-depth Interview）。此次调研一共访谈了大约 60 人，包括海安县的党政干部，南通市和海安县分管农村农业的党政干部和农业部门的公务员，乡镇的党政干部，村委会主任，村党支部书记，农村居民，田野上的农民，当地自营业主个体户（例如开小店卖鱼汤面的老人），农业企业的企业家，全职和兼职的农业工人（被企业和当地政府雇佣），合作组织和种养大户的负责人。一部分访谈是正式的，用录音和笔记对谈话内容进行了记录，并且参与人签署了同意访谈的文件，另一部分是非正式的，通过田野、途中、吃饭时轻松的闲聊。

③文件收集。文件（包括数据）收集主要来自党政机关、村委会、合作组织、涉农企业、涉农研究学会和涉农协会。其中党政机关文件收集从省、市、县

到乡镇。文件包括政府部门关于农业和农村经济政策的文件、统计数据、调研报告，涉农研究机构的研究报告，各农业合作组织和企业的介绍。

五、结果和讨论

1. 规模化经营的背景和驱动力量

海安是中国经济最发达的县之一，有着比较发达的农业部门和足够吸纳剩余劳动力的产业部门。这个县有着相当面积的农田和全国领先的农业产业，不像苏南地区那样过度工业化和城市化而几乎丧失农业。海安县农村劳动力不足，仍然从事农业生产的以55岁以上的老人居多，所以海安存在土地流转的供给。当地企业家在外投资工商业取得了一定的资本积累，想要在老家投资农业，这形成了对土地流转的需求。发达的工商业和经济组织、面积可观的农田、农业劳动力的不足、富余的资本，这些条件创造出了海安县农业规模化经营的内部因素。

海安县坐落于长江三角洲北部，靠近苏南和上海这些经济发达的地区，对农产品有着大量的需求。地区发达的交通运输，海安县良好的基础设施和投资环境，能够吸引到来自苏南、上海和浙江的投资用于农业生产和农产品加工。海安县还有来自海外对于高附加值农副产品的需求，通过南通港和上海港出口。外部地区对农产品尤其是高附加值农产品的需求和外来的投资，这些是规模化的外部驱动因素。

另外，通过与高校和研究机构的合作，海安县在技术上做好了农业部门升级和生产高附加值农产品的准备。自2000年起，各级党政机关对于适度规模经营的政策鼓励，对其农业发展起到了积极作用。以上内外因素都促使海安县农业向着规模化发展。

2. 不同类型的规模经营

根据调查，许多种不同形式的规模经营和集体经济都渐渐在海安形成。与欠发达地区普遍存在的个人农场和外商直接投资（FDI）占据的农业投资不同的是，海安大多数农村经济组织和农业投资都来自当地。

（1）种养大户

种养大户是由一个种养能人或者几个人合伙承包超过50或100亩土地从事农业生产。种养大户的规模往往大于一般农户小于农业企业。崔军是一个种养能人，他在2009年开始从事设施农业，从当地以平均每亩1000元的价格流转了超过 200 亩的土地，每年五月和十月支付租金。如果没有自然灾害，他的农场每年每亩可以收入 8000 元，其中 2000 元为净利润，200 亩地每年可获得三四十万元利润。他平常雇佣 15 名当地老农民，支付他们每人每天 50 元的工资。在农忙的时候，雇佣 30～40 名当地人，支付 40 元的日工资。农业保险和设施的成本则是由政府补贴承担。市场和买方更倾向于从种养大户而非小农户手中购买农产品。生产规模越大，其产品越好卖。大农户产品的质量也比小农户更容易监管。

（2）农业企业和农业产业化

海安县共有 2 个 100 亿规模的农业集团分别为丝绸企业和水产养殖企业，3 个 50 亿规模的集团，3 个 20 亿规模的集团。全县共有超过 100 家规模农业企业，其中 1 家是国家级农业龙头企业，7 家是省级农业龙头企业，19 家是市级农业龙头企业，13 家是县级农业龙头企业。规模农业生产加工企业共创造了 133.4 亿元的产值，7.93 亿元的净利润。

海安县的绝大多数大型农业企业都是当地人创立的，其中一些是原国企和乡镇企业改制后的股份制民营企业，另一些是民间成立的股份制企业。另外海安还吸引了外来投资，包括海外投资。2005 年，海安县吸引了 3.8 亿元人民币外来投资和 1787 万美元的国外直接投资用于农业，有许多小公司是由外地人成立，外商直接投资（FDI）一般是以股份合资的形式存在。但在海安却没有发现大型跨国企业，像雀巢这类大型跨国企业在当地无法和本地企业竞争，他们一般会选择去缺少投资的欠发达地区，例如雀巢在云南设立了他们的公司和生产基地。

除了外国企业，其余所有在文献综述中阅读到的企业经营形式在海安县都可以找到，如"企业 + 农户"、"企业 + 基地"、"企业没有种养基地"。另外，在海安还发现了文献中没有提到的"企业 + 分包工厂"这种形式。

（3）公司 + 农户 + 分包工厂

鑫缘集团是世界上最大的丝绸生产加工企业和中国第三大农业企业。它成立于 1994 年，是伴随着中国工商业和农业生产、加工、零售的发展而起步和壮大的。企业的生产经营形式类似于"企业 + 农户"。鑫缘集团发展出一套"企业 + 蚕茧合作社 + 农户种养基地 + 工厂 + 国家级丝绸产业工程技术研究中心"的模式。集团有 15 家分公司，18 家子公司，2 家国际商贸公司。2011 年，集团（不包括农户种养基地和分包工厂）年营业额 28.5 亿元。集团和 49 家生产加工厂以及 10.4 万户农户（共 120 千亩桑蚕养殖田）签约了分包合同。集团的两家脱机商贸公司在全球有 92 家零售店，创造了每年 8000 万美元的出口营业额。

为了鼓励农民养蚕和加入合作社，集团补贴每亩 50～100 元给选择养殖高质量蚕茧的农户，一次性 5 万元的补贴给选择养殖彩色蚕茧的农户。集团还补贴农户一半的农业保险。超过 10 万农户加入了鑫缘集团牵头的合作社。为了升级产品，鑫缘集团拥有四个国家级农业研究中心并且和江苏大学长期合作，另外鑫缘集团还向农户提供技术支持。

（4）自己有农场基地的公司

这种形式的公司有自己的种养基地，不用和农户签约，也不向市场购买原材料。海安新高水果公司流转了 800 亩土地，其中 600 亩是耕地，当中 60 亩用来种植达到国际安全标准的有机梨。公司本着"高资本投入和高赢利"的理念生产高质量梨，产品销往江苏和上海各大超市。新高公司每年还用自产梨生产 1000 吨高质量的水果罐头出口到日本。公司每年每亩平均收入达 5000 元。然而到 2012 年为止，公司的投资还未能够回本，面临无力流转更多土地和无法雇佣足够能干工人的困境。公司每年支付每亩 1000 元的租金，工人多是当地六七十岁的老人，每天工资六七十元。公司使用的高技术设备和基础设施都是由政府提供补贴。

和正在探索如何盈利的新高公司相比，中洋集团则是一个成功的案例。中洋集团用黄海边的滩涂作为自己的水产养殖基地。海安县有 8.55 千米长的海岸线，滩涂 13.67 千亩，每年滩涂还会向海延伸 25 米。每年新增的土地属于省政府，然后被分配给不同的项目。中洋集团从政府承包的土地价格远低于从农民手中流转土地。集团有 1500 亩露天养鱼塘，120 平方千米的厂房温室养鱼塘。公司雇佣大学毕业生从事养鱼工作。中洋养殖的鱼类都是高附加值的高技术和高资本设施投入的鱼类，他们的温室鱼塘设施可以提供恒定的亮度或者暗度、恒定的温度、恒定的水质等，这和可以分包给农户或其他公司的蚕茧养殖不同，公司需要自己投入养殖基地。集团目前养殖的鱼类包括河豚、鲥鱼、刀鱼、扬子鳄和大鲵。其中两种是国家一级保护动物，三种是国家濒危动物。每年总产出 1 万吨，鱼类产出 2500 吨，年鱼类营业额 40 亿元。他们的鱼尤其是长江河豚销往全国 30 余个城市。

（5）有自己工厂和种养基地的公司 + 合作组织 + 农户 + 市场

康德生物生产有限公司主要生产鸡、鸡蛋和鸡蛋制品。公司每年用 15000 吨鸡蛋生产 5000 吨鸡蛋粉和 10000 吨鸡蛋液。其中 5000 吨鸡蛋由自己的养殖基地生产，另外 1000 吨鸡蛋则从农户手中购买，公司通过合作社和农户签订保护价。康德的养鸡场是密集化的养殖工厂，可节省约 60% ~70% 的土地。由于农产品价格每年波动较大，农产品初加工存在高风险。工厂化生产鸡蛋可以使公司降低风险。许多大型零售和食品公司向康德公司购买鸡蛋和鸡蛋制品，例如雀巢（Nestle）、味千拉面（Ajisen Ramen）、元祖食品（Ganso）、肯德基（KFC）、徐福记

（HsuFuChi）等。相对小农户，这些大型食品企业更希望从大企业购买农产品，因为其质量能够得到保证。

（6）非传统农业和工厂化农业生产

润农菇业有限公司在工厂里用小花盆中的营养土生产高质量有机蘑菇。种植蘑菇（金针菇）就像流水线生产，在蘑菇不同的生长阶段，蘑菇花盆会被放置在由空调调节的不同温度的厂房里。润农公司的土地是以每年每亩1200元的价格从当地农户手中流转，其工人也是雇佣当地的老人。

（7）比较和讨论

"企业＋农户"的形式存在农户是否遵守合同的风险，当农产品市场价低于合同价时，农户会按照合同价将产品卖给企业，而一旦市场价高于合同价时，农户往往会打破合约卖向市场，而企业不可能和每一户违约的农户打官司。鑫缘集团的总经理说："签约农户中大概有20%的违约率，公司对农户的违约根本没有办法，但这个违约率是可以接受的。"

尽管有这些问题，规模经营仍然有许多优于小农经营之处。首先，种养大户和企业更有能力得到贷款，小农户却很难。第二，集约化的农业生产对环境的保护更好，例如猪集约化养殖之后，农村的环境明显比每家农户有个猪圈改善很多。第三，市场和买方一般都喜欢从大户或农业企业购买，而不是从每个小农户采集，规模越大其农产品越好卖。这是由于以下原因：①对于大批量采购来说，从一个供货商购买要比从许多不同的供货商购买容易得多；②零售商和加工厂更喜欢向稳定的能保证数量的供货商购买；③从一个固定的供货商购买，质量是可以保证的，对质量的跟踪和监督更加容易，这样食品更容易达到安全标准，事后对质量问题的理赔也更加容易；④农业企业一般有更好的研究、技术和设备投入，其产品往往有更高的质量和更高的附加值，这样利润也能上去。

（8）谁来投资农业项目，哪些企业可以从农业项目投资中获利

根据研究，愿意投资海安县农业项目的商人大多是本地人，其在外从事工商建筑业积累了一定资金，有回家乡投资农业的意愿。农业是个高风险的产业，有很多不可预测的因素影响产出，例如高波动的市场价格风险、气候风险、政府政策风险。能够在农业项目投资中取得成功的人必须具备五个方面的特点，即有相关农业生产知识、有能力、有资金投入、有市场销售、有一个很好的项目，而且由于农业项目特点和工商业也不同，必须能够得到政府的补贴支持。缺少这五方面中的任何一项都会影响成功。

3. 农村集体经济的发展：合作组织

合作组织的基本思路是整合资源、分担风险和合作共赢。农民合作组织可以由个人或单位来组织进行农业生产销售活动。合作组织可以有不同形式，但都需要有农民参与，农民合作组织的形式一般是"农民 + X + Y + Z…"其中 XYZ 可以是任何参与方，例如投资人、企业、协会、政府农业服务部门、研究机构、专家、交易市场、工厂、中间人、零售商、物流公司等。

（1）农民合作组织的形成

1980 年代中期联产承包责任制提高了农民的积极性，但随着农产品市场的形成，小农户和大市场的矛盾逐渐凸显。在此背景下，服务农户的组织开始出现，包括提供农业技术的协会、购买农机和销售农产品的合作社等。但在这一阶段的农民合作组织有着规模小、不稳定、缺乏标准的特点。这一阶段的农民合作组织发展了 15 年左右。

到 2000 年，江苏省发布了《关于发展农村专业合作经济组织的意见》，开始官方推广合作组织。2003 年，省政府在《省政府关于推进农业产业化经营意见》中说明，合作组织是农业产业化的三个主要组成部分。2004 年，省财政部发起了补贴农民合作组织的特别基金，2007 年 3000 万元，2008 年 5000 万元，2009 年达到 9000 万元。在政府的支持下，合作组织的质量和数量都有了很大的提升。根据农村经济部门的统计，到 2009 年，江苏省有 22 万个合作组织，403 万户农户会员，其中 21 万个合作组织和 52.8 万户农户是注册过的（省合作社发展研究，2009）[①]。

（2）三大合作组织

江苏共有三种主要形式的农民合作组织：土地股份合作社、专业经济合作社和社区经济合作社。由于土地合约，土地股份合作社是最严密的合作组织。在这种形式下，农民的收入由土地流转的租金、社会保障支付、合作社分红和工资组成。专业经济合作社主要是提供专业服务，例如种苗和饲料的提供、防疫服务，这种合作社还在向囊括加工和市场销售的方向发展。社区股份合作社管理划分财产和资产，支付参与人分红和保存用于投资和风险的基金，保证农村居民的资产增值。

（3）海安合作组织的现状及作用

到 2012 年，海安县拥有"三大合作组织"481 个，包括 322 个农民专业合

[①] "江苏农民专业合作社发展研究"，《江苏省农业经济学会课题研究报告汇编（2009 年度）》。

作社，其中 6 个是更高级规模更大的合作联社，143 家农地股份合作社，16 家社区股份合作社。海安县的合作社共有 20.53 万个会员，占农户总数的 80.3%，超过 4 万户农户参与了合作组织。15 家专业合作组织接受了 293 万元补贴。社区股份合作社共有 8200 个会员，共有资产 7500 万元，年收入 850 万元，年分红 560 万元到农户手中（三大合作总结，2012）①。通过加入合作社，农户获得了分红形式的稳定的长期收益。有证据表明，加入合作社的家庭收入增长快于没有加入合作社的家庭。

海安县的合作组织囊括了绝大多数农业领域，包括 126 个种植业、8 个林业、68 个养殖业、33 个渔业和 35 个农机领域。合作组织或合作社的形式多种多样，例如，37 个合作组织由农业龙头企业组织，205 个合作组织由种养能人组织，39 个合作组织由农业专家组织。

合作组织的发展使得高效农业得到了发展。到 2012 年，高效农业的面积达到 328 千亩，合计占总耕地面积的 40%。高效水产面积达到 56 千亩，是前一年的两倍。由于 2012 年春蚕茧涨价 33.7%，鑫缘蚕茧合作社由鑫缘集团牵头，超过 10 万户农户参加了合作社养殖桑蚕。通过加入康全鸡蛋合作社，3600 户农户收入增加了 5000 万元（调研汇编合作社探究，2012）②。这样规模经济得到了实现。

合作组织的发展又让土地规模经营得到了发展。通过加入土地股份，农户的小片责任地能够整合成规模农场。2011 年年末，土地的适度规模经营面积达到 565.6 千亩，合计占总耕地面积的 72.7%（三大合作总结，2011）。

4. 土地流转

一个重要的规模经营手段就是土地的积累和整合，所有的土地流转活动必须是"依法、自愿、有偿的（海办发 [2008] 77 号）"③。

（1）海安县土地流转的现状

直到 2012 年，全县实现集聚性的土地流转 218.7 千亩，适度规模经营的土地共 565.6 千亩，占全县所有承包地的 72.7%。其中，2012 年新增流转土地 115.4 千亩。土地流转共有五种形式：①分包 14.6 千亩，占流转总量的 6.7%；②出租 128.7 千亩，占流转总量的 58.8%；③交换 4.8 千亩，占流转总量的

---

① 海安县农办："强化'三大合作'建设 不断推进管理规范化"，2011 年"三大合作"工作总结，2011 年 12 月。

② "海安县农村合作社探究"，《中共海安县委农村工作办公室调研文章汇编》，2012 年 2 月。

③ 海办发 2008 年 77 号文件："关于推进农村土地流转促进片区农业经济发展的意见"。

2.2%；④出让27.1千亩，占流转总量的12.4%；⑤合股43.5千亩，占流转总量的19.9%。其中耕地共流转182.5千亩，占流转总量的83.4%，非耕地流转36.2千亩，占流转总量的16.6%。

土地流转的目的是不同的，162.5千亩用于农作物种植，占流转总量的74.3%；6.2千亩用在造林和树苗种植，占2.8%；6千亩用于活禽养殖，占2.7%；28千亩用于水产养殖，占12.8%；16千亩用于打造村级创新园，占7.4%。基于流转的特点，大量土地流转向专业种养大户，流转50亩以上的种养大户156个，占承包农户的8%，他们总共流转了116.9千亩，占土地流转总量的53.5%①。

（2）土地流转的价格

基于大于50亩农用地和大于15亩农用地的统计，县平均流转价格为每亩1028.25元人民币。共有29234.79亩土地流转价格为每亩1000～1099元，占土地流转总量的42.1%。

表1　　　　　　　　　海安县土地流转价格

土地流转价格（元）	面积（亩）	比例（%）
全县流转总量	69606.65	100
<600	223.6	0.3
600～799	783.45	1.2
800～899	12056.33	17.3
900～1000	8939.18	12.7
1000～1099	29234.79	42.1
1100～1199	3953.15	5.7
1200～1299	8842.26	12.7
1300～1399	2351.71	3.4
1400～1499	1898.36	2.7
>=1500	1323.82	1.9

数据来源：海安县农办，截至2011年。

（3）影响土地流转价格的因素

每个乡镇的土地流转均价都不相同，全县经济最发达的海安镇和城东镇均价

---

① "海安县土地流转报告"，《中共海安县委农村工作办公室调研文章汇编》，2012年2月。

最高。相对最欠发达的雅周和大公两个镇最低。通过表 2 的数据比较，不需要通过计量就可直观地得出，土地流转均价和经济发展程度高度正相关。

表 2   **海安县乡镇土地流转均价**

乡镇	累计土地流转面积（亩）	均价（元/亩）
角斜镇	5027.44	1092
李堡镇	3682	1039
大公镇	7183.31	944
城东镇	2874.7	1161
海安镇	17618.85	1098
曲塘镇	6380.6	1046
雅周镇	7064	894
南莫镇	5401.1	1072
白甸镇	10731.65	946
墩头镇	2643	1022

数据来源：海安县农办，截至 2011 年的累计面积和当年均价。

不同的土地用途也可以影响价格。海安县的大规模土地流转主要用于产业、水产养殖和设施农业，分别占 31.4%、22.3% 和 19.4%。不同的项目流转成本差距也比较大，农业休闲项目的流转成本最高，平均每亩 1254 元；而正常的种养流转价格较低，平均每亩 918 元。

2009 年，江苏省发布的土地流转建议价格是苏南地区每亩 600 元，苏中地区每亩 650 元。调研发现，实际流转价格高于政府建议价。在邻近县级市如东市和如皋市的调研发现，流转平均价格大约分别为每亩 1200 元和 1500 元。总的来说，土地流转价格明显高于预期，这是因为土地需求总是大于供给。

（4）流转的困难

大批农村青壮年进城务工，留在农村从事农业生产的一般都是超过 55 岁的老人，即使是这些老人，他们也是一边做雇佣工人一边种田，白天出去工作，晚上回家种田，他们只花了 10% ~ 20% 的空闲时间种田，种田的收入也往往低于家庭收入的 20%。年龄在 55 ~ 80 岁之间、经历过 80 年代大包干土地改革的人，尤其珍惜他们的土地。在以前，当社会保障没有覆盖农村的时候，耕地就是他们的保障，因为家里有地，进城务工失业后，他们还可以回乡务农。因此，持有土地的传统挂念深深扎根在人们心中，有地就有安全感，俗话说"手中有地，心里不慌"。

即使老人有社会保障并可以通过土地流转获得租金，作为兴趣爱好，他们往往更希望有一块地可以自己种。为了支持这个论点，当我调研一个农民拆迁安置小区时发现，他们扒开小区花坛的土，改种蔬菜。这个论点还可以被另一个证据支持，我访谈到一个进城务工的年轻人，他说："我支持政府的拆迁安置项目，我的爸妈在田里劳作一辈子太辛苦，现在我们家庭有足够的收入过生活，爸妈应该不要种田了，在安置的新房子里安享晚年，但他们仍然还想种田"。这些因素都使得土地流转的供给低于预期，高于预期的土地流转成本又让农业投资人在土地集中上力不从心。

（5）为什么更发达的苏南地区土地流转费用反而低于次发达的苏中地区

上文提到，土地流转价格和经济发展程度正相关，然而更发达的苏南地区土地流转价格却低于次发达的苏中地区。为什么苏南地区在预期上和实际上土地流转价格都要比苏中地区低？这是因为苏南地区工业化、城市化程度更高。主要的农村劳动力都已经被产业吸纳，只有非常有限的劳动力仍然在农田劳动，人们对于保留土地的观念比苏中地区弱得多，于是土地供给更多，所以价格更低。

（6）哪些人倾向于出让土地，哪些人不愿意

出让土地的偏好程度取决于他们原本从事的农业劳作获得的收入与流转后的租金收入的比较。对于已不从事农业劳动的人来说，他们毫无疑问愿意流转土地，正如苏南地区的例子。苏中地区情况复杂一些，农民对于流转的态度取决于租金是否能够超过他们种地的收入，如果原来农民种植低附加值传统作物，例如水稻和小麦，一年一亩种两季的最高收入为1200元，他们会愿意流转；如果原来农民种植高附加值作物，比如收入能达到每亩每年5000元，他们就不会愿意按照一般的价格流转，投资者也没有能力支付如此高的租金。

这可以得到田野调查的访谈证据支持。作者在县政府大楼前非正式访谈了两位从事植被浇水工作的农民，他们都来自如皋市，那里的土地流转均价是每亩每年1500元。一位接受访谈的农民不愿意流转他的土地，因为他种植树苗一年一亩能获得5000~6000元的收入；而另一位被采访种植水稻的农民非常想流转他的土地，但他说这并不容易，因为投资者往往想要上百亩连片的土地，村里一些农户不想流转，于是他的农田也就没法流转。

（7）何时苏中地区土地流转价格会下降

鉴于国务院关于耕地保护政策的推出，苏中地区将不能像苏南地区那样通过牺牲农业和耕地，来推动剧烈的工业化和城市化。目前新的农业保护政策规定，耕地总面积要保持恒定。那么未来，当现在六七十岁的老农民老到没有种田能力的时候，他们将更愿意流转出他们的土地，这也许还要十到二十年的时间，那时

候苏中地区农村土地流转价格就会大幅度下降。

（8）土地流转体系——乡镇土地流转市场的建立

海安县建立了县、乡镇、村三级土地流转服务系统。县农村土地流转服务中心主要是提供信息发布，给下一级土地流转机构提供培训，规范土地交易行为，提供法律和政策服务。乡镇建立土地流转市场，这是绝大多数土地流转活动发生的地方，流转服务由乡镇政府提供。

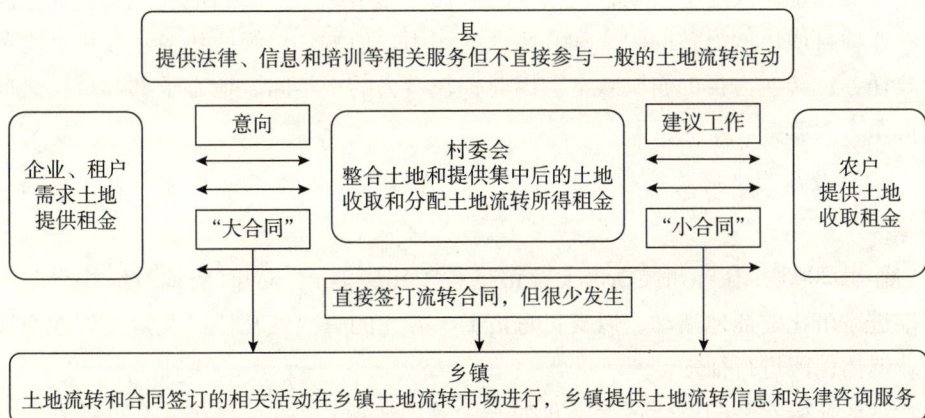

县
提供法律、信息和培训等相关服务但不直接参与一般的土地流转活动

| 企业、租户
需求土地
提供租金 | 意向 ↔ "大合同" | **村委会**
整合土地和提供集中后的土地
收取和分配土地流转所得租金 | 建议工作 ↔ "小合同" | 农户
提供土地
收取租金 |

直接签订流转合同，但很少发生

乡镇
土地流转和合同签订的相关活动在乡镇土地流转市场进行，乡镇提供土地流转信息和法律咨询服务

图1　海安县土地流转服务系统

土地流转市场的功能：①提供土地流转合同的法律法规服务；②收集、登记和发布土地流转的相关信息；③提供流转活动的场所、组织供需双方的协商、组织流转租金的议价和拍卖；④提供中介服务，帮助农户和土地股份合作社流转他们的土地；⑤流转集体所有土地；⑥为土地流转提供文本服务；⑦为流转各方提供交流沟通和引导服务，督促流转各方履行他们在合同中规定的义务，并尝试解决流转过程中发生的争端和纠纷。

2009年，海安县有三笔大规模农业投资通过土地流转市场完成了2000亩土地的流转，共计4000万元。村委会一般充当土地需求者和农户间的中介机构。一方面与需求方协商，签署"大合同"；另一方面和每一户提供土地的农户签署"小合同"。承包地的流转费用和租金全部归农户所得，村集体收入来自流转出的集体所有土地，例如道路、河流、桥梁。

5. 社会和政策变化

（1）地方党组织、村委会和乡镇政府的功能转变

自20世纪三四十年代以来，农村基层党组织和政府的主要功能是动员农民、

居民完成来自上级的政治任务，例如 20 世纪 90 年代收农业税。2000 年尤其是 2006 年全面免除农业税后，乡村党组织和政府的功能转变成以为居民提供社会经济活动的服务为主。

地方政府建立了许多新的服务性部门，例如每个乡镇都建立了土地流转交易市场、农经部门、农业技术部门等。这些部门为农户和其他组织提供了商业、经济、社会或技术上的服务。

村委会也深入经济活动，例如参与农民合作组织，发挥当地农民和企业家投资农业项目或土地流转的中介和联系人的作用。地方党组织的任务从收税之类的行政任务，转变为帮助农民致富。因此，在过去的十年间，地方干部和村民之间的关系大大改善。

（2）政府的土地政策转变和农民对于流转态度的转变以及劳动力市场的环境变化

作者 2005 年在苏州吴江市七都镇进行了田野调查，当时当地政府积极参与到推进城市化的征地活动，以支付每亩 1.5 万元的一次性补偿以及给予失地农民特殊退休保障进行征地。

这次在海安县的调研情况，正如一个农民所说："没有村民会在拆迁安置和土地流转中受到损失，只会赚不赔，尤其是拆迁安置"。如果征收宅基地，政府和开发商要为拆迁农民提供全新的更大的安置房，并且还要支付原来老房子的装修成本。如果投资者想要流转征用耕地，需求方需要每年支付农民不低于原土地上从事农业生产所获得的收入的租金。一个农民说："如果有人想一次性付款转租一片农用地，他所要支付的价格将超过 10 万元一亩。"这比作者 7 年前在苏州调研发现的价格高出了几乎 10 倍。

政府对于土地流转的态度也发生了转变，海安县的土地流转是在各方自愿的基础上，政府只是发挥了中介和见证人的作用。目前劳动力市场的环境也发生了变化，从找工作难到用工难。正如田野调查中发现种地和农业企业雇佣的人员都超过 55 岁，年轻劳动力都在城市和产业部门工作了，企业家越发觉得难以雇佣到足够的能胜任工作的劳动力。充足的就业机会，让农民更愿意流转他们的土地。

六、农业改革和中国农村发展

当代中国农业经历了三次革命式的巨变：第一次是新中国成立前后的土改分地；第二次是 1950 年代将农村整合成农业生产集体，即"人民公社"；第三次是解散生产集体，并将土地包产到户，设立市场机制。现在发生的第四次中国农村的变革，和前三次革命式巨变相比，是演化式的改革，渐进地改变着中国的农业和农村经济。

1. 市场导向的结合基层创新的渐进式改革

经过 30 年的联产承包责任制，海安县的农业适度规模经营取得了一定的发展。适度规模经营和发展集体经济目标看起来和毛泽东时代通过集体化公社化升级传统农业一致，但两次改革的方式和策略是截然不同的，发生的情况和社会环境也是截然不同的。这次的规模化改革是基于基层创新和市场导向的渐进式的自发改革，而人民公社则是自上而下的革命运动，比如从土改到人民公社只用了 6 年时间，而 3 年自然灾害后又回到了相对适中的生产队规模。

这次变革具有以下特点：①渐进主义：经过几乎整整 30 年的演化，还在向着适度规模经营发展，改革之初也没有规划一个路线图；②基层创新：尽管官方给出的"适度规模经营"的概念和政策导向出现在 2000 年后，但基层对于规模化经营的试验却早在联产承包制开始时就有了，吴斌（2003）也发现陕西黄土高原的农民也建立农民自发组织来实现可持续发展；③持续性制度创新：基层党政机关和农民组织不断进行制度创新自我转型，以适应经济和社会的变化，从计划指令的接收执行变为更好地为经济和社会提供服务，从而更好地为人民服务；④市场导向：前三次巨变是以指令和动员的形式完成，而这次主要是依靠市场机制完成。现在地方政府职能主要是提供制度和服务，例如建立土地市场流转交易的制度。政府对于经济的干预程度在逐渐下降，一旦制度和法律框架建立完成，正常的经济活动一般交由市场完成。2005 年作者在苏南地区做田野调查时，政府曾积极参与到征地活动中推进城市化，7 年后在海安县调研时发现土地流转和积聚是市场行为。

这些特点体现出，现在发生农业的第四次变革是个典型的"后 1989 式"的改革，中国的马拉松式的社会革命从 1911 年开始到 1989 年结束，演化式的改革成为 1989 年后的中国模式，也是现在中国农业改革的方式，并且将持续下去。

2. 基于强大工业部门基础之上的农业发展：一个反向刘易斯模型，还是一个延续的刘易斯模型？

目前农业改革上的成就是基于中国工业发展的成功，强大的工业提供了中国农业"二次飞跃"的基础。经典的发展模型"刘易斯二元模型"认为，农业是给工业发展提供资源和劳动力的。刘易斯模型也许可以解释建国后 50 年中国城乡二元结构，以及农业哺育工业的历史。姚树洁（2000）认为尽管中国农业占

GDP 份额在逐年下降，农业对其他产业一直是重要的发展推动力，然而其他产业的发展对农业的贡献却很小，这源于长期偏向城市的经济政策和对城乡移民的限制。他指出农业的表现对于整个中国经济是至关重要的，高速增长的年份与惠农政策和农业表现高度正相关，反之亦然。

因此一个表现良好的农业对中国非常重要，原有城市优先的"不平衡发展"战略，只是临时性的政策杠杆。自从工业成为了世界最大的产业部门，中国自 2000 年开始用工业反哺农业，促进其升级。近 10 年的城乡发展看起来是反向的"刘易斯模型"（A Reversed Lewis Model）——正如作者在海安发现的，农业大项目的投资来自于工业，政府也从工业提取税收反哺农业——但这其实是一个国家完成工业化后，继续的"后刘易斯模型"（A Continued "Post – Lewis Model"）。

3. 中国农业和农村发展的趋势

（1）地区性问题

在田野调查和研究中发现的结果也许只对沿海发达地区农业的现状和发展趋势有代表性和参考价值。中西部有着和东部完全不同的情况，某些贫困省份可能面临的问题是发展工业化和如何帮助农民脱贫。

正如前面所说，规模经营从沿海发达地区开始，因为这个地区有人力资源、市场需求、资本和组织管理经验的优势，这个地区的政府又有足够的财政能力去补贴和转移农村人口。不仅仅依靠政府补贴，这里的农业项目有足够的收益来吸引投资。西部欠发达地区或许也会沿着类似的发展道路，在 20 年后达到现在东部的规模化水平。

（2）和日本、欧洲农业不同的是，中国农业项目将会是可盈利的，而非仅仅依靠政府补贴生存

和仅仅依靠政府直接补贴生存的日本、欧洲的农业模式不同，中国农业将真正升级至一个高级的产业部门，在政府支持的同时，农业项目将是可盈利的，而非仅仅依靠政府直接补贴生存。投资者将根据长期盈利趋势投资。

这种差别的原因在于，日本和欧洲没有足够的农产品内需市场，为了保护他们的农业，政府需要补贴农业生产直到生产过剩，然后再一次在出口上补贴从而倾销到国际市场。一方面，中国农业生产并不完全能够自给自足，还有巨大发展空间，另一方面，巨大的内需和人们对更好食物和提高生活品质的追求将成为农业升级源源不断的动力。

更进一步，其他东亚国家例如日、韩等国由于耕地面积受限，从未达到过规模经营，也就从未出现规模效应，他们只能依靠政府补贴实现农业产业化。中国

有可观的耕地面积，整合的土地规模效应将伴随着进一步的城镇化而实现。

（3）规模经营需要伴随城乡统筹和城镇化

农业的规模经营需要伴随的应该是城乡统筹和城镇化。城乡统筹是为了消除城乡二元格局，减少城乡之间资源和生产要素流动的障碍。城乡统筹和农业规模化是一对双向互相促进的关系，城镇化是这个互动过程中的城乡形态变化。

城乡统筹和农业规模化之间是共生的，且每一个因素对另一个因素来说都是必要的。如果农村居民能够自如地流动到城镇加入产业部门，那么更多的土地将能得到整合，城镇所积累的产业资本也将能够自如流动到农村去升级中国的农业和达到规模经营。借此，农产品的加工储存物流，农业的产业化水平，以及农业为依托的服务业的发展，将因为城镇化的集聚效应得到显著提升。与此同时，城镇化后的当地居民生活水平、居住条件、生活的便利性、农村医疗和教育水平将大幅提高。城镇化的过程还将进一步增进城乡的融合，减小城乡差距，从此进入良性循环。

但城乡的形态在没有外界的推动下一般趋于均衡。罗丹（Rosenstein-Rodan，1943）认为经济体趋向于停留在不同层面的均衡，从低程度均衡（Low Level of Equilibrium）向高程度均衡（High Level of Equilibrium）的过渡，需要一个大推动（Big Push）。改变城乡形态也是如此，需要一个大推动以及合理的顶层设计。统一的规划、城镇化的基础设施建设和居民的搬迁，都需要大规模投资，这都需要政府去做。而后的农业规模经营、农业相关产业升级和配套的相应发展可以交给市场机制和基层创新。在农业现代化和城镇化的过程中，市场起配置资源的决定性作用，政府起经济建设全局的基础性作用。换句话说就是"政府搭台，企业和农民唱戏"。

七、结论

在联产承包责任制的渐进发展过程中，海安县和江苏省的其他地区已经实现了一定程度的农业规模经营，包括土地整合、资本高密度设施农业、农业产业化和农村集体经济的发展等。72.7%的耕地处于适度规模经营的状态，海安县农业产业加工和农业种养的产值分别为160亿元和80亿元。二比一的比例证明了海安县的农业部门已经高度产业化。80.3%的农户已经加入了数百个不同的农民合作组织。高附加值农产品及农业加工产品卖向全国并向日韩出口。海安县和江苏的其他地区还在向着"适度规模经营"的方向发展和改革。

长三角地区适度规模经营的发展是本地区高度城市化和工业化的后果。一方面，城市工业吸收了农村劳动人口使得农田里没有足够的劳动力；另一方面，城市产业为农业部门提供了资本积累、人力资源、消费市场、研究和生产设施、加工工厂和组织管理经验，这些因素推动这个地区的农业向着规模经营和高附加值生产的方向升级。党政机关和基层农民组织也在不断进行制度创新以适应经济结构和农村社会环境的变迁。

参考文献

（一）收集来的材料

[1] 江苏统筹城乡社会经济发展的思路与对策．江苏省农业经济学会课题研究报告汇编（2009 年度）．2010

[2] 江苏农民专业合作社发展研究．江苏省农业经济学会课题研究报告汇编（2009 年度）

[3] 江苏农业适度规模经营调研报告．江苏省农业经济学会课题研究报告汇编（2009 年度）

[4] 全省农业产业化经营工作会议交流材料汇编，2009 - 11

[5] 全省农村工作会议交流材料，2012 - 1（南京）

[6] 温家宝，中国农业和农村的发展道路，2011

[7] 刘立仁．"二次飞跃"与现代农业同行——关于把"二次飞跃"作为现代化农业的强大动力和有效载体的建议．苏南发展，2012（1）

[8] 缪建平．专业合作社如何迈向现代农业经营组织的思考．苏南发展，2010（4）

[9] 龚云．发展集体经济是新农村建设重大而紧迫的任务．苏南发展，2011（5）

[10] 王永林．创新生产经营体系，推进农业转型升级——以江苏省太仓市发展农业产业化经营为例．苏南发展，2011（7）

[11] 南通市人民政府．全市农业产业化经营暨农民专业合作组织发展推进会材料汇编，2010 - 12

[12] 南通市农经系统新农村建设业务培训班材料汇编，2006 - 2

[13] 南通市市级以上农业产业化龙头企业简介，2011 - 8

[14] 中共南通市委农村工作办公室，江苏农村经济杂志社．加大改革创新力度推进农村制度建设，2008 - 11

[15] 关于积极推进农村土地流转的几点建议．南通老区，2010 - 12

[16] 农村土地流转实践的"困惑"与"解惑"之思考．南通老区，2010 - 12

[17] 中共海安县委农村工作办公室调研文章汇编，2011 - 1

[18] 中共海安县委农村工作办公室调研文章汇编，2012 - 2

[19] 中共海安县委农村工作办公室．中共中央关于推进农村改革发展若干重大问题的决定摘录．海安县农村土地流转交易市场建设资料汇编，2009 - 5

[20] 中共海安县委农村工作办公室．南通市农村土地承包经营权流转操作办法．海安县农村土地流转交易市场建设资料汇编，2009 - 5

[21] 中共海安县委说农村工作办公室．土地流转交易市场的职能．安县农村土地流转交易市

场建设资料汇编，2009 – 5

[22] 曲塘镇农村土地流转交易市场简介. 南莫镇土地流转交易市场工作简介. 胡集镇农村土
地流转交易市场简介. 海安县白甸镇农村土地流转交易市场简介

[23] 海安县农办. 强化"三大合作"建设 不断推进管理规范化——2011 年"三大合作"工
作总结，2011 – 12

[24] 海办发 2008 年 77 号文件. 关于推进农村土地流转促进片区农业经济发展的意见

[25] 海安县人大常委会，海安县农委. 关于全县推进高效农业发展情况的调查报告

[26] 江苏中洋集团股份有限公司农业产业化情况介绍

[27] 鑫缘丝绸集团股份有限公司. 发挥龙头带动作用 做优产业致富农民

（二）访谈对象

Qian, Houde   Lu, Aihon   Mei, Congyou   Zhu, Yude   Liu, Xiangyang

Wang, Wenyu   Han, Xin   Cai, Ye   Xu, Jianhua   Lu, Honglong

Wang, Xigeng   Li, Anjun   Zhu, Aihua   Ren, Jincheng   Sun, Baotan

Zhong, Zhitong   Xu, Guangping

包括不愿意被列出名字的，一共约 60 人

（三）学术文献

[1] 陈锡文. 把握农村经济结构、农业经营形式和农村社会形态变迁的脉搏. 开放时代，
2012 （237）：112 – 115

[2] 武斌. Sustainable Development in Rural China: Farmers Innovation and Self – Organisation in
Marginal Areas. Routledge Curzon，2003

[3] 姚树洁. How Important is Agriculture in China's Economic Growth? . Oxford Development Stud-
ies，2000 （28）

[4] 张培刚. Agriculture and Industrialisation. Harvard University Press 1949 or Huazhong University
of Science and Technology Press，2009

[5] 温家宝. 中国农业和农村的发展道路（New Way of Chinese Agriculture and Village
Development），2012

[6] Huang, Jikun. Otsuka, Keijiro. Rozelle, Scott. Chinese Agriculture Development. *China's Great
Economic Transformation*. Cambridge University Press，2008；395 – 429

[7] 黄宗智. 中国新时代的小农经济. 开放时代，2012 （237）：5 – 9

[8] 黄宗智，高原，彭玉生. 没有无产化的资本化：中国的农业发展. 开放时代，2012
（237）：10 – 30

[9] 陈柏峰. 中国农村的市场文化发展与中间阶层. 开放时代，2012 （237）：31 – 46

[10] 黄宗智. 小农户与大商业资本的不平等交易：中国现代农业的特色. 开放时代，2012
（237）：88 – 99

[11] 武广汉．"中间商＋农民"模式与农民的半无产化．开放时代，2012（237）：100－111

[12] 高原．市场经济中的小农农业和村庄：微观实践与理论意义．开放时代，2011（234）：113－128

[13] 冯叔君．关于农业规模化生产的政策建议

[14] 张孝德．农业生产过度追求规模化的反思、资本化的陷阱与反思．中国经济时报，2010（4）

[15] 魏东风．睢党臣．中国特色社会主义发展经济学．中国社会科学院出版社，2009

[16] Naughton，Barry. The Chinese Economy：Transition and Growth. The MIT Press，2007

[17] Perkins, Dwight H. Radelet，Steven. Lindauer，David L. Economics of Development. W. W. Norton & Company. 2006

[18] Ray，Debray. Development Economics. Princeton University Press，1998

[19] O' Leary，Greg. Watson，Andrew，The Role of the People' s Commune in Rural Development in China. *Pacific Affairs* Vol. 55，No. 4（Winter，1982－1983），pp. 593－612

[20] Putterman，Louis. Effort，Productivity，and Incentives in a 1970s Chinese People' s Commune. *Journal of Comparative Economics*，Volume 14，Issue 1，March 1990，pp. 88－104

[21] Jiang，Lili. Guo，Xiangyu. Learning from Korean Experiences，Constructing Our Socialist New Village. *Journal of Northeast Agricultural University（Social Science Edition）*，2006－1

[22] Zhang，Bo，Li，Sijing. Agricultural Information Service Models Innovation in the Construction of Socialist New Village. *Chinese Agricultural Science Bulletin*，2007－4

[23] Jia，Gang－tao. On the Vision of the Building Socialist New Villages and the Farmer' s Principle Role－Concurrently Discussion on Shaanxi Xunyi' s New Village Building. *Journal of Shaanxi University of Science & Technology（Natural Science Edition）*，2008－02

[24] 杨万江．公司化村——中国农村改革问题探讨

[25] 发展企业化促进农村经济发展（The Development of Corporatisation will Promote Village Economic Development）

[26] Chakraborty，Gangotri. Land Reform and Corporatisation of Agriculture. Report from the Indian Institute of Public Administration and UNDP

[27] Lewis，W. A.（1954）. Economic Development with Unlimited Supplies of Labour. The Manchester School，Vol. 22，pp. 139－191

[28] Rosenstein－Rodan，Paul N. . Problems of Industrialization of Eastern and South－Eastern Europe. *Economic Journal*（Quarterly Journal of the Royal Economic Society）53，June－September，1943，pp. 202－211

新常态下农业创新的特征及政府
干预创新的原因

　　在中央经济工作会议上，习近平总书记深刻指出，我国经济发展进入新常态，是我国经济发展阶段性特征的必然反映。新常态反映在农业领域，表现为农村经济发展的速度变化、结构优化和动力转化，归根结底是要加快转变农业发展方式，农业创新是解决这一问题的关键所在。基于此，本文通过探讨农业创新的主要特征，列举了政府干预农业创新的理由，并提出了相应的具体措施，以此促进我国农业的可持续发展。

　　随着经济全球化的迅猛发展，国际竞争日益激烈，环境污染日趋严重，食品安全问题频频出现，农业发展遇到前所未有的挑战，我们更加需要依靠创新，带动农业的可持续发展。自 2004 年以来，几乎每一份中央"一号文件"都会谈到农业科技创新及国家农业创新体系的建设问题。2012 年的中央"一号文件"《关于加快推进农业科技创新持续增加农产品供给保障能力的若干意见》中强调，农业科技创新是实现农业持续发展的根本出路。由于我国现阶段农业市场发育不完善，市场机制本身存在缺陷，单凭市场的调节不足以引导农业的健康发展。鉴于农业创新的自身特征、创新主体需求及创新现状的复杂性，为政府干预农业创新提供了理由。

一、农业创新的特征

　　农业创新，是指一项新知识、新产品、新技术或新工艺等在农业生产经营中

　　本文作者：赵冰，中国农业大学人文与发展学院 2013 级博士研究生；李建军，中国农业大学人文与发展学院教授。

的成功应用。农业创新具有以下几个主要特征。

1. 农业创新的公共性

由于农业的特殊性，农业主要以知识形态存在，可以公开，特别是显性的、系统化的农业知识通常都具有公共物品的属性，能被公众获得或使用。农业创新的过程可以看成是知识的生产过程，创新的成果无论是新产品、新工艺，其中都包含了新的知识。农业创新的公共性主要指，当一项新的农业创新示范成功后，创新活动的最终结果可能是写成的陈述、科学论文、公布的实验发现或新的理论见解，有的最后产物是人工制造的实物或技术方法等，这些农业创新成果很难保密，因此农业创新活动的结果成为公众可以获得的公共知识（李建军、周津春，2012）。另外，在农业创新过程中需要有相配套的资源条件。这些配套资源是创新过程中一个重要的方面，它们由营销知识、销售渠道的进入和产品支持的设施等元素组成，这些配套资源事实上更具有公共性质，例如水利条件、交通设施、电力和公共服务设施等（大卫·史密斯，2008）。

2. 农业创新的外部性

外部性又称为溢出效应、外部影响或外差效应，这个概念最早由经济学家马歇尔提出（Michael Common，Sigrid Stagl，2012）。外部性可以分为正外部性（或称外部经济、正外部经济效应）和负外部性（或称外部不经济、负外部经济效应）。简要地讲，外部性是指一个经济主体的行动和决策使其他经济主体受损或受益的情况。农业创新活动也具有外部性特征，因为农业创新活动产生的成果往往是行业共享的，具有非排他性或非独占性，很容易被众多农业生产经营者无偿采用或模仿。美国经济学者阿罗曾指出，创新利益既不能被创新者独占，也不能完全扩散到使用者中。的确如此，当创新成果经过复制和传播，便可以在无限范围内广泛使用，复制者和模仿者几乎不需要花费任何成本就能得到这些知识，但是潜在的增值空间却非常高（王然、李正元，2011）。从实验室中得到一项技术成果，可以让许多农民从中获益，且一个农民得到好处并不减少其他农民得到好处的质量和数量。对于一项农业创新成果来说，使用它的人越多，它的价值就越大，它的正外部性价值就越大。不可否认，农业创新的外部性可以加快创新成果的扩散与应用，产生经济聚集效应。但与此同时，外部性也给创新主体带来经济损失，因为农业创新成果很难得到保护，即产生诸多的"溢出效应"，"搭便车者"可以轻易仿造或窃取创新成果，进而导致创新主体的辛勤付出得不到预期收益，从而影响他们从事创新活动的积极性和主动性（宋常、严宏深，2008）。

3. 农业创新的不确定性

由于农业生产周期长和季节性要求较高，所以农业创新具有很高的不确定性，农业创新风险很大，主要表现在自然条件的约束、技术上的不确定性和消费市场的变化。首先，农业创新受自然条件的限制，包括气候变化与地域性的差别。生态条件的明显差别，要求创新因地制宜，降低了成果的通用性，也增加了农业创新的成本，使创新的规模效益降低；也正是由于农业生产的地域性特点，大大降低了引进科技成果的可能性（程华，2001）。其次，技术上的不确定性表现在：农业研究和开发有时不会导致任何创新的可能性。由于市场竞争的原因，从事农业创新活动的主体必须考虑新的农业发明能否被投放到商业市场？在实验室培育出的高产良种能否在农业种植者手中也获得丰产丰收？或者新型品种是否存在安全隐患？最后，在从传统农业向现代农业转变的过程中，发展中国家由于制度结构的缺陷，市场机制尚处于不完善阶段，消费市场的不确定性表现尤为突出。农业创新者需要考虑创新活动是否满足消费者的现实需要？农业创新成果的目标群体是哪些人？由于农产品价格波动频繁，消费者是否愿意花钱来购买新产品？以及农业创新活动的滞后期问题必须考虑，当一项创新成果投放市场时，消费市场的环境是否已经出现了变化？在这样的不确定性和条件的约束下，创新主体若没有十足把握，往往不愿意承担风险去从事农业创新活动（欧曼，2000）。

二、政府干预农业创新的理由

完全没有政府参与的市场经济体系从来就没有出现过，脱离政府干预的技术创新也只是一种理想或空想状态。所以，政府干预农业创新，对其进行支持和推动是合理的，也是非常必要的，具体理由如下。

1. 农业创新活动的特征

因为农业知识可以共享，就会有模仿出现，所以农业新技术的研发者很难从中受益，这一点也减少了私人在农业研发上的投入。由于农业技术推广是一项公益性服务，因此许多国家都由政府出资建立多种形式的农业研究机构和创新推广组织，农业创新所需经费大部分由政府财政拨款。还有一些情况值得注意，当甲方把一项农业创新知识传给乙方时，甲方仍然知道这些知识并运用它们。在一些技术性的农业企业，当一个公司的员工离开原来单位时，农业创新成果可能随着员工的离职而"溢出或泄露"，其携带的隐性知识也会流动到新的单位，使新组织受益（何英、黄瑞华，2006）。另外，一项创新活动的实现，需要资源和服务的支持，尽管很少有人建议政府去购置农业创新活动所需的配套资源（如水利设施、交通条件等），但是配套资源的缺乏会导致创新活动停滞不前，因而政府就需要对其进行干预，设法提供这些资源。

其次，由于农业创新的外部性及非排他性，就存在免费搭便车现象，创新主体不愿主动投资技术创新，而是选择等待策略，希望别人去创新，自己免费使用，这样技术创新就可能陷入停滞状态。另一方面，创新者的创新成果被别人无偿使用，无法独占其收益，创新主体的支出成本大于收益，最终使创新主体的创新意愿下降，严重弱化了创新者的创新动力（王然、李正元，2011）。因此，有学者指出对传统技术创新负外部性的宽容阻碍了创新活动的发展（牛爱芳、毛明芳，2013）。另外，由于创新的外部性特征，也可能使农业经营者创新意愿不强转而使用另一个新技术，如果是这样，政府也许就要以"率先使用"的形式来进行干预，因此大多数农业技术研发或是对新作物品种进行示范推广都是由政府公共部门推动或是由公共财政支持完成的。经济学家庇古主张通过恰当的政府干预来解决外部性问题。政府可以制定相关政策，对科技创新主体给予税收优惠和财政补贴，以弥补创新主体由农业创新外部性带来的收益减少。

再次，由于农业创新活动面临天气、技术和市场上的诸多不确定因素，公司或个人可能不愿意承担风险，选择不进行任何农业创新。这就意味着消费者最终会遭受损失，所以政府也有理由进行干预。简言之，由于农业创新具有公共性、外部性与不确定性的特征，这些因素削弱了商业组织投资知识技术创新的动机，特别是在研发方面进行投入。这种情况下的创新水平就可能比较低，政府的干预就变得非常必要。

2. 农业创新主体的需求

农业创新的主体是农业新知识、新技术的采用者，如农户、农村专业合作组织和农商企业等，也包括各类服务于它们并促进其相互作用的中介机构、非政府组织和知识经济人，所有这些主体参与创新的行为都受到国家农业政策环境和制度体制的影响。然而，在当前农业创新中存在创新主体不到位或创新动力不足的问题，这已不适应农业科技创新和农业科技发展的客观需要。一方面，有学者指出，中国的农业科研体系基本上是按照行政区划设立，而不是按照自然资源、农业生态和农业区划设立。其原因在于我们的各种农业科技发展战略或者农业科技计划都是由相关的行政部门和科学专家参与制定的，从来就没有考虑农业技术的使用者或者受益者主体农民的感受（李建军、周津春，2012）。这就反映出农业创新主体（特别是一些小企业、小农户）并没有充分发挥自己的主动性与能动性，而是被迫接受决定。另一方面，进行农业创新的主体，特别是小农户、农村专业合作组织自身资源有限，获取新知识的能力不强，技术学习能力普遍不足，对研究和技能培训需求不高，集体学习机制缺位，而且社会和环境对其关注不足。根据 2013 年农业部和科技部的一次联合调查数据显示，接近 70% 的涉农企业并没有或不愿意单独设立自己的研发中心或研发机构（刘克非，2015）。因此，农业创新首先应从体制、制度入手，改变传统的农业科研体系机制，重视各创新主体的能动性，激发其进行农业创新的积极性，并对创新活动进行协调，使创新资源得到充分利用。如果政府加大对农户、农村专业合作组织和农商企业农业技术创新方面的公共投入、人力资本投资、资助奖励等，农业创新的巨大潜力将会进一步释放，这一定会成为中国农业综合生产能力和国际竞争力提升的重要推力。

3. 农业创新现状的复杂性

2015 年的中央"一号文件"以"加大改革创新力度、加快农业现代化建设"为主题，提出了主动适应经济发展新常态的要求。新常态下，理解和把握现代农业发展的新形势，认识和理清现代农业发展中存在的问题，对于农业创新活动的顺利开展具有重大的现实意义。

目前，我国的农业创新存在盲目性，重复试验现象时有发生，造成资源浪费。科研管理体制的不合理，造成科学研究追求"短、平、快"，功利化明显，不太注重自然规律和科研规律，也难以产生注重农业应用的重大科技成果（吴林妃、陈丽君，2014）。由于现行体制的激励诱导，几乎所有的农业科研机构都在从事"高、精、尖"的分子生物学和遗传工程学等领域的科技工作，而且研究思路大致趋同，属于对国外同行研究成果的跟踪研究和重复试验，而对当代农村发展紧迫需要的适用技术和关键技术很少有研究型大学和科研院所作为重点课题给予支持（李建军、周津春，2012）。另外，创新主体不愿承受农业科研"试错"成本，往往采用跟风对策，随大流效仿别人，结果造成大量资源浪费，得不到很好的创新效果。

其次，有学者认为我国农业创新发展缓慢的原因在于资金投入不足，并且缺乏总体规划（李成德，2012）。虽然农业科研总投入规模不断上升，但农业科研经费在国家财政总支出中占比例较低，农业科研人员人均科研经费与美国相差甚远，私人企业投资农业科研投资比例不足 2%，科研投资高度集中于农作物。20世纪 80 年代中期之前，公共投资几乎是农业科研资金的唯一来源。目前，中国农业科研经费 80% 多是竞争性的国家项目投入，且项目周期较短，造成科研领域"千军万马跑项目、抢项目"的怪圈。一些专家说，农业是经济效益比较低的行业，外加我国农业企业还不健全，注定农业只是公益性事业，应该由公共财政支出（李建军、周津春，2012）。这些因素叠加，无疑需要政府干预农业创新，统一筹划，来应对农业创新的复杂多变。

三、政府干预农业创新的措施

根据美国兰德公司研究生院院长查尔斯·沃尔夫（1994）的研究，政府干预尽管可以从某种程度上弥补市场缺陷，但如果认为政府干预总是高效率却是错误的。政府如何干预农业创新，以及干预的深度、广度与政策工具怎样选择，关系到创新活动能否顺利、有序地开展。具体来讲，政府干预的主要措施可以包括以下几个方面。

1. 营造良好的农业创新环境

创新是可持续发展的驱动力，农业创新是突破资源环境束缚、确保国家粮食安全、加快现代农业建设的关键所在。美国著名心理学家靳温的"场论"指出，个人所能创造的绩效不仅与他的能力和素质有关，而且与他所处的环境有密切关系。因此，营造良好的农业创新环境，支持能动性环境建设，有利于产生最优的创新成果。

首先，要制定农业创新发展战略，合理确定发展目标，明确农业创新方向，突出创新重点，以及相应的实施办法。由于各国、各地区农业发展的资源禀赋、土地经营规模、农业技术装备状况、劳动力结构不同，经济、政治、文化环境方面也存在明显差异，所以政府干预农业创新的领域、方法、力度等方面均体现出不同特色。因此，不能盲目模仿其他国家的发展模式，要根据自身特点，制定适合我国国情的发展模式。提前谋划，分类别、分批次，按步骤进行农业创新活动，避免重复实验，造成创新资源浪费。

其次，完善农业创新机制，改善农业创新条件。建立农业研究、技术推广和教育服务之间的协调机制，以及政府引导、鼓励多种社会组织共同参与创新的联动机制；加强对创新研发的立项管理，建立稳定支持与竞争支持的立项机制（刘清华，2014）；完善农业法规体系，规范农业创新中的政府行为，依法保护农业创新活动的正常运行及各创新主体的合法权益，并依法防范、惩治不法者；围绕农业生产经营的价值链构建创新伙伴关系，促进人力资本和科技要素向农业领域的正向流动，通过市场驱动、科技引领促进农业创新的良性循环。

最后，通过政策激励推动各类农业创新。美国著名经济学家拉坦（Vernon W Ruttan，1997）有一句话值得深思："如果不能从技术和政策机制两方面进行充分设计，农业生产的可持续发展将是一种充满诗意的夸夸其谈。"除了技术手段外，政府可以通过制定农业创新优惠政策及奖励制度，采用财政贴息、创新奖励、税收优惠等方式，调动各农业创新主体的创新积极性。在英国设有研发税收抵免制度，包括基本研发税减免、商业交易前的研发税减免，这项制度是专门为那些致力于"打破常规、开发新品"的中小型公司而设立，不仅帮助已经开始商业交易的公司，也帮助尚未开始但已有准备的公司（大卫·史密斯，2008）。我国也可以设置适合自己国情的减税或免税政策，以此降低创新成本，吸引多元创新主体进行农业投资、研发，从事相关创新活动。

2. 加大农业创新财政投入

财政与金融不仅是农业发展中政府干预的重要手段，而且财政政策和金融政策本身也是重要的宏观调控政策。作为政策，财政和金融是政府宏观调控意图的载体；作为手段，财政和金融又是农业发展中政府干预的具体操作工具。因此，财政金融必然成为农业发展中政府干预的基本手段（卫龙宝，1999）。

我国目前农业创新投资不足，是导致农业创新效率低的原因之一。我国农业科研投资仅占农业生产总值的0.21%，不仅低于发达国家的水平，而且低于有些发展中国家的水平（刘升元，2000）。在改善农业创新投资方面，可以借鉴以色列的经验。以色列是一个水源极度缺乏的国家，如今却成为世界上最大的柑橘、柚子和火鸡生产国之一，被称为"地中海的厨房"，其成功的秘诀就在于重视农业基础研究和技术创新。每年以色列政府投入的农业科研经费高达8000万美元，占以色列农业总产值的2.5%以上。据统计，20世纪80年代末以色列在农业方面的科技进步贡献率高达96%（李建军、周津春，2012）。我国政府应加大国家科技计划向农业领域倾斜的力度，提高公益性科研机构运行经费的保障水平，优化农业创新投入结构。首先，增加农业创新的总体投资，不断提高财政支出中农业创新费用所占比重，特别注重创新主体创新能力及文化建设方面的投资来促进农业研究、教育和技术推广的一体化；并鼓励除政府以外，其他社会资源共同参与投资，以此加强对农业创新的支持力度（奚炜菁，2013）。另外，也可以通过农业补贴和信贷业务，对于公司和个人创新研发和产品开发提供财力上的支持。政府通过多种政策机制为农业高科技发展创造条件，给投资者和创业家制定多种优惠政策，例如提供优厚的投资津贴、政府贷款保障、免除税额和设立高风险企业创业基金等。一般来说，政府通过国家银行对创新主体提供低息或贴息贷款，能帮助他们尽快进入创新领域。也可以开展专项支持计划，如特色农业科研计划资助等，给正在努力创新而面临资金短缺的小公司提供帮助，特别是对那些处于早期发展阶段而缺乏种子资金和投资基金的公司给予支持。这些做法可以产生积极的效益，推动小公司形成，促进公司成长，把未来的投资者吸引到农业创新中来。

3. 注重人力资源能力建设

农业发展经济学原理告诉我们，现代农业增长的源泉已不再主要来自传统生产要素，即劳动和土地的增加，而是来自现代新生产要素投入的增加（罗伯特 D. 史蒂文斯、凯瑟 L. 杰勃勒，1992）。舒尔茨（西奥多·W. 舒尔茨，2001）也指出，作为生产要素，土地的经济重要性一直在下降，具有人力资本性质的新资源的存量相对于传统资源在上升，而且收益率也比较高。未来农业竞争不仅仅是自然资源的竞争，更是人力资本的竞争，人力资本是农业经济增长的主要源泉（西奥多·W. 舒尔茨，1999）。现代农业创新，需要高素质的创新主体，无论从经营环境、经营范围还是从经营手段、采用技术来看，都要求创新主体拥有较高的科技文化素质和相当的经营管理技能，以随时根据市场变化和技术发展选择适合自身特点和优势的生产和经营项目，实现其多功能目标。我们可以借鉴荷兰农业发展的经验，对人力资本进行投资。荷兰具有完备的农业教育体系，面向社会开设各种级别的课程，课程设置和教学内容不仅与知识传播、技术推广和农业生产经营紧密相关，而且还根据学员的具体要求设置新课程，以满足农户农业生产经营的需要，使农民尽快了解各种技术的最新进展和市场需求。荷兰的培训系统几乎覆盖农村的每个角落，农民还自发组织了"学习俱乐部"，相互切磋和交流经验。荷兰这种注重人力资本投资的做法，已经得到了明显的效果，高素质的农民创造出了不平凡的荷兰农业王国，荷兰已从农业资源贫乏的小国发展成为世界上重要的蔬菜、花卉、畜牧业大国（李建军、周津春，2012）。目前，人力资源开发已成为创新过程和职业教育体系的重要组成部分，为农业创新主体提供必要的教育、农业技能培训、咨询服务和健康投资尤为重要。但是，我国现有农民教育和培训体系还不足以为现代农业发展提供足够支持，因此需要进一步完善。首先，要建立专门的农业教育培训学校，开设农业生产经营、创新管理等课程，由专家定期授课，为农户等创新经营主体讲解先进的农业理论知识及生产实践技能。其次，根据不同区域的生态特点建立农业技术推广中心和实验站，建立完备的、专业性较强的农业技术远程网络，成立交流经验的"农民协会"等，各创新主体可以通过这些载体学习农业知识、交流经验、提高自身综合素质。这些做法不仅对农业创新主体的知识更新起到了重要作用，也有利于提高其创新过程中独立应对和解决难题的能力，对于国家农业现代化发展大有裨益。

4. 完善农业创新体系

创新体系，是一个致力于将新产品、新工艺和新的组织形态引入商业应用的组织、企业和个体组织，以及影响他们行为和绩效的制度和政策组成的网络。农业创新体系，可以更好地揭示作为农业技术创新过程中的非线性联动机制，在这一过程中，新知识、新技术如何被多种主体通过既定社会经济制度中的复杂的相互作用加以整合集成和创造性应用与转换，进而推进农业技术进步和农业的可持续发展。荷兰政府设有全国性的农业科研、教育和推广的统一协调管理机构，各机构之间相互联动，构成支撑农业持续发展的"三大支柱"，形成荷兰农业创新系统的基础模式。我国也可以学习国外经验，农业创新体系着眼于农业持续发展，以产业需求为导向，立足于农业科技规律，围绕农业创新的基础性、前瞻性、应急性、公益性来开展，着重农业科技机构创新资源的统筹协调与优化整合，突破传统的隶属关系，在不同的农业科教机构间架起桥梁，使农业创新体系逐步成为一个纵横交错的网络，形成上下贯通、大联合、大协作的农业科技创新新机制。首先，可以在中心城市建设国家级的农业科技创新中心，在地方城市建立区域性国家农业科技推广中心，并且在适合地点建立国家级、省级农业科研综合实验站。其次，通过农业创新体系建设，使农业科研、教育、推广等多发力量汇聚在一起，有利于增强农业科技创新能力和国际竞争力。另外，参与式发展理论认为在影响人们生活状况的发展过程中或发展项目的有关决策过程中，发展主体能够积极、全面介入发展过程，参与式发展方式带有寻求某种多元化发展道路的积极取向，鼓励各参与主体共同发挥作用及利益共享。随着农业创新所需要素的日益增多，农业创新体系应该是多层次的，覆盖多个部门与行动主体，例如政府部门、科研院所、农技推广机构、农业企业、社会公益组织、农户、科技特派员、大学生村官等，既要充分考虑各利益相关者的切实利益，发挥各参与主体的作用，又要增强各主体间的互动合作，形成高效运作的联动机制。我国农业发展正在从一个线性和简单的体系走向动态和复杂的网络。农业创新体系的建立有助于我们更好地理解农业产业如何利用新知识、新技术和新方法，以便设计出农业创新的政府干预机制及创新政策，进一步推进农业创新战略的实施。

四、结语

随着人们对农业多功能性、环境保护、食品安全的重视，以及生产经营者需求变化的诉求，农业创新成为农业可持续发展的关键所在，也是实现农业科学化、集约化、市场化、产业化的必然选择。农业创新市场的失灵及农业创新的特殊性，为政府干预提供了契机与动因。但是，政府干预仅是力量的增强，未必奏效，只有符合经济规律和国情的正确干预，才能形成一股正能量，以此来促进农业创新活动的顺利开展。

参考文献

［1］Vernon WRuttan. Sustainable Growth in Agricultural Production, Poetry, Policy and Science. University of Minnesota：Dept. of Agricultural and Applied Economics，1997

［2］查尔斯·沃尔夫. 市场或政府. 北京：中国发展出版社，1994

［3］程华. 外部性、农业科技创新与政府作用. 科技进步与对策，2001（1）：61 - 62

［4］［英］大卫·史密斯著，创新. 秦一琼等译. 上海：上海财经大学出版社，2008

［5］何英，黄瑞华. 论知识外部性引发的知识产权风险. 科学学研究，2006，24（5）：742 - 746

［6］李成德. 科技创新在农业现代化建设的作用、存在问题及对策. 湖南农机，2012（3）：144 - 145

［7］李建军，周津春. 科学技术与农村发展政策. 北京：中国农业大学出版社，2012

［8］刘克非. 科技创新对农业产业化与现代化作用机制研究. 科学管理研究，2015（1）：88 - 91

［9］刘清华. 农业技术创新过程的制度探讨与分析. 科学管理研究，2014（3）：93 - 96

［10］刘升元. 论新的农业科技革命与农业创新体系. 兰州大学学报（社会科学版），2000（1）：47 - 52

［11］罗伯特·D. 史蒂文斯，凯瑟·L. 杰勃勒. 农业发展原理. 南京：东南大学出版社，1992

［12］［英］Michael Common, Sigrid Stagl. 生态经济学引论. 金志农等译. 北京：高等教育出版社，2012

［13］牛爱芳，毛明芳. 生态化技术创新的市场失灵与政府干预. 自然辩证法研究，2013（8）：81 - 86

［14］欧曼. 战后发展理论. 北京：中国发展出版社，2000

［15］宋常，严宏深. 科技创新企业的外部性与政府补贴研究. 黑龙江社会科学，2008（1）：62 - 64

［16］王然，李正元. 科技创新平台与科技创新外部性的内在化. 科技管理研究，2011（6）：9 - 11

［17］卫龙宝. 农业发展中政府干预模式选择. 经济学家，1999（5）：90 - 98

［18］吴林妃，陈丽君. 农业科研院所人才激励对策研究. 科学管理研究，2014（2）：74 - 77

［19］西奥多·W. 舒尔茨. 改造传统农业. 北京：商务印书馆，1999

［20］西奥多·W. 舒尔茨. 报酬递增的源泉. 北京：北京大学出版社，2001

［21］奚炜菁. 农业现代化进程中的科技创新. 唯实，2013（3）：59 - 61

现行粮食价格调控政策的福利评价及效果分析

——以小麦为例

本文主要关注现行粮食价格调控政策的执行效果，基于一个简化市场模型分析了政策调控下的社会福利变化及分配情况，以小麦为例探讨价了托市收购和政策性临时储备竞拍对各市场主体的影响。现行粮食价格调控政策确实发挥了增加农民收益、稳定粮食市场、维护粮食安全的作用，但在国内生产成本上升和国内外价格倒挂加剧的现实背景下存在很大的问题，需要进一步调整。

一、引言

国家粮食宏观调控的一大目标是稳定粮食价格、保护农民利益及生产积极性、保证国家粮食安全。在这样的目标指引下，2004 年以来国家对稻谷和小麦实行最低收购价政策，2008 年以来对主产区玉米、大豆、油菜籽实行临时收储措施，建立政策性储备公开竞价销售制度，平抑市场供需缺口，充分发挥政府的稳价作用。中国粮食价格调控政策运行十年来发挥了强力的价格稳定作用，然而制度本身的缺陷也造成了高悬于整个粮食市场上的"堰塞湖"险境，威胁粮食行业的发展和整个经济的运行。

目前对现行粮食价格调控政策的抨击异常猛烈，但他是否真的一无是处下定论还为时尚早，粮食价格调控政策的出台和执行有阶段性特征，国内外经济环境的变化可能使过去的优势不存在，但也不能否认过去取得的成就。本文借鉴国外研究思路，通过建立一个简单的粮食市场模型分析现行粮食调控政策的福利效果，利用小麦市场的数据对现行粮食价格调控政策效果进行评价。

本文作者：普冀喆，中国人民大学农业与农村发展学院 2014 级博士研究生；郑风田，中国人民大学农业与农村发展学院教授。

二、粮食价格调控政策的福利评价：基于一个简化市场模型

在现行粮食价格调控政策中，政府直接参与市场购买，改变了粮食市场社会总供求格局。当市场价格高于托市价格 $\underline{P}$ 时，政府不干预市场活动，社会总需求斜率为负（如图1）；当市场价格低于托市价格 $\underline{P}$ 时，政府进入市场进行托市收购，假设此时不管市场上有多少粮食，政府都会买进，则需求曲线变为 DD'。当市场价格超过社会忍耐极限时，政府通过抛售储备粮的方式影响社会总供给。当市场价格低于社会忍耐极限价格 $\overline{P}$ 时，粮食供给随着价格上升而增加（如图2）；一旦超过价格上限，政府为了防止价格进一步上涨会抛售自己的粮食库存，使市场价格稳定在 $\overline{P}$，直到政府储备全部抛售完，市场供给变得没有弹性①。假设市场价格为 P，没有政府干预时的市场均衡价格为 P^*，考虑3种可能的市场情况。

当市场价格低于托市价时，政府进行托市收购（如图1）。如果政府不对市场进行干预，较低的粮食价格将使消费者获益、生产者受损。政府敞开收购使得价格上升到托市价格的过程中，消费者的收益减少、生产者收益增加，政府需要支付托市收购的相关费用。在不考虑政策执行成本时，社会总福利增加；但考虑之后，社会总福利减少（如表1）。

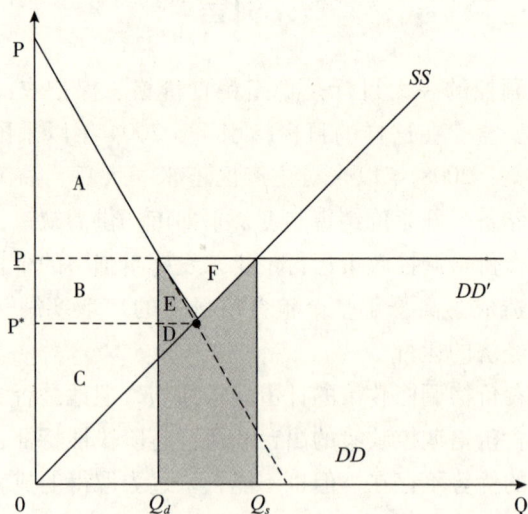

图1　政府托市收购时社会福利变化示意图

---

① Miranda, M. J. and Helmberger, P. G. The Effects of Commodity Price Stabilization Programs, *The American Economic Review*, 78（1）：46～58, 1988.

当市场价格高于社会忍耐极限价格时，政府抛售储备粮以稳定价格。这时可能存在两种情况（如图2）：①政府储备能够稳定住价格上涨趋势；②价格超出政府可控范围。两种情况下社会福利的变化类似。价格上涨对消费者不利，对生产者有益。当政府通过抛售储备粮压低市场价格时，消费者从中获益，生产者损失一部分收益，政府从粮食抛售中获得一部分收益。此时，无论是否考虑政府的损益，整个社会福利都是增加的（如表1）。

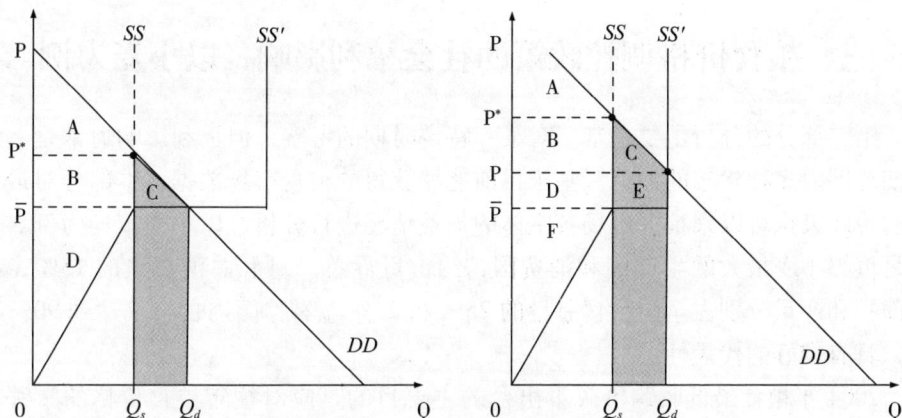

图2　政府抛售储备粮时社会福利变化

（左图为在可控范围，右图为超出可控范围）

表1　　　　　　　　　　3种价格变动下政府调控的社会福利影响

市场情况	$P<\underline{P}$ 托市收购（图1）	$P>\bar{P}$，价格可控政府抛售（图2左）	$P>\bar{P}$，价格不可控政府抛售（图2右）
消费者剩余变动	$-(B+E)$ （<0）	$B+C$ （>0）	$B+E+F$ （>0）
生产者剩余变动	$B+E+F$ （>0）	$-B$ （<0）	$-B$ （<0）
政府成本（收益）变动	$-\underline{P}^*(Q_s-Q_d)$ （<0）	$\bar{P}^*(Q_d-Q_s)$ （>0）	$\bar{P}^*(Q_d-Q_s)$ （>0）
忽略政府成本/收益时，社会总福利变动	F （>0）	C （>0）	C （>0）
考虑政府成本/收益时，社会总福利变动（图中阴影部分）	$F-\underline{P}^*(Q_s-Q_d)$ （<0）	$C+\bar{P}^*(Q_d-Q_s)$ （>0）	$C+\bar{P}^*(Q_d-Q_s)$ （>0）

以上是比较静态分析结果，现实状况连续且是长期的，所以考虑福利影响时

应当把一定时期内多种状态下的社会福利变动加总才能进行判断。从表1可以看出，决定社会福利变化最关键的因素在于政府的执行成本。不论是哪种情况下，当不考虑政府执行成本时，社会福利都是增加的，尽管消费者或者生产者其中某一方利益可能受损。进一步推断，当政府政策执行可以达到收支平衡甚至有盈利的时候，社会福利是增加的；当政府政策执行后净收益为负，则会损害增加的社会福利，是否造成实质性伤害取决于成本有多大。

三、粮食价格调控政策的社会福利影响：以小麦为例

第二部分的分析主要是基于对某一特定时期的考察，但福利影响通常是一定时期范围内多种状态的加总。基于目前能够获得的粮食市场数据，本部分对最低收购价政策执行以来粮食市场各主体的损益情况进行分析，以小麦市场为例。中国是世界小麦最大的生产国和消费国，约占世界总产量和总消费量的15%，播种面积和产量分别占全国粮食总量的25%和22%左右，国内自给率达到90%以上，具有较好的代表性。

2004年粮食最低收购价政策出台的主要目的是应对往年粮食价格的暴涨暴跌。小麦最低收购价政策于2006年首次启动，当年规定的最低收购价为：白麦每市斤0.72元，红麦、混合麦每市斤0.69元，执行时间为6月1日至9月30日，执行区域覆盖河北、江苏、安徽、山东、河南、湖北六大产粮大省，其他省份根据自身情况执行。2007年小麦最低收购价与上一年持平。2008年最低收购价上调至白麦每市斤0.77元，红麦、混合麦每市斤0.72元，执行时间调整为5月21日至9月30日。此后，最低收购价逐年稳步上升，2012年突破每市斤1元，三类小麦最低收购价合而为一。2014年国家公布的小麦最低收购价为每市斤1.18元。2015年小麦最低收购价与上一年持平。

从小麦托市收购的数量上看，托市收购总量逐年下降，托市粮占当年总产量的比重也从最初的40%左右逐渐下降至2013年的7%左右。托市粮收购量与当年小麦价格走势高度相关，若当年小麦价格持续低走，低于托市价时，政府以最低收购价进行托市收购；若价格逐步回升，收购量相应减少，直到价格高于最低收购价。2006年，政府收储最低收购价小麦4093万吨，2007年下降至2894.4万吨，2008年和2009年收储量分别回升至4202.7万吨和4004.6万吨，2010年下降为2264.7万吨，2011年小麦托市收购未启动，2012年收购2335万吨托市小麦，2013年为835.5万吨。小麦托市收购初期，托市粮占比接近总产量的40%（如图3），高占比一直维持到2009年，2010年托市粮占比下降到20%以下，此后有上下浮动但均未超过20%。

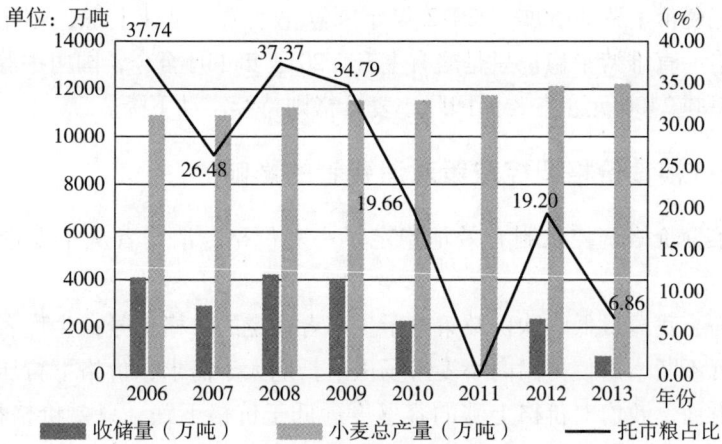

图3 小麦托市收购情况

数据来源：中华粮网、国家统计局。

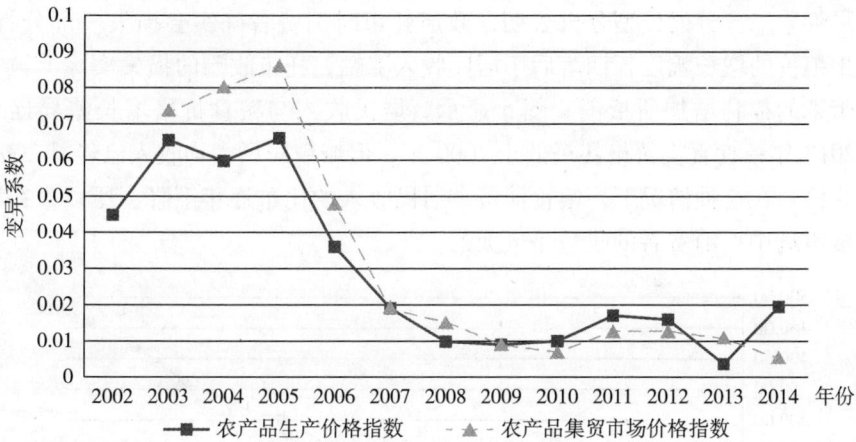

图4 小麦价格波动月度变异系数

数据来源：中经网月度统计数据。

最低收购价的粮食价格调控起到很好的调控效果（如图4）。根据中经网月度统计数据，2006年以前小麦的生产价格和集贸市场价格波动非常明显，年内价格波动系数高于0.05。2006年实行最低收购价和临时收储政策之后，价格波动迅速减弱，价格变动变异系数到2009年下降至0.01，此后基本维持在这个水平。相比国际小麦价格，国内小麦价格波动也比较平缓。2009年下半年以后，国际小麦价格大幅上涨，根据中华粮网统计数据，2011年1月美麦到岸完税价达到历年峰值，每吨近3200元，高出2009年7月每吨2000元的价格1200元左右，而此时国内小麦价格为每吨2000余元，涨幅仅为300元左右。2012年3~5月，美麦到岸完税价下跌近 50%，2012 年年末停止下跌、迅速上涨，相比之下，国内小麦价格一直维持平稳，只是略有上升。2014 年 4 月至今，国内中等小麦成交价维持在每吨 2400 元左右，而国际小麦价格则持续震动下降。

1. 现行粮食价格调控政策对消费者的影响

中国粮食价格调控机制有效地稳定了小麦价格，消费者从小麦价格稳定中获益。

一方面，我国最低收购价政策给予生产者稳定的价格信号，生产者不断扩大生产，粮食不断增产使得国内小麦市场供给长期大于需求，价格下行压力长期存在。另一方面，政府对价格上涨的容忍度远低于价格下跌，只要价格稍微上扬，就采取各种措施平抑粮价。不管是哪种作用渠道，中国粮食价格调控体系带来了一个数量巨大、价格较低、供给稳定的小麦市场。国内小麦较低的供给价格弹性使生产者承担了更多的市场风险，而消费者从中获益更多。

尽管第二部分的模型分析表明，政府托市时消费者确实会损失一部分收益，但由于粮价的增长幅度长期落后于居民收入涨幅，托市收购的损失实际上被收入提高带来的福利增加所抵消。图 5 显示，居民收入与粮食价格增长差异逐步加大。2013 年粮食真实价格甚至低于 2000 年，但城镇居民人均收入已经是 2000 年的 4.5 倍。在这种情况下，粮食消费占居民收入的比重逐年下降，所以，在稳定的粮食市场中，消费者的收益是巨大的。

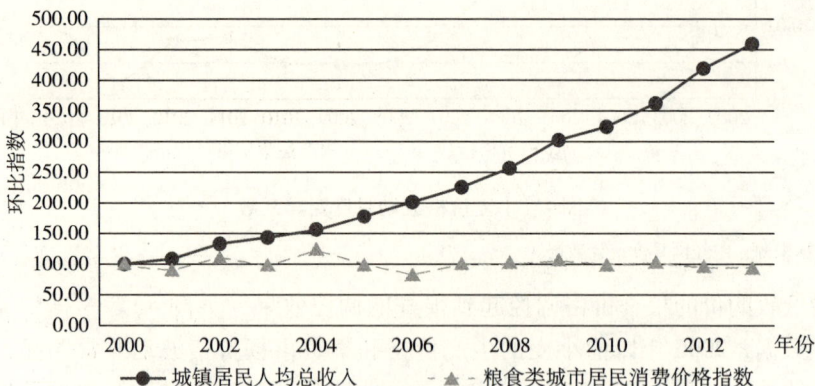

图 5　城镇居民人均收入与粮食类城市居民消费价格变动

说明：利用年度 CPI 剔除物价影响，以 2000 年基期（=100）换算。
数据来源：国家统计局。

2. 现行粮食价格调控政策对生产者的影响

最低收购价政策在早期确实增加了农民收入，但后期随着投入品价格的上涨，兜底作用削弱。

（1）执行早期种植收入明显增加

最低收购价政策执行早期，确实起到增加农民收入的作用。从图6可以看出，2006年小麦最低收购价政策执行之前，小麦生产的亩均产值在500元左右；2006年以后产值不断增加；2013年的亩均产值是2005年产值的2倍左右。从亩均收益看，2006年以后亩均收益有明显的增加过程，2008年达到峰值，2009～2011年亩均净利润有所下降，2012年利润骤然下降到每亩400余元，2013年亩均利润为负。尽管近两年小麦净收益迅速下降，但不可否认的是，在最低收购价政策执行初期，托市收购引导下的小麦市场给农民带来了持久稳定的收入增长。

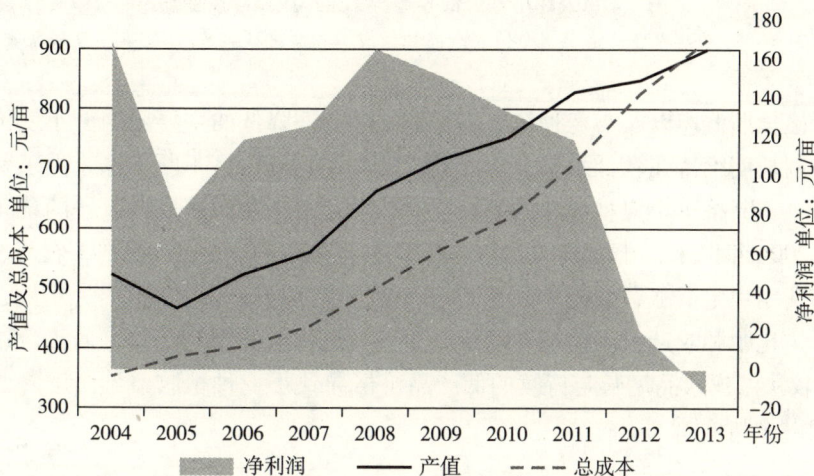

图6　小麦亩均生产者净利润变动情况

数据来源：国家发改委价格司《全国农产品种植成本收益统计表》。

（2）后期"兜底"作用削弱

最低收购价体现的是小麦种植户能够获得的最低收益，但这一收益在近年来已经无法覆盖基本的生产成本，农户种粮积极性受到严重挫伤，托市收购的"兜底"作用严重削弱。从图7可以看出，2011年以前每公斤小麦的最低收购价高出生产成本约0.2元；2011年最低收购价仅高出生产成本0.04元；2012年小麦生产成本突破最低收购价，高出最低收购价0.13元；2013年这一差距进一步拉大，达到0.23元。

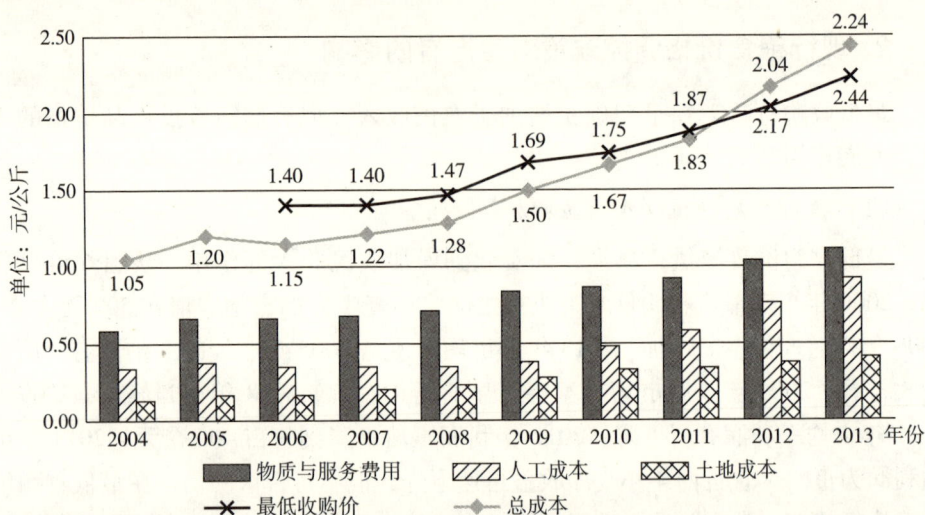

图7　每公斤小麦最低收购价、生产成本年度变动

数据来源：国家发改委价格司《全国农产品种植成本收益统计表》，历年《小麦最低收购价执行预案》。

　　价格长期低迷以及小麦种植成本增加是净利润降低的主要原因。小麦价格受政府控制长期维持在较低水平，与此同时，农用物资价格不断上涨，人工费用逐年增加，不断挤压小麦种植者的盈利空间。历年全国农产品成本收益的统计数据显示，2004年以来，小麦亩均收益上涨幅度不到1倍，种子、化肥、农药、机械作业等费用稳定上涨，雇工费用近5年上涨非常明显。以2004年为基期，2013年种子、化肥和农药投入是期初的近2.5倍，机械作业费近3倍，雇工费用超过4倍。较快的投入品增长与持续的低产品价格导致小麦种植收益不断下降，种植小麦变得无利可图。

3. 现行粮食价格调控政策对粮油加工企业的影响

　　以往分析通常忽略了对粮食加工企业的考虑，但是中国粮食价格调控机制对国内粮食加工企业的影响是巨大的。粮食加工企业经营过程中有两个关键环节：①小麦收获期收购农户粮食以备全年加工使用；②日常购买大宗原材料。这两个环节直接关乎企业的产出水平。由于政府粮食价格调控体系的存在，这两个环节基本上被政府控制，企业几乎没有自主性，粮食加工企业的利益在中国价格调控体系中是受损的。

　　在收购环节，政府托市收购几乎抢断企业粮源，导致企业无粮可收购。政府储备并不是社会储备的唯一方面，企业为了维持全年运转，也需要一定的粮食储备。企业通常在新麦成熟期收购一定数量的新麦，以作当年生产之需。近年来很多农民将小麦直接卖给中储粮公司,在粮食主产区托市粮比重非常高,给当地企业仅留下有限的收购空间,无法满足粮食企业的加工需求。益海嘉里副董事长穆彦魁介绍,以往东北新稻上市后,加工企业按照惯例,一般在6个月内收购完全年生产所需的加工原料,但2013年市面上的水稻在2个月内全部被收购完,2014年开仓1个多月已经收购了80%,导致很多企业无粮可收购。而在中储粮公司抢粮的背后,实际上反映出制度设计的漏洞。

在大宗采购环节,由于国内外价格差倒挂加剧,国内粮食企业成本上升,产品竞争力下降。2013年以来,国内小麦价格远高于国际小麦价格,由于进口配额的限制,外国小麦对国内消费市场的影响还比较小。但对于粮食企业来讲,国内小麦价格上涨已经严重影响其产品竞争力。国内粮食加工企业只能从中储粮公司采购小麦,采购价格在收购价格的基础上还增加了仓储、运输等成本,价格远高于国际市场价格。更为严重的问题是,由于中储粮公司储备较为冗余,长期储存、轮换不及时,导致小麦质量难以保障,这给小麦加工企业生产带来很大挑战,直接影响产品质量安全。

4. 现行粮食价格调控政策对政府的影响

整个粮食价格调控体系的运行很大程度上依赖政府财政,政府的目的是通过稳定价格达到社会最优,但为此付出的成本还是由整个社会承担。小麦托市收购及存储的费用基本上由政府财政负担,主要分为两个部分:①收购过程中的财政支出;②采购之后的存储、轮换、调运等支出。受数据限制,在这里仅分析采购过程中的费用。

政府在采购过程中主要有四个方面的花费:①收购直接的支出,以托市价格收购托市粮;②收购费用补贴,补贴收购过程中的各项花费,在历年《小麦最低收购价执行预案》中规定收购费用为每市斤2.5分,2013年该项纳入到《财政部关于印发最低收购价、临时收储粮食财政财务管理暂行办法的通知》(财建〔2013〕203号)规定中;③保管费补贴,用于委托收储库点的保管费用,为每市斤3.5分,2011年以后纳入到《财政部关于批复最低收购价等中央政策性粮食库存保管费用补贴拨付方案的通知》(财建〔2011〕996号)中;④其他费用如监管、质检、跨县集并等费用,2008年以后纳入到《财政部关于调整完善中储粮公司最低收购价粮食质检、监管、省内跨县集并及跨省移库包干政策的通知》(财建〔2007〕405号)中。暂不考虑后期的政策变化,将所有费用假定为之前的补贴标准,估算出收购过程中所需要的财政资金。仅计算这部分费用都可以看出,国家的补贴支出非常大,至少接近200亿元,基本上都在500亿元左右(如表2)。

表 2　　　　　　估算历年托市小麦收购阶段所需财政资金　　　　　单位：亿元

年份	收购支出	收购费补贴	保管费补贴	其他费用补贴	总花费
2006	573.02	20.47	28.65	4.09	626.23
2007	405.22	14.47	20.26	2.89	442.84
2008	619.20	21.01	29.42	4.20	673.83
2009	675.44	20.02	28.03	4.00	727.50
2010	395.57	11.32	15.85	2.26	425.01
2011					0.00
2012	476.34	11.68	16.35	2.34	506.70
2013	187.15	4.18	5.85	0.84	198.01

说明：①收购支出＝每年小麦托市收购量＊小麦最低收购价；②本文只考虑收购期间发生的主要费用，暂时不考虑后期轮换、调运等支出；③收购费补贴为国家补贴给收购企业用于收购过程的费用支出，根据历年《小麦最低收购价执行预案》，假设每年补贴标准相同，为每市斤 2.5 分；④保管费补贴为国家补贴给收购企业用于收购过程的保管费补贴，根据历年《小麦最低收购价执行预案》，假设每年补贴标准相同，为每市斤 3.5 分；⑤其他费用补贴为用于监管、质检、跨县集并等费用上的国家补贴，根据往年《小麦最低收购价执行预案》，假设每年补贴标准相同，为每市斤 0.5 分，后政策调整，这里暂不考虑；⑥收购过程的总花费＝收购支出＋收购费补贴＋保管费补贴＋其他费用补贴；⑦2011 年没有执行小麦最低收购价政策，当年财政支出估算值为 0。

数据来源：历年《小麦最低收购价执行预案》。

5. 其他福利影响

（1）行政垄断格局下的粮食低效经营

中储粮公司与私人粮食企业存在竞争关系。中储粮公司收购价格过低。农民在与中储粮公司和其他利益主体的博弈过程中，选择将质量较次的粮食卖给中储粮公司，质量较好的则卖给出价更高的其他收购主体，从而获得自身利益的最大化。因此，中储粮公司收购的粮食质量普遍偏低，这进一步影响到其自身的经营。无论是在国内还是国外市场，粮食品质不好，产品就很难有竞争力。加上中储粮公司管理不到位，等到轮换时已不能作为口粮销售，只能以低价销售给企业用作饲料加工等用途，经营收益较低。

（2）委托代理结构下的道德风险行为

中储粮公司有决定地方代储库的权力，导致地方粮食部门和粮食企业的寻租行为。中储粮公司收储时会确定一批代储库，这些代储库通常都是地方的粮食收储企业。由于获得收购和存储资格后，收储企业能够从国家获得数量可观的补贴，存储资格成为粮食收储企业的一种稀缺资源。地方粮食部门为了争取存储机会，导致寻租行为发生。据某县任职的粮食局长透露，该县共有政策性粮食库存约 20 万吨，地方国有粮食收储企业仅存有约 4 万吨，占全县政策性粮食库存的约 20%，其余全被中储粮公司占有。熟悉内情的粮食局长称，在中部一些城市，不当县粮食局局长，跑关系调入中储粮公司或其直属库已是一种时尚。在日常工作中，有的粮食局领导的主要业务就是找当地或就近的中储粮公司直属库求情、跑关系，让粮食局下属的地方国有企业能多收多储政策粮，粮食行政管理和监督职能已明显弱化。为了能够更多地套取国家补贴，产生了"转圈粮"等现象，这种做法不仅加剧了粮食市场波动，而且不利于国家掌握粮食的实际库存情况。

四、结论

现行粮食价格调控政策顺应了 20 世纪初国家经济社会发展的需要，保护了农民的利益和生产积极性、促进了粮食产量增长、保证了国家粮食安全。托市收购确实起到了托起市场价格的作用，在早期显著提高了农民种植收入。价格调控使得国内粮食价格长期处在稳定的较低水平，且较少受国际粮食涨跌影响，减少了市场波动风险，消费者和粮油加工企业从中获益。但是粮食价格调控给市场带来的较大干预还是带来了较大问题，尤其在国内生产成本上升和国内外价格倒挂加剧的现实背景下更加突出。种植成本不断上升，政策托底作用削弱，储备规模过大阻碍粮食市场正常流通，粮油加工企业成本不断上涨，产品竞争力下降。制度本身的设计问题导致执行主体运行效率不高、贪腐频发。

由于粮食价格调控体系目前暴露出太多的问题，舆论出现严重的"一边倒"倾向，指责最低收购价及临时收储政策，并主张建立目标价格制度。这样的观点需要引起警惕，最低收购价和临时收储政策有其优越性，不可否认近 10 年来政策执行已经取得的效果。目标价格制度也存在缺陷，不可一时兴起盲目照搬。目前中国粮食市场的问题是复杂的、相互勾连、相互矛盾的，改革现有粮食价格调控体系必须清楚地认识粮食市场内部的复杂关系。

在未来改革过程中需要注意几个问题。第一，对价格波动和价格倒挂的认识要全面，以往国际价格高于国内价格是常态，托市收购只是导致目前价格倒挂的原因之一，不能只因为当前困境而否定以往的政策效果。第二，谨慎放开价格干预，价格波动必然带来市场风险，粮食产量不断增长必然导致农民利益受损，价格风险本身也会给消费者和粮油加工企业带来挑战。第三，审慎推进粮食市场改革，目标价格制度虽热但试点过程中还是提出了更多新的问题，中国粮食市场的情况较为复杂，不能完全否认现有体系，也不应当裹足于当前需要，而应当基于未来的市场变化，借鉴已有经验的基础上，逐步加以调整。

第三部分
城镇化与劳动力转移

农民工市民化：自主选择与社会秩序统一

农民工市民化是新型城镇化发展的重要方面，它的有效推进需要持续不断地理论创新。通过对学界已有研究成果的梳理与分析，得出"自主选择与社会秩序统一"这一新的方法论是研究农民工市民化问题的一把钥匙。在界定"自主选择"和"社会秩序"内涵的基础上，对二者辩证统一的关系进行了学理分析。最后提出了在这一方法论指导下，有效推进农民工市民化应把握的三个基点：创新农地经营管理制度、加快推动户籍制度改革以及使基本公共服务全覆盖。

一、问题的提出

党的十一届三中全会拉开了改革开放的帷幕，农民选择进城的意愿被激活，但这种选择抑或盲目冲动抑或被动选择，这就需要国家通过自上而下构建良好的社会秩序予以规范。党的十六大提出"科学发展观"，使农民工市民化进程进入了一个新的历史发展阶段，具有里程碑意义。如果说之前农民工市民化的路径侧重于"自下而上"，那么之后则侧重于"自上而下"。党的十八大以后，中央又出台了一系列相关政策、措施，为农民工充分自主的选择提供了有序、合理、公平的社会秩序。其实，"自主选择与社会秩序统一"这一主线贯穿了农民工市民化的全过程，农民工市民化需要不断实现二者的统一。

我国学界对农民工市民化的研究虽然很丰富，如研究了农民工市民化的内涵、意义、历史进程、发展现状及未来趋势；同时，也涉及了农民工市民化的意愿及影响因素，王华（2009）、甄延临（2011）、虞小强（2011）等学者分别以广州、嘉兴和陕西为例对农民进城意愿的影响因素进行了实证分析。黄振华等

本文作者：解安，清华大学马克思主义学院教授、博士生导师；朱慧勇，清华大学马克思主义学院2013 级博士生。

（2013）通过对全国 30 个省 4980 位农民的调研，对农民的城镇定居意愿及其特征进行了实证分析。张仁寿（2001）则从定性的角度，认为制度结构是影响城镇化动力的重要因素，指出由于"离土不离乡、进厂不进城"的战略，弱化了农民进城的动力并贻误了城市化的机遇。从影响因素来看，宏观视角主要从经济社会发展、制度影响等方面探讨了农民工市民化的意愿，如刘传江等（2008）通过实证调研发现城市的工资、物质文化生活水平是吸引农民工市民化的重要因素；微观视角主要从农民工个人选择和个人特征的角度探讨农民工市民化的意愿，代表有张斐（2011）通过对新生代农民工的考察，认为性别、年龄、是否具有务工经验、是否为独生子女对其市民化意愿和水平具有显著影响；宏微观结合视角，如姚植夫等（2014）认为农民工的务工动机、农村生活、社会身份和对城市生活境遇的认知是影响其市民化意愿的主要因素。有学者还对影响农民工市民化的制度障碍进行了大量研究，温铁军（2000）、刘平量（2006）、郭志仪（2007）、华生（2013）等都注意到了我国户籍制度、土地制度、社保制度、就业制度、行政管理与行政区划体制等制度因素对我国农民工市民化的阻碍作用。

总体来说，对于农民工市民化的研究，已经形成了一批有价值的学术成果，但其研究多局限于对某一问题的探讨，没有把农民工市民化进程中的主线挖掘出来。笔者认为，改革开放以来，贯穿于农民工市民化全过程的主线就是"农民自主选择与社会秩序统一"——这既是基本经验又是行动指南。"农民自主选择"体现了"以人为本"的价值取向；由其选择引发的社会治理的有效跟进和相关制度变迁即"社会秩序"问题反映了城镇化发展的一般规律与中国特色城镇化发展的特殊规律。这一新的方法论，应该说是研究农民工市民化问题的一把钥匙。其不仅有助于解决农民工市民化过程中凸显出来的现实问题，而且有助于理论研究的深化，坚持了马克思主义的真理性和价值性的统一。

二、农民自主选择与社会秩序统一

1. 概念界定

何为"自主选择"？这里特指农民入市或返乡的自主选择权，它由主观自愿权和客观自由权两种具体权利构成。前者包括"选择的自愿性"、"选择的自由性"，即不能被选择；后者则是指对农民工入市还是返乡，政府不能加以禁止、限制、剥夺，更不能附加任何不合理的条件。

何为"社会秩序"？秩序作为表征政治、经济、文化、社会等系统运行有序性的一个基本范畴，目前人们对其尚未形成统一而明确的认识。西方学界对"秩序"内涵的理解包含了社会的可控性、社会生活的稳定性、行为的互动性及社会活动中的可测性等几个方面；我国学界也对"秩序"的内涵进行了不同角度、不同层面的探讨。事实上，秩序即是合规律性、井井有条、稳定和平衡、和平与安全、协调一致、多样统一等的代名词。社会秩序则是社会系统中的秩序，是"社会得以聚集在一起的方式"，是"纵向分层的等级秩序"和"横向分化的多元秩序"的有机统一。本文所使用的"社会秩序"是指由农民自主选择引发的社会治理的有效跟进和相关制度的改革而形成的有利于农民工市民化的政治、经济、文化、社会等环境。

2. 学理分析

（1）经济诱因

经济发展促进了农民工的市民化，美国经济学家西蒙·库兹涅茨（Simon Kuznets，1985）认为，"过去一个半世纪内的城市化，主要是经济增长的产物，是技术变革的产物，这些技术变革使大规模生产和经济成为可能，从而导致了人口向城市的转移"。西蒙·库兹涅茨指出了城市化是经济增长和技术进步的结果，经济增长和技术进步为城市化的发展提供了动力，而城市化则进一步助推了经济增长和技术进步。同时，也正是经济增长和技术进步诱致了大量的人口集聚和工业创新，而人口的汇聚和工业的集中则构成了城市化持续发展的基础。马克思（Karl Marx，1975）在《资本论》中也指出，"社会分工使得不同的人来分担物质活动和精神活动、享受和劳动、生产和消费，它需要劳动力的转移。"可见，经济发展、技术进步、社会分工都在促使农民工的市民化。

美国经济学家迈克尔·托达罗（M. P. Todaro，1988）通过托达罗人口流动模型所揭示的城乡预期收入差异理论也进一步说明了农民工市民化的经济诱因。城乡之间在个人收入、生活质量、发展机会等方面存在的巨大差异，不断促使农民从农村来到城市就业和生活。农民对在城市预期收入的期待促使农民工加快市民化，经济收入成为农民工考量是否成为市民的重要参数。经济学者斯塔克（Stark Oded）和泰勒（J. D. Taylor）在1989年还提出了"相对贫困"的假说，用相对贫困的概念来解释城乡之间的人口迁移问题。城乡发展差距的进一步拉大，使得乡村居民有"相对被剥夺"的感觉，乡村居民会想方设法来到城市工作和生活。乡村较于城市的"相对贫困"促使农民进城以消除这种"相对被剥夺"的感觉，这与托达罗人口流动模型所揭示的城乡预期收入差异理论有一定的耦合。

随着市场经济发展的日益成熟，农民自主选择的空间进一步增大，农民工市民化进程也随之不断加快。经济的加速发展、技术的日益进步、社会分工的不断细化以及城乡预期收入差异等经济诱因，都在不断促使着农民从乡村来到城市。在此过程中，良好的社会秩序是促进经济发展的必备条件，农民工市民化的经济诱因客观上要求进一步构建公平合理的社会秩序。公平合理的社会秩序既是市场经济健康发展的保证，又是使农民拥有充分自主选择权的制度安排，更是确保有效推进农民工市民化的重要因素。通过分析农民工市民化的经济诱因可以看出，"自主选择与社会秩序统一"这一方法论应成为研究农民工市民化问题的重要指南。运用这一方法可以对农民工市民化问题提出更多更切实际、更有针对性的破解方法。

(2) 产业迁移

英国古典经济学创始人威廉·配第（William Petty，1978）曾在《政治算术》一文中指出，"产业间收益差异明显，呈现出工业收益大于农业，商业收益大于工业，形成促使社会劳动者从农业流向工业和商业的迁移动机。"英国古典经济学家亚当·斯密（Adam Smith，2009）在此基础上则进一步从城乡商业联系和劳动分工视角，分析研究劳动力转移，指出劳动力城乡转移是市场扩展水到渠成的自然结果。英国古典经济学家们所揭示的劳动力在产业之间转移的思想，为后来发展经济学家论证劳动力转移规律提供了逻辑起点。英国发展经济学家威廉·阿瑟·刘易斯（William Arthur Lewis，1954）在其《无限劳动力供给下的经济发展》一文中所揭示的二元经济模型，对于深刻理解发展中国家城镇化过程中的人口流动问题具有很强的启发意义。威廉·阿瑟·刘易斯通过分析工业化过程中劳动力人口及其价格的变化趋势，提出了"拐点"的概念即"刘易斯拐点"。所谓"刘易斯拐点"是指随着经济的发展，农业领域的富余劳动力并不会无限的以相对低廉的价格供给于非农领域，"人口红利"到达一定阶段就会自动消失。这对于理解城镇化过程中农业转移人口的市民化和逆城市化现象，都具有很强的分析指导意义。

美国经济学家古斯塔夫·拉尼斯和费景汉（Gustav Ranis，John C. H. Fei，1961）提出的拉尼斯—费景汉模型（Ranis – Fei Model）则进一步完善了刘易斯的二元经济模型，强调了工业部门和农业部门发展的动态均衡增长关系。"刘易斯拐点"是二元经济发展到一定阶段产生的，是农民群体自主选择的结果。在推进农民工市民化的过程中，应通过建立公平合理的社会秩序使农民工实现"进退自如"，即"进"可成为市民，"退"可回乡耕田。工业部门和农业部门的发展应处于一种相互深度融合、互联互通的状态。社会学家凯尔勃格（A. L Kellberg，1988）等人的劳动力市场分层理论模型运用二分法所揭示的社会内在发展趋势，构造了一个两部门劳动力市场：正式工业部门和非正式工业部门。凯尔勃格等将工业部门分为正式工业部门和非正式工业部门，当正式工业部门需要劳动力时会优先从非正式工业部门中转移，而后非正式工业部门再从农业部门中转移富余劳动力。这为我们理解农民工市民化的产业迁移提供一个新的视角，对于助推农民工市民化提供了新的思路。

通过产业迁移视角可以使我们更加清晰地理解我国的农民工市民化进程，着力实现农民工市民化的自主选择与社会秩序统一。深入研究农民工市民化产业迁移的规律，可以使我们更好地实现产业发展和农民工市民化的协调互动。一方面，农民工通过自主选择进入到城市就业，相关产业发展政策应及时出台实施从而促进有定居意愿的农民工实现市民化；另一方面，应充分尊重农民工的自主选择，通过公平合理社会秩序的确立为回到农村的农民工提供同样可以过上更高质量生活的发展机会。同时，注重实现城市成长与产业创新的深度融合。城市群的发展应充分尊重产业发展规律，合理布局轻重工业，进而实现第一、第二、第三产业的融合发展。深刻理解农民工市民化的产业迁移规律，对于实现我国产业结构发展的转型升级具有极强的启发意义。

（3）农民自我调适

城镇化的发展可以理解为农民变市民的过程，美国经济学家西奥多·舒尔茨（Theodore Schultz，1986）就曾指出，"全世界的农民在处理成本、报酬和风险时是进行计算的经济人。在他们的小的、个人的、分配资源的领域中，他们是微调企业家，调谐的如此微妙，以至许多专家未能看出他们如何有效率"。西奥多·舒尔茨认为，在城镇化发展的过程中，农民在关注自身利益增加的同时，也在使整体经济变得更加有效率。城镇化的发展需要充分调动农民市民化的积极性，而对于如何调动农民市民化的积极性，则需要赋予农民更多经济自由选择的权利。西奥多·舒尔茨更加强调农民市民化的动态性，农民会根据现实的经济环境做出理性的经济选择而不会无原则地进入城市就业。在西奥多·舒尔茨看来，农民选择到城市就业是经过反复比较后的理性经济行为，应该全面考虑农业发展与工业发展的互动。

英国经济学家雷文斯坦（E. G. Ravenstein）提出的人口流动推拉模型，则从人口流动的迁出地和迁入地两个方面分析影响人口流动的"推力"因素和"拉力"因素。人口流动推拉模型对于研究农民工市民化具有很强的参考价值，通过分析影响农民工市民化自我调适行为的相关因素，可以为我们更好地促进农民工市民化提供更多思路。在此基础上，美国学者李（E. S. Lee）在1966年英国《人口学》杂志上发表的《人口迁移理论》一文则进一步发展了雷文斯坦关于人口迁移推拉规律的理论，分别从迁入地、迁出地、中间障碍、迁移者个人四个方面的相关因素来详细论证人口流动推拉模型。李（E. S. Lee）通过更加系统地分析论证，进一步诠释了人口迁移的多影响因素推拉理论。在此过程中，流动人口在多要素的影响下不断实现着迁移行为的自我调适。

农民工市民化自我调适的完成还更多地依靠家庭成员的力量，正如美国经济学家马丁·明塞尔（M. Mincer, 1978）指出的，"家庭在劳动力迁移过程中发挥了极为关键的作用，做出迁移决策及参与迁移过程的从来都不是一个人，而是以一个家庭为基本单位"。以家庭为单位来考察农民工市民化的自我调适，可以更好地总结我国农民工市民化的规律。我国社会整体正处于乡土社会向城乡社会、熟人社会向都市社会的转型过程中，家庭因素在农民工落脚城市的过程中发挥了重要作用。家庭的内部弹性为农民工市民化提供了更多可能，有时发挥促进作用，有时也会起到抑制作用。实现农民工市民化的自主选择与社会秩序统一，一方面应加快农村的各项改革，农业的稳固发展始终是促进农民工市民化的基础。另一方面要通过建立公平合理的社会秩序保证农业与工业、农村与城市的协调互动，进而实现农民工市民化的良性发展。

三、农民工市民化的瓶颈及改革框架

现阶段，我国农民工市民化遇到了一些发展瓶颈。"农民自主选择与社会秩序统一"的理论框架，将有助于我们更好地结合中国国情提出更加切实有效的改革路径。

1. 农民工市民化的瓶颈

截止到 2012 年，我国常住人口城镇化率为 52.6%，户籍人口城镇化率为 35.3%，两者相差 17.3 个百分点。可以说，我们目前常用的城镇化率的数据是不完全城镇化率的数据。因为这里有 17.3 个百分点的农民工并没有入市，他们虽为当地经济的发展做出了不小的贡献，却没有享受到当地市民的同等待遇。随着我国社会主义市场经济的不断发展成熟，大量的农业富余劳动力来到城镇就业。但是，我国户籍制度及其他与之配套的社会保障制度并没有随之做出较大的变革。在这种情况下，其实只是给予了农民有限的自主选择的权利，真正的充分保障农民自主选择的社会秩序并没有完全建立。因此，可以说我国传统的城镇化发展模式处于农民自主选择和社会秩序统一分析框架的低层次。要提升城镇化的发展水平，既需要不断赋予农民更多自主选择的权利，又要建立良好的社会秩序维护和保障自主选择权利的运行。通过赋予农民更多自主选择的权利进一步激发每个人创新创业的潜力，在此基础上，通过良好社会秩序的建立促进社会整体的发展和进步。

而目前我国有 2.34 亿的农民工及其家属身在城镇，却无法真正融入城镇生活中。他们在就业、住房、养老、医疗、教育等多个方面无法享受到同等的市民待遇，这些方面都在限制着农民工的自主选择。在农民工的就业方面，户籍制度无疑制约着他们对就业的自主选择，真正公平的就业创业环境并没有完全形成。在住房方面，农民工群体目前很难享受到政策性保障房的福利，住房是民生之要，真正能够覆盖到城镇农民工群体的住房保障体系还未形成。在养老方面，农民工群体大多采用回乡居家养老的方式安度晚年，社会化全覆盖的养老保障体系还未将所有的农民工群体纳入其中。在医疗服务方面，本身就已经很难满足城镇居民需求的医疗服务资源，已然很难充分满足农民工群体对医疗服务的需求。在教育方面，农民工子女的受教育问题已表现得非常突出，城镇优质的教育资源很难为农民工子女所享受。另外，由于户籍制度的限制，在异地城镇接受中等教育的农民工子女不允许在异地城镇参加高等学校入学考试，即使有部分省市放开这一限制，也只是允许在本地接受中等教育的农民工子女报考专业职业技术类学校。如此等等，都构成了我国城镇化发展的障碍。

2. 农民工市民化改革框架

在"自主选择与社会秩序统一"这一方法论指导下，有效推进农民工市民化需要把握三个基点。

(1) 创新农地经营管理制度

创新农地经营管理制度是在"农民自主选择与社会秩序统一"的改革框架下，破解现阶段我国农民工市民化发展瓶颈的重要一环。1880 年 6 月，马克思在被称为《共产党宣言》浓缩版的《法国工人党纲领导言（草案）》中指出，"生产者只有在占有生产资料之后才能获得自由。"马克思认为，人的自由始终同他们获取物质生活资料的能力和方式紧密相连。在我国，家庭联产承包责任制确保了农民对生产资料的占有。但如何最大限度地发挥所占有生产资料的效用，这不但关系到全面深化农村改革加快推进农业现代化的实现，更关系到新型城镇化的健康发展。农业现代化的实现客观上要求进一步创新农民对生产资料的占有形式，特别是要进一步盘活农民所承包土地的潜在价值。通过进一步创新农地经营管理制度，使农民获得更多能够进行自主选择的财产权利。随着农民享有财产权利的增加，农民的收入水平也会逐步提高。农民收入水平的提高客观上为农民工市民化创造了可能，特别是为农民的就地市民化提供了物质基础。

新型城镇化所代表的是一种现代化的生活方式，当农民拥有更多财产收入后必然会追求更好的生活环境，而此时新型城镇化也就找到了其获得健康可持续发展的内生动力。"农民自主选择与社会秩序统一"改革框架下的农地经营管理制度创新，就是希冀通过农地股份合作制等形式进一步增强城镇化过程中农民自主选择的能动性。同时，也可以有效避免由于农民盲目自主选择而造成的社会失序。以"农民自主选择与社会秩序统一"改革框架下的农地股份合作制创新为例，一方面农地股份合作制进一步增强了城镇化过程中农民的自主选择能力，因为它使农民进一步从对土地的依附关系中解放出来，既得到了土地带来的收益又不被土地所牵绊。另一方面农地股份合作制是在现有农地经营管理制度前提下的创新，而不是土地私有化。这就为有效避免城市贫民窟的出现提供了制度保障，即使农民最终因为各种原因没有实现市民化，他们依然还可以回到农村继续从事农业生产，而不致出现大规模的社会动荡。

（2）加快推动户籍制度改革

加快推动户籍制度改革是在"农民自主选择与社会秩序统一"的改革框架下，破解现阶段我国农民工市民化发展瓶颈的重要内容。已经转移到城镇就业的农民工是推动户籍制度改革首先要解决的群体，他们在城镇中已经拥有了稳定的职业并融入了城市生活，这充分说明了他们已经被所在的城镇接纳而成为了事实上的市民。可以认为这部分农民工通过自主选择已经实现了事实上的市民化，因此相应的社会秩序的构建也应该及时跟进。新型城镇化是顺势而为的城镇化，对于已经转移到城镇就业的农民工群体应该有序解决他们的落户问题。在党的十八届三中全会有关推进农业转移人口市民化精神的指导下，中央城镇化工作会议明确提出从目前我国城镇化发展要求来看，主要任务是解决已经转移到城镇就业的农业转移人口落户问题。"全面放开建制镇和小城市落户限制，有序放开中等城市落户限制，合理确定大城市落户条件，严格控制特大城市人口规模。"城镇的发展需要人口的集聚，全面放开建制镇和小城市落户限制是进一步释放建制镇和小城市发展活力的重要举措。有序放开中等城市落户限制、合理确定大城市落户条件以及严格控制特大城市人口规模则是建立在对我国现实国情充分研判基础上做出的务实认知，城市发展过程中遇到的各种问题决定了不可能一刀切式地全面放开所有城镇的落户限制。

当前，我国很多大中城市存在严重的"城市病"而难以根治，从而也从一个方面倒逼我们必须采取循序渐进式的户籍制度改革路径。采用循序渐进式的改革策略是有序推进农业转移人口市民化的必然选择，而分层次分步骤地推动户籍制度改革则是其中非常重要的一个方面。"农民自主选择与社会秩序统一"的改革框架要求我们在充分保证农民自主选择的前提下，户籍制度的改革也要更多地注重维护整体的社会秩序。《国家新型城镇化规划（2014—2020年）》则进一步明确提出实施差别化落户政策，以合法稳定就业和合法稳定住所（含租赁）等为前置条件，全面放开建制镇和小城市落户限制，有序放开城区人口50万~100万的城市落户限制，合理放开城区人口100万~300万的大城市落户限制，合理确定城区人口300万~500万的大城市落户条件，严格控制城区人口500万以上的特大城市人口规模。2014年7月发布的《国务院关于进一步推进户籍制度改革的意见》则更加明晰了现阶段我国推进户籍制度改革的相关具体要求，明确了调整户口迁移政策、创新人口管理、保障农业转移人口及其他常住人口合法权益等方面的注意事项。

（3）使基本公共服务全覆盖

现阶段我国部分城市中出现的"新二元结构"倾向已经逐渐显现，城镇常住居民与农业转移人口在享受城市基本公共服务方面差异明显。毋庸置疑，农民工为所在城镇的发展贡献了自己的力量。因此，在推进农业转移人口市民化的过程中应该使他们逐步享受到无差别的城镇基本公共服务。被统计为城镇人口的2.34亿农民工及其随迁家属在无法短期内获得城镇户籍的情况下，应该通过体制创新使他们享受到城镇的基本公共服务。城镇化发展的"农民自主选择与社会秩序统一"改革框架要求我们在推进基本公共服务全覆盖的过程中，应该通过合理社会秩序的建立不断满足农民的自主选择。政府应通过合理社会秩序的构建，不断满足农民工市民化群体对就业、教育、住房、医疗、养老等社会保障服务的需求。特别是在"新二元结构"倾向比较明显的地区，可以说农民已经通过市场经济条件下的自主选择做出了经济最优的抉择，此时就需要政府在此基础上通过制度变革适应这种变化进而提供无差别的城镇基本公共服务。

以城镇化发展的"农民自主选择与社会秩序统一"框架下的教育改革为例，教育事关民族的未来，推进农业转移人口市民化离不开教育领域的全面深化改革。随农民工到城镇的子女在受教育方面，需要政府在政策制度层面给予更多的关注。"农民自主选择与社会秩序统一"分析框架既注重给予农民更多自主选择的权利，更希望政府能在宏观政策制定方面起到"兜底"的作用。因此，政府应出台更多优惠政策扶持城镇农民工子弟幼儿园、小学、中学的发展。同时，还应该加强对城镇农民工子弟学校的监管。这种监管既包括对城镇农民工子弟学校教育教学质量的监管，也包括对城镇农民工子弟学校教育收费和财务收支状况的监管。在推进农业转移人口市民化的过程中还应加大对教育领域重难点问题破解的步伐，正如《国务院关于进一步推进户籍制度改革的意见》所指出的，结合随迁子女在当地连续就学年限等情况，逐步享有随迁子女在当地参加中考和高考的资格。特别是在解决农民工子女异地高考等事关民生的问题上应取得更大改革进展。

参考文献

[1] 王华，彭华．城市化进程中郊区农民迁移意愿模型——对广州的实证研究．地理科学，2009（1）：50-55；甄延临，董玉良．基于农民进城意愿调查的城市化问题及对策研究——以嘉兴为例．现代城市研究，2011（1）：93-96；虞小强，陈宗兴，霍学喜．西部地区农民进城意愿影响因素分析——以陕西省为例．西北人口，2011（5）：73-76

[2] 黄振华，万丹．农民的城镇定居意愿及其特征分析——基于全国30个省267个村4980位村民的调查．经济学家，2013（11）：86-93

[3] 张仁寿．农民进城动力探析．中国农村经济，2001（3）：61-64

[4] 刘传江，程建林．第二代农民工市民化：现状分析与进度测量．人口研究，2008（5）：53

[5] 张斐．新生代农民工市民化现状及影响因素分析．人口研究，2011（6）：106

[6] 姚植夫，薛建宏．新生代农民工市民化意愿影响因素分析．人口学刊，2014（3）：111

[7] 温铁军．中国的城镇化道路与相关制度．开放导报，2000（5）：21

[8] 刘平量，曾赛丰．城市化：制度创新与道路选择．长沙：湖南人民出版社，2006：25

[9] 郭志仪，常晔．城镇化视角下的农村人力资本投资研究．城市发展研究，2007（3）：50-53

[10] 华生．城市化转型与土地陷阱．北京：东方出版社，2013：90

[11] 席酉民，王亚刚．和谐社会秩序形成机制的系统分析：和谐管理理论的启示和价值．系统工程理论与实践，2007（3）：13

[12] 秦扬，邹吉忠．试论社会秩序的本质及其问题．西南民族大学学报（人文社科版），2003（7）：153-158

[13] 西蒙·库兹涅茨．各国的经济增长．常勋等译，北京：商务印书馆，1985

[14] 马克思．资本论（第1卷）．北京：人民出版社，1975

[15] 迈克尔·托达罗．第三世界的经济发展．北京：中国人民大学出版社，1988

[16] Stark Oded and J. D. Taylor. Relative Deprivation and International Migration. *Demography*，1989（26）：1-14

[17] 威廉·配第．政治算术．北京：商务印刷馆，1978

[18] 亚当·斯密．国富论（上卷）．郭大力，王亚南译，北京：三联书店，2009

[19] William Arthur Lewis. A Model of Dualistic Economics. *American Economic Review*，1954（36）：46-51

[20] Fei. C. H. and Ranis. G. A Theory of Economic Development. *American Economic Review*，1961（9）：321-341

［21］ William T. Dickens. The Reemergence of Segmented Labor Market Theory. *American Economic Review*，1988（5）：129 - 134

［22］ 西奥多·舒尔茨. 穷人经济学. 王宏昌译，北京：中国社会科学出版社，1986：428

［23］ E. S. Lee. A Theory of Migration. *Demography*，1966（1）：47 - 53

［24］ M. Mincer. Family Migration Decisions. *American Economic Review*，1978（21）：43 - 50

［25］ 国家新型城镇化规划（2014—2020 年）. 人民日报，2014 - 3 - 17

［26］ 马克思恩格斯文集（第 3 卷）. 北京：人民出版社，2009

［27］ 中央城镇化工作会议在北京举行. 人民日报，2013 - 12 - 15

［28］ 国家新型城镇化规划（2014—2020 年）. 人民日报，2014 - 3 - 17

城镇化促进"三农"转型的政企合作模式研究

　　本文将城镇化背景下的"三农"转型问题作为研究对象，从城镇化促进"三农"转型的一般机理出发，剖析了我国快速城镇化背景下在"三农"转型过程中出现的新矛盾和新问题，并以上海临港新城在城镇化开发建设中解决"三农"问题的政企合作模式作为案例，分析了这一模式中的政府功能及管理体制。主要结论认为，当前我国政府主导下的快速城镇化发展，在有效推动、处理和解决"三农"问题的同时也暴露出了新的矛盾和风险。"政府引导、市场运作"的政企合作治理模式，有助于进一步解决上述矛盾和问题。

一、引言

　　党的十八届三中全会《决定》中提出："坚持走中国特色新型城镇化道路，推进以人为核心的城镇化，推动大中小城市和小城镇协调发展、产业和城镇融合发展，促进城镇化和新农村建设协调推进。"这一表述不仅指出未来我国城镇化发展的方向，同时也表明了城镇化的内涵，标示着城镇化所承载的经济发展和社会进步的双重转型任务。

　　城镇化一直以来都被认为是我国破解"三农"问题、实现"三农"转型的重要途径之一。自1998年我国政府在关于解决"三农"问题的决策和国家"十五"规划中推出城镇化战略以来，城镇已经吸纳了近2亿的农村富余劳动力，为解决我国"三农"问题做出了重要贡献（李爱民，2013）。但是，近年来城镇化发展在促进"三农"转型过程中也逐渐出现了新的问题。现有研究认为，中国传统的城镇化模式呈现鲜明的政府主导特征，是"政策之治"在城镇化领域的具体体现（张玉磊，2014）。其突出特征是大范围规划、整体推动、土地的国家

　　本文作者：孟璐，柏林自由大学兽医博士。

或集体所有、空间上有明显的跳跃性、民间社会尚不具备自发推进城镇化的条件等（李强、陈宇琳、刘精明，2012）。被动城镇化与人为造城、土地城镇化、土地财政、追求短期政绩、伤害群众利益、引发社会矛盾等密切相关（李强，2013）。其主要表现包括：在基层治理方面，压力型行政管理体制的客观局限造成乡镇政府的角色冲突与职能异化，进而导致基层治理失效，急需进行角色定位与职能转变（董江爱、何璐瑶，2014）。在农民身份转变方面，农民工在城乡二元户籍制度下无法平等享受城镇公共福利，并存在农民工在城乡二元土地制度下难以获得市民化的发展资本等问题（马晓河、胡拥军，2010）。在农业现代化、工业化和城镇化协调发展上，城镇化滞后于工业化，农业现代化滞后于工业化和城镇化；从动态的角度看，相对于工业化和城镇化的发展水平，中国农业发展的滞后性在加剧，而相对于工业化的发展水平，中国城镇化的滞后性则在缓解（黄祖辉、邵峰、朋文欢，2013）。在人地矛盾上，面临土地城镇化路径依赖、人口不完全城镇化困境以及人口、产业、环境与土地非均衡城镇化的人地矛盾（王利伟、赵明，2014），对土地财政的过度依赖现象，对"土地红利"和"人口红利"的过度依赖等（乔小勇，2014）。

针对上述问题，学界提出了包括转变政府职能（董江爱、何璐瑶，2014）、推进农业现代化、工业化和城镇化协调发展思路（黄祖辉，2014）以及新型城镇化的发展模式（倪鹏飞，2013）等建议，为促进我国城镇化和"三农"转型之间的良性互动提供了思路。在此基础上，本文结合实地调研的相关情况，进一步梳理城镇化在破解"三农"问题时的一般机理，并详细分析城镇化与"三农"转型之间出现的新问题和新矛盾以及其中潜藏的风险，并以上海市浦东新区临港新城作为案例，解读其在城镇化进程中解决"三农"问题的政企合作模式，以期对我国其他地区推进城镇化，促进"三农"转型提供参考和借鉴。

二、我国城镇化促进"三农"转型的一般机理

近年来，在我国农村基础设施建设落后、农民收入水平和生活水平相对低下以及农业生产方式落后、生产效率不高的形势下，加快推进以小城镇为主的城镇化建设进程，对于改善我国农村生产生活环境，促进农村经济发展，以工业化、信息化促进"三农"转型，具有十分重要的战略意义。

首先，城镇化改善了我国农村生产生活环境。城镇化在农村硬件设施建设上投入很大，许多地区从农村到城镇的第一步就是通过土地确权，对农村生产生活环境进行重新规划，促进农民集中居住和生产用地规模化。这一做法有效的改变了农民分散居住、农业生产分散进行的生活和生产方式，往往是从"农民"转

变为"市民"的第一步。

其次，城镇化促进农村经济发展。一方面，以中小城镇为核心，通过对周边农村地区发挥集聚效应和扩散效应，有效地刺激了居民的消费需求和投资需求，对于启动农村市场，扩大内需具有积极作用。另一方面，小城镇作为大中城市功能扩散的重要节点，有效链接城市和农村之间的人流、物流、资金流和信息流，将大城市部分社会功能和服务延伸到农村，从而为农村经济发展创造良好环境。

第三，城镇化促进现代农业发展。城镇化与现代农业发展之间的关系相辅相成，城镇化所带来的人流、物流和资金流为现代农业提供要素支撑和市场支撑，伴生的工业化和信息化建设为现代农业提供技术支撑和功能支撑。相应的，现代农业以其高附加值产品和产业延伸功能支撑城镇化发展。

第四，城镇化促进农民就业。城镇化为农村剩余劳动力转移提供了广阔的空间，缓解了农村人口压力与土地承载力之间的矛盾。一方面可以缓解大批农村人口涌入大城市而形成的压力；另一方面，将农村人口向城镇转移出去后，缓解了农村人口压力和土地承载力之间的矛盾。

第五，城镇化提高农民收入。城镇化的过程往往也是工业化的过程，工业化发展促进了土地、劳动力和资本等生产要素的重新优化配置，农民从原本的农业生产走入工厂，在收入大幅提高的同时，还能够享受到医疗和养老等基础性的社会保障服务。

第六，城镇化转变农村传统观念。一方面，相对现代化的生产生活环境、便利的交通和信息服务，以及相对开放的市场环境等，都在潜移默化地改变农民的传统观念。另一方面，从农民到市民，从第一产业到第二、第三产业的就业变化，对于农民开阔视野和不断学习新的知识和技能也提出了更高的要求。

综上所述，城镇化通过改善农村生产生活环境、促进农村经济发展、解决农民就业、提高农民收入、转变传统观念等方式，不断破解"三农"问题，促进"三农"转型。城镇化与工业化、信息化等相结合，对于打破城乡二元结构、缩小城乡差距，发挥了重要作用，作出了积极贡献。

三、快速城镇化带来的"三农"新问题

近年来，我国城镇化进程不断提速，城镇化率在 2003 年超过 40% 以后，至 2011 年超过 50%，达到 51.27%，2014 年已经达到 54.77%（如图 1 所示）。政府主导下的城镇化在快速推进的过程中，虽然对于"三农"问题的解决发挥了积极作用，但也带来的新的问题。

（%）

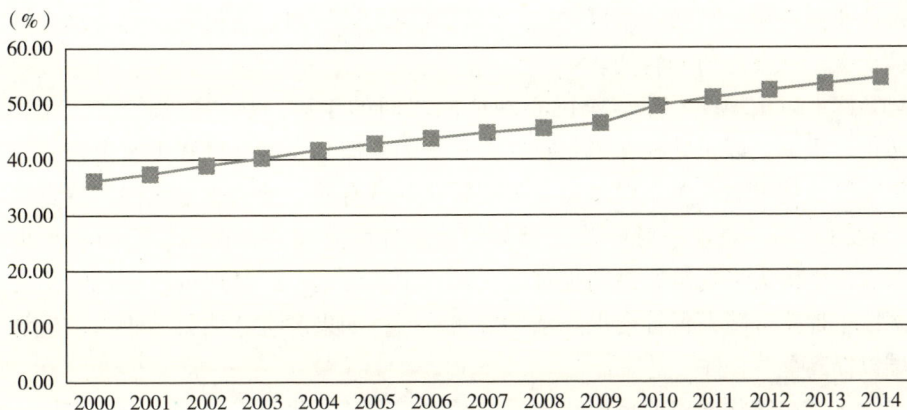

图1　中国城镇化率（2000～2014年）

数据来源：《中国统计年鉴》历年。

第一，基础建设、可持续发展与财政支撑之间的矛盾。如前所述，现阶段我国首先是从硬件基础设施建设上推进城镇化发展。这些被城镇化的地区或是发展基础比较好的地区，或是为了配合地区工业发展需要而被动转化的地区，一般都有足够的财政能力支持和支撑这种高标准、高投入、全方位对农村的改造和建设。然而，这种依靠政府推动和财政投入所完成的农村城镇化进程，一方面是很难复制，难以向发展水平不高的中西部地区推广，另一方面是很难维系，环境的可持续发展、人力资源的可持续和社会保障的可持续都需要大量财政投入。这种"注血式"的发展方式不能从根本上建立起从农村到城镇的自我发展的良性循环机制。

第二，土地城镇化与农业大规模生产之间的矛盾。土地城镇化是衡量城镇化水平的重要指标之一——以城市建设用地占区域总面积的比重反映城镇化水平。尽管我国耕地红线约束着农业用地的缩小，但是随着城镇化水平的提高，打着"三农"旗号在农业用地上发展工业的地区也不少。因此，尽管城镇化为农业接近市场、资源提供了便利，但是农业发展赖以生存的土地面积却越来越有限。有限的土地成为制约农业规模化、产业化和机械化生产的瓶颈。这一矛盾在耕地面积比较集中、城镇化水平比较高的东南沿海地区尤其突出。

第三，人口城镇化与农民再就业之间的矛盾。人口城镇化是衡量城镇化水平的另一个指标——以某一区域内城镇人口占区域总人口的比重反映城镇化水平，也是城镇化的重要内容之一。农民与农村、土地之间的联系转变为与城镇经济、社会发展相关联。城镇化进程中制造业和服务业的迅速崛起为农业劳动力转型提供了广阔的就业空间。但是，目前我国农村劳动力中相当大的部分文化素质较低，就业面狭窄，转型的难度比较大。在城镇化过程中就会出现农业劳动力转型的脚步慢于社会身份的转变。

第四，以土地换保障与农民心理认同之间的矛盾。从"农民"到"市民"的转化过程中，以土地换保障是重要方式之一。但是在这一过程中也出现了以下两类情况，使得农民对于向市民身份的转化并没有从心理上进行认同，感觉自己"上当受骗"。一是农民对城镇化相关的政策理解有偏差，很多农民担心土地流转以后，生活失去保障，短期很难适应新的生活方式。二是现行的土地安置措施强调以土地换保障，但社会保障水平普遍较低，如果没有其他劳动收入，生活水平难以提高。

第五，城镇化与农业现代化之间的矛盾。在城镇化与工业化、农业现代化的不平衡发展中，城镇化与农业现代化之间的差距往往要大于城镇化与工业化之间的差距，农业现代化水平严重滞后。除了农业本身在科技投入、人才投入等方面存在的不足之外，城镇化为促进农村地区尽快融入大中城市的产业发展体系，在大力促进第二、第三产业发展的同时，实际上将农业投入、农业生产等进一步边缘化。同时，城镇化也加剧了高素质农业人口向外流动，形成了农业人口的"空心化"。

总体而言，尽管城镇化在破解"三农"问题、促进"三农"转型方面作出了积极贡献，但是伴生于这一进程的诸多问题，也隐藏着诸多风险和挑战。如何创新发展思路，形成新的发展模式，是当前我国许多地区迫切需要解决的难题之一。

四、政企合作治理模式：以上海临港新城为例

政府一直以来都是"三农"转型最重要的推动力。近年来，从中央政府对"三农"问题的战略导向，到地方政府解决"三农"问题的政策措施，都加快了"三农"转型的步伐。在上海临港新城①开发建设中，形成了农民、开发公司和政府三个行为主体共同促进转型的模式。其中，政府以其拥有的政策资源，成为协调农民和开发公司之间利益的重要"中介"。因此，本文以此作为案例，分析政府和企业在其中的作用、问题和改进措施等。

1. 临港新城简介

上海临港新城位于上海东南角，规划面积315平方公里，是上海市重点发展

---

① 现已改为"南汇新城"。

的六大功能区域之一。自 2003 年启动建设以来，在上海市委市政府、区委区政府的领导下，始终坚持产业开发、基础设施、城镇建设、生态环境、产城融合"五位一体"全面发展。临港开发建设过程是加速城市化的过程，数万农民转为城市居民，带来大量的动迁安置、社会保障、劳动就业等一系列社会问题。目前，其下属四个镇——南汇新城镇①、泥城镇、书院镇和万祥镇，为配合新城开发建设，在处理和解决产城融合过程中的"三农"问题上，采取了政企合作治理模式——当地镇政府与开发公司（上海临港经济发展集团）共同出资成立社区分公司，在大规模开发建设的同时，始终坚持"以人为本"，高度注重城乡统筹发展，通过临港的开发建设有力带动原来相对落后的镇域经济发展，形成港、城、区、镇协调发展的总体格局，对于促进当地农村、农业和农民的转型起到了积极作用。

2. 政府功能定位

从中央到基层，各级政府在"三农"转型中承担了不同的功能。在中央政府战略导向下，上海市政府制定导向型规划和政策，区政府负责规划的具体执行和实施，而镇政府则主要承担基层治理职能。如表 1 所示。

总体而言，中央政府的功能定位主要在战略导向。自 2004 年以来，中央政府就连续多年以中央"一号文件"的形式关注"三农"问题，并取得一定的成效。2012 年，党的十八大召开进一步提出了"坚持走中国特色新型工业化、信息化、城镇化、农业现代化道路，推动信息化和工业化深度融合、工业化和城镇化良性互动、城镇化和农业现代化相互协调，促进工业化、信息化、城镇化、农业现代化同步发展"。其中，城镇化与农业现代化都与"三农"转型直接相关。

上海市政府在中央战略导向下，通过制定科学的城市规划和产业规划，以"产城融合"思路促进"三农"转型。临港地区以此为导向，与经济开发建设同步解决"三农"问题。目前，市政府设立临港专向发展资金，加大对临港地区的投资力度。同时进一步下放行政审批权限，加大财政扶持力度。其中，特别提出临港地区土地指标单列和耕地占补平衡全市统筹。

2013 年，市政府进一步提出研究"郊区差别化管理"，为"十三五"规划奠定基础。"郊区差别化管理"虽然还处于前期研究阶段，但这一思路的提出实际上明确了未来政策的导向。而农村是郊区的重要组成部分，"三农"转型必将成为"郊区差别化管理"中必须考虑的环节。

---

① 原为芦潮港镇，后来为了发展需要，由原申港街道、芦潮港镇和老港镇大治河以南（不含大河村和东河村）的区域合并组成。其中，原芦潮港镇也是四个镇最早开展农民安置工作的地区。

表1　　　　　　　　　　各级政府功能定位

各级政府	功能定位	作用体现
中央政府	战略导向	2004 年至今的"中央一号文件" 党的"十八大"提出"新四化建设" 党的十八届三中全会提出"以人为核心的城镇化"
上海市政府	规划导向、政策导向	产城融合 探索郊区差别化管理 重点发展区域：南汇新城
浦东新区政府	规划执行、机制保障	直接行政管理 规划执行和实施
当地镇政府	基层治理	与开发区共组开发公司，利益共享 动拆迁、住房、教育、社保等基层治理

浦东新区政府及临港地区管委会承担规划执行职能，负责相关规划的落地实施。产业化、城镇化的过程与当地农村转向城镇、传统农业转型、农民转向市民息息相关。

当地镇政府则承担着基层管理职能，尤其重点解决农民住房安置、就业安置、社保安置及社区治理工作。

3. 管理体制机制

临港地区解决"三农"问题的一个特色就在于组织机制创新。临港集团和当地镇政府各出资 50% 成立开发公司，一方面作为共同的融资平台，另一方面也在镇政府和集团之间搭建了利益共享平台，为顺利实现"三农"转型提供了制度保障。如图2所示。

首先，开发公司承担了一级政府应该承担的职能，在当地农民印象中，开发公司就代表了政府。其次，动拆迁安置与补偿。例如，临港四个分城区仅 2012年用于动迁安置房（共 273 万平方米）的物业费补贴近 1400 万元，公共部位及公共设施维修达 2500 万元。第三，提供就业保障，对雇佣当地人就业的企业予以岗位补贴，确保当地农民优先就业。第四，环境整治、社区管理、"一门式"等基层管理，为"农民"向"市民"、"农村"向"社区"转变提供基础性的公共服务。

同传统的"三农"转型资金主要由政府承担所不同，这一基层管理体制的优势在于：第一，形成了农民、企业和政府三者的利益共享机制。镇政府在其中扮演了双重角色，一方面协调农民与开发公司之间利益，另一方面要兼顾自身经济利益和政治利益，其实质是在农民的个体利益与企业的经济利益之间形成了缓

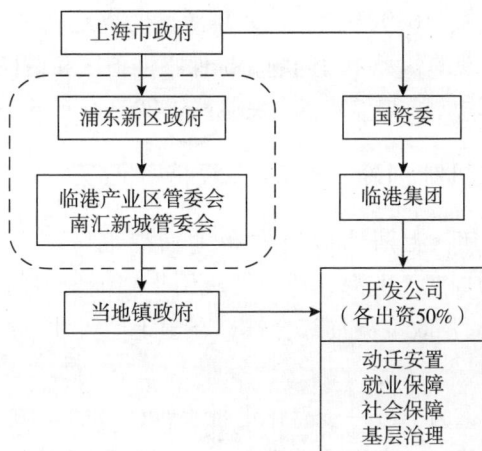

图 2   临港管理体制

注：临港地区实施"双特"政策后，原有的管委会和区政府合并，并撤销原管委会。

冲地带，减少了两者之间发生冲突的可能。第二，确保临港地区开发建设与"三农"转型同步进行。一般情况下，多数地区在"三农"转型过程中，由政府承担"三农"的基础工作，而由开发公司承担地区开发建设，两者往往相互脱节，例如农村基础设施改造完成，但相应的地区开发工作还未提上日程，以至于农民很难从中获得就业机会等。第三，单一开发主体确保政策前后左右的一致性。尽管分城区内部动迁安置工作存在先后顺序，但是由于由同一开发主体完成，因此，其动迁补偿等政策前后基本一致，不会导致"厚此薄彼"现象的发生。

4. 实施效果①

在此管理体制下，临港新城在"十二五"开局就城镇化和"三农"转型方面取得了以下成果：累计建成农民安置房 402 万平方米、普通商品房 99 万平方米、配套商品房 70 万平方米，建成大学、医院、博物馆、基础教育、公交枢纽、铁路客运等一批社会事业项目；建成酒店、办公楼等一批商业项目；建立健全配套政策和措施，妥善解决农民征地安置、社会保障、劳动培训和再就业问题，安置失地农民 64015 人，21313 户，安置率达 99%，临港各镇实现现房安置；成立临港地区劳动力就业培训推荐上岗联席会议，全面落实积极有效的就业政策，通过汇编《临港新城企业用工使用指南》、组织离地农民进行技能培训、完善用工就业信息网络和开展用工洽谈会等多种形式，整合资源，扩大渠道，累计新增就

---

① 数据来源：上海临港产业区"十二五"规划纲要。

业岗位 52008 个，培训 11630 人次，劳动年龄段的离地农民实现基本就业，有效避免开发初期容易出现的各类矛盾问题，确保临港地区和谐稳定。2005～2010 年，临港各镇财政收入年均增长 30.7%，农民储蓄从 2003 年的 6.7 亿上升到 67 亿元。

5. 新一轮体制机制创新：临港"双特"政策

2012 年 10 月中旬，上海市政府发布了临港地区"双特"政策，政策以 2012～2015 年三年为周期，上海、浦东两级用于临港发展的资金大概 135 亿元。除财政政策外，"双特"政策极具综合性，在土地、人才、产业等方面都给予了临港前所未有的支持。

在机构改革方面，为了进一步简化审批手续，开始实施"双特"政策之后，管理体制也进行了改革——实行"管政合一"，即开发区管委会和政府合并成一套人马，撤销原临港产业区管委会、南汇新城管委会、浦东新区申港街道和芦潮港镇等 4 家单位，组建临港地区开发建设管委会和浦东新区南汇新城镇，形成临港地区统一规划、统一开发、统一管理的崭新格局。同时，浦东新区经济和信息化委员会和浦东新区农业委员会入驻临港地区，新区工商、税务等部门在临港新设分支机构，在临港地区办公的行政事业人员有 1000 余人。建立临港行政服务中心，12 个业务部门相继入驻，开设服务窗口 36 个，涉及行政审批和服务事项 280 项，初步形成"一门式"优质服务体系①。

在"临港的钱临港用，临港的事临港办"这一核心下，临港将建立收入留用、市区扶持的特别机制，这对镇政府参与融资的开发公司影响很大，将主要涉及相关税收和土地出让金的返还、基础设施、代建项目的结算与核销等实质性内容。在基本完成动拆迁地区，这些政策将进一步促进当地"三农"转型。

五、结论及建议

本文将城镇化背景下的"三农"转型问题作为研究对象，从城镇化促进"三农"转型的一般机理出发，剖析了我国快速城镇化背景下在"三农"转型过程中出现的新矛盾和新问题，并以上海临港新城在城镇化开发建设中解决"三农"问题的政企合作模式作为案例，分析了这一模式中的政府功能及管理体制。

结论认为，当前我国政府主导下的快速城镇化发展，在有效推动、处理和解决"三农"问题的同时也暴露出了新的矛盾和风险，包括基础建设、可持续发

---

① 资料来源：上海市政府新闻发布会介绍上海市在临港地区"建立特别机制和实行特殊政策"相关情况，上海市政府网站。

展与财政支撑之间的矛盾，土地城镇化与农业大规模生产之间的矛盾，人口城镇化与农民再就业之间的矛盾，以土地换保障与农民心理认同之间的矛盾以及城镇化与农业现代化之间的矛盾等。从具体案例可以看出，"政府引导、市场运作"的政企合作治理模式，有助于进一步解决上述矛盾和问题。

基于上述结论，本文认为城镇化过程中有效应对和解决"三农"问题，首先，在发展支撑上，要充分发挥市场在资源配置中的决定性作用。政府和市场各司其职，政府以其公信力为处理"三农"问题提供基础性保障，而企业以其盈利能力为"三农"问题的可持续提供发展性保障。其次，在发展思路上，要注重城镇化、工业化和农业现代化协调发展，注重小城镇依托自身产业从"注血式"发展转变为"内源式"发展。第三，在发展模式上，注重政企合作、规划先行的战略发展模式，以农业现代化、工业化和信息化作为发展动力，以政企合作提供体制机制保障，以人为本，坚持全面、协调、可持续发展。

参考文献

[1] 董江爱，何璐瑶. 角色定位与职能转变：城镇化背景下的乡镇政府改革路径. 中国福建省委党校学报，2014（11）：4-10

[2] 黄祖辉. 现代农业能否支撑城镇化. 西北农林科技大学学报：社会科学版，2014（1）：1-5

[3] 黄祖辉，邵峰，朋文欢. 推进工业化、城镇化和农业现代化协调发展. 中国农村经济，2013（1）：8-14

[4] 李爱民. 中国半城镇化研究. 人口研究，2013（4）：80-91

[5] 李强. 主动城镇化与被动城镇化. 西北师大学报：社会科学版，2013（6）：1-8

[6] 李强，陈宇琳，刘精明. 中国城镇化"推进模式"研究. 中国社会科学，2012（7）：82-100

[7] 马晓河，胡拥军. 中国城镇化进程、面临问题及其总体布局. 改革，2010（10）：35-40

[8] 倪鹏飞. 新型城镇化的基本模式、具体路径和推进对策. 江海学刊，2013（1）：97-94

[9] 乔小勇. "人的城镇化"与"物的城镇化"的变迁过程：1978-2011. 改革，2014（4）：88-99

[10] 王利伟，赵明. 中国城镇化演进的系统逻辑—基于人地关系视角. 城市规划，2014（4）：17-22

[11] 张玉磊. 新型城镇化进程中市场与政府关系调适：一个新的分析框架. 社会主义研究，2014（4）：103-110

城镇化进程中的迁徙自由权限制：
立论依据与合宪基准

　　迁徙自由作为一项基本人权，已经受到立宪国家的普遍关照，但"迁徙入宪"并不代表迁徙自由不受任何限制，只不过这种限制应建立在宪法和法律的框架之内。从立论依据看，限制迁徙自由可从人性、法治和公益三个维度去阐释；从合宪基准看，限制迁徙自由应当同时具备形式上的特别法律保留原则和实质上的比例原则。此双重标准的建构，有利于廓清和辨别违宪限制迁徙自由的制度和行为，有利于保障和促进迁徙自由权的最终实现。

一、引言

　　随着新型城镇化的加速推进，农民的迁徙自由权保障问题日益凸显，《国家新型城镇化规划（2014—2020）》明确了"因地制宜，分步推进"的原则，提出"实施差别化落户政策"，即针对建制镇和小城市、中等城市、大城市、特大城市等实施不同的城镇化政策，设定不同的落户条件。不难发现，新型城镇化强调"人为核心"，更加注重保障进城农民与城市居民同等的待遇，但在城镇化进程中，并不是农民想迁到哪里就可以迁到哪里，想去哪个城市定居就可以去哪个城市，换句话说，农民的迁徙自由权仍然受到一定程度的限制。最近有权威报纸刊文，对一些大城市限制人口迁徙的做法给予了批评，认为是"方法粗暴、难达目的"（叶裕民，2015）。就现实而言，一下子全面放开落户限制，让所有中国农民进城，全都迁到北京、上海去，既不现实，也无益于迁徙自由权的实现。从理论上看，自由亦不是绝对的，迁徙自由权与其他宪法权利一样，并非不受任何限

　　本文作者：朱全宝，宁波大学法学院副教授，法学博士。本文获"清华大学中国农村研究博士论文奖学金项目"资助。

制，"人民存在于国家社会中，自由是不能不受限制的，否则国家存在将受人民自由权利滥用而有崩溃之虞，所以基本权就必须予以限制"（陈慈阳，2015），理论和实践无不诠释：迁徙自由权的保障并不排斥或否认对迁徙自由权进行限制，迁徙限制本质上是为了更好地保障迁徙自由权的实现。接下来，我们不禁要问：迁徙自由权限制的立论依据是什么？谁有权对迁徙自由权进行限制？什么情形下对迁徙自由权进行限制才是合宪的？……这些追问表明：对迁徙自由权限制的合宪性进行研判具有一定的理论价值与现实意义，尤其是党的十八届四中全会强调"依法治国首先是依宪治国"，宪法是基本权利保障的顶层设计，只有厘清了迁徙自由权限制的立论依据和合宪基准，才能从宪法层面更好地保障迁徙自由权，才能更好地推进依宪治国和依法治国的进程。

二、迁徙自由权限制的立论依据

1. 人性的预设：法哲学的依据

人的本性究竟是"恶"还是"善"，至今争论不休。《旧约全书》认为，人是一种可上可下的"居间动物"，世上既无具善而无恶的人，亦无具恶而无善的人。诚如孟德斯鸠关于人是"局限存在物"的论断，"他是一个有局限性的存在物……不能免于无知与错误。他生来就是要过社会生活的；但是他在社会里却可能把其他人忘掉；立法者通过政治的和民事的法律使他们尽责任。"从西方法律文化发展看，宪政的产生及发展无不建立在对人性悲观估计的基础上。英国大卫·休谟（David Humc）提出了著名的"无赖原则"，他认为，每个人都应该被视为无赖，他们除了追求一己之私，别无他图。这是设计任何制度时需确立的一条准则。如果说"无赖原则"是以一种"是什么"的判断方式，对人与制度关系提供逻辑结论的话，美国学者詹姆斯·麦迪逊（James Madison）则认为，"如果人都是天使，就不需要政府了"，从权利的角度看，基于利益的驱动和人的欲望的无限性，权利的享有者很可能无节制的滥用权利。因此，从人性角度，需要对权利享有者进行一定的节制，进而达致良好的宪政秩序。

2. 法治的诉求：宪法规范的依据

现代民主国家一方面通过宪法明确规定宪法权利是可以限制的，另一方面又对限制宪法权利设置了诸多条件。最早对宪法权利进行限制的宪法性文件是法国的《人权宣言》，其第四条规定：自由包括从事一切不损害他人的行为的权力。因此，行使个人的自然权利需要以保证社会的其他成员享有同样的权利为界限，权利行使不是漫无边界、为所欲为的。并且，这种界限只能通过宪法的明确授权，再经由法律加以具体规定。从德国宪政实践看，德国《基本法》在规定基本权利的同时，几乎任何一个权利条款之后都附有"只可由法律予以限制"的字句。就迁徙自由权而言，德国《基本法》第十一条不仅规定了对迁徙自由权的限制只能由法律规定，而且为法律限制公民迁徙自由设定了条件，此为德国迁徙自由立法上的一大进步。归纳起来，德国《基本法》对迁徙自由权进行限制主要有四种情形：第一，国防与军事目的，如依国家安全法对叛逃人员进行控制；第二，基于刑事目的，如对罪犯限制其活动范围；第三，保护他人权利，如使少年免遭遗弃，监护人不得抛弃未成年人而迁居他地，如宣告破产之人不得离开居住地等；第四，其他公共利益，如天灾、事变、卫生及公共安全发生变故之场所地区，根据消防法、传染病防治法等可限制公民的迁徙自由。因此，现代国家通过宪法授权于法律对基本权利进行限制，是法治原则的直接体现，亦是形式法治（以法律为重心）的基本要求。

3. 公益的规约：宪法权利理论的依据

公益是宪法权利配置的一项基本原则。资产阶级启蒙思想家很早即阐明了这一思想，格老秀斯、孟德斯鸠都有相关论述。当自由资本主义进入垄断资本主义后，政府不再停留于自由资本主义时的"袖手旁观"，对市场和社会的干预得以加强，政府干预的正当性基础即是维护"公益"之必需，也即国家可以出于维护公益之需对公民的宪法权利作出一定程度的限制。诚如英国学者米尔恩所言：共同体的利益优先于他的自我利益。那么，公共利益又何以成为迁徙自由权限制的正当性理由呢？理由在于：一是资源的稀缺性决定公共利益可限制个人利益。尽管个人利益是公共利益的前提与基础，公共利益是个人利益的一般存在形式和保障手段，然而，基于资源的稀缺性，个人利益和公共利益本身即是"利益"冲突的结果，为了满足各自的需要必然导致矛盾、竞争和冲突。因此，为了调和冲突，可依公共利益而限制个人利益。就迁徙自由权而言，由于迁入地的人口、资源承载能力的有限性，决定了不可能让所有人都迁往一个地方或者几个地方，因此在保障迁徙自由的进程中，国家可以进行适当的调控和引导，只不过国家的这种调控和引导应把握好度，避免过犹不及，也正是从这个意义上，《国家新型城镇化规划（2014－2020）》针对不同类型的城市实施差异化的落户政策是必要的。二是公益与私益之间的平衡与协调是宪政秩序优化的重要表征。公益需要借助于"国家权力"去维系，私益则在于"公民权利"的表达，在国家宪政秩序中，国家权力与公民权利需维系相对的平衡。国家权力的规模和强度应能有效防止公民滥用权利，避免无政府状态或严重破坏宪法秩序的情形出现，历史与现实无不昭示：无序的政府和动乱的社会带来的不是公民权利的有效保障，而是私益的无限膨胀和无序对抗，其结果必然是权利主体间的"掠夺"与"厮杀"，在这一进程中，公益荡然无存，私益尤其是弱势群体的私益将被排斥甚或剥夺。因此，为了个人利益与公共利益的协调发展，对个人利益予以限制是必要的，只不过国家在限制前需进行必要的利益衡量，否则有不当限制甚至侵害公民迁徙自由之虞。三是立宪国家的实践表明，一国宪法在确认迁徙自由权的同时，亦会作出限制性规定，德国《基本法》即是以列举方式规定了公益的四种情形，前文已述及，这里不赘。

三、迁徙自由权限制的合宪性基准

对迁徙自由权的限制，尽管存在一定的立论依据，或者说理论正当性，但这种限制显然是有条件的，不能任意扩大或泛化，更不能减损迁徙自由权的实现。因此，有必要对迁徙自由权限制的合宪性原则予以进一步分析。

1. 特别法律保留原则：迁徙自由权限制的形式合宪性

（1）"特别法律保留"的适用

法律保留原则最初源于法国的《人权宣言》。就最基本含义而言，"法律保留"是指对于公民基本权利的限制，必须依法律方得为之（许宗力，1993）。迁徙自由权的限制需符合"法律保留"原则，这是最起码的"形式上"的合宪性，亦是解决由谁来限制迁徙权的问题。德国理论和实务界将宪法权利的法律保留分为三种形态："单纯法律保留（einfacher Gesetzesvorbehalt）"、"特别法律保留（qualifizierter Gesetzesvorbehalt）"与"毫无限制保留"。所谓"单纯法律保留"是指宪法权利条款中仅规定该项权利"可由法律或基于法律"限制，对于"法律保留"中的"法律"未做进一步限定，"宪法对立法者限制该人权之公益目的并未明定"（陈新民，2002），这种立法是宪法对立法者相当信任的表现，立法者所获授权的弹性很大。如德国《基本法》第五条第二款规定的言论自由：对言论自由的依一般法律之限制；第十二条第一款规定的职业自由：职业权之行使得依法限制之。与之相对，"特别法律保留"对"法律保留"中的"法律"作了进一步的规范和限定，这种条文，是指宪法对基本权利的保障，极尽周延之能事。在宪法条文中已对某项权利的"可限制性"及"条件"预为指定。立法者只能依据各条之"预定公益考量"规定，对基本权利进行限制（张千帆，2011）。基本法第十条规定的通讯自由、第十一条规定的迁徙自由等均属此类。

"无法律保留"即该项权利除了宪法权利本身蕴含的内在限制外，连立法机关制定的法律亦不得予以限制。德国基本法中，尚有几个条文，并未有任何"限制"的规定。例如《基本法》第一条规定的"人性尊严"；第四条规定的"宗教自由"；第五条第三款的"艺术自由"等，皆无法在条文内寻得有"依法律限制"，或"在……情况下可依法限制"等字句。

从我国宪法文本来看，并没有"法律保留"的概括式规定。但在一些宪法权利条款中，出现了"禁止非法"、"依照法律规定"的措辞。因此，我们可以认为存在实质意义上的"法律保留"。此外，根据新修订的《立法法》第八条第（五）项和第九条关于"公民人身自由"的限制性规定亦是对"法律保留"原则的体认和贯彻。我国现行宪法虽未明确规定公民的迁徙自由权，但迁徙自由的基本人权特质和宪法权利属性确是无法否认的（曾祥华，2004）。更何况，"法律保留实际是权利保留"（肖北庚，2008）。因此，迁徙自由权作为一项重要的宪法权利，对其限制亦适用"法律保留"原则。接下来的问题是，迁徙自由权适用何种法律保留呢？德国基本法的设定和安排或许为我们提供了有益的参考。鉴于迁徙自由权之重要性与独特性（朱全宝、吴传毅，2013），"单纯法律保留"仍不足以构建宪法上的严格保护，而"毫无限制保留"则有违"权利并非绝对"、"权利需要限制"的定律。因此，"特别法律保留"原则是迁徙自由权限制的合理选择。依"特别法律保留"原则，有必要在宪法权利条款中对限制迁徙自由权的"法律"作进一步的限定，即是何种法律可限制迁徙自由权？需具备什么要件？采取何种方式？这是下面需要进一步阐述的问题。

（2）"特别法律保留"中的"法律"指向：谁有权限制迁徙自由权

既然我们将迁徙自由权的限制定位于"特别法律保留"原则，那么这种"法律"自然是特定的，包括该"法律"的产生依据、制定主体、所要达到的目的或方式都应该是明确的。就中国立法体制而言，这种"法律"是否限于全国人大及其常委会制定的法律呢？行政法规、地方性法规、部门规章和地方政府规章是否有权限制迁徙自由权呢？对此，我们可作如下分析。

确立人民亦即立法机关在国家政治生活中的中心地位，是法治国家的实质内涵之一。宪法授权于法律对宪法权利作出具体限制的理由在于：法律是由立法机关所制定的，而立法机关是由代表人民利益的人民代表所组成的，立法机关以法律形式对宪法权利的限制即正是人民对自己权利的限制。诚如卢梭所倡导的"结合"，即要组建人民自己的民意代表机关，于是议会产生了，并满足了人民的最大期待。在我国，限制宪法权利必须经由宪法授权于人民代表机关（全国人大及其常委会）通过的法律才能行使。此实际上亦可从我国的立法原理和实践中得到印证，我国《立法法》第八条即规定："下列事项只能制定法律：……（五）对公民政治权利的剥夺、限制人身自由的强制措施和处罚。"显然，迁徙自由权作为一种彰显人身自由（行动自由）的宪法权利，要对其限制只能由法律设定，而不能是法规、规章。从历史角度视之，法治与权利发展的过程即是对抗王权与行政机关专横的过程，因此，法律限制迁徙自由权，也即人民自身对其权利的限制，这一限制具体由人民的代表机关——立法机关——以制定法律的形式进行。这体现了对非民意的行政机关与司法机关的"不信任"。美国学者伊利认为，不论怎样解释，无论设置怎样的限制条件，统治必须基于被统治者多数的同意。审视我国的立法实践，不难发现：一是我国宪法没有明文规定公民的迁徙自由权，全国人大及其常委会也没有制定专门的迁徙自由法律，这是我国的立法缺失。二是有的行政法规已对公民的迁徙自由构成了违宪限制。这样的法规典型有1982年国务院发布的《城市流浪乞讨人员收容遣送办法》，违背了"特别法律保留"原则，其对公民的基本人权和流浪者的迁徙自由权构成严重侵害，最终酿成了"孙志刚案件"，也宣告了此项法规的废止。

2. 比例原则：迁徙自由权限制的实质合宪性

国家对迁徙自由权各种干预职权的行使，除符合上述特别法律保留的形式合宪性外，还应经得起实质合宪性的检验。而实质正当性更多地表现在比例原则，是国家在限制迁徙自由权在本质上所必须考量的要件。

比例原则源自普鲁士警察法中"警察不得以炮轰鸟"之要求，与我国"杀鸡焉用牛刀"相似。比例原则包括三个层次的意涵：①适当性原则，又称合目的性原则（Zwecktauglichkeit），此原则认为在干预行政的目的上，需有合宪之依据。如果立法者的"限制条款"根本无法达成立法"目的"，则即认为该手段"不适当"。②必要性原则，又称"侵害最小原则"，是指限制迁徙自由权固然已合乎宪法所揭示的目的，但仍须检讨。达到相同目的的手段可能有几种；各种手段对迁徙自由权会有如何的限制；选择一种侵害最小的手段。经此三个阶段的验证，即可确定某一手段是否必要，换言之，必要性原则强调选择侵害最小的手段。③狭义比例原则，是指一个措施虽然是达成目的所"必要"的，但不可予人民"过度的负担"。也就是说，狭义比例原则实质是一种"利益权衡"，权衡国家或者政府"目标"与公民"损失"两者是否成比例，如果所达到的目的小于它所造成的损失，则为"不成比例"，此种行为即违背了比例原则，也就具有一定的违宪性。比例原则运用的典型是德国1958年的"药房案"，形成了著名的"三阶理论"。其中的"三阶"指的是："职业执行自由的限制职业"、"选择自由的主观许可要件"、"职业选择的客观许可要件"。该理论推动了比例原则的发展

（李惠宗，1990）。之后，法院对于比例原则的适用，先审查"适当性"，若符合，再审查"必要性"，最后才决定"比例"问题。

国外的立宪实践表明，"公益"考量往往成为迁徙自由权限制之合比例原则的重要内容，这一点应被我国宪政实践所吸纳。但在迁徙自由权限制的合宪性判断上，仅从"公益"之"适当性"层面考察，仍不足以对我国现有的相关制度进行全面的检视，而且这仅是宪法层面的概括性限制，通过宪法授权于法律进行更为详尽和具体的限制性规定显得尤为必要。此外，公益之"模糊性"和"难以穷尽"的特点决定了实践中很可能导致公权力机关出于部门利益或其他目的任意解释公益，甚至将商业利益解释为公共利益，以侵害公民的宪法权利。有学者不无担心，"法学上的公益发展观表明，奉行无限制的公益原则，必将伴随国家权力的极度膨胀，公民的财产权、人身权和自由权得不到保障"（姜裕富，2005），鉴于此，有学者提出以"比例原则"限制"公益的优位性"，"为了防止公益被认定优先情况下过度限制基本权利，有必要借鉴'比例原则'的相关规则"（张翔，2005）。因此，在审查迁徙自由权限制的合宪性上有必要运用比例原则进行认真的检视和比对。

从我国的立法实践看，1958年制定并沿用至今的《中华人民共和国户口登记条例》第十条被认为是对农民迁徙自由权的直接限制，也因此受到学界的广泛质疑（陆益龙，2004）。首先，《条例》之所以对农民迁往城市进行限制，从有关史料来看，当时主要是出于计划经济体制和优先发展重工业的需要（赵文远，2004）。然而，目的正当性不代表手段的合宪性，限制农民的迁徙自由权是否能够有效促进这一目的实现呢？至今没有权威信息表明对农民迁徙自由权的限制可以大大促进国家重工业的兴起。相反，由于农民的生产积极性受到极大抑制，工业发展也受到了制约，正如薄一波在《若干重大决策与事件的回顾》中所言："由于一开始我们就对发展重工业要求过急，对农民生活的改善注意不够"，因而，"原本按设计应该为工业提供原始资本积累的农业，却反过来制约了工业的发展"。这种强行限制农民迁徙自由的做法，不仅没有达到迅速发展重工业的预期，反而引发了大量农民进城，"1956年农村高级社普及以后，超前的生产关系和'大锅饭'，挫伤了农民的生产积极性，大量农村人口进入城市"（戴袁支，2001）。其次，《条例》限制农民的迁徙自由权必须进行总成本和总收益的衡量，对此应采取严格的审查基准，证明有重要且急迫的公共利益需要。然而从《条例》的制定来看，似乎并未就此作充分的调研与准备。所以有学者不无指出，宪法取消迁徙自由权完全是学习模仿苏联的结果（周其仁，2012）。再次，基于国家的发展规划与经济目标，是否必须要以减损甚至牺牲公民的基本人权为代价来实现呢？对农民宪法权利的强迫性抑制是否导致农民的"心悦诚服"或者"被驯化"呢？事实上，大批农民进城务工已经给出了答案，而国家近些年一直在努力推动的户籍制度改革也是最好的诠释。最后，半个多世纪过去了，我们一直在努力发展社会主义市场经济体制，国家也不再沉醉于"优先发展重工业"的短视中，《条例》的此项限制还有无存在的必要？为何现行的宪法仍未恢复确认公民的迁徙自由呢？有学者解释道：现实保障条件不具备（蔡定剑，2006）。学界主要是基于 1982 年修宪时所作的分析，于 30 年前，这种背景阐释确有道理。但笔者以为，无论是基于"比例原则"还是思维逻辑，恢复"入宪"始终是我们谈及迁徙自由权保障所无法回避的一个基础问题，如果说现实的保障条件确实不具备，那首先也是"入宪"这一关键条件没有准备好。也就是说，要保障一项权利的实现，首先是制度建构尤其是法律制度的建构，就迁徙自由权而言，首先是宪法确认，其次才是保障迁徙实现的具体措施问题。虽然"入宪"并不代表公民的迁徙自由权立即得到实现，但不"入宪"却给形形色色违宪限制迁徙自由权的制度和行为打开了方便之门。此外，宪法规范需要具备一定的理想性、指导性与教育功能，"吾人更不能以宪法中许多基本权利，譬如，言论、集会、结社……等，至今都尚无法确实保障与实践，何以奢谈人性尊严之条文化。试想立宪之初，集会、结社等自由，不亦是画饼充饥之物，很少人能真正体会其实质意义，但宪法有其理想性，其内容有指导教育性，最主要是受教者与受警示者乃是国家（李震山，2001）。"试问，平等权作为一项人权，很早就已经得到立宪国家宪法的普遍确认，时至今日，我们仍然看到：城乡不平等、地区不平等、民族不平等、性别不平等等现象存在，难道说因现实中不能实现平等权，所以宪法应当取消平等权条款？诚如有学者所指出的，"权利主体的平等性与权利如何行使是不同的范畴，不能以主体行使权利存在现实困难多为理由，在公共政策上加以排斥，划分身份的标签是对人权的公然侵害，是现代法治国家所不能容忍的做法"（韩大元，2007）。因此，以农民行使迁徙自由权还有现实困难为由而拒绝将迁徙自由写入宪法，既是对迁徙自由权本质的误解，也是对宪法性质和功能的漠视。

四、结语

迁徙自由权作为一项基本人权，已经受到立宪国家的普遍关照，我国现行宪法至今未明文确认迁徙自由，但这并不足以否认迁徙自由权的基本人权特质和宪法权利属性，更何况，迁徙自由是可以从现行宪法中的"人权"条款去阐释的（韩大元，2009）。因此，宪法没有规定迁徙自由，不代表公民不拥有迁徙自由，更不意味着任何限制甚至侵害迁徙自由的制度和行为都不存在违宪性；相反，我国宪法一旦恢复确认迁徙自由，也并不代表迁徙自由不受任何限制，更不意味着农民可以毫无顾忌地进城了。从中国当下来看，新型城镇化的加速推进使得农民的迁徙自由权保障问题尤为突出，党的十八届四中全会提出了"全面推进依法治国"，笔者认为，法治状态下，农民的迁徙自由权应是在保障与限制之间加以实现，限制只是手段，保障才是目的，更进一步说，农民的迁徙自由权不是不能限制，而是应从依宪治国的高度去认识，从依法治国的全局去体悟，把对迁徙自由权的限制建立在宪法和法律的框架之内。正是从这个意义上，建构迁徙自由权限制的合宪性标准，即形式上的"特别法律保留"和实质上的"比例原则"，有利于廓清和辨别违宪限制迁徙自由的制度和行为，有利于厘清和回应"迁徙保障抑或限制"的不同呼声，有利于保障和促进迁徙自由权的最终实现。

参考文献

[1] 叶裕民. 走出城市人口规模控制的认识误区. 人民日报, 2015 – 3 – 25

[2] 陈慈阳. 宪法学. 台北：元照出版公司, 2005

[3] 《旧约全书·创世纪》. 载《新旧约全书》. 中国基督教协会印发（1994 年·南京）

[4] ［法］孟德斯鸠著，张雁深译. 论法的精神（上册）. 北京：商务印书馆, 1961

[5] ［美］斯蒂芬·L. 埃尔金等著，周叶谦译. 新宪政论. 北京：三联书店, 1997

[6] ［美］汉密尔顿等著，程逢如等译. 联邦党人文集. 北京：商务印书馆, 1980

[7] ［英］A. J. M. 米尔恩著，夏勇，张志铭译. 人的权利与人的多样性. 北京：中国大百科全书出版社, 1995

[8] 许宗力. 法与国家权力. 台北：元照出版公司, 1993

[9] 陈新民. 宪法基本权利之基本理论（上册）. 台北：元照出版公司, 2002

[10] 张千帆. 法国与德国宪政. 北京：法律出版社, 2011

[11] 曾祥华. 论迁徙自由权. 载杨海坤主编. 宪法基本权利新论. 北京：北京大学出版社, 2004

[12] 肖北庚. 法律保留实质是权利保留. 现代法学, 2008（3）

[13] 朱全宝, 吴传毅. 城镇化视域下的迁徙自由权检视——基于农民主体的分析. 理论与改革, 2013（6）

[14] ［法］卢梭著，何兆武译. 社会契约论. 北京：商务印书馆, 2010

[15] ［美］约翰·哈特·伊利著，张卓明译. 民主与不信任. 北京：法律出版社, 2011

[16] 李惠宗. 论营业许可基准之司法审查——兼论宪法上营业自由之限制. 经社法制论丛, 1990（1）

[17] 姜裕富. 论行政法上的公共利益有限原则. 湖北社会科学, 2005（6）

[18] 张翔. 公共利益限制基本权利的逻辑. 法学论坛, 2005（1）

［19］陆益龙．超越户口——解读中国户籍制度．北京：中国社会科学出版社，2004

［20］赵文远．1958 年中国改变户口自由迁移制度的历史原因．史学月刊，2004（10）

［21］戴袁支．学者建议改革户籍制度让劳动力按市场要求自由流动．中国青年报，2001 -
3 - 9

［22］周其仁．迁徙不自由，苏联给中国坏了头．网易新闻频道，2012 - 10 - 12

［23］蔡定剑．宪法精解．北京：法律出版社，2006

［24］李震山．人性尊严与人权保障．台北：元照出版公司，2001

［25］韩大元．中国宪法文本上"农民"条款的规范分析——以农民报考国家公务员权利为
例．法学，2007（1）

［26］韩大元．基本权利概念在中国的起源与演变．中国法学，2009（6）

新型城镇化进程中农民工自雇是否
促进其社会融合

——基于 RUMiC 数据的经验证据

加快以人为本的新型城镇化进程，关键要关注农民工的市民化。论文突破受雇活动的传统研究视角，采用中国城乡劳动力流动调查数据（RUMiC），以家庭为分析单位，从居住安排、迁移预期、住房特征和社会交往四个方面实证考察了农民工从事自雇活动是否更能促进其融入城市社会。研究结果表明：①自雇家庭更有可能为"携家带子"式的居住安排；②自雇家庭更有可能在当地拥有住房；③自雇活动显著增加家庭不会迁移的概率、减少迁移的概率、降低迁移的不确定性；④自雇家庭更有可能与本地城市居民有社会交往。鉴于自雇对农民工融入城市社会的积极作用，发展普惠性的信贷市场、健全信用治理体系和优化制度环境以支持他们的创新创业活动有利于新型城镇化的顺利推进。

一、引论

2014年3月，中共中央、国务院印发的《国家新型城镇化规划（2014－2020年）》提出，到2020年，我国常住人口城镇化率达到60%左右，户籍人口城镇化率达到45%左右。而国家统计局2014年1月发布的数据显示，2013年末中国常住人口城镇化率是53.7%，户籍城镇化率仅为35.7%左右。显然，缩小目标差距，加快以人为本的新型城镇化进程，必然要推进农村剩余劳动力的转

本文作者：温兴祥，西南财经大学经济与管理研究院博士研究生；田书芹，重庆文理学院经管学院副教授，西南财经大学公共管理学院在读博士；王东强，重庆文理学院旅游学院副教授，博士。该文为国家社科基金西部项目《西部新生代农村劳动力开发实证研》（批准号：12XRK004；主持人：田书芹）阶段成果。

移，实现农业转移人口的市民化。Zhao（2005）指出按照推拉理论学说，在过去改革开放的三十多年里农村剩余劳动力的转移现象主要是由于城乡收入差距的推动和城市劳动力市场用工需求的拉动，再加上政府的有意放松户籍管制而形成。从一定意义讲，1978 年以来的经济增长主要为释放数量型人口红利的工业化式发展过程。随着我国经济结构转型的深入和人口继续老龄化的加速，新型城镇化被视为继工业化之后推动未来经济增长的主要动力，受到了中央政府的高度关注。其中，中央提出了"以人为本"的新型城镇化理念，关键要关注农民工的市民化。因此，如何促进转移到城镇的农村居民能更好地融入当地社会将决定农民工市民化以及新型城镇化的实现程度。本文突破受雇活动的传统研究视角，采用中国城乡劳动力流动调查数据（RUMiC）实证考察了农民工从事自雇活动是否更能促进其融入城市社会。

Blanchflower D G.（2000）指出从一般意义上来说，自雇活动是自己雇佣自己，而不是以受雇身份提供服务或产品以获得收入的活动，其主要体现为一种自由式的创新、创业活动，既包含风险，亦蕴含机会。积极、活跃的自雇活动被视为经济富有活力的体现，同时自雇活动亦能促进更进一步的创新、创业活动。从就业促进角度而言，自雇者不仅解决了自身的就业问题，通过雇佣他人，也解决另外一部分人的就业，所以自雇活动历来为各国政府重视，也引起了学界的重视。Giulietti C，Ning G 等（2012）指出农村居民迁移到城市可以从事受雇职业，也可以从事自雇活动。据 2005 年全国人口普查数据显示，25% 的农民工属于自雇型就业。Li S M（1997），万向东（2008），Yueh L.（2009）指出对于我国的自雇活动来说，其中有相当一部分比例为农村转移人口。由于体制原因和自身原因，自雇成了农民工解决就业的重要形式。解垩（2012）研究了农民工群体自雇的决定因素，这些因素包括如人口特征和社会网络等。中年农民工更有可能从事自雇，因为他们已经拥有了自雇的初始投入；男性比女性更有可能从事自雇活动；受较高教育程度的农村移民更有可能是受雇他人；良好的社会关系会显著促进自雇的可能性。Wietzke F B（2014）指出关于农民工自雇活动的研究文献忽略了自雇可能和社会融合存在的关系，即自雇可能对农民工融合城市社会有积极地作用。作为与社会接触的窗口，大多数人都要通过劳动力市场获取收入，与工作相关的特征会反过来塑造个体。自雇者与受雇者在许多方面存在显著差别。自雇者往往收入高于受雇者，这也是许多人会从事自雇的原因；同时，自雇者往往受教育程度较低，这也决定了其只能通过自雇解决自身的就业问题。另外，Constant A，Zimmermann K F.（2004），Mesnard A.（2005）指出由于就业类型的区别，这两个群体在诸如工作环境、生活环境、居住安排、家庭安排上也非常不同。自雇者和受雇者不容忽视的差异可能造成其在社会融合上的差异：自雇者的投入比受雇者大，所以自雇者往往更加积极地参与城市经济和社会活动，也正因为投入大，所以他们更加不容易迁移。再加上自雇者拥有更高的收入，他们更加有可能在城市永久的生活。这些都说明自雇者能够更加深入地融入当地社会。本文实证分析了迁移到城市的农村居民从事自雇活动对其社会融合的影响，利用2008年中国城乡流动调查数据，以家庭为分析单位，通过居住安排、迁移预期、住房特征和社会交往这四个方面衡量社会融合的主观愿望和客观行为，估计家庭从事自雇对其社会融合的影响，并提出了针对性的政策建议。

二、数据与变量

1. 数据

本文所用数据来自2008中国城乡流动调查（Rural Urban Migration in China，RUMiC）。针对中国社会状况，中国城乡流动调查分别针对城镇住户、农村住户和流动人口设计了三套问卷，以获得这三个群体的大样本数据样本。RUMiC流动人口调查涉及9个省、15个城市，它们都是农民工流入大省和农民工流入较多的城市，这15个城市分别是广州、东莞、深圳、郑州、洛阳、合肥、蚌埠、重庆、上海、南京、无锡、杭州、宁波、武汉、成都。除了在抽样地的选择上考虑到农民工的集聚性，在抽样框的设计上，也考虑到了农民工的居住特点：目前对农民工的大型调查其抽样框往往是基于住地，但是由于大量的农民工是住在工厂集体宿舍、工地宿舍和其他工作场所，所以基于住地的抽样框设计会遗漏掉相当大数量的农民工。RUMiC流动人口调查基于工作地的抽样款设计弥补了这一缺陷，因此获得的样本会更具代表性。2008年RUMiC流动人口调查在上述城市共获得5007户家庭户信息。本文以家庭户为单位考察农村剩余转移劳动力在城市从事自雇活动是否促进其社会融合。保留户主年龄在16~60岁的男性、户主年龄在16~55岁的女性，且户主处于就业状态的家庭户。以下从变量构造和描述性统计对涉及变量进行详细说明。

2. 变量

社会融合既包括主观意愿，也体现为客观行为。结合RUMiC流动人口调查问卷，本文从以下4个方面衡量社会融合：①居住安排。如果户主不是只身一人迁移到城市，而是"携家带子"式的流动，那么他更加有意愿融入当地社会。本文通过以下两个变量来刻画这种居住安排体现的社会融合意愿：与配偶同住或虽不与配偶同住，但在本城市；与配偶和子女同住或配偶和子女在本城市。②迁移预期。如果户主预期到在不久的将来会从目前生活的居住地迁移走，那么融入当地社会的程度更低。RUMiC 流动人口调查提问家庭户"请问未来 12 个月您离开这里的可能性多大"，可供选择的选项有"非常可能""可能""不确定""不可能"以及"非常不可能"。我们用户主预期未来迁移的可能性的程度来衡量社会融合。③住房特征。如果家庭在所迁入的城市拥有了住房，这表明其有更强的融入当地社会的主观动机和客观行为。④社会交往。外来人口与当地社会的融合更为直接地体现是与当地人的交往，积极与当地人交往的外来人口其社会融入意愿更强。RUMiC 流动人口调查提问家庭户"过去 12 个月中，是否曾经帮助过你"，对于每一个住户列举的人，都会继续提问其是否为本地城市居民。显然，如果外来住户获得了本地住户的帮户，客观体现了更深的社会融合程度。

RUMiC 流动人口调查针对每一个受访户个体，提问其就业类型为自雇还是受雇，本文定义当前家户中只要有人从事自雇活动，就定义家庭户为自雇家庭。其他控制变量包括户主的年龄、性别、婚姻状况、受教育程度、职业类型。另外，家庭的经济状况决定了其融入当地社会的能力；同时，经济状况在一定程度上也会影响到自雇活动的实现。所以本文控制家庭月收入这一反映家庭经济状况的因素。最后，不同城市有不同的落户政策、不同的经济状况，这些都会影响社会融合状况，所以本文控制城市虚拟变量以反映城市政策环境、城市经济环境的差异对估计结果的影响。删除缺失变量样本后，最终分析样本含家庭户 4779 户，其中自雇家庭 1067 户、受雇家庭 3712 户，各变量描述性统计见表 1。

表 1 　　　　　　　　　　　　描述性统计

变量	全样本				受雇		自雇	
	均值	标准差	最小值	最大值	均值	标准差	均值	标准差
自雇	0.223	0.416	0	1				
配偶	0.359	0.480	0	1	0.23	0.42	0.79	0.41
配偶和子女	0.196	0.397	0	1	0.10	0.30	0.52	0.50
非常不可能	0.180	0.384	0	1	0.15	0.36	0.27	0.44
不可能	0.320	0.467	0	1	0.3	0.46	0.4	0.49
不确定	0.308	0.462	0	1	0.33	0.47	0.24	0.43
可能	0.133	0.340	0	1	0.15	0.36	0.07	0.25
非常有可能	0.0586	0.235	0	1	0.07	0.25	0.03	0.16
拥有住房	0.0306	0.172	0	1	0.02	0.13	0.08	0.27
社会交往	0.153	0.36	0	1	0.15	0.35	0.17	0.38
年龄	30.38	9.888	16	60	28.95	9.80	35.33	8.50

续表

变量	全样本				受雇		自雇	
	均值	标准差	最小值	最大值	均值	标准差	均值	标准差
男性	0.696	0.46	0	1	0.68	0.47	0.74	0.44
在婚	0.546	0.498	0	1	0.45	0.50	0.87	0.34
小学及以下	0.103	0.303	0	1	0.08	0.28	0.16	0.37
初中	0.493	0.5	0	1	0.48	0.50	0.53	0.50
高中	0.35	0.477	0	1	0.37	0.48	0.28	0.45
大学	0.0542	0.226	0	1	0.06	0.24	0.03	0.17
职业#1	0.0153	0.123	0	1	0.02	0.13	0.00	0.07
职业#2	0.00732	0.0853	0	1	0.01	0.09	0.00	0.06
职业#3	0.0465	0.21	0	1	0.06	0.23	0.02	0.13
职业#4	0.667	0.471	0	1	0.6	0.49	0.91	0.28
职业#5	0.264	0.441	0	1	0.32	0.47	0.06	0.25
月收入	2205	1961	200	37000	1827.7	1294	3519	3028.88
对数月收入	7.49	0.608	5.298	10.52	7.36	0.53	7.95	0.63
样本数	4，779				3，712		1，067	

注：①非常不可能、不可能、不确定、可能和非常有可能为下一年迁离所在城市的主观判断。②职业#1 是国家机关、党群组织、企业、事业单位负责人，职业#2 是专业技术人员，职业#3 是办事人员和有关人员，职业#4 是商业、服务业人员，职业#5 是生产运输设备操作人员。

数据来源：2008 年中国城乡流动调查（Rural Urban Migration in China，RUMiC）。

3. 描述性统计

表 1 显示，在全样本中有 22.3% 的农村迁移家庭户从事自雇活动。由于农民工群体自身受教育程度和技能水平欠缺，再加上一定程度的就业准入限制，所以有为数不少的农村剩余劳动力在迁移到城市后，从事的是自雇活动。自雇家庭和受雇家庭在本文所构建的反映社会融合的变量上存在显著差异。以下对其进行具体分析和说明。

①自雇家庭居住安排倾向于同住模式。描述性统计表明，35.9% 的家庭与配偶同住，19.6% 的家庭同时与配偶和子女同住，这些数字表明农村居民"携家带子"式的迁移已经比较普遍了，不再是过去单纯的只身外出打工挣钱的迁移模式。自雇组样本在反映居住安排的这两个变量上均显著高于受雇组样本：受雇组样本户主与配偶同住的比例为 23%、与配偶和子女同住的比例为 10%，而自雇组样本户主与配偶同住和与配偶和子女同住的比例分别高达 79% 和 52%。

②自雇家庭迁移预期倾向于稳定。统计显示，18%的家庭表示非常不可能在未来的 12 个月内迁移走，30.8%的家庭表示不确定，只有 5.86%的家庭表示非常有可能搬走。总体而言，样本家庭户居住较为稳定。自雇组在表示"非常不可能迁移"和"不可能迁移"上的比例都要高于受雇组，而在表示"非常可能迁移"和"可能迁移"上的比例都要低于受雇组，显示了自雇组家庭的稳定性要高于受雇组。同时，自雇家庭和受雇家庭在住房特征上也存在差别：3.06%的家庭户在当地拥有自有住房，其中自雇家庭在当地拥有自有住房的比例为 8%，受雇家庭在当地拥有自有住房的比例仅为 2%。因此，3.06%的平均值几乎完全来自于自雇家庭。最后，就社会交往而言，15.3%的家庭户得到了本地城市居民的帮助。比较家庭户得到了本地城市居民帮助来衡量的社会交往在不同就业类型上的差异，发现受雇家庭这一比例为 15%，而自雇家庭为 17%，与住房特征类似，15.3%的平均值几乎完全来自于自雇家庭。自雇家庭和受雇家庭在与本地居民的社会交往上存在显著的差异，反映了自雇家庭和受雇家庭社会融合的巨大不同。

③其他研究结论。对于其他控制变量，表 1 也显示了自雇家庭和受雇家庭的差异。受雇家庭户主较为年轻：受雇家庭户主平均年龄为 28.95 岁，自雇家庭户主平均年龄为 35.33。受雇家庭户男性的比例高于女性，分别为 74% 和 68%。87%的自雇家庭户主已婚，受雇家庭户主已婚的比例仅为 45%。比较在各教育水平上的差异，可以发现受雇家庭户主的教育程度高于自雇家庭的户主。在职业的分布上，可以明显看到自雇活动的集中分布，91%的自雇家庭从事的是商业和服务业，在其他四类职业上的比例极低或者几乎没有；而受雇家庭的职业分布相对于自雇家庭更加多元：47.1% 从事商业和服务业，44.1% 从事生产运输设备操作，有 21% 是办事人员和有关人员，12.3%的为国家机关、党群组织、企业、事业单位负责人，还有 8.53% 为专业技术人员。最后，自雇家庭和受雇家庭在收入上存在加大的差别：自雇家庭月收入为 3519 元，而受雇家庭月收入仅为 1961元，相差 44%。从事自雇活动显然给农村迁移家庭带来了可观的收入。

综上，从表 1 中我们可以大致了解农村迁移家庭在城市从事自雇活动的情况和社会融合状况。更重要的是，我们发现自雇家庭和受雇家庭在社会融合上存在显著的差异：自雇家庭更加稳定、更深地融入当地社会，这也暗示农民工的就业类型可能影响其社会融合。同时，我们也发现，在其他变量上自雇家庭和受雇家庭也存在较大差异，因此，这种由于就业类型的差异所反映的社会融合差异可能是多种因素综合影响的结果，后文将通过回归分析论证这种影响在控制这些混淆因素的情况下是否依然成立。

三、计量模型与实证结果

1. 计量模型

下式为本文的基本模型

$$SocialCohersion_i = \alpha_1 SelfEmploy_i + \alpha_2 X_i + \varepsilon_i \qquad (1)$$

其中，$SocialCohersion_i$ 为家庭 i 的社会融合变量，分别是上述居住安排、拥有住房、迁移预期和社会交往；$SelfEmploy_i$ 为自雇虚拟变量，$SelfEmploy_i = 1$ 表示家庭 i 为自雇家庭，$SelfEmploy_i = 0$ 表示家庭 i 为受雇家庭；X_i 为上述其他控制变量，如户主年龄、性别，家庭收入等；ε_i 为随机扰动项，表示未受控制或不可观测的特征。α_1 为本文关心的估计系数，表示社会融合在自雇家庭和受雇家庭之间的差异。考虑到变量的特征，对于具体的估计模型而言，由于居住安排、拥有住房和社会交往都是二值变量，所以用概率单位模型（Probit）去估计；迁移预期为有序选项数据，所以用有序对数单位概率模型（Ordered Logit Model）去估计。

2. 实证结果

（1）自雇与居住安排

表2   居住安排与住房特征

变量	配偶		配偶和子女		自有住房	
	OLS	Probit	OLS	Probit	OLS	Probit
自雇	0.188***	0.112289***	0.217***	0.1556***	0.0262***	0.01519**
	(0.0151)	(0.009215)	(0.0189)	(0.016448)	(0.00903)	(0.007762)
年龄	−0.00208***	−0.00021	0.00119	0.0072***	0.000266	0.000242
	(0.000740)	(0.000528)	(0.000742)	(0.000498)	(0.000339)	(0.0003297)
男性	0.00615	0.017209*	−0.00835	0.001092	−0.00942*	−0.0095725
	(0.00952)	(0.010255)	(0.0102)	(0.01099)	(0.00545)	(0.0051689)
初中	−0.00321	−0.00195	−0.0121	−0.0066	0.0182**	0.0165551*
	(0.0187)	(0.012595)	(0.0203)	(0.014258)	(0.00821)	(0.0108721)
高中	−0.0218	−0.02572*	−0.00251	−0.0106	0.0207**	0.019902*
	(0.0194)	(0.013973)	(0.0209)	(0.015189)	(0.00863)	(0.012685)

续表

变量	配偶		配偶和子女		自有住房	
	OLS	Probit	OLS	Probit	OLS	Probit
大学	− 0.0295	− 0.01342	− 0.0261	− 0.05952 **	0.0438 ***	0.0673 ***
	(0.0239)	(0.02981)	(0.0248)	(0.023819)	(0.0151)	(0.0313127)
在婚	0.507 ***	0.515513 ***	0.208 ***	—	0.0141 *	0.02288 ***
	(0.0154)	(0.0553)	(0.0137)	—	(0.0073)	(0.0092)
月收入	0.226 ***	0.19921 ***	0.131 ***	0.155129 ***	0.0394 ***	0.0313 ***
	(0.0109)	(0.006835)	(0.0111)	(0.008108)	(0.00671)	(0.0046143)
职业	有	有	有	有	有	有
城市	有	有	有	有	有	有
常数项	− 1.686 ***		− 1.056 ***			
	(0.0937)		(0.0958)		(0.056)	
R2/Pseudo − R2	0.591	0.6325	0.5870.3241	0.048	0.1677	
样本数	4779					

注：OLS 列圆括号内为稳健标准差，Probit 列圆括号内为标准差；Probit 列系数为边际值；关于拟合度，OLS 列为 R2，Probit 列为 Pseudo R2；配偶和子女 Probit 列在婚变量缺失；*** 、** 和 * 分别表示在 1% 、5% 和 10% 的水平下显著。

表 2 展示了自雇与居住安排的回归结果。考虑两种居住安排，与配偶同住、与配偶和子女同住。结果显示无论是普通最小二乘（OLS）还是概率单位模型（Probit），自雇家庭更有可能与配偶同住、自雇家庭更有可能与配偶和子女同住。以概率单位模型估计结果作为解释，自雇家庭与配偶同住的可能性比受雇家庭高出 11.2% 、自雇家庭与配偶和子女同住的可能性比受雇家庭高出 15.5% 。与配偶和子女同住反映了比与配偶同住更强的"携家带子"的迁移居住安排，这种居住安排往往更倾向于在当地生活，与配偶和子女同住的估计系数高于与配偶同住说明了自雇确实能加深农村外来移民的社会融合程度。

（2）自雇与住房特征

居住安排反映了社会融合意愿，如果家庭在当地购买了自住房，那么这体现了更强的社会融合意愿，表 2 最后两列展示了自雇与住房特征的回归结果。普通最小二乘（OLS）和概率单位模型（Probit）估计结果都显示自雇家庭在当地拥有住房的可能性显著高于受雇家庭，普通最小二乘估计系数为 2.6% ，概率单位模型估计结果为 1.5% 。自雇农民工家庭更有可能在当地拥有自己的住房，不仅反映了其更高的收入，而且体现了其实际融合当地社会的客观行为。

（3）自雇与迁移预期

表3展示了自雇与迁移预期的估计结果。本文定义的迁移预期为有序选项变量，反映了预期迁移的可能性，取值越大代表迁移的可能性越大。本文用有序对数单位概率模型（Ordered Multinomial Logit Model）估计自雇的这一影响，第一列估计结果显示自雇家庭在未来12个月内迁移的可能性显著低于受雇家庭。有序对数单位概率模型的系数往往难以解释，所以本文同时展示了自雇对各选项影响的边际估计结果。可以发现自雇在1%的水平下显著正向影响选择"非常不可能迁移"和"不可能迁移"、在1%的水平下显著负向影响选择"不确定""可能迁移"和"非常可能迁移"。自雇显著增加家庭不会迁移的概率、减少迁移的概率、降低迁移的不确定性。本文自雇家庭更加不会迁移的结论与以往结论相符（Blanchflower，2000）。

表3　　　　　　　　　　　　　　迁移预期

变量	有序对数单位概率模型	边际效应				
		非常不可能	不可能	不确定	可能	非常有可能
自雇	-0.575***	0.087284***	0.054696***	-0.06658***	-0.05129***	-0.02411***
	(0.0796)	(0.01333)	(0.0064)	(0.01006)	(0.00662)	(0.00318)
年龄	-0.00987***	0.00135***	0.001119***	-0.00103***	-0.00096***	-0.00047***
	(0.00381)	(0.00052)	(0.00043)	(0.0004)	(0.00037)	(0.00018)
男性	0.0919	-0.01271	-0.01025	0.009758	0.008872	0.004335
	(0.0592)	(0.00829)	(0.00651)	(0.00639)	(0.00567)	(0.00276)
初中	-0.260***	0.035583***	0.02929***	-0.02711***	-0.0253***	-0.01246***
	(0.096)	(0.01318)	(0.0108)	(0.01001)	(0.00937)	(0.00466)
高中	-0.314***	0.044318***	0.033999***	-0.034***	-0.02984***	-0.01447***
	(0.101)	(0.01473)	(0.01046)	(0.01131)	(0.0094)	(0.00455)
大学	-0.333**	0.050214**	0.032505***	-0.03879**	-0.02992**	-0.01401**
	(0.151)	(0.02483)	(0.01209)	(0.019)	(0.01239)	(0.00557)
在婚	-0.251***	0.034073***	0.028615***	-0.02589***	-0.02462***	-0.01219***
	(0.0787)	(0.01061)	(0.00906)	(0.00804)	(0.00779)	(0.00392)
月收入	-0.222***	0.030322***	0.025135***	-0.0232***	-0.02163***	-0.01063***
	(0.0542)	(0.00741)	(0.00622)	(0.00574)	(0.00532)	(0.00265)
职业	有	有	有	有	有	有
城市	有	有	有	有	有	有
样本数	4779					

注：圆括号内为稳健标准误；***、**和*分别表示在1%、5%和10%的水平下显著。

（4）自雇与社会交往

表4为自雇与社会交往的估计结果。本文中社会交往定义为在过去的12个月内是否受到本地城市居民的帮助，这种社会帮助反映了与当地人的社会交往，体现的是社会融合程度。表4第一列估计中没有控制职业和城市变量，结果显示自雇系数在10%的水平下显著，解释为从事自雇的家庭得到过当地城市居民帮助的可能性比受雇家庭高出2.8%。第二列在第一列的基础上加入了职业变量，自雇系数不再显著，但依然为正，说明职业对是否得到过当地城市居民的帮助没有影响。第三列在第一列的基础上加入了城市变量，自雇系数从正变成了负且不显著，说明与城市相关的特定因素会影响到自雇家庭在当地的社会交往。我们在第四列同时加入了职业和城市变量，自雇系数依然为负且不显著。基于第一列的估计结果，同时比较第四列和第二列、第四列和第三列，可以发现职业并不混淆自雇对社会交往的影响，与城市相关的固定特征才是混淆这一影响的关键因素。

表4　　　　　　　　　　　　　社会交往

变量	（1）	（2）	（3）	（4）
自雇	0.028168 *	0.009819	− 0.00197	− 0.01797
	(0.0150242)	(0.014834)	(0.014311)	(0.014044)
年龄	− 0.0017241 **	− 0.00165 **	− 0.00109	− 0.00101
	(0.0007655)	(0.000764)	(0.000753)	(0.000751)
男性	− 0.0065047	0.003267	− 0.01671	− 0.00639
	(0.0113295)	(0.011555)	(0.011186)	(0.011445)
初中	0.0298241	0.029679	0.036287 *	0.034597
	(0.0210202)	(0.020955)	(0.021236)	(0.021108)
高中	0.0716624 ***	0.064422 ***	0.077744 ***	0.070377 ***
	(0.0243392)	(0.023977)	(0.024481)	(0.024129)
大学	0.1233104 ***	0.102265 ***	0.11869 ***	0.099386 ***
	(0.0395586)	(0.038592)	(0.038709)	(0.037908)
已婚	0.0343009 **	0.038189 **	0.02654	0.031016 *
	(0.0164658)	(0.016558)	(0.0162)	(0.016322)
月收入	0.0046083	0.008207	0.02253 **	0.025533 **
	(0.0097825)	(0.009842)	(0.010253)	(0.010306)
职业	无	有	无	有

变量	（1）	（2）	（3）	（4）
城市	无	无	有	有
Pseudo - R2	0.0093	0.0182	0.0447	0.0529
样本数	4779			

注：圆括号内为稳健标准误；*** 、** 和 * 分别表示在1%、5%和10%的水平下显著。

四、主要结论与政策建议

1. 主要结论

基于2008年中国城乡流动调查的流动住户调查数据，以家庭为分析单位，本文实证分析了农村居民在城市从事自雇活动与其社会融入的关系。社会融入不仅是一种主观愿望，也体现为客观行为，我们用居住安排、迁移预期、住房特征和社会交往来衡量包含主观愿望和客观行为的社会融合，估计结果表明从事自雇活动的家庭在这四个衡量社会融合的变量上都呈现积极融合的倾向。

第一，自雇家庭更有可能是"携家带子"式的居住安排。自雇家庭比受雇家庭户主与配偶同住的概率高11.2%、与配偶和子女同住的概率高15.56%。与配偶和子女同住反映了更强的社会融合居住安排，自雇对这种居住安排的系数高于与配偶同住，说明居住安排确实充分反映了社会融合。

第二，自雇家庭更有可能在当地拥有住房。农民工在当期购买住房不大可能是投资性购房，因此，在当地拥有住房客观上反映了积极的社会融入。概率单位模型估计结果显示自雇家庭比受雇家庭在当地用过住房的概率高1.5%。

第三，自雇显著增加家庭不会迁移的概率、减少迁移的概率、降低迁移的不确定性。更高社会融入的家庭显然不大可能继续迁移，家庭的迁移预期体现了在所拥有完全信息的情况下实际社会融合的程度。本文迁移预期估计结果显示，家庭自雇显著增加选择"非常不可能"和"不可能迁移"的概率，减少选择"不确定迁移"的概率、减少"可能"和"非常可能迁移"的概率。因此，自雇对于农村迁移家庭的居住稳定性有积极作用，社会融合将会更好。

第四，自雇家庭更倾向于与本地城市居民加强交往。我们以"得到本地城市居民的帮助"来衡量与本地城市居民的交往程度。结果，在没有控制职业和城市固定变量的情况下，自雇家庭得到过本地城市居民的帮助比受雇家庭高2.8%。控制职业变量后，结果依然显示自雇家庭更有可能得到过本地城市居民的帮助。

但是在控制城市固定变量后，自雇系数为负，说明自雇对社会交往的影响取决于特定城市，某些城市更不容易促成外来农村居民和本地城市居民的交往。

2. 政策建议

在不断加速的新型城镇化进程中，未来我国城镇常住人口将继续增加，大部分为农村剩余劳动人口。做好农民工市民化工作是实现"以人为本"的新型城镇化的必然要求。本文实证结果支持了自雇对农村迁移家庭社会融合的积极作用，鼓励、支持他们的创新、创业活动将是必然的政策选择。但是现行的体制特征显然不能在其中起到应有的作用，这些制度保障体现在信贷市场、契约执行和投资保护上。因此，倡导农民工家庭的自雇活动，推进农民工市民化进程要做好以下工作：

第一，发展普惠性的信贷市场，大力支持农民工创新创业。通过财政贴息、灵活担保、简化贷款审批手续等形式支持国有四大银行、农信社、邮储银行、政策性银行、民营银行和小额贷款公司推进普惠性金融信贷政策，形成多元化的信贷市场体系，充分发挥信贷支持农民工创新创业的作用。

第二，大力加强农民工创新创业过程中的信用体系建设，强化契约执行和制度约束力度。无论是在创业融资方面，还是在商业运营方面，都要加强农民工创新创业信用信息的搜集、信用程度的评价、信用实践的存档、信用担保查询和信用信息的使用制度，不断优化信贷、工商管理、物价、社区、税务、城管等机构或者部门对农民工创新创业契约执行的多中心治理体系，引入社会第三方信用中介机构，提高农民工创新创业信用的治理能力。

第三，优化制度环境，提高农民工创新创业的投资保护力度。要针对行业发展动态及市场需求，依托人力资源与社会保障机构等就业部门和职业教育培训机构，针对农民工的特点、大力推进城乡统筹式、职业教育培训式、校企深度合作式的创新创业培训；进一步营造支持农民工在城市创新创业投资的法律环境、社会环境、文化环境和生活环境；不断创新并联审批、一站式服务、负面清单等模式，加快农民工创新创业项目的审批制度改革，提高办事效率，大力提高新型城镇化进程中农民工社会融合的力度。

参考文献

[1] Blanchflower D G. Self – employment in OECD Countries. Labour Economics, 2000 (5)：471 – 505

[2] Chen Z. Capital Markets and Legal Development：The China Case. China Economic Review,

2003 (4): 451 - 472

[3] Clarke D C. Economic Development and The Rights Hypothesis: The China Problem. American Journal of Comparative Law, 2003 (1): 89 - 111

[4] Constant A, Zimmermann K F. Immigrant Performance and Selective Immigration Policy: A European Perspective. National Institute Economic Review, 2005 (1): 94 - 105

[5] Giulietti C, Ning G, Zimmermann K F. Self - employment of Rural - To - Urban Migrants in China. International Journal of Manpower, 2012 (1): 96 - 117

[6] Li S M, Siu Y M. A Comparative Study of Permanent and Temporary Migration in China: The Case of Dongguan and Meizhou, Guangdong Province. International Journal of Population Geography, 1997 (1): 63 - 82

[7] Mesnard A. Temporary Migration and Capital Market Imperfections. Oxford Economic Papers, 2004 (2): 242 - 262

[8] Wietzke F B. Pathways From Jobs to Social Cohesion [J]. World Bank Policy Research Working Paper, 2014 (6804)

[9] Yueh L. Self - employment in Urban China: Networking in a Transition Economy. China Economic Review, 2009 (3): 471 - 484

[10] Zhao Z. Migration, Labor Market Flexibility, and Wage Determination in China: A Review. The Developing Economies, 2005 (2): 285 - 312

[11] 万向东. 农民工非正式就业的进入条件与效果. 管理世界, 2008 (1): 63 - 74

[12] 解垩. 中国非农自雇活动的转换进入分析. 经济研究, 2012 (2): 54 - 66

家庭共产主义原则下的中国农村住户劳动力转移

　　刘易斯的农业劳动力转移理论假定向外转移的农业劳动力一旦转移出去即与农村脱离经济关系，但中国的情况不同于此：中国农村家庭普遍遵照家庭共产主义原则，农村住户中外出务工人员的务工收入亦归家庭统一支配。因此对中国而言，首先，农村住户劳动力向外转移的决策依据是务工工资与农业劳动边际产出的差额，而非与农业劳均收入的差额，所以吸引农村住户绝对剩余劳动力外出务工的工资水平可以较大程度地低于农业中的人均收入，低于刘易斯断定的水平；其次，被普遍认为是"刘易斯第二拐点"标志的农业劳动边际产出等于务工工资的点事实上在中国已于 2000 年达到，而这一点只是标志着务工工资不得不开始上涨，并不意味着城乡一体化的实现和农业剩余劳动力转移殆尽；此后，由于农业生产力提高等因素，农业劳动的边际产出会继续增长，非农产业就需要继续提高工资并且使工资保持高于农业劳动边际产出的水平，才能继续从农业中吸纳剩余劳动力转移。

　　随着近年来"民工荒"的出现和农民务工工资、农业雇工工资的上涨，国内学者对刘易斯拐点相关问题做了大量的研究。由于中国的实际情况与刘易斯二元经济模型的假设存在重要的差异，刘易斯的理论模型不能完全适用于中国当前的农村劳动力转移。本文立足中国国情，基于农村住户的家庭共产主义原则，分析农村住户劳动力转移的决策，呈现了一个区别于刘易斯模型的农村劳动力转移过程。

　　本文作者：吕少德，清华大学马克思主义学院 2011 级博士研究生。

一、当前中国农村住户劳动力配置的目标

从目前中国的现实来看，将农户劳动力配置的目标归为农户总纯收入最大化是符合现实的。由于农户财产性收入、转移性收入等主要受农户劳动力配置以外的因素影响，因此，农户进行劳动力配置的目标即以其能够获得的农业经营纯收入和务工总收入之和的最大化为目标。

如果不考虑农业劳动力转移为农户带来的务工收入，那么从小自耕农农户目标的角度来讲，争论已久的"生存小农"和"理性小农"其实是一场误会。无论小自耕农是以维持生存、家庭消费最大化为目标，还是作为一个理性人以收益最大化为目标，其目标都应该是家庭农业经营纯收入最大化。在"生存小农"的语境中，传统自耕农的农业经营总收入中只有扣除资金投入以外的部分即农业经营纯收入才能作为家庭实际消费所用，以家庭消费最大化为目标必然要以农业经营纯收入最大化为目标；在"理性小农"的语境中，理性的土地所有者目标自然是地租最大化，理性的雇农目标自然是劳动报酬最大化，理性的农业资本家目标自然是利润最大化，而自耕农不仅仅获得利润，还获得地租和劳动报酬。因此，一个理性的自耕农的目标自然不仅仅是利润最大化，而是包括利润、劳动报酬和地租三部分在内的农业经营纯收入最大化。无论是为了维持生存，还是受理性驱动，传统小自耕农的目标都只会是农业经营纯收入最大化，对传统自耕农来讲，二者是一致的。

但是，中国农村目前正经历着从传统农业向现代农业转变的过程，农业技术和农业经营模式不断发展，农业劳动力不断向外转移，远不是"传统小农"社会了。在当前的农业现代化转型时期，尽管人地关系仍十分紧张，但由于其他产业迅速发展，农业劳动投入的机会成本增大，农业经营纯收入的最大化并不意味着家庭总纯收入、总消费的最大化，不符合农民理性的目标。从农户劳动力配置的视角来看，以农业经营纯收入与务工收入之和的最大化为目标才是最理性、最能使家庭消费最大化的目标。

综上所述，可以认为农户劳动力配置的目标是家庭总纯收入的最大化，具体而言，是农民家庭农业经营纯收入与务工收入之和的最大化[①]。

---

① 本文不将闲暇效用纳入农户家庭决策中，假定农户对其所拥有的资源配置以收入最大化为目标。

二、当前中国农户所处的约束条件

在特定的目标驱使下，不同的现实条件会导致不同的行为决策，因此，讨论农户行为决策必须首先了解清楚农户所处的现实条件。如前所述，当前的中国农村已远非技术停滞、封闭守旧的传统农业社会。中国农民现在所处的条件主要有如下几点。

1. 人地矛盾突出

人多地少，是中国农村长期面临的、无法回避的一个最基本的现实问题，这导致的最直接结果就是大量农业劳动力的绝对过剩。从全国来看，2013 年第一产业就业人员平均每人播种面积为 10.2 亩。人多地少，表明农业中最主要的生产资料土地相对于农业中的劳动力而言太少，此时，减少农业中的劳动力可以使整个社会劳动力资源的配置更加合理，使社会总体产出增加。这是发展中国家农业劳动力向外转移的依据。刘易斯及其追随者和反对者们大都正确地考虑到了这一点。

2. 家庭承包经营体制

在中国现行的农村土地家庭承包经营体制下，绝大多数农户实质上属于自耕农或半自耕农，其农业经营纯收益均可分为地租、劳动报酬和利润三部分。半自耕农可获得其所耕种全部土地中的部分地租，以及农业经营的劳动报酬和利润。如不考虑务工收入等非农收入，所有从事农业经营的农户，无论是自耕农还是半自耕农，都同时扮演着土地所有者、农业工人、租地农场主三种身份，其所追求的目标是三种收入之和的最大化，而非其中某一种（比如利润）的最大化。

在现行家庭承包经营体制下，土地集体所有，农村住户内部的劳动力外出务工时，其土地自然交由家庭内留守劳动力耕种；而劳动力举家外出务工的农户则可以将土地使用权流转给其他农户，同时仍然保留土地承包权，当其由于种种原因返乡之时，仍可以收回土地继续耕种。这一制度安排使得农民可以在进城务工和在家务农两个选择之间反复、双向流动。

3. 农户收入和支出一般遵照家庭共产主义原则

正如实体小农学派所指出的，中国当前从事农业经营的农户仍然集生产单位和消费单位于一体。一般而言，在没有分户的农户家庭中实行家庭共产主义式的收入和分配方式，所有家庭成员的所有收入归家庭统一支配，而家庭成员的消费则由家庭统一支出，一般在家庭收入允许的限度内接近于按需分配。家庭中某一成员的消费不是由该成员自己的收入决定的，而是由家庭总纯收入决定的。因此，劳动力配置的改变只要能增加家庭总纯收入，即使这一改变会降低某些成员的个人收入，农户也会倾向于做出这种改变，而个人收入降低的成员也会同意这种改变。这一点与刘易斯的假定有重要的不同。按刘易斯的假定，每个农业劳动力都是独立的，因此，作为理性人的劳动力只会从低收入岗位流向高收入岗位。刘易斯这个假定对作为整体的农户的迁移行为是适用的，但不适用于农村住户家庭内部劳动力的配置。

4. 农业技术不断进步

中国当前正处于传统农业国向现代化国家迅速发展的时期，各个产业中所使用的技术都在发生日新月异的变化。作为二元经济结构之一元的农业，并非处于技术停滞的传统农业时期，而是同样处于新技术迅速发展和广泛得到应用的时期。农业技术的巨大进步正在彻底改变农业生产的面貌：自动化、智能化的物联网农业正在悄然兴起，超级稻、海水稻的培育成功将使我国15亿亩盐碱地变良田，等等。农业技术的不断发展会导致农业中剩余劳动力的增加。马克思很早就指出了这点：各种新技术在农业中的应用，尤其是农业机械应用的扩展和动力系统的改进，不可避免地"游离"出农业劳动力，而由于土地的限制，农业中的资本积累并不能吸纳这些被技术"游离"出来的劳动力，于是在农业的发展中就出现了大量的剩余劳动力，其对农业生产的贡献和其自身的收入均可视为零。

刘易斯讨论了农业技术的发展促进农业生产率提高所带来的影响。农业生产率的提高意味着在用于农业的土地、资金和劳动力不变的前提下，农户农业生产总产出会有所增加，这是农民农业经营纯收入增加的直接因素。而在目前的中国，由于农业相对于其他产业而言，其生产率的提高较为缓慢，同时由于政府在农产品国际贸易和农产品价格方面对农业的扶持，因此农业对其他产业的贸易条件没有出现刘易斯所担心的恶化的迹象，相反农产品价格近年来总体稳步上升，农民获得了农业技术发展所带来的农业经营收入的增加。

5. 非农产业迅速扩张

随着改革和市场化程度的加深，资本无限自我增殖的本性得到发挥，非农产业资本得以迅速扩张。以1978年等于100计算各行业增加值指数，2013年除农业为475以外，其余行业均在2000以上，工业为4213，年增长率达11.28%，建筑业为3485，年增长率达10.68%，批发和零售业为3313，年增长率达10.52%，增长最慢的行业交通运输、仓储和邮政业为2284，年增长率也达到9.35%。在非农产业中同样也存在技术的发展对劳动力的排挤，但由于非农产业的资本积累不受土地限制，非农产业的规模可以通过资本积累迅速扩大，在经济迅速发展的时期，非农产业规模的扩大不但能够吸纳其内部被技术"游离"出来的劳动力，而且能够吸纳农业和其他来源的剩余劳动力，长期来看，非农产业资本的不断扩张将不断吸收从农业和其他传统部门转移出来的劳动力。

三、农户劳动力配置的决策

家庭农业经营可使农户获得劳动报酬、利润和地租，务工可获得劳动报酬，农户的劳动力配置无非是通过影响这四部分收入的一种或几种进而影响家庭总纯收入的。而农户总倾向于向能够增加家庭总纯收入的方向来配置其劳动力。

单纯的务工只能获得劳动报酬，但由于耕地可以流转给其他农户或者交由自己农户中的留守劳动力耕种，务工并不影响农户可得的地租收入。而无论劳动力在农业内部如何配置，亦不会影响农户的地租收入。因此，农户的劳动力配置对其地租收入不会有影响。

在农户农业产业结构和资金投入量不变的条件下，当农户向农业中投入的劳动量使劳动的边际产出等于边际成本（即农业劳动工资）时，农户农业经营获得的利润最大，但利润最大化并不意味着农业经营纯收入的最大化。此时如果农户继续增加农业劳动投入量，则劳动成本的上升会挤压利润使利润减少，但由于对自耕农而言，自投劳动成本折现其实也是农户自己的劳动报酬，因此，包括劳动报酬和利润、地租三部分的农业经营纯收入会随着劳动投入的增加一直增加，直到劳动量投入增加到劳动的边际产出等于零时为止，此时农户农业经营纯收入达到最大化。即当农业劳动量投入维持在劳动边际产出为零的水平时，农户可获得家庭农业经营纯收入的最大化。

1. 农业劳动边际产出小于等于零的阶段

在传统农业中，农业劳动力无法向外转移，如果人地关系十分紧张以至于家庭中的农业劳动力可提供的劳动量超出使劳动边际产出为零的量，则农户的理性选择是将超出的部分闲置，而不是将所有可用的时间全部用于劳动。在这种人地关系十分紧张的传统农业中，按照理性小农的假设，已经投入的农业劳动都是必要的，如果减少农业劳动投入量，则会导致产出减少，在这个意义上舒尔茨认为农业生产中不存在剩余劳动是正确的。但是问题的关键不在于农户投入农业生产中的劳动，而在于农户家庭劳动力可提供的劳动量，包括投入农业生产的劳动和闲置的潜在劳动两部分。除已投入农业生产的劳动外，农户家庭中的劳动力往往还有一些原本可用于劳动的时间是闲置的，这些闲置的劳动时间之和可以大于等于一个整劳动力可提供的劳动量，此时农户的边际劳动力产出为零，即刘易斯所说的减少一个劳动力不会导致总产出减少的情况；也可以小于一个整劳动力可提供的劳动量，此时农户的边际劳动力产出大于零，减少一个整劳动力就会导致总产出减少，但是农户家庭中仍然存在着剩余劳动力，只是剩余的劳动力小于一个整劳动力而已，此时如果从农村总体来看，将所有农户加总之后，总剩余劳动力数量仍会很可观，亦即：即使对每个农户而言，减少一个劳动力就会导致其总产出减少，但对于农村总体而言，仍然可以存在着很多剩余劳动力。所以，舒尔茨在《改造传统农业》中使用的印度的数据即使是真实的，也无法证明其农村不存在剩余劳动力，刘易斯为了论证剩余劳动力的存在也大可不必费劲去质疑舒尔茨数据的真实性。

从中国的实际出发，可假定初始条件是绝大多数农户都存在绝对剩余劳动力，即边际产出为零的劳动力，这些劳动力向外转移的机会成本几乎为零。在非农产业大规模扩张、急需大量劳动力的情况下，农村的绝对剩余劳动力自然会向外转移。从农户的角度看，家庭中的绝对剩余劳动力对家庭总纯收入的贡献并且向外转移的机会成本均为零，那么只要绝对剩余劳动力的务工总收入大于零，农户家庭总纯收入就会增加。如果考虑到城市生活成本一般高于农村，那么当其务工总收入不足以维持生活但所需家庭补给的部分小于其在家闲置时所需的消费资料量时，可用于家庭成员消费的实际总纯收入就会增加，此时农户的理性选择是将绝对剩余劳动力派出务工。在家庭共产主义原则下家庭所有收入都是共享的，农户中的劳动力可以在放弃农业劳动但不放弃农业收入的情况下外出务工，所以当务工收入不足以维持生活时作为绝对剩余劳动力的家庭成员仍然会愿意被派出务工，因为其个人福利仍会有所增加。可以看出，当农户中存在绝对剩余劳动力时，吸引其外出务工所必需的最低工资实际上比刘易斯所设想的要低很多，理论上而言这一最低工资甚至可以低于农户农业经营人均纯收入。

随着农户家庭中的绝对剩余劳动力向外转移，即使留守劳动力由于人口自然增长并未减少，在农业生产力和农产品价格稳步提高的条件下，农户家庭留守成员的平均农业经营纯收入也会增长。但是，在家庭共产主义原则下，即使家庭留守成员的平均农业经营纯收入增长到超过务工收入的水平，家庭中的绝对剩余劳动力依然会向外转移，因为这种转移仍然能够提高家庭总纯收入。因此，绝对剩余劳动力的转移与农业和务工收入的相对大小无关，即无论务工收入低于还是高于农业经营纯收入，只要农户中存在绝对剩余劳动力并且城市中有劳动力需求，那么城市部门总是可以在不提高工资的前提下将这些劳动力吸引过去，在这种情况下，人均农业经营纯收入的提高不会引起务工工资的提高。有批评意见指出，只要农业劳动力开始转移，人均农业经营纯收入就会提高，进而会立即引起务工工资的提高，因此认为刘易斯所说的务工工资不变的一段时期是不存在的。刘易斯的回应是指农村人口自然增长会使农业劳动力在一定时期内不至于因为劳动力流出而显著减少，因此人均农业经营纯收入在此期间不会显著上升。但由上述分析可以看出，即使人均农业经营纯收入有显著的上升，对刘易斯的这种批评也是不成立的，因为只要农户中存在绝对剩余劳动力，务工工资就没有提高的必要。

2. 农业劳动边际产出从零增长到等于务工工资的阶段

当农户中绝对剩余劳动力转移殆尽时，农户农业经营中的劳动边际产出刚好为零。在农业劳动边际产出为零的这一点附近的农户，农民会以兼业的方式务农。一个整劳动力一年所提供的劳动量是可以分割的，因此农业劳动力的向外转移也可以小于一个整劳动力，例如兼业农民可以平时外出务工，农忙时返乡务农，以保证农业产出不至于因务工而下降。此时如果农户中的农业劳动力继续向外转移，农户农业经营纯收入就会减少，农业劳动力向外转移的机会成本就开始大于零，并且逐步增大。如果劳动力转移使家庭增加的务工收入大于使农业经营纯收入减少的量，那么农户理性的选择仍然是继续无条件向外转移劳动力，即非农产业不用提高工资还是可以招到足够的劳动力。理论上而言，农业劳动力的无条件转移可以持续到农业劳动的边际产出①等于务工工资时为止，此后，非农产业工资如果不提高就会招不到足够的劳动力。之后，如果农业劳动边际产出继续提高，那么务工工资也会随之持续提高。

以刘易斯为代表的一些发展经济学家认为，在越过农业劳动边际产出为零的点即刘易斯第一拐点之后，农业劳动力继续向外转移会导致农业总产出减少，农产品价格会上涨，农业人均产出和人均收入会增加，非农产业就需要提高工资才能吸引农业中的剩余劳动力继续转移，但这不适用于家庭共产主义原则下农村住户中的劳动力转移，只适用于向外转移的劳动力与其原家庭脱离经济关系或者农户举家向外转移的情况。在后两种情况下，向外转移的劳动力以自身收入的最大化为目标，而向外转移则意味着放弃农业经营收入，这样如果人均农业经营收入提高而务工工资没有提高，那么农业劳动力向外转移的动力就会减小，向外转移的数量也会减少。但这种情况并不符合中国现实，中国当前更普遍的情况是，以家庭共产主义为原则的农户派出部分劳动力外出务工，因此，如前所述，直到农业劳动的边际产出等于务工工资这一点（即所谓刘易斯第二拐点）时，非农产

---

① 此处边际产出以货币计，否则无法与务工工资相比较；在农业雇工市场较为完善时，农业劳动的边际产出可近似认为等于农业雇工工资。

业才不得不为了招到足够的劳动力而提高工资。刘易斯认为，务工工资的上涨意味着非农产业利润会受到挤压，进而会使其积累放缓，使社会经济发展增速放缓。在这个意义上来讲，中国农村家庭的家庭共产主义原则使中国得以长期在极低的工资下发展非农产业，使人口红利期得以延长，从而使中国保持长期的经济高速增长。

当农业劳动边际产出等于务工工资时，务工工资即开始上涨，此时农业中仍然可能会存在剩余劳动力，即农业劳动力可提供的总劳动时间除实际投入农业劳动之外仍有部分被闲置。农业生产力和农产品价格的提高与农业劳动力的减少三者均为促使农业劳动边际产出提高的因素，在农业中绝对剩余劳动力全部转移出去之后，如果前两个因素提高很快，就有可能在农业剩余劳动力完全转移出去之前使农业劳动边际产出提高至达到或者超过务工工资的水平，即有可能农业劳动边际产出是因为前两个因素而不是农业劳动力的向外转移而达到务工工资的水平。因此，被广泛认可作为刘易斯第二拐点的标志的农业劳动边际产出等于务工工资这一点尽管意味着务工工资的上涨，但并不必然意味着农业剩余劳动力完全转移出去，也不必然意味着人口红利的消失和二元经济转为一元经济。

如前所述，在中国的现实情况下，理论上而言直到农业劳动边际产出增至务工工资时务工工资才会上涨。但实际上可能在此之前务工工资就会上涨。当农业剩余劳动力向外转移到一定程度时，尽管农业中的剩余劳动力仍然还有不少，但这部分剩余劳动力可能因为一些原因，比如需要在家中照顾卧床不起的老人、抚养上小学的孩子，或者仅仅因为年龄超过 60 岁而难以在城里找到工作，甚至一些外人难以想象的原因，他们不得不留守在农村，其中一部分人在本地务农兼业务工，另一部分人在从事农业劳动之余，只能将其劳动力闲置。此时，尽管农业劳动力存在剩余，但这部分剩余接近于"死荷重"，很难继续转移出去，于是农业劳动力剩余和非农产业招工难就可能同时出现，这时，务工工资就会上涨。而这个时候农业劳动的边际产出可以大于、等于或者小于务工工资：在农业剩余劳动力仅剩下"死荷重"部分时，一般而言农业劳动的边际产出已经大于零，此时或者此前农业生产力的提高和农产品价格的提高就可能使得这一边际产出所带来的纯收入达到或超过本就不高的务工工资，随后务工工资也会提高；当然农业劳动边际产出也可能尚未增至务工工资，此时由于"死荷重"难以继续向外转移，务工工资仍然会开始上涨。可见，在现实中存在农业剩余劳动力"死荷重"的情况下，有可能在农业劳动边际产出达到务工工资之前就会发生务工工资上涨。

3. 农业劳动边际产出增至务工工资之后的阶段

除上文所述农村住户中的劳动力向外转移的方式外，中国农村的农户举家向城市迁移（暂时性的居多）也是一个客观存在的现象。这些农户对举家外出务工的决策基本符合刘易斯的理论。具体而言，农户举家外出务工时一般会将土地出租给别人，此时仍然可以获得地租收入，但需要放弃农业经营的劳动报酬和利润，需要放弃的这部分农业经营纯收入会大于农业劳动的边际产出，因此，即使不考虑城市生活成本高于农村，农户举家外迁的机会成本也会更大，其对务工工资的要求也会高于农村住户中劳动力转移的方式。所以，农业剩余劳动力向外转移主要采取农户部分劳动力转移的方式，到务工工资开始提高之后，举家向外转移的农户才会逐步增多，比如，当农业剩余劳动力仅剩下"死荷重"时，之后的劳动力转移就会逐步转向以举家外迁为主，土地流转也会随之增多。

非农产业的高速扩张对劳动力的需求和务工工资的上涨总会使农业剩余劳动力排除困难持续向外转移，直到农业中不存在剩余劳动力，此时农业劳动力可提供的劳动时间被农业生产充分利用。这个时候才意味着农业剩余劳动力彻底转移完毕和人口红利的彻底消失，才意味着进入刘易斯所谓的"新古典"经济学劳动力短缺的时代。从刘易斯原本的意义上来讲，这一点才是真正的刘易斯拐点。

然而，事实上，即使越过了刘易斯拐点，也不会进入劳动力长期短缺的"新古典"时代。正如马克思所指出的，由于技术的发展，农业中会继续产生越来越多的剩余劳动力，而由于土地的限制，农业生产的资本积累不可能将这些被技术"游离"出来的劳动力全部吸收，因此农业劳动力会继续向非农产业转移。而非农产业中技术的进步也将不断"游离"出剩余劳动力，工人时而被技术排斥成为剩余劳动力，时而又被资本积累吸纳。长期来看，剩余劳动力是不会消失的，并且会随着人口的增长而增长，尽管资本可吸纳的劳动力总量也会不断增加。许多国家的失业数据都证明了马克思这一论断的正确性。

四、用中国工资数据对上述分析的检验

如前所述，农业劳动边际产出的提高有一部分原因是农业剩余劳动力的转移，尽管农业劳动边际产出增长达到务工工资的水平并不必然表示农业剩余劳动力转移殆尽，但仍是一个有意义的标志，此时务工工资开始上涨，并且这一点被普遍认为是刘易斯第二拐点到来的标志。事实上在中国，所谓的刘易斯第二拐点在20世纪末期已经到了，而此后中国每年仍然有巨大数量的农业剩余劳动力向外转移。

卢锋教授搜集了200多项定量信息资料，综合整理出中国1979~2010年农民务工工资变化趋势。结果表明，从20世纪80年代后期到90年代末，扣除物价因素以后，农民务工实际工资几乎没有上涨，直到21世纪初大约2000年前后

才开始上涨①。1998年到2002年农民务工名义月工资分别为609.1元、488.9元、517.8元、574.6元、628.8元，按1978年不变价格折算，分别为138.9元、113.1元、119.3元、131.5元、145.1元（卢锋，2012）。

在剩余劳动力转移到一定程度时，部分农户农忙时节就会出现暂时的劳动力短缺，于是就会形成农业雇工市场，在比较完善的农业雇工市场中，作为雇主的农民其经济身份是租地农场主，在农户农业经营所获得的地租、劳动报酬（即自投劳动量）既定的情况下，其雇佣行为的目标为利润最大化，那么此时农业雇工的工资可以近似代表农业劳动的边际产出。

根据国家发展和改革委员会价格司编的《全国农产品成本收益资料汇编》抽样调查数据，1998年到2002年主要作物农业雇工日工价见表1，为估计全国农业雇工日工价，按这些作物播种面积加权平均计算得1998年到2002年农业雇工平均日工价是18.9元、13.8元、18.4元、18.4元、18.2元，按每月30天折算，月工资分别为566.9元、414.0元、551.7元、552.3元、544.6元。

表1   1998～2002年中国主要农作物雇工日工价（元/工日）

年份	1998	1999	2000	2001	2002
稻谷	22.56	19.53	20.8	20.9	20.3
小麦	19.85	10.59	18.2	17	17.7
玉米	12.2	12.33	17	17.5	16.4
大豆	22.4	10.13	18	17.1	17.1
花生	23.57	5.84	16.3	17.2	16.7
油菜籽	26.8	11.47	19.1	19.4	18.2
棉花	19.7	11.65	19.4	18.2	17.5
烤烟	14.74	12.42	16.5	16.6	16.5
甘蔗	17.39	15.96	16.8	1870	16.9
甜菜	15.17	6.06	17	15	16.7
苹果	14.29	15.8	15.7	16.5	17.8
大中城市蔬菜	14.32	16.46	17.07	18.7	19.15

资料来源：国家发展和改革委员会价格司编. 全国农产品成本收益资料汇编2005. 中国统计出版社2005年版。

1998年之前《全国农产品成本收益资料汇编》抽样调查数据的用工成本中

---

① 卢锋指出，20世纪80年代中前期数据"主要来自个体农民工访谈资料"，而80年代后期以后的数据多为大范围抽样调查，数据质量较高，因此80年代中前期的估计结果不如之后的可靠。

雇工费用一直为零，表示此期间雇工费用太小而被忽略，从 1998 年开始农业雇工费用增至无法忽略的程度。由此可以近似认为，1998 年之前农业中剩余劳动力多到在农忙时节也基本不需要雇工的程度，由此可认为农业劳动边际产出确实很小。上述数据显示，20 世纪末，农业雇工工资开始追上务工工资，到 2000 年前者超过后者，而正好大约从 2000 年起，务工工资由长期不变的阶段开始进入长期稳定增长的阶段。说明在 2000 年前后，中国已经达到农业劳动边际产出等于务工工资的所谓刘易斯第二拐点，这表明正如前面所分析的，中国确实是在这一点才发生务工工资上涨的现象，还表明此前中国农业劳动力的转移尚未达到仅剩"死荷重"的程度。而此后又持续多年的大规模农业劳动力转移表明，当中国到达所谓刘易斯第二拐点时，仍有大量尚未转移的农业剩余劳动力。2000 年以后，农业劳动边际产出（农业雇工工资）继续增长，推动务工工资迅速增长，大批农业剩余劳动力也随之继续向城市转移。1998 年以来的农业雇工工资和务工工资见图1①。

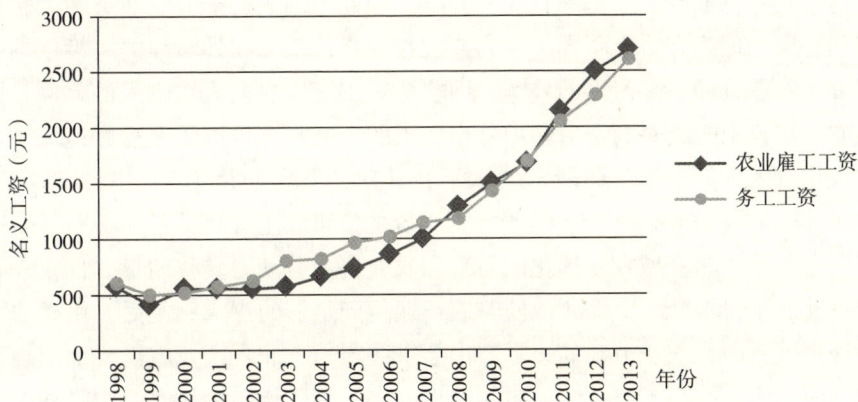

图 1　中国 1998 ~ 2013 年农业雇工工资和农民务工工资图

如图 1 所示，2000 年之后农业雇工工资和务工工资大体呈同步增长的趋势。在此过程中，当农业中仍有剩余劳动力时，如果务工工资高于农业雇工工资，则农业剩余劳动力会继续转移，如果务工工资低于农业雇工工资，即使其仍在增长，也会导致农业剩余劳动力转移减缓。由图可见，2001 ~ 2008 年期间务工工资均显著高于农业雇工工资，此期间外出务工的农民工数量由 8961 万人（张富良，2003）增长到 14041 万人（人力资源和社会保障部 等，2009），年增长率达

---

①　图中农业雇工工资根据《全国农产品成本收益资料汇编》整理，务工工资 1998 ~ 2010 年根据上述卢锋整理的数据，务工工资 2011 ~ 2013 年根据国家统计局各年发布的《全国农民工监测调查报告》。

6.6%，而 2008～2013 年间务工工资尽管仍在增长，但基本上低于农业雇工工资，与此同时，从 2008 年到 2013 年外出务工人数增至 16610 万人（国家统计局，2014），年增长率仅为 3.4%，增速明显下滑，而从 2009 年开始，大范围的"民工荒"更是持续不断。可见，当越过刘易斯第二拐点后，如果农业中仍有剩余劳动力可以转移，那么只有务工工资高于农业劳动边际产出（近似为农业雇工工资），非农产业才有可能招到足够的劳动力，否则农业劳动力继续向外转移的动力就会减小，转移速度也会放缓，就有可能出现非农产业招不到足够劳动力的情况，即"民工荒"。

五、结论

由于刘易斯的农业劳动力转移理论假定转移出去的劳动力不再与其原所属村庄、家庭有经济联系，而中国当前转移出去的绝大多数劳动力在家庭共产主义原则下仍与其农村家庭统一支配收入和开支，因此中国的这部分农业劳动力转移情况与刘易斯的理论有重大不同：首先，农村住户劳动力向外转移的决策依据是务工工资与农业劳动边际产出的差额，而非务工工资与农业人均收入的差额，因此吸引农村住户中的绝对剩余劳动力外出务工的工资水平可以较大程度地低于农业中的人均收入，低于刘易斯断定的水平；其次，被普遍认为是"刘易斯第二拐点"标志的农业劳动边际产出等于务工工资的点事实上在中国已于 2000 年达到，但这一点并不意味着城乡一体化的实现和农业剩余劳动力转移殆尽，仅仅表示务工工资此后不得不开始上涨才能使非农产业招到足够的工人；此后，由于农业生产力提高等原因，农业劳动的边际产出会继续增长，非农产业就需要继续提高工资并且使工资保持高于农业劳动边际产出的水平，才能继续从农业中吸纳剩余劳动力转移。中国的农业劳动边际产出和务工工资相关数据表明，上述结论是符合中国实际情况的。

务工工资从农业劳动边际产出等于务工工资时才开始上涨，而非从农业劳动边际产出增长到零时就开始上涨，这延长了中国的人口红利期，为中国经济长期快速发展提供了有利条件。

参考文献

[1] Arthur Lewis · W. Unlimited Labour: Further Notes. Manchester School, 1958, No. 26

[2] 阿瑟·刘易斯. 二元经济论. 北京：北京经济学院出版社，1989

[3] 国家统计局. 2013 年全国农民工监测调查报告. 国家统计局网站，2014－5－12

［4］卢锋．中国农民工工资走势：1979－2010．中国社会科学，2012（7）

［5］人力资源和社会保障部，国家统计局．2008年度人力资源和社会保障事业发展统计公报．
中央政府门户网站，2009－5－19

［6］舒尔茨．改造传统农业．北京：商务印书馆，1987

［7］张富良．农民工：中国的新产业工人．中共天津市委党校学报，2003（2）

第四部分
农村公共服务

农村养老的层次性差异与阶段性问题

——以湖北、江苏的实证调查为分析基础

城镇化中的人性需求决定了农村低龄老人与高龄老人的养老需求层次性差异。低龄老人因仍具有劳动能力，子代进城后，他们可以自己满足生理需求、安全需求和感情需求，也可以从继续生产、抚养孙辈等劳动中满足尊重需求与自我实现需求。高龄老人没有劳动能力，也不再创造价值，尊重需求与自我实现需求不再重要，生理需求、安全需求和感情需求等低级需求成为其优势需求。但是子代进城后因空间上的疏离与物质上的贫乏而无法在家庭内部实现对高龄老人的反馈式养老。因此，高龄老人的低级需求无法得到满足的问题成为当下城镇化进程中农村社会养老的最为重要、最需要解决的问题。

一、问题意识

始于20世纪70年代末的改革开放加速了滥觞于19世纪第一次鸦片战争以来的中国两千年未有之大变局，经过三十多年的现代性经济、政治和社会等增量发展，当下我国正在加速从农业国转变为工业国，从传统国家转变为现代国家。1978年我国的城镇化率为17.92%，2013年的城镇化率已达53.37%，到2020年中国城镇化率将超过60%。城镇化的大力推进，一方面表达了国家现代性转型之迅疾，另一方面也表明农村人口正在大量而迅速地从乡村转移到城镇，实现生活空间上的现代化。但问题是进入城镇生活的绝大多数都是农村中的青壮年，他们能够在城镇安家，找一份工作养活自己，却无法将自己的父母也接进城镇一起享受现代生活。这些不得不留守乡村的老年人是一个庞大的群体。据全国老龄委

本文作者：贺海波，湖北工程学院政治与法学院讲师。

办公室公布数据推算，到 2013 年有超过 1.2 亿的老年人生活在农村，到 2025 年将有 1.8 亿老年人生活在农村①，这些老人大都将与居住在城镇的子女分居，留守在生活了一辈子的乡土社会。

对于城镇化进程中的农村养老问题，学界从不同角度进行了研究。有学者认为，当前农村出现了"功利养老主义"，子代希望有偿养老，愿意赡养尚存资源或能力的老人，而没有资源和能力的父母在现实中一再妥协与忍让②。这种现实变化促使学者思考养老模式的选择与特定时期的经济形态、家庭制度以及文化传统之间的关系。历史地看，我国农村养老正处于从家庭养老向社会养老的过渡期，随着社会转型、城市化加速以及人口老龄化的进一步发展，建立完善的农村社会养老保障体系是我国农村养老的发展趋势，也是解决当前农村养老问题的现实选择③。有学者发现，城镇化进程中，增加收入的打工经济直接促进农村家庭养老保障功能增强，城乡收入均等化间接促进农村正式养老保障制度建立，因此城市化是解决我国农村养老问题的关键④。正因如此，有学者提出在全面考虑我国现阶段经济社会发展情况，并参考世界其他国家农村养老保障制度基础上，可以将普惠制养老金制度作为我国现阶段农村养老保障制度的新尝试⑤。但问题是作为农村社会养老保险的参与主体，农民对养老保险并不能全盘接受，家庭财富、受教育程度、保险预期等都会影响农民的参保意愿及缴费承受能力⑥。这就可能使普惠制养老金制度并不能普惠到每一位农民。面对社会养老保险尚难以单独满足农村居民的养老需求的实际情况，有学者认为解决这一问题的理性选择应当是家庭养老、土地保障与社会养老相结合⑦。也有学者从马斯洛的需求层次理论来考察农村养老问题，提出了加强物质养老、精神养老和文化养老的构想⑧。

这些从养老的社会基础、制度发展、模式转型等视角的研究固然很有意义，但问题是没有探析清楚当前城镇化背景下农村养老需求的层次性差异和阶段性问

---

① 唐宇、王晋媛："城镇化背景下农村养老问题研究"，载于《改革与开放》2014 年第 2 期。

② 孙薇薇："农村养老实践中的'功利养老主义'探析"，载于《广西民族大学学报（哲学社会科学版）》2014 年第 4 期。

③ 许照红："我国农村养老模式的历史变革与现实选择"，载于《特区经济》2007 年第 6 期。

④ 刘昌平："城市化：解决中国农村养老问题的关键"，载于《中国农村经济》2001 年第 8 期。

⑤ 杨德清、董克用："普惠制养老金——中国农村养老保障的一种尝试"，载于《中国行政管理》2008 年第 3 期。

⑥ 胡宏伟、蔡霞、石静："农村社会养老保险有效需求研究——基于农民参保意愿和缴费承受能力的综合考察"，载于《经济经纬》2009 年第 6 期。

⑦ 袁春瑛、薛兴利、范毅："现阶段我国农村养老保障的理性选择——家庭养老、土地保障与社会养老相结合"，载于《农业现代化研究》2002 年第 6 期。

⑧ 胡爱敏："高速老龄化背景下我国养老服务的着力点——以马斯洛需求层次理论为观照"，载于《中共福建省委党校学报》2012 年第 12 期。

题。当前国家从法律上只是规定家庭养老中子代要承担赡养父代的责任，要为老人提供经济支持、日常照料和精神慰藉等三个层面的养老服务。可以说这种规定还没有超越费孝通先生提出的"反馈模式"。而问题是"反馈模式"是对于传统农村社会流动机率很小、几代人居住在一起、子代赡养父代的养老方式的概括，但当前在城镇化迅疾发展的现实情境中，青壮年农民日益流入城市，"空巢老人"日益增多。在城镇化背景下三个层面的养老服务是否还能够在"反馈模式"下由家庭来完成？农村老年人群体内部对于养老需求是否存在层次性差异？农村养老问题中最重要、最需要解决并具有阶段性意义的养老问题到底是什么？本文将以湖北、江苏的调查为事实依据来分析并尝试回答这几个问题。

二、案例解析：农村养老问题的共性与现状

当下拥趸较多的看法就是，沿海省份发展比较快的农村不存在养老问题，问题存在于内地发展较慢的省份。近几年来，笔者一直坚持在不同省份的乡村做田野调查，在调查中接触到大量的农村养老问题，这些经验使笔者认为，上述观点实际上只是一种并不可靠的宏观想象，是一种将沿海经济社会条件比较好的乡村与内地经济社会条件一般的乡村作了不具可比性的比较。事实上是，养老问题不仅存在于内地，也存在于沿海省份的一般乡村，并且这些养老问题在某种程度上具有共性。而这种共性正是急需要研究的城镇化进程中广大普通农村的养老问题的要义所在。先来观察江苏与湖北的三个与养老相关的案例。

案例1：江苏南京金村：朱汉龙夫妇，均已年过八旬，育有一儿六女。儿子在镇上居住，近年来生病花了许多钱，不能再供养老父老母，只有孙子过年过节买点东西来，六女都长年在外，且经济条件差，也无法提供经济支持，在姐妹间形成了一条不成文的规矩是每年春节一人给100元作为孝敬钱。现在朱老夫妇生活来源主要有两项：一项是国家给80岁以上老人的生活补助一个月100元，两位老人一年有2400元；一项是金村在农地增减挂钩中获得土地开发的机会，全村集中居住，土地外包，朱大爷家共外包8亩地，一年按每亩450斤粳稻出包，这样一年大约有5000元的租金，但这个租金大部分用来给儿子看病。朱大爷说："一天有三餐饭吃就行了，只用钱不进钱了，现在最担心的是不知哪天死在床上，没有人知道。"（资料来源于笔者2012年10月在江苏南京金村的调查）

案例2：茶村五组是一个海拔1000多米的高山散居自然村落，当前居住在这里的共有40人左右，但只有4个年轻人在家，其中3人是因为孩子在家上学需

要照料，1人是因为父母年老生活不能自理要留在家照料。村民们说，年轻人大量外出，现在杀个猪都搞不死了。在家照料孩子上学的年轻人张宏兵望着那片青山说，大多数年轻人都不可能再回来了，这里再过十年二十年就会成为无人区。现在最紧急的事还是老人们的养老问题，现在很多七八十岁的老人都还在自食其力自我照料，但是随着年岁的增长，他们越来越难以走到山下集镇去购买回来必要的生活用品，看病就医也相当困难。（资料来源于笔者2013年4月在湖北宜昌茶村的调查）

案例3：湖北荆门兴村：兴村是紧挨着市区的城郊村。低龄老人与子代常是两不管——老人在家种地、带孩子，并支付所有的人情开支，儿子媳妇在外打工，自挣自花，不需要给老人经济补贴，倒是老人完全承担起养孙子的责任及开销。一位刚过六旬的妇女在路边抱着孙子说，前两年儿子媳妇在家没有外出打工，两代人一起种几亩责任田，常常吵架，今年儿子媳妇到城里打工去了，他们自己挣钱自己花，我们在家种地为他们带孩子，经济上两不顾，日子过得很太平。当问及两位老人种那么多地，是不是太辛苦而需要儿媳在家帮忙时，她说，是有一点辛苦，但儿媳在家没收入，没收入怎么行呢，别人都有自己没有，是不行的，我们在家累一点不要紧，只要他们在外挣得到钱，也算尽孝了。而对于高龄老人，他们觉得，没有力气种得动那么多责任田，农忙时儿子媳妇回来帮助种地，就算是在养老了。（资料来源于笔者2011年7月在湖北荆门兴村的调查）

以上三个案例表明，城镇化进程中的沿海和内地乡村在人员流动方面具有很大的同质性——老年人留守于乡村，大多数年轻人外出打工，并且越来越多的年轻人不愿再返回乡村，他们都希望能够在城镇买上一套房，过上现代生活，这是他们的梦想。正是因为这些人员流动的同质性，使养老方面也存在同质性的问题：低龄老人与高龄老人对于养老需求的不同和由此造成的具有阶段性意义的重点养老问题。实际上以低龄和高龄来区分两类老人并进而分析其养老问题的不同，是有欠周延的，这里真正想要区分的是有劳动能力的老人与没有劳动能力的老人。有劳动能力的老人多是低龄老人，当然也有少数低龄老人丧失了劳动能力生活不能自理，这类老人的问题实际上与高龄老人相同，凡涉及此类的就用高龄老人的养老问题代替了；同时有少数高龄老人仍有劳动能力、生活能够自理的则归为低龄老人一类。也就是说低龄老人与高龄老人的区分只是形式上的区分，在实质上，低龄老人代表是有劳动能力生活能够自理的老人，高龄老人则代表丧失了劳动能力生活不能自理的老人。

上述案例中，对于低龄老人来说，还没有发现有哪位的子代在家日常照料他们的，相反，他们大都是辛苦劳作、既种好责任田又帮助带好孙子。这主要是因为他们刚刚步入老年期，身体还算硬朗，体力虽然有所下降，但是随着现代农业的发展和机械化的推广，农田劳作程度已经大为减轻，两位老人仍然可以耕作十亩左右甚至更多的农田，并且还可以帮助带孙子。如果儿媳不外出打工，两代人种十亩左右的农田就显得有些浪费劳力了。并且对于固定有限的收入在两代人之间分配就会有很大的矛盾，一般来说，年轻人会拿大头甚至全部收入，只给老人少量的生活费。这样一来，老人的经济收入直线下降，会使老人的身份地位从家庭的主人直线降低为家庭的从属地位。更为关键的是他们觉得还有劳动能力，还能够自食其力，现在将自己置于无能的地位，他们心理上很难接受。这样他们就特别希望年轻的儿媳外出打工，子代外出打工，家里的责任田自然要归两位老人来种，种地的收入也自然会落在付出了劳动的两位老人手中，这些收入可以用来填补给子代置办婚事的亏空，可以存着以备不时之需，即使形成了上交给子代的惯习，也可以增加在失去劳动能力后子代不得不赡养自己的交换筹码。这样两代人可以实现经济独立核算，能够在两代人之间实现一定意义上的代际平等。另一方面，子代外出打工的收入肯定高于务农的收入，他们每年年底怀揣几万、上十万块钱归来会特别有成就感，看见孩子父母带着，家里的收入也没少，自然也很感谢父母。而更为有意义的是，子代从外面打工带回来的钱是很重要的面子工程，这对于老人而言是家庭兴旺发达的表现，也是家庭在村子里有面子有地位的象征。如果不是生大病，他们就不需要来自子代的日常照料。

对于高龄老人来说，案例中金村的朱大爷和茶村生活不能自理的老人均需要子代回到身边进行日常照料。这些高龄老人已经步入了人生的最后阶段，体力越来越不支，终于不能再在田野里劳作。这个时候，他们担忧的事情越来越少了，主要是考虑自己在活着的年头里，如何与外界实现生活必需品的交换？生病了如何才能就医治疗？他们已经越来越没有能力到集市上去进行交易了，他们希望这个任务由子代接手完成。湖北茶村不能自理的老人，孩子被迫放弃外出打工，留在家里进行日常照料。江苏金村的朱大爷夫妇年已八旬，他们急需子代能够在身边，但是唯一的儿子住在镇上且重病缠身，自顾不暇，而六个女儿家均穷困并都在外谋生，因此两位老人生活质量很低，很少能够吃得上肉。一方面是经济上的窘迫，两位老人一个月的生活费用，包括煤气、水、电、米、菜、油等共计302.1元；一方面是老人无法到集市上去交易而又没有后代进行日常照料。虽然朱大爷无人照料是个特殊情况，但对于所有高龄老人来说，如果他们的子代仍然在外打工或者已经进入城镇定居，他们的日常照料就都会存在问题：一方面是时空远隔，老年人的需求不能被及时发现与解决，一方面是进入城镇后，子代可能仍需要不断的工作才能在城里生活下去。也就是说，高龄老人确实需要日常照料，并且特别需要有尊严的照料，他们才会真正享受"老有所养"的幸福。

综上所述，低龄老人与高龄老人的养老需求存在巨大差异性，低龄老人需要继续劳动，需要为自己积蓄一笔养老钱，需要子代外出打工挣回一份体面与尊严；而高龄老人则亟须得到日常照料，以真正实现"老有所养"。这些需求的差异是与城镇化语境中农村剩余劳动力向城镇流动和年青一代农民渴望过上现代城市生活相关的，是与城镇化进程中人性需求变化相关的，这正是农村养老出现不同需求层次的主客观因素。

三、城镇化与人性需求：决定农村老年人需求层次的重要因素

在当前的经济社会条件下，要想真正理解农村社会的养老问题，就应该将城镇化与人性需求结合起来分析。也只有如此，才能够真正抓住农村养老问题的本质，才不至于出现对于农村社会养老重点与紧迫问题的误判，从而使相关农村社会养老问题的解决措施没有真正解决关键性问题而流于空转与无效。

1. 城镇化是决定老年人需求层次的客观因素

党的十八届三中全会提出："逐步把符合条件的农业转移人口转为城镇居民"，"把进城落户农民完全纳入城镇住房和社会保障体系，在农村参加的养老保险和医疗保险规范地接入城镇社会保险体系"。这意味着在今后一段时期内，越来越多的"符合落户条件"的农村人会变成城里人。这些符合条件的人一般是农村的青壮年劳动力，大量年老力衰的农村老人则仍然滞留在农村，使得农村人口老龄化加剧[1]。应该说，国家提出城镇化的战略是符合从农业国向工业国和从传统国家向现代国家转型的一般规律的。但是大量的青壮年劳动力从农村净流出，使农村日益凋敝。这种变化为当下农村老人的需求层次提供了物质与社会条件。

首先，城镇化为有劳动能力的老人提供了继续劳动的生产资料和社会空间。

城镇化主要是人的城镇化，人的城镇化又主要是青壮年农民的城镇化。因为只有青壮年农民才有追求现代城市生活的热情与能力，他们可以远离家乡到城市去找一份工作，虽然这些工作可能不是那么高端与轻松，但是与务农相比却要轻松得多，工资也要高得多，并且在辛苦打拼若干年后还有希望在城里买一套商品房，可以融入现代生活之中。年轻人进入城市打工后，家里的责任田就完全留给

---

① 郑栋："城镇化进程中农村社会养老保险发展的创新——宁波实证研究"，载于《三江论坛》2014年第6期。

老人（如果按照农村对老人的定义，只要子代结婚了，上一代就可以称为老人，农村有劳动能力的老人就会向前延伸至 50 岁左右，这将是一个更大的人群），如果老人仍有劳动能力，他们就很愿意继续劳动，即使带着孙子，也会继续劳动。因为在子代结婚后的劳动就完全是为自己积攒养老钱的劳动。也正因于此，湖北宜昌茶村的一对年过七旬的老夫妇仍然在海拔千米以上种着八九亩地，养着四头猪和一群鸡，满堂的儿女都在城镇上工作和生活，只是在过年时才回来住上几天，平时只是偶尔打电话问问情况。我们问老人对劳动有何看法？老人说，肯定还是有点累，但是只要身体还能吃得消，就得继续劳动下去，这说明自己还是一个有用的人，为社会也为自己创造财富，同时也为子女们节省下一笔养老钱，一举三得的事谁不愿意做呢。看来老人对于自己的劳动具有很高的评价，只要仍然有劳动能力，他们就愿意继续创造财富。

总之，在城镇化进程中，大量青壮年转移到城市，就为有劳动能力和意愿的老人提供了继续劳动的社会空间。同时年轻人离开乡村后，将不能带走的责任田也一同留下，使老人们能够继续掌握和使用最简单最神奇的物质劳动资料。这些正是低龄老人所需要的"养老空间"。

其次，城镇化使高龄老人的照料需求在家庭内部难以实现。

如果说城镇化让低龄老人继续掌握和使用生产资料，为自己积累一笔养老金，整个过程仍然是一件非常愉悦的事情，那么高龄老人失去劳动和自理能力后，不再能够继续在田野里劳作，而急需有人在身边照料，但是子代身陷城镇化之中不能自拔而无暇顾及老人的照料需求时，老人就会陷入一种无奈的痛苦之中。这主要是因为进城的子代仍要在城市里打拼，才能够生存下去。进入城市的农民由于自身知识技能的限制，只能从事建筑、环卫和生产车间流水线上的普工等低端工种，这些低端工种对于身体条件要求比较严格，有些工作只聘用四十岁以内的年轻人。如果从二十岁算起，农民工的黄金求职时间也只有二十年，如果在这二十年内认真工作到中年时就可以在城镇上买一套商品房，手中也可能会小有积蓄，但是生活并不宽裕，孩子要上中学、上大学，而自己却又难以再找到一份收入较高的工作，这时候要么就在居住的城镇找工资更低一些的如环卫等工作，要么就将以前挣的钱进行投资，而投资对于在生产线上干了几十年的农民来说，机会并不多，风险又特别大。无论哪种选择都将会耗掉他们的大部分时间，此时他们想照料远在农村的老人也真是分身乏术，而将老人接进城的想法也不现实，因为房屋可能并不宽敞，生活可能并不宽裕，时间可能并不宽松。老人无法进城，子代又无法抽出更多的时间回家去照料，那么日常照料就成为无法自理老人的最为重要的需求了。现在农村很多地方的治安越来越恶化，对于独居老年人的伤害越来越频繁；在调研中，有很多老人反映，晚上经常有人来撬门窗偷东西，而老人却不敢声张。看来，为高龄老人提供日常照料已经成为非常紧迫与重要的事情。

2. 人性需求是决定老年人需求层次的主观因素

美国社会心理学家马斯洛提出了人类的需求层次理论，认为每个人的心理都潜藏着五种不同层次的需求：一是生理需求，即维持自身生存的最基本要求，包括吃、穿、住等方面的要求；二是安全需求，即人类保障自身人身和财产的安全、摆脱疾病的威胁、避免严酷的监督等方面的需求；三是感情需求，即包括友爱和归属两个方面的内容；四是尊重需求，即每个人都希望拥有一定的社会地位，渴望个人的能力和成就得到社会的认可；五是自我实现需求，即实现个人理想、抱负，充分发挥个人能力，实现与自己的能力相称的目标的需求，是最高层次的需求。马斯洛将生理需求、安全需求和感情需求归为低级需求；将尊重需求和自我实现需求归为高级需求[1]。就各需求之间的关系而言，马斯洛将占主导、支配地位的需要称为优势需要，并认为人的行为主要受这种需要的支配[2]。因此，马斯洛的需要层次系列中的需要的优势是从下到上依次变化的，随着低一层的需要逐渐得到满足，它对人的行为的影响力就会逐渐降低，而高一层次的需要的影响力就会逐渐增加，直至取代低一层次需要的支配地位，成为优势需要[3]。用马斯洛的需求层次理论来分析农村养老问题就会发现在低龄老人与高龄老人之间存在不同的需求层次。

首先，低龄老人仍有满足高级需求的愿望。

低龄老人还拥有一定的劳动能力，所以只要他们还掌握着生产资料，还能在田地里劳作，他们就能够创造财富，这些财富可以满足他们自己的吃饭、穿衣、看病、就医等日常开销，也就是说，他们可以很轻松地解决生理需求与安全需求。一旦子代外出务工，他们一边种着责任田，一边带孙子。只要孙子在，子代就会隔三岔五打电话回来，在关心孙辈的同时也给父母一些问候，同时孙辈也会给他们带来一些欢乐，即使与子代存在着一定的矛盾，但家庭仍然是圆满的，老人的感情需求是可以得到满足的。当这些低级需求满足不存在问题时，高级需求自然就会成为老年人的优势需求。一般来说，低龄老人的尊重需求与自我实现需求的满足可能通过两条途径来实现：一条途径是低龄老人仍然在田间劳动，他们

---

① 裴丽岚、唐勇智："基于马斯洛需求层次理论思考'民工荒'现象"，载于《河北科技大学学报》2008年第4期。

② 王友平、盛思鑫："对马斯洛需要理论的再认识"，载于《学术探索》2003年第9期。

③ 许金声："马斯洛与马克思"，载于《人文杂志》2007年第5期。

生产了粮食、棉花和小麦等，然后在市场上换回货币，这表明他们仍然在创造价值，并且与四五十岁在家务农的中年人收入相差不大，他们就会认为实现了与自己能力相称的目标，就会有一种自我实现的满足感和成就感；另一条途径是在代际互动中实现的，留守老人身边大都有留守儿童陪伴，孙辈的存在就表明了家庭的兴旺与香火的延续，农村老人一辈将其视为极为重要的人生意义；其次，子代外出打工，收入远远高于在家务农的收入，如果他们在年终带回一笔不菲的现金，全家就会在村庄里特别有面子。正是在抚养孙辈完成人生意义和支持子代外出务工使全家经济收入不断增长中，老人获得了来自于熟人社会的尊重，并获得自我价值的实现感。

其次，高龄老人的优势需要降为低级需求。

高龄老人完全丧失了劳动能力，有时候还会患上这样那样的疾病，无法再到田间劳作，也不能再创造价值，正如朱大爷所说："只用钱，不进钱了。"在调研中，经常听到高龄老人说自己成了一个没有用的人了。农村高龄老人的这种自我评价实际上表明他们深知已经无法靠个人的能力和成就来获得社会的尊重了，也更不可能达到自我实现的需求了。也就是说，在现有的物质条件下，高级需求不再成为他们的优势需求，他们最为希望的是能够满足低级需求。但就是低级需求的满足也存在着严重的问题，这些问题首先表现在高龄老人生活无法自理。农村分散居与聚居两种居住方式，而无论哪一种居住方式，均离农村物质集散地有一定的距离。高龄老人越来越没有能力亲自到集市上去实现生活必需品的交换，而一旦这种交换长期不能实现，老人的生存就会受到威胁，这样老年人的生理需求和安全需求就自然成为了优势需求。其次表现在高龄老人生活无人照料。高龄老人的子女大多都在城镇化进程中移居城镇，他们在城镇上的生活开销绝不会小于乡村，并且他们并没有一份稳定的收入来源，以往打拼的一点积蓄大多用于购买商品房，现在一般又面临子代升学或结婚的压力，可以说每天仍然要为生计和下一代操劳，并且他们大多没有什么技能只能从事低端劳动，因此，他们的工作常常是工时长、工资低。正是这些压力，使他们大多数没有时间也没有宽裕的经济收入来赡养自己的父母。总之，老人无法自理，家庭养老又出现了严重问题，而社会养老还没有发展到照料农村高龄老人的生活必需品的日常交换的程度，因此农村高龄老人的低级需求日益成为现阶段农村养老中的特别重要的问题。

四、结论

在城镇化进程中，无论是沿海发达省份还是内地欠发达省份均出现大量农村青壮年农民进城打工的现象，当他们在城市定居下来时却因物质方面的窘迫而无法将父母接进城市一起享受现代生活。这种具有普遍历史意义的经济社会条件决定了低龄老人与高龄老人的养老需求层次的差异性，也决定了当前农村社会养老问题的层次性。低龄老人因为仍然具有劳动能力，可以自己满足生理需求、安全需求和感情需求，所以他们希望子代进城务工而留下生产资料。这样他们从继续劳动、抚养孙辈和子代进城务工赚钱中满足了尊重需求与自我实现需求。高龄老人不再能够劳动，也不再能够创造任何价值，尊重需求与自我实现需求等高级需求不再成为他们的优势需要，他们最希望能够正常满足生理需求、安全需求和感情需求等低级需求，但是子代进城后因空间上的疏离与物质上的贫乏而无法实现对高龄老人的有效日常照料，这样就使得高龄老人的养老问题成为农村养老中最为关键和重要的问题。至此，我们至少可以得出以下几点结论：①城镇化进程中的人性需求和城镇化是决定农村养老问题的主客观因素；②共处于城镇化语境中的沿海与内地省份的一般农村社会的养老问题具有同质性；③农村低龄老人与高龄老人的养老需求存在层次性差异，这种差异的区分是厘清什么是当前农村养老最为重要和紧迫问题的前提；④当下农村社会最为重要、最需要解决的养老问题就是高龄老人的低级需求无法得到满足的问题。

已建新型农村社区农民入住意愿分析

对已建新型农村社区及其规划范围内的农户的调查表明，政府供给与农民需求在旧宅拆迁补偿、新房建设和节约建设用地处置方面的匹配程度较差，农民入住新型农村社区的意愿和实际入住率均较低。旧宅拆迁补偿政策、农户农业依赖度、节地收益分配政策、新社区住宅形式、新社区规模是影响农民入住新型农村社区意愿的主要因素。建议在具备产业支撑的前提下兴建新型农村社区，并突出保障农民权益，建立符合农民需求的公共产品供给系统。

一、引言

近年来，新型农村社区建设在全国范围内普遍开展。大规模建设取得的成就有目共睹，但也发生了一些损害农民利益的行为。在"不得强制农民搬迁和上楼居住"的中央政策保护下，农民往往用脚投票、拒绝"上楼"，形成"老村拆不掉、新村无人住"的局面。因此，了解新型农村社区建设中政府供给与农民意愿的差异，并进而改进建设方式的意义不言而喻。当前对农民意愿的研究主要分为两个方面：一是从宏观方面论述尊重农民意愿的重要性，并提出相应的对策建议；二是采用定量方法分析和梳理影响农民意愿的因素，此类研究具有较强的政策应用性。但不足之处有两点：一是多在新型农村社区建设尚未发生或农民不涉及真实选择的情况下征询农民意愿，这往往与现实条件下的农民意愿相差甚远；二是多数文献仅从农民自身角度分析影响因素，不够客观和全面，还应加上政府供给方面的影响因素。相应地，本文选择已建新型农村社区[①]及其规划范围内的农户作为研究样本，从供需双重视角进行分析和研究。

本文作者：张颖举，河南农业大学经济与管理学院 2011 级博士研究生，河南农业大学文法学院副教授；吴一平，河南农业大学经济与管理学院教授。

① 是指已经完全建成或者前期已建成、后期持续建设的新型农村社区。

二、样本概况

本文数据来源于 2014 年 1～9 月对 H 省 50 个已建新型农村社区及其规划范围内的 1018 户农民的调查。表 1 和表 2 分别是样本社区和农户的基本情况。

表 1   样本社区概况

项目	内容
行政区划分布	分布于 8 地市 13 县（市、区）
地理区位分布	14% 位于地级市郊区、32% 位于县城郊区、28% 位于乡镇政府驻地、26% 位于普通农村
开建时间	16% 在 2012 年以前；84% 在 2012 年以后（2012 年 H 省启动大规模建设，以此为分水岭）
社区规划面积	平均值 536 亩，极小值 223 亩，极大值 3150 亩
社区规划规模	平均值 14623 人，极小值 3000 人，极大值 54000 人
建成情况	34% 已完全建成，66% 前期已建成、后期持续建设
入住率	平均值 31.5%，极小值 6.2%，极大值 100%（入住率 = 入住农户数/建成房屋套数）

表 2   样本农户概况

人口与就业	户均人口（人）	4.06
	户均就业人数（人，18 岁以上参加农业生产的人口）	2.12
	户均非农就业人数（人，18 岁以上较稳定从事非农生产的人口）	1.48
	户均非农就业比例（%，全部非农就业人口/全部就业人口）	70.2
收入与来源	户均年纯收入（万元，2013 年统计数据）	3.38
	非农收入为主的农户比例（%）	67.4
耕地与生产	户均耕地面积（亩）	4.27
	耕地全部交由他人耕种的农户比例（%）	36.2
宅基地与住房	户均宅基地面积（亩）	0.39
	住宅是楼房的农户比例（%）	63.5
	有房屋出租的农户比例（%）	13.8

从表 1 可以看出，样本社区在地理上具有广泛代表性，社区规划面积和人口规模普遍较大，新型农村社区入住率明显偏低。表 2 中，36.2% 的农户将耕地全部交由他人耕种，户均非农就业比例和非农收入为主的农户比例均在 70% 左右，这表明相对多数农户已经完全脱离了农业生产，多数农户就业和收入主要依靠非

农领域，新型农村社区建设已经具备了基本条件。户均宅基地面积为 0.39 亩，远超过 H 省宅基地用地标准，从节地角度看，新型农村社区建设确有开展的必要。但从户均年纯收入、住宅是楼房的农户比例、有房屋出租的农户比例来看，农民的经济状况一般，绝大多数农户的住宅仅具有居住功能，新型农村社区建设的经济基础较为薄弱，土地增值潜力较小。

三、样本社区政府供给与农民需求比对

农民入住新型农村社区意愿本质上是农民根据自身需求对政府供给的新型农村社区进行满意度评价后作出的理性选择。也就是说，农民入住新型农村社区意愿是农民需求与政府供给比对下的结果。根据新型农村社区建设的主要内容，下面分三个方面比对农民需求与政府供给，介绍农民入住新型农村社区的总体意愿。

1. 旧宅补偿方面

旧宅拆迁补偿主要涉及补偿方式和补偿力度两个方面。50 个新型农村社区的旧宅补偿方式可以分为三大类（见表3）。货币化补偿是政府供给的主导方式，但偏好这一补偿方式的农户却最少；相反，农民最期望的拆迁补偿方式是宅基地换房，而政府供给该种补偿的比例却最低。这说明供给与需求有显著差异。

事实上，补偿方式没有优劣之分，关键是补偿力度的大小。对农民来说，其支持或者确切地说不反对入住新型农村社区的底线就是"拆旧搬新"在经济上大体均衡，即旧宅补偿能够购买（建造、置换）一套面积基本够住的新房。调查统计表明，22% 的社区旧宅补偿明显大于新房支出，30% 的社区旧宅补偿基本等于新房支出，48% 的社区旧宅补偿明显小于新房支出。相应地，农民对旧宅拆迁补偿政策表示"满意"和"基本满意"的占 44.6%，表示"不满意"的占 55.4%。这说明样本社区旧宅补偿力度一般，农民满意度相对较低。

表3　　政府旧宅拆迁补偿方式与农民相应需求比对（%）

类型	内容	政府供给	农民需求
宅基地置换	旧宅基地换新宅基地、农民自建住房，拆旧建新予以补贴	24.0	23.3
货币化补偿	旧宅有偿退出，按成本价购买新社区住房	58.0	11.9
宅基地换房	按户（或按人口，或按认定符合规划的旧房面积）分得规定面积的新房，旧房按建筑成本价补偿	18.0	64.8

2. 新房建设方面

新房建设主要包括社区规模、公共设施、住宅形式三个方面。从表4可以看出，多数农户（86.2%）期望的社区规模是 5000 人以下，而政府相应的供给却明显较少（24.0%），这说明在社区规模方面两者意向相左。在社区公共设施配置方面，农民需求与政府供给基本匹配，相对多数社区按照新型农村社区规划标准配置。但在社区住宅形式方面，多数社区（72.0%）以多层或高层住宅为主，但相对多数农民（51.1%）喜好低层住宅，而以低层住宅为主的社区仅占 18.0%，两者之间存在明显的不匹配。调查统计显示，在新房建设方面，37.7% 的农户表示"满意"或"基本满意"，52.3% 的农户表示"不满意"，这说明政府供给与农民需求差距较大。

表4　　　　新社区及新房建设中的政府供给与农民需求（%）

项目	内容	政府供给	农民需求
社区规划规模	5000 人以下	24.0	86.2
	5000 ~ 9999 人	28.0	9.4
	10000 人及以上	48.0	4.4
社区公共设施	按照城市居住小区标准配置	44.0	47.4
	按照新型农村社区规划标准配置	56.0	52.6
社区住宅形式*	低层住宅（2~3 层）	18.0	51.1
	单元式多层住宅（4~6 层）	72.0	37.8
	单元式高层住宅（7 层以上）	10.0	11.1
农民对新房建设整体满意度	满意 16.5%，基本满意 21.2%，不满意 62.3%		

注：＊对于存在两种以上住宅形式的社区，以处于主体地位的住宅形式予以代表。

3. 节约建设用地处置方面

调查表明，新型农村社区建设的节地率一般为 30% ~ 50%。对于节约建设用地的所有权，中央一号文件明确规定"归农民集体所有"，但农民及其集体组织拥有所有权并不意味着拥有处置权。表5 显示，多数新型农村社区（74%）由基层政府决定节约建设用地的用途和收益分配，但多数农户（83.7%）认为节地处置权应"归原村集体"。这说明在处置权的分配方面，政府供给与农民需求是有差异的。但在节约建设用地的用途方面，两者却惊人的一致，这说明政府与农户对土地用途最优化都有理性的认识。在节约建设用地收益分配方面，农民参与收益分配的社区仅占 36.0%，高达 86.2% 的农户希望获得节地收益分配。总体来说，51.7% 的农户表示"满意"或者"基本满意"节约建设用地处置政策，48.3% 的农户表示"不满意"。

表5 政府节约建设用地处置方式与农民相应需求比对（%）

项目	内容	政府供给	农民需求
节地处置权	归基层政府	74.0	16.3
	归原村集体	26.0	83.7
节地用途	复耕	42.0	41.2
	非农开发	58.0	58.8
节地收益分配	农民获取收益	36.0	86.2
	农民未获取收益	64.0	13.8
农户对节地政策整体满意度	满意26.9%，基本满意24.8%，不满意48.3%		

4. 农民入住新型农村社区意愿描述

问卷首先问询了虚无环境下农民对新型农村社区生活的感性意向，题目是"仅从生活方式转变考虑，不考虑其他任何因素，您是否愿意本村（包括自己家）进行农村社区化改造?"，71.6%的农户表示"愿意"，28.4%的农户表示"不愿意"。这表明多数农户对入住新型农村社区具有良好的感性意向。对政府现实供给下的农民入住新型农村社区意愿，问卷设计的题目是"您是否愿意入住政府当前建设的新型农村社区?"，42.1%的农户表示"愿意"，57.9%的农户表示"不愿意"。这说明现实环境下，农民入住新型农村社区意愿不高；且与虚无环境下农民的感性意向相比，农民意愿出现明显和大幅下降。有必要研究和分析相关的影响因素。

四、影响农民入住新型农村社区意愿的因素分析

1. 理论假设与变量选择

"理性小农"学派认为，农民和资本主义企业家具有同样的经济理性[1]，其劳动偏好和动机基本上都是相同的[2]。小农是一个在权衡长、短期利益之后，会为追求最大利益而作出合理生产抉择的理性经济人[3]。具体到新型农村社区建设

---

[1] ［美］西奥多·W·舒尔茨：《改造传统农业》，商务印书馆2006年版，第5～11页。

[2] 黄宗智：《华北的小农经济与社会变迁》，中华书局2000年版，第11页。

[3] Samuel L. Popkin. The Rational Peasant：The Political Economy of Rural Society in Vietnam. Berkeley：University of California Press. 1979：42～55.

来说，农户是否愿意入住新社区取决于农户根据自身状况对政府供给产品的理性评估。在这里，政府供给产品按照类型可以细分为政府政策和新社区实物产品两个方面。因此，本文假设农户基本状况、政府政策和新社区实物产品三方面的因素将对农民入住新型农村社区意愿产生决定性影响。

（1）农户基本状况

本文假设以下因素影响农户入住新型农村社区意愿选择。

①非农就业人数。

农户的使用需求决定了住宅形式的选择。一般认为，农业就业人数较多的家庭出于农业生产便利的需要，一般愿意住在具有居住和农业生产双重功能的传统农村住宅；而非农就业人数较多的家庭，对住宅的农业生产功能已不看重，一般愿意"上楼"进社区。

②家庭收入水平。

一般认为，家庭收入越高，购房或建房能力越强，入住新社区的意愿就越高；反之，则意愿就越低。这里的家庭收入水平用 2013 年的家庭年纯收入代表。

③农业依赖度。

所谓农业依赖度，指的是家庭收入对农业生产的依赖程度。本文把以农业收入为主的农户列为农业依赖度高的农户，以非农收入为主的农户列为农业依赖度低的农户。一般认为，农业依赖度与农民意愿成反比。

④住房条件。

一般来说，家庭住房条件越差，农户更新住房的意愿就越强，在社区规划区范围内普遍不允许新建或翻新住房的情况下，入住新型农村社区的愿意可能就越高；反之，则越低。根据农民在建房过程中普遍把瓦房、平房翻建成楼房的情况，本文把"家庭是否为楼房"作为衡量农村住房条件好坏的标准。

⑤宅基地面积。

调研表明，50 个社区的宅基地基本上是以"户"为单位进行补偿，这就造成了"宅基地面积不等，但补偿结果均等"的不公平现象。可能会出现家庭宅基地面积越大越不愿意入住新社区，而面积越小越愿意入住新社区的情况。

（2）政府政策

与农民利益直接相关的新型农村社区建设政策有两项：旧宅拆迁补偿政策和节地收益分配政策。这两项政策对农民意愿的影响不言而喻。

①旧宅拆迁补偿政策。

一般来说，拆迁补偿力度越大，农民入住新社区的意愿越高；反之，则越低。在此，根据前文设定的补偿力度标准，设定"补偿力度大"为"旧宅补偿明显大于或基本等于新房支出"，"补偿力度小"为"旧宅补偿明显小于新房支出"。

②节地收益分配政策。

一般认为，农民参与节地收益分配，则入住意愿越高；反之，则越低。

（3）新社区实物产品

本文假设以下因素影响农户入住新型农村社区意愿选择。

①新社区规模。

社区规模越大，意味着拆迁合并村庄数量越多，社区地址与多数农民耕地距离较远，可能降低农民入住意愿。反之，则可能提高农民入住意愿。在这里，已完全建成的社区按实际规模为准，未完全建成的社区以规划规模为准。50个样本社区中最小的规划规模为3000人，所以本文讨论的社区规模以3000人为起点。

②新社区公共设施完善度。

《H省新型农村社区规划建设导则》就公共设施的配备提出明确要求，简称"五通六有两集中"。以此为标准，达到或超过视为完善，未达到视为不完善。一般来说，新社区公共设施越完善，农民入住的意愿就越高；反之，则越低。

③新社区住宅形式。

如前所述，多数农民喜好低层楼房，但多数社区以多层或高层为主，这有可能影响农民意愿。本文假设农民意愿与楼房高度成反比。由于部分社区存在两种以上的住宅形式，本文以农户被安排的实际住宅形式为准。根据以上假设形成的变量如表6所示。

表6　　　　　　　　　　　　变量说明与赋值

因素类型	变量名称	变量说明	变量取值	预期方向
	因变量（Y）	农户是否愿意入住新型农村社区	0＝否　1＝是	/
	自变量（X）			/
	非农就业人数		实际调查值	+
农户基本状况	家庭收入水平	以2013年家庭纯收入代表	实际调查值	+
	农业依赖度	农业收入为主户为农业依赖度高农户 非农收入为主户为农业依赖度低农户	农业依赖度低农户＝0 农业依赖度高农户＝1	-
	住房条件	以是否为楼房代表住房条件好坏	非楼房＝0　楼房＝1	-
	宅基地面积		实际调查值	-

因素类型	变量名称	变量说明	变量取值	预期方向
政府政策	旧宅拆迁补偿政策	以补偿力度作为判断标准	0 = 补偿力度小 1 = 补偿力度大	+
	节地收益分配政策	以农民参与收益分配为标准	0 = 不参与 1 = 参与	+
新社区 实物产品	新社区规模		实际调查值	−
	公共设施完善度	以达到 H 省规定为标准	不完善 = 0 完善 = 1	+
	新社区住宅形式	以农户被安排的住宅形式为准	低层楼房（2～3层）= 0 多层楼房（4～6层）= 1 高层楼房（7层以上）= 2	−

2. 模型设定与结果分析

由于因变量是二元定性变量，适宜采用 Logistic 回归模型进行分析。本文把 1018 份问卷的数据输入 SPSS19.0 统计软件中，采用强制进入法，进行回归分析。回归模型的卡方值为 50.019，显著性为 0.002，这说明模型通过了整体模型系数显著性检验，其回归结果能够较好地反映农民入住新型农村社区意愿（见表 7）。

表 7   Logistic 回归模型的估计结果

变量	B	S. E.	Wald	Sig.	Exp（B）
非农就业人数	0.167	0.087	3.662	0.056	0.846
农业依赖度	− 0.574	0.203	7.977	0.005 ***	1.776
家庭收入水平	0.004	0.038	0.010	0.921	1.004
住房条件	0.067	0.133	0.258	0.611	1.070
宅基地面积	− 0.156	0.361	0.187	0.666	0.856
旧宅拆迁补偿政策	0.491	0.169	8.417	0.004 ***	1.633
节地收益分配政策	0.393	0.149	6.908	0.009 ***	1.481
新社区规模	− 0.224	0.093	5.789	0.016 **	0.800
公共设施完善度	0.126	0.173	0.532	0.466	1.134
新社区住宅形式	− 0.393	0.156	6.351	0.012 **	0.675

变量	B	S. E.	Wald	Sig.	Exp（B）
常量	0.248	0.369	0.450	0.502	1.281
−2 对数似然值	1335.339				
Nagelkerke R^2	0.064				

注：以 Sig. <0.05 作为通过显著性检验，*** 表示 0.01 水平下的显著，** 表示 0.05 水平下的显著。

（1）通过显著性检验的因素分析

①农业依赖度。农业依赖度对农民意愿具有显著的负向影响，与理论预期一致。农户的农业依赖度越高，越不愿意入住新型农村社区，这体现了生产方式对生活方式的决定作用。

②旧宅拆迁补偿政策。旧宅拆迁补偿政策对农民意愿具有显著的正向影响，与理论预期一致。这说明农户在新型农村社区建设中是理性的和追求利益的。当他们有选择的自由时，就必然计算旧宅拆迁补偿政策给自己带来的损益，并在经济利益的诱导下作出家庭利益最大化的决策。

③节地收益分配政策。节地收益分配政策对农民意愿具有显著的正向影响，与理论预期一致。这说明农户不仅关注旧宅拆迁补偿等既有利益，更对建设中产生的土地增值收益格外关注，并表现出强烈的权利意识。

④新社区规模。社区规模对农民意愿具有显著的负向影响，与理论预期一致。产生这一结果的主要原因在于：在各项复杂因素的作用下，多数地方的新型农村社区建设过分追求规模效应，动辄规划建设"万人社区"，社区规划规模大意味着整合村庄数量多、整合区域大，对多数农民来说是"就近安置"而不是"就地安置"，安土重迁心理和耕种便利的需要导致农民对超大规模社区有逆反心理。

⑤新社区住宅形式。新社区住宅形式对农民意愿具有显著的负向影响，即楼房高度与农民意愿成反比，与理论预期一致。这体现了农民居住习惯和政府建设思维的冲突。如前所述，不少社区存在两种以上的住宅形式，2012 年以前多数社区以低层住宅为主（主要表现形式为独栋或联排别墅）；2012 年以后，为了体现"更节地"的原则，H 省提出"新型农村社区原则上以多层或高层为主"，导致各地"一刀切"地建设多层或高层住宅。这显然与农民庭院式的居住习惯形成了冲突。住宅形式对农民意愿产生负向影响就不足为奇了。

（2）未通过显著性检测因素的可能原因分析

模型中的另外 5 个因素（非农就业人数、家庭收入水平、住房条件、宅基地面积和公共设施完善度）被证伪。这 5 个因素不显著的可能原因如下。

①非农就业人数。农户非农就业以"打工"方式居多，具有不稳定性，多数农民并不将非农就业视为生活的稳定依靠，而是仍然将土地和农村住房视为生活的根本保障。因此，非农就业人数一般不会对农民意愿产生影响。

②家庭收入水平。新型农村社区的住房并非商品房，是根据政策规定进行分配的，不能自由购买，因此家庭收入的高低并不会发挥显著作用。

③住房条件。旧宅拆迁补偿政策多不与旧房条件好坏挂钩，农民作为较多关注直接利益的群体，可能不过多考虑与自身利益非直接相关的因素。

④宅基地面积。在同一村集体，除了因历史原因个别农户的宅基地面积明显较大外，多数农户的宅基地面积大小都是一样的。同一集体内农户宅基地面积的"同质性"可能不会对农民意愿产生不同的影响。

⑤公共设施完善度。新型农村社区具有完善的公共设施是一种普遍现象，农民可能认为新型农村社区具有完善的公共设施是理所应当的，因此并不把其视为影响意愿的因素。

五、结论与政策建议

对 50 个已建新型农村社区及其规划范围内的 1018 户农民的调查发现，政府供给与农民需求在旧宅补偿、新社区及新房建设、节约建设用地处置三方面的匹配程度较差，农民入住新型农村社区的意愿和实际入住率均较低。进一步的研究表明，农业依赖度、旧宅拆迁补偿政策、节地收益分配政策、新社区规模、新社区住宅形式是影响农民意愿的主要因素。

为了提高农民入住意愿，未来新型农村社区建设应采取以下针对措施。第一，以具备产业支撑为前提开建新型农村社区。新型农村社区建设必须与农民生产方式的转变同步，不宜盲目超前、求快。第二，政策制定突出保障农民权益。尤其是在旧宅拆迁补偿和土地增值收益分配方面，农户利益应被充分考虑和尊重。第三，建立符合农民需求的公共产品供给系统。通过建立有效的农民需求和利益表达机制，将农民的迫切需求与公共产品供给结合起来。

参考文献

[1] Samuel L. Popkin, The Rational Peasant: The Political Economy of Rural Society in Vietnam. Berkeley: University of California Press, 1979

[2] [美] 西奥多·W·舒尔茨著，梁小民译. 改造传统农业. 北京：商务印书馆，2006

［3］杜云素，钟涨宝，李飞．城乡一体化进程中农民家庭集中居住意愿研究——基于江苏扬州和湖北荆州的调查．农业经济问题，2013（11）

［4］管婧婧，晓坤，徐保根．农村居民点整治农户意愿及影响因素比较——以嘉兴市近郊区和远郊区为例．中国土地科学，2013（12）

［5］李金磊．国研中心主任：中国十年间每天消失 300 个自然村落．中国新闻网，2014 - 1 - 11

［6］黄宗智．华北的小农经济与社会变迁．北京：中华书局，2000

［7］苏艳娜，柴春岭，王余丁，宗义湘．农民居民点整理意愿——基于河北省 520 个农户问卷调查．中国农学通报，2011（8）

［8］魏凤，于丽卫．农户宅基地换房意愿影响因素分析——基于天津市宝坻区 8 个乡镇 24 个自然村的调查．农业技术经济，2011（12）

［9］杨叶忠．农民的城镇化意愿及其主体参与机制建构：苏浙沪调查．重庆社会科学，2012（2）

［10］张兴军，刘斌．城镇化遭遇二次空心化：部分农村新社区宛如鬼楼．经济参考报，2014 - 2 - 24

［11］朱可亮，罗伊·普罗斯特曼，杰夫·瑞丁格，叶剑平，汪汇．中国十七省地权调查．新世纪，2012（5）

拆迁新建村环境治理的困境与出路

——对浙北优新村的调查与思考

　　良好的农村环境是农村经济发展之前提，是农村美好生活之基础，是农村社会和谐之保证。浙北优新村环境治理方面存在一些困难，原因有四个方面：一是外来人口多，二是管理不到位，三是村民参与不足，四是制度建设缺乏。如优新村一样的拆迁新建村的环境治理应从四个方面寻找出路：增强外来人口家园体验，引导他们自觉维护环境；完善干部考核体系，引导干部从过分偏重经济发展向经济发展与环境保护并重转变；优化村民公共精神，鼓励村民参与农村环境治理；加强规章制度建设，提升现有制度的执行力。

　　随着中国现代化进程的加快，环境治理日渐成为人们关注的社会"重大问题"之一。尤其是近年来，各类与环境污染相关的群体性事件时有发生，证明人们的环保意识在不断增强。但是，相对来说，人们更为关注一些有新闻效应的重大环境治理事件，如厦门、宁波、昆明等地的"PX"事件等，却对日常生活中的环境状况，尤其是对农村的生活环境关注得不够。本文作者对浙北一个拆迁新建村——优新村——的调查发现，该村拆迁重建至今刚刚十年，但环境状况已经相当不容乐观，环境治理也面临较大的困难，村民对环境状况及治理绩效反应强烈。优新村令人担忧的环境状况和环境治理绩效正日益成为村民们对村干部不满的重要原因之一，影响农村社会的和谐。因此，研究优新村环境治理面临的困境，探究其原因，对化解农村环境治理问题，加快新农村建设，构建社会主义和

　　本文作者：王可园，华东师范大学政治学系 2012 级博士研究生。基金项目：本文受华东师范大学 2014 年"博士研究生学术新人奖"项目资助（项目编号：xrzz2014003）；受 2015 年度华东师范大学"优秀博士学位论文培育行动计划"项目资助；受 2014～2015 学年度"清华农村研究博士论文奖学金"项目资助（项目编号：201401）。

谐社会具有十分重要的意义。

一、良好的农村环境之价值

环境问题历来为人们所重视，马克思主义经典作家很早就重视人们的日常生活中的环境污染问题。19 岁的青年恩格斯就开始关注环境污染对工人们的生活和工作环境的影响。他在《伍珀河谷来信》中对埃尔伯费德和巴门两个城市的严重的环境污染和困苦的人民生活有深刻描述，恩格斯写道："大家知道，伍珀河谷……是指伸延在大约 3 小时航程的伍珀河沿岸的埃尔伯费德和巴门两个城市。这条狭窄的河流泛着红色波浪，时而急速时而缓慢地流过烟雾弥漫的工厂厂房和堆满棉纱的漂白工厂。然而它那鲜红的颜色并不是来自某个流血的战场……而是完全源于许多使用土耳其红颜料的染坊"，而工人们则"在低矮的房子里劳动，吸进的煤烟和灰尘多于氧气"。恩格斯所论虽为环境污染对工人造成的伤害，但对研究农村环境问题仍不乏借鉴意义。总体来看，良好的农村环境有以下几个方面的价值。

1. 良好的农村环境是农村经济发展之前提

经济发展与环境治理之间的矛盾和冲突正不断拷问着中国的发展模式。30 多年来，中国取得了世界瞩目的经济发展"奇迹"，为世人所艳羡。但是，不得不承认，以往那种"先污染、后治理"的发展模式也使我们付出了相当惨重的代价。据国家环保总局、国家统计局 2006 年 9 月份发布的《中国绿色国民经济核算研究报告 2004》显示，2004 年，水污染造成的环境退化成本为 2862.8 亿元，占总环境退化成本的 55.9%。其中，水污染对农村居民健康造成的损失为 178.6 亿元，对农业生产造成的损失为 468.4 亿元。农村环境恶化对农村经济的影响主要在于，一方面损害农村居民的身体健康，使一些农民的生活陷入贫困，影响农业生产的投入和正常运行；另一方面，环境恶化则会直接破坏农业生产的环境，影响农村经济发展。保持良好的农村环境已经成为促进农村经济发展、保证农民生活的基本前提。

2. 良好的农村环境是农村美好生活之基础

中国的现代化、城镇化进程正在不断加快，尤其是随着"三个 1 亿人"① 规

---

① "三个 1 亿人"指促进约 1 亿农业转移人口落户城镇、改造约 1 亿人居住的城镇棚户区和城中村及引导约 1 亿人在中西部地区就近城镇化。

划的提出，中国人口的城镇化比例将进一步提高。但是，在可预期的相当长一段时间内，我国仍将有大量人口居住在农村。农村的环境如何，直接影响广大农民的身体健康和生活水平。习近平总书记在 2014 年新年贺词中指出，"我们推进改革的根本目的，是要让国家变得更加富强、让社会变得更加公平正义、让人民生活得更加美好"，这其中当然包括让农民生活得更加美好，良好的农村环境则是构建美好的农村生活，提高农民生活水平的重要基础。

3. 良好的农村环境是农村社会和谐之保证。

农村环境不仅影响农民的物质生活水平，还影响农民的精神风貌，制约着农村社会人际关系的发展与和谐。良好的农村环境有利于提高人们的生活品质，使人们养成温柔敦厚、待人谦和的品性；而脏乱的农村环境和低下的生活品质则更可能激起人们易争好斗的一面，造成人与人之间的冲突。农村环境是农村社会治理的重要组成部分，农村环境治理的效率和水平是村民评价村干部的重要指标。环境治理良好，有利于提升村民对干部的信任和支持，构建和谐的农村党群、干群关系；脏乱而恶劣的农村环境则会引起村民对村干部的不满甚至是公开反对，影响农村社会的和谐与稳定。

二、浙北优新村环境治理困境与原因

1. 优新村概况及环境治理现状

优新村位于浙江省嘉善县惠民镇西北，距离镇政府约 1200 米，村域面积 3.12 平方公里。有 9 个村民小组（社），现有 469 户，常驻户籍人口 1562 人。外来人口 10000 人左右，远多于户籍人口。现在的优新村是将原来的两个村合并搬迁至现在的新村。新村东西向为商业一条街，南北向为"界河"，两边分别住着原来的两个村村民。2002 年 7 月，县经济开发区四期开发，有两条道路南北纵贯整个优新村。2003 年底，全村 4350 亩土地全部被征用，432 户拆迁房屋补偿 13062.5836 万元，青苗补偿金 559.3769 万元，安置人员 1509 人。由于全村土地全部被征用，村民主要收入来源以房屋租金、养老金、年底分红及工厂打工收入等为主，2008 年人均年收入即已达到 10831 元。与绝大多数的拆迁村一样，优新村的拆迁过程也不是一帆风顺的，其中也充满了村民与村干部之间、甚至上级政府之间激烈的博弈。村民多次到县、市、省政府上访，甚至有好几次"进京"行动。随着上级政府的介入及村民的一些利益诉求得到满足，特别是优新村村务监督委员会的成立及顺利运行，人们的生活逐渐得到改善，优新村又恢复了平静。近几年，该村从一个领导眼中"天下大乱"的村变成了"天下大治"的村①，取得了一系列荣誉②。前任党支部书记也因此而得到提拔，担任另外一个镇副镇长。

尽管承载着诸多荣誉，优新村仍然面临着一些治理难题，环境治理便是目前村民反映最为强烈的一项。由于是拆迁新建村，优新村最早入住新村的几户在此居住至今也不过10来年，但村中的环境状况已经令人担忧。目前469户中，有近200户、5000平方米左右的违章建筑，有的是简易钢棚，有的是钢筋混凝土建筑，一些党员、村民代表家中也建有大面积违章建筑，给村民生活带来很大的不便。随着生活条件的改善，不少村民家中已有轿车，但由于村内道路毕竟狭窄，一些道路被违章建筑所占，导致车辆无法转弯，引起一些村民不满。同时，由于新村已经集中居住，前后房屋距离较小，一些村民将房屋私自"升层"③，遮挡别户的阳光，也容易造成村民之间的矛盾和冲突。另外，优新村外来人口约10000人，因此夜市非常热闹，人头攒动，不少外来人口在傍晚从事烧烤、小吃等生意，造成了满地垃圾和油污。村中商业一条街上的灰白色水泥路如今已有大段的油污路，"新村"也旧了不少。其实，优新村为治理村中环境也费了不少心思，花了不少钱。据一位张姓村务监督委员会副主任介绍，去年村里的卫生费就达到了四五十万，大概占到了村全年集体可支配资金的10%左右④。村委会也组织了专门人员去清查统计村中的违章建筑，但都是收效甚微，村民们的意见仍然比较大。

2. 优新村环境治理困境之原因

优新村的环境治理陷入困境并非一朝一夕之功，是在长期的发展过程中积累起来的。既有拆迁新建村特殊的经济发展模式所带来的影响，也有村干部、村民的行为取向等方面的影响。总体上看，优新村环境治理目前面临的困境主要有以

① 来自与该县政协一位副主席的访谈；同时也出于镇领导的口中。
② 2011~2013年间，该村先后被评为嘉兴市民主法治村、嘉兴市"优美庭院"示范村、嘉兴市实施"春泥计划"工作先进集体、村党组织被授予嘉善县"十佳学习型党组织"、市级村示范便民服务中心、县级军民先进文化示范村、县"网络化管理、组团式服务"先进村、县五强村务监督委员会、县廉政文化先进农村示范点、县党代表示范工作室、县"五好"关工组织等荣誉称号，尤其是村务监督管理受到省主要领导的充分肯定。
③ 房屋"升层"具体是指：优新村整个村域虽有规划，也按每户人口多少分配宅基地，但房子是村民自己盖的。建房之前，预计建几层都与村里签有协议。后来由于租客越来越多，一些村民私自将房子加高，这样前面加高的房子就会遮挡后面房子的阳光。村民们称这个为"升层"。
④ 卫生管理费数据来自与张姓村务监督委员会副主任的访谈，村集体可支配资金数据来自2013年优新村年终工作总结。

下几个方面原因造成。

首先，外来人口多，人口倒挂影响着优新村的环境治理。优新村与许多拆迁村一样，由于土地被征用，村民在一夜之间实现了从农村户口向城镇户口的转变，经历了"农民市民化"进程。但是最为根本的改变还是经济发展模式的转变，导致农民家庭收入来源结构发生了重大改变。没有土地，以水稻种植为主的农业生产已不再可能，但由于优新村紧靠开发区，开发区内有多家工厂或企业，有许多在工厂或企业务工的外来人员成为优新村人口的重要组成部分，将近1万人，与优新村2000不到的户籍人口相比，人口倒挂现象严重。外来人口有大量的租房需求，房租成为优新村绝大多数家庭收入的重要来源之一。据村务监督委员会副主任张主任介绍，全村90%家庭都出租房屋，每户平均年租金收入在2万元左右。外来人口越来越多，租房需求庞大，租金越来越看涨，一些村民开始扩建自己的房屋。由于新村刚建时每户的宅基地是分配固定的，因此，从自己原有的宅基地上扩建基本不可能。一些村民通过各种方式扩建房屋，增大可租房面积。将协议规定的2层升成3层，3层升成4层甚至更高，有的村民干脆挤占公共场地建房。同时，村中的商业一条街上的商铺，基本租予外来人员经营，租金收入占村集体可支配资金的大头，每年有几百万的收入，街面上的100多个烧烤摊、小吃摊的摊位费，每年的收入在三四十万，这些收入都是优新村集体可支配资金的重要组成部分，最终成为村民每年分红、养老保险及医疗保险等各项生活福利的重要资金来源。外来人口为优新村带来可观经济收入的同时，也给村里的环境治理造成很大困难，村民对外来人口有种"食之无味，弃之不得"的"鸡肋"之感。之所以食之无味，在于外来人口更多情况下将自己视为村里的过客，只是在此赚钱而已，根本不存有环境保护这样的长远之计，从街面上各摊位前的遍地垃圾便略知一二，村民们也很讨厌。但在访谈中一些村民也坦言，如果他们都走了，优新村村民的生活将大受影响，有的甚至无以为继。正所谓"去之不是，留之也不是"。

其次，管理不到位，村干部行为取向存偏差影响优新村环境治理。农村环境治理虽然应该鼓励多方力量共同参与，但相对来说，村干部，尤其是村一把手的行为取向对农村环境治理具有十分重要的影响，它涉及一个村钱往哪里投，劲往哪里使的问题，某种程度上可以说是制约农村环境治理的最重要的因素。周黎安曾用地方官员之间的"晋升锦标赛"来解释中国的高速经济增长现象，尽管村级干部未完全参与到这一锦标赛之中，但是，推动农村经济发展仍然是村干部们的首要目标，优新村的村干部们自然也不例外。遍查优新村改革开放以来的组织史①，可以发现党支部书记基本上兼任村经济合作社社长或董事长一职。2000年以来优新村经历过三任书记，第一任女书记任上，新村刚建，还未成形，由于没有土地指标，其顶着多方压力"硬建成了村里的商业一条街"，2004年该女书记因经济问题被村民举报，最后被拘役四个月；第二任书记则对商业一条街进行了大力招标，现任书记则将前两位的事业不断发扬光大，才有了今天商业一条街的繁荣②。可见，经济发展也是村干部心中不变的主题。相对来说，环境治理则不那么受待见了，原因在于，环境治理属于"吃力不讨好"的事情。村中大量存在的违章建筑，村民普遍认为，没能从源头上控制住，现在从哪家先开始拆都行不通，都是得罪人的事情。尤其是有的违章建筑已经建成钢筋混凝土结构，拆起来更为麻烦。一些村干部提出希望"上头"下来个文件，他们就好办了。他们向镇里和县里提出这样的想法后，"上头"回复说这是你们村里自己的事情，我们也不好管。田野调查中，谈到村里的违章建筑时，一位村民连续地讲"村干部不管"。这样，就形成了这位村民所说的那种局面"原来的村书记会到村里兜几圈的，现在不兜了"③。现在的村书记没法去村里"兜几圈"，因为如果被村民碰到反映这些问题，他又不想解决，也不能解决，倒成了尴尬之事，所以干脆成天躲进办公室，"拿着钱坐在那里"了。

再次，公众参与少，村民参与不足影响优新村环境治理。农村环境需要生活于其中的人去精心呵护，环境治理需要他们的积极参与。但是，村中环境的公共物品性质，决定了村民积极参与管理并不是件容易的事情。就优新村来说，村民很少参与环境治理有多重原因。一方面，如现在许多农村一样，优新村的年轻人基本在村背面的工厂或企业打工，早出晚归，他们对村中的事务关心本来就不够。一些村民反映某村干部对违章建筑管理不力，但当被问及此人何以还能选上时，他们认为这主要是村里不少在厂里打工，选举时不了解的缘故，谁当谁不当都差不多。村中留下的要么是上了年纪的老人，要么是还上学的小孩。这些人也不大可能参与村中的环境治理。另一方面，优新村环境治理过程中，村民参与不足还有另外方面的原因。优新村农民历史上主要以种地为生，也曾经长期"站在

---

① 《中共嘉善县惠民乡组织史资料》编写组：《中国共产党嘉善县惠民镇组织史资料（第一卷）》(1949年5月~1987年12月)，1987年12月版，2009年4月修订本。《中共嘉善县惠民乡组织史资料》编写组：《中国共产党嘉善县惠民镇组织史资料（第二卷）》(1988年1月~2008年12月)，2009年4月。《中国共产党嘉善经济开发区（惠民街道）组织史资料（第一卷）》，(1993年2月~2013年12月)。

② 与一位现任党总支委员的访谈。她认为，村里的商业一条街之所以能造起来，主要还是归功于那位女书记，并认为她虽然有些经济问题，但"这个功劳不可抹杀"。

③ 与一位计姓村民的访谈。其他村民也对村干部不管违章建筑多有抱怨。

齐脖深的河水中，只要涌来一阵细浪，就会陷入灭顶之灾"，所在区域历史上天灾不断，人祸亦多，农民生活十分贫困。村史记载，域内为血吸虫病重灾区，原本三个兴旺大宅基，至解放时死于该病的有 24 人，死绝 6 户。拆迁并村之前，优新村集体可支配收入只有 15 万元左右，村民生活亦不富裕，拆迁后，村集体经济才逐年壮大起来。不断壮大的村集体经济不仅能够使村民每年都能享受一定的分红，而且还"包办"了村中的许多公共事务，环境治理便是其中重要一项。以街面卫生管理为例，优新村聘请了一支保洁队伍，专门负责村中的环境卫生，每年的支出在四五十万元。从村民的角度来说，反正是"我们"出钱请人做事，当然就是要由"他们"来负责了。访谈中，甚至碰到这样一种村民，故意乱倒垃圾，认为他们出钱，如果不倒点垃圾让保洁员去打扫，岂不是白白给他们钱了。除本村村民之外，大量的外来人口也没有参与到优新村的环境治理中来，仅就与他们直接相关的街面卫生来说，外来人口基本没有参与的动力。优新村街面上的小吃摊位，每天向村"护村队"交纳 10 元钱的摊位费即可，再无其他特别的义务①。本村村民及大量外来人口参与的缺失，仅靠一支保洁队伍或几个"拆违人员"在那里"单打独斗"，是目前优新村环境治理陷入困境的一个重要原因。

最后，制度建设缺乏及执行力不足影响优新村环境治理。没有规矩，不成方圆。优新村在环境治理方面面临的一个困难就是没有相关具体制度。村规民约中有环境管理相关条款，村民公约第 9 条规定，"严禁破坏生态环境，严禁随地乱倒乱堆垃圾，严禁焚烧秸秆，做到房前屋后物品堆放整齐，庭院洁化绿化美化"，如违反村规民约的，将"取消村优秀共产党员、星级文明户评选资格和上级各类先进推荐资格；不予发展党员、不予提名后备干部"②。村规民约在农村环境治理中能够起到一定的作用，但是，它也面临着多重困难。如"民约"中规定的对违反者的"制裁"措施并不具有普适性，如取消优秀共产党评选资格条款，只有对那些有党员的个人和家庭才能起到作用，而优新村目前包括预备党员在于共有 70 名党员，只占总人口的二十分之一不到。另外，优新村村规民约第 13 条明确要求"外来人员在本村居住的，必须服从本村管理，遵守本村规民约"。但是，上面所提到的"制裁"措施却不大适用于外来人口，从制度设计上讲，这就使得外来人口对第 9 条的规定完全"免疫"。除了制度建设不够之外，现有一些制度的执行力度也制约着优新村的环境治理。村中的违章建筑，基本上都是逐

---

① 与一位湖南籍摊主的访谈。其在优新村的中心河岸边搭了一个简易木棚做炒河粉生意。据他介绍，每月的收入在 2500 左右，与工厂打工差不多，但比较自由些。

② 优新村村规民约第 9、第 12 条。

渐冒出来的，比如占用公共土地建房盖屋，都是今天搭一个棚，明天添一片瓦，未能从源头上进行有效控制，当初未能从源头上进行有效控制，现在很难凭着村规民约而"一哄而上"地进行拆除。还有的如楼房升层问题，虽然有建房协议，不得随意升高，但是对村民们来说，协议的执行力度也不足，村民之间也有种攀比心理，"他家可以升高，我家为什么就不可以"，一些村民如是说。

三、拆迁新建村环境治理之出路

身处浙北经济发达之地，优新村的环境治理有其特殊之处。但是，作为一个拆迁新建村，优新村也有着其他拆迁新建村的共同特点，如经济发展模式的独特性、人口结构的复杂性等。优新村的环境治理也是一样，也有许多拆迁新建村环境治理面临的共同问题，在此，本文借鉴其他学者的研究成果，提出几条化解如优新村一样的拆迁新建村环境治理困难的建议。

第一，增强外来人口家园体验，引导他们自觉维护环境。像大多数拆迁新建村一样，人口倒挂是优新村的一个重要特征，也是其环境治理必须要面对的问题。对那些居住在拆迁新建村的外来人口来说，他们可能更多地感觉自己只是过客，并无久居之心。他们的目的主要是赚钱，至于赚钱的方式方法对村中的环境造成多大的伤害，他们是不会去管的。现在一些地方在建"PX"项目时遇到的阻力，正是当地民众环境意识觉醒的标志。但是这种民众意识的觉醒主要是因为这些项目对人体巨大的危害性及新闻媒体的大量介入，而拆迁新建村的日常生活环境则无法受到如此关注，本地村民不可能有如此激烈的反应。更由于外来人口的消费需求为拆迁新建村带来不菲的收入，村民们对外来人口的依赖性不断增强，使得他们也无法对外来人口抱有更强的抵制态度。对优新村来说，目前外来人口近万，要迅速改变目前的"租金经济"① 大概很难，如果他们不能够以此地为家，只是抱着一种过客的心态，他们就不可能心系优新村的环境状况。因此，必须要增强外来人口的家园体验，使他们能够融入本地生活，只有这样，才能使他们关心、关注村中的环境状况，使他们具有长远眼光，而不会为一时的盈利诉求而破坏村中环境。制度设计上来看，要改变外来人口权利义务不均衡的状态。优新村村规民约共 14 条，只有一条提到外来人口，即第 13 条的规定，"外来人

---

① 优新村的"租金经济"包括两个层面，就村集体来说，村中的商业一条街上的店铺租金是其主要收入来源，就村民家庭来说，房租则占家庭经济收入的近半甚至更大比例。可以说，无论是村集体还是村民家庭都已经离不开外来人口。因此，访谈中曾有村民不无担忧地谈到"如果后面的工厂倒了，外来务工人员没有了，我们的生活就成问题了"。

口必须遵守本村规民约"。这样的生硬规定，显然不利于外来人口情感上的融入。因此，对在本地居住时间较长的外来人口，应进一步提高他们参与村务管理的机会。日常社会管理中，应当坚持本地居民与外来人口平等相待、一视同仁，基层党组织要做到公平执政、依法执政，帮理不帮亲。只有这样，才能真正提高外来人口的家园体验，使他们能够自觉地以此为家，关心村内的生活环境和其他事务。

第二，完善干部考核体系，引导村干部从过分偏重经济发展向经济发展与环境保护并重转变。改革开放以来，随着党和国家的工作重心从阶级斗争向经济发展转变，"发展是硬道理"早已深入人心。在这一口号的鼓舞下，人们的目光不约而同地投向了生产力，特别是对GDP情有独钟，农村基层干部也不例外。推动农村经济发展、维护农村社会稳定是上级党委和政府考核村干部的主要指标。即使在环境保护日益受到重视的今天，带领村民致富仍然是一些村干部能够被提名参与竞选的主要理由。在优新村2013年的一次选举中，村支部书记的推荐理由只有一条，即"有经济头脑"，最后他确实成功当选。周黎安提出，"政府官员的治理机制是决定经济增长的重要的制度安排"，村干部虽然不是严格意义上的政府官员，但在压力型体制下，农村基层干部的治理机制显然也是影响其行为取向和工作绩效的重要制度安排。尤其是在优新村，党组织的"一把手"即支部书记虽由党员代表选举，但最终的确定权在县委，这决定了县委的要求对村里班子工作重心的影响。访谈中，现任的一位陈姓党总支委员告诉我们，2004年优新村"天下大乱"之时，县委县政府给村里新班子的要求有两条，一是"摘帽"，即摘掉贫困的帽子；二是维稳，即保持稳定。新班子成功地做到了这两点，主要领导得到了提拔，调到另外一个镇上做副镇长，但是，这两条思路却被保留了下来。因此，要改变农村基层干部重经济发展而轻环境保护的现状，必须要进一步完善干部考核体系，将农村日常生活中的环境治理成效纳入村干部的考核范围内，尤其是要将环境保护引入对村主要干部的考核，这样才能扭转村干部的行为取向，促使他们在推动农村经济发展的同时，更多地关注日常生活环境的保护和改善。

第三，优化村民公共精神，畅通村民参与农村环境治理之渠道，推进参与式治理，鼓励村民参与农村环境治理。拆迁新建村独特的经济发展模式及人口构成状况，决定了其环境治理不应当只是村"两委"或村干部的事情，它还需要全体村民及外来人员、社会组织等其他主体共同参与。本地村民的积极参与又是重中之重，他们是世世代代生活于此的人，如果他们不关心自己的日常生活环境，别人也不大可能去关心了。就优新村来说，仅靠一个保洁队伍去维护街面卫生，或只靠几个干部去拆除违章建筑，只会是劳神费力，事倍功半。一位参与街面保洁的本地村民高阿姨告诉我们，街面上的垃圾，"早上扫得干干净净，下午又要扫起来一大堆"。因此，对于越来越复杂的农村社会的环境治理来说，本村村民的积极参与是十分关键的一环。优新村在民主管理方面的多项荣誉标示着村民对村中公共事务的参与度并不低，又为何出现在环境治理问题上村民的参与度不足之情状？根源在于，虽然中国的村民自治自80年代就已推行，但优新村具有实质性的村民自治应该讲是从2005年后的选举开始①，尤其是村务监督委员会的成立与运行，使得优新村村民自治一步步走上正轨。但是，优新村的村民自治是以"财务监督"开始，村民们的眼睛只盯着钱，盯着村里每年的集体可支配资金多少，年底能发多少分红，村干部有没有贪污这些问题，对环境治理等公共事务的关注度高，但关心却显得不够，认为这个事情应该是村干部或保洁队伍的事情，村民偏颇的公共精神成为环境治理参与不足的重要原因。因此，对拆迁新建村的环境治理来说，要完善村民的公共精神，促使他们不仅关注公共经济，而是也去关注其他公共事务。这就要求在农村环境治理决策中深入调查研究，推进基层民主协商，真正了解村民对农村环境治理的意见和要求，提高他们对日常生活环境的关心程度②，因为仅是关注，只会带来抱怨，只有真正地关心村里的环境，村民才会动起手来去维护。

第四，加强规章制度建设，提升现有制度的执行力。制度是社会运行的游戏规则，它会塑造人的行为。诺思认为制度是影响长期经济绩效的一个重要因素，邓小平在对"文革"进行深刻反思后指出，"制度好可以使坏人无法横行，制度不好可以使好人无法充分做好事，甚至会走向反面"。农村的环境治理也面临着制度建设不足和执行力不够的问题。对如优新村一样的一些拆迁新建村来说，要使村中环境治理"有法可依、有章可循"，一方面，要进一步完善村规民约。在村规民约的制定过程中要注意吸引外来人员及代表参与讨论，增强村规民约对外来人口的适用性及在他们心目中的合法性。但是，这其中问题的复杂性在于，很多拆迁新建村的外来人口远远多于本地人口，村中事务的决策和讨论不可能让他们全员参与。如优新村村务公决中，有一项是"村规民约的制定与修改"，但几乎不可能让所有外来人口参与村规民约的公决。同时，外来人口数量多且来源杂，他们来自五湖四海，做着各不相同的工作，代表如何选出，选出之后代表性如何，都是很大的问题。对拆迁新建村的环境治理来说，仅靠村规民约显然已经

---

① 与多位村民的访谈就证实了这一点。当被问及80年代的村民自治时，他们大多数不知为何物，但马上会说优新村的村民自治是从2005年的那一次选举开始。

② 调查中，一些村民对村中的环境治理很不满意，对楼房升层、违章建筑及街面卫生不佳等关注度很高。但当被问及家中是否有违章建筑时，却承认自己也有，并认为别人有，他们没有就"吃亏了"。

不够，尤其是对外来人员的约束性不足。因此，必须要建立起对村民和外来人口具有普遍适用性的环境治理规章制度，将不同类型的人口纳入，只有这样，才能为提高农村环境治理的效率和水平提供切实的制度保障。不过这种规章制度很难由农村基层党组织和村委会等机构制定，而需要由上级政府在广泛征求村民及外来人口意见的基础上制定并实施。从这种意义上来说，上文提到的村干部希望上面来个文件不是完全没有道理。另一方面，除了建立健全规章制度外，加强现有村规民约的执行力度也是完善农村环境治理的重要举措。优新村的违章建筑、楼房升层等问题的存在，都不直接涉及外来人口，从治理的角度来说并非"无章可循"，只是开始时就未能严格执行村规民约，尤其是让家中尚建有违章建筑的人担任了"村务监督委员会"成员，自此而一发不可收拾①。所以，加强制度建设和增强现有规章制度的执行力度，在农村环境治理中都不可或缺。

环境问题正日益吸引着国人的眼睛，但人们对农民的日常生活环境却关注得不够。通过对浙北一个拆迁新建村的环境治理现状考察可以发现，拆迁新建村的环境治理面临着来自多个方面的挑战，如人口构成、官员的考核体系及当地居民偏颇的公共精神等。农村民众对美好生活的向往要求我们必须关注农村的环境状况，提高农村环境治理的绩效，为提高整个农村社会治理的效率，维护农村社会稳定，创造优良的乡村生活奠定坚实的基础。

参考文献

[1] 马克思恩格斯全集（第2版第2卷）. 北京：人民出版社，2005

[2] 周黎安. 中国地方官员的晋升锦标赛模式研究. 经济研究，2007（7）：36 – 50

[3] [美] 詹姆斯·斯科特. 农民的道义经济学——东南亚的反叛与生存. 程立显，刘建等译，南京：译林出版社，2001

[4] 邓小平文选（第2卷）. 北京：人民出版社，1994

---

① 优新村的楼房升层问题是从一位张姓村务监督委员会成员开始的。村民见他都可以建，所以也纷纷效仿。

项目制动员与农村公共服务供给碎片化

——基于 S 县水库移民后期扶持项目的实证考察

　　20 年的分税制改革，使得以调节中央与地方事权与财权关系的项目制逐渐成为一种新的国家治理体制，在发挥财政转移支付作用的同时，项目制亦能有效地将科层制体系内外的资源集中动员起来，但农村公共服务的项目制供给也带来诸如分散化、效率低下等问题。本文将项目制动员分为科层制体系内部动员和外部动员以及科层制体系内的横向动员和纵向动员，并试图从理论上阐述项目制动员与农村公共服务供给碎片化之间的内在联系。再以 S 县水库移民后期扶持项目的个案为例考察项目制动员在现实中是如何导致农村公共服务供给碎片化。最后针对碎片化问题，运用整体性治理理论构建农村公共服务项目制供给的基本框架。

　　向社会成员提供均等的基本公共服务，是现代政府的基本职责之一。2005年党的十六届五中全会首次明确提出"公共服务均等化"的概念。经过党的十七大、十七届三中全会、十八大、十八届三中全会等重要会议的强调和部署，基本公共服务均等化的总体实现已成为到 2020 年全面建成小康社会战略目标的重要内容。基本公共服务的均等化是公共服务有效供给的一个重要衡量指标，而1994 年的分税制改革以及 2001 年开始的税费改革之后，我国乡村公共服务大部分依靠自上而下的财政转移支付来供给，上级政府设立项目，下级政府申请项目

　　本文作者：杜春林，南京农业大学公共管理学院 2013 级博士研究生；张新文，南京农业大学公共管理学院教授、博士生导师。

　　基金项目：国家社科基金：农村公共服务供给的"碎片化"及其治理研究（批准号：14BGL150）；江苏省普通高校研究生科研创新计划项目：农村基础设施项目制供给碎片化研究（批准号：KYZZ15_0164）；江苏省社科规划项目：江苏农村的治理现代化研究——社会政策的视角（批准号：14SZB016）；江苏省高校哲学社会科学研究重点项目：社会治理创新的价值研究（批准号：2015ZDIXM012）。

获得财政转移资金来提供公共服务。项目制在资金管理、人事安排、动员方式以及政绩宣传四个方面都能有效地调动下级政府的积极性。项目制作为农村公共服务供给的一种制度安排，加剧了地方政府间为争夺有限项目资源的竞争格局，阻碍了基本公共服务均等化目标的实现。从乡村公共服务均等化供给以及乡村社会稳定的角度来看，需要对农村公共服务供给碎片化进行深入、系统的分析，本文拟从阐述项目制动员与碎片化之间的关系入手，并以 S 县的水库移民后期扶持项目为例，探寻项目制动员与农村公共服务供给碎片化之间的关系，据此构建农村公共服务项目制供给的整体性治理框架，加快整合有限的农村公共服务资源，提高基本公共服务的供给质量和均等化水平。

一、项目制动员与碎片化

1. 项目制动员的形成及特征

通常在科层制体系内按章办事、各司其职，并不需要动员；但科层制体系的僵化死板直接影响组织的运行效率，而项目制在一定程度上以动员的形式激发了科层制的活力。这种动员方式与通常所说的动员存在一定区别，通常所说的动员主要是指社会动员，即是指有目的地引导社会成员积极参与重大社会活动的过程。这种社会动员具有广泛的参与性、一定程度上的兴奋性、目的性和秩序性四个特征，而这四个特征是同时存在的，且缺一不可。项目制动员则与之不同，是指以财政转移支付为载体，在项目的"发包——打包——抓包"过程中调动下级政府和相关群体实现项目目标的积极性，从而保证项目的顺利完成。项目制动员不仅关注国家对社会的动员，更关注政府组织内部的动员。孙立平、晋军等人在区分"总体性社会"和"后总体性社会"的基础上提出的"组织化动员"和"准组织化动员"之说。"总体性社会"和"后总体性社会"的主要区别在资源配置方式的不同，前者，国家对稀缺资源和社会活动空间进行垄断性控制，所以国家有能力进行大规模的组织化动员；而后者，国家对稀缺资源和活动空间的控制放松，国家进行组织化动员的能力就弱化了，而社会化的动员方式——"准组织化动员"逐渐发挥重要作用。项目制动员即"准组织化动员"，与马明杰提出的"经营式动员"可谓一脉相承，都是在构建的利益共同体之下实现动员的。事实上，上级政府仅仅依靠国家行政权力或组织资源很难调动下级政府积极性，还需要利益的捆绑，例如，政治晋升、待遇提升以及一系列与下级政府相关的政策倾斜。另外，通过开会、检查以及汇报评比，项目运作超越了科层体系的传统，其能够针对项目单独制定时间日程，按照项目的规划展开集中、高强度的动员程序，将项目组和基层政府调动起来，这种项目化的动员相比于固定的科层运作体系更富效率，在当前更为政府部门所青睐。

2. 项目制动员与碎片化的内在联系

项目制实际上就是动员体制，陈家建就明确提出项目制动员的概念，在他看来项目制动员实际上是一种制度化的动员体制，有别于传统的分散化，间歇性的动员模式，本文所提及的项目制动员正是动员与制度建设交替进行的产物（见图1）。比如在计划经济时期的群众运动式的社会动员是以自上而下的方式推行的，因此这种动员的实现必须要有一套自上而下的、强有力的、完备的组织体系为依托，使动员的发起、实施、效果和影响都能控制在动员设计者的预定目标之内，事实上这就是一种组织化的动员方式。当时在农村把国家的动员指令转化为动员效果的基层组织就是人民公社。随着农村改革的进行，到 1984 年时，国家取消了人民公社。人民公社这个全能式的基层组织的取消将会使动员式改革的影响在一定程度上失控，使社会动员的影响超出动员发起者的最初意图，出现动员的非意图性后果。这是动员式改革的又一重要特点。而当前的中国改革致力于把政治经济运作纳入常规化的轨道，是一个制度化的过程，但是由于历史的惯性和路径依赖，改革仍然采取了社会动员的运作方式。这样一来，就使得改革过程中既有制度建设，又有社会动员，而且制度建设和社会动员常常是交互进行，相互影响，不同于计划经济时期单纯群众运动式动员的运作方式。社会动员与制度建设交互作用，这是动员式改革的重要特点。尽管项目制动员已经具有制度化的倾向，

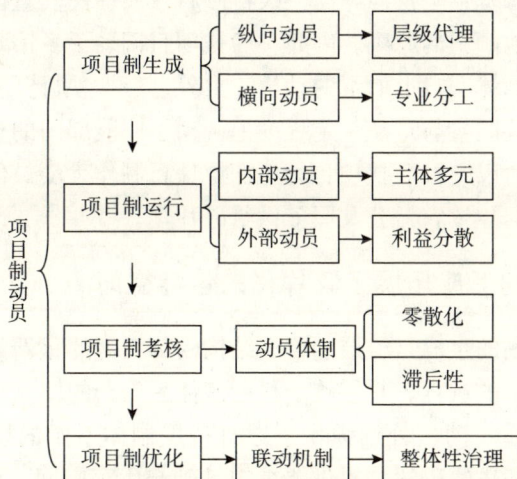

图 1　项目制动员与碎片化

甚至具备制度化的某些特征，但归根结底还是一种动员形式。本研究所提的国家动员、政治动员、行政动员乃至社会动员都是以项目制为依托，尽管项目制动员依赖于制度化的运行方式，但依然存在碎片化的特征。项目制动员也是对政治动员、行政动员以及社会动员的综合运用，它有效地整合了科层制体系中的纵向动员与横向动员的关系，同时也囊括了对科层制体系内以及体系外的动员。

本研究认为，项目制动员贯穿整个项目制的生成、运行、考核反馈以及优化的整个过程，由于项目制依附于科层制体系，项目制动员是依托于项目制的资源整合或重新配置，因此项目制动员冲破了传统科层制体系所构建的静态常规型组织，试图构建一个动态的任务型组织实现资源的有效配置。

二、项目制动员与农村公共服务供给碎片化

对大中型水库移民进行后期扶持，是安徽省近年来实施的 33 项民生工程之一，该工程采用资金直补和项目扶持相结合的方式进行。据 S 县水库移民局副局长介绍，2008 年与 2009 年该县平均每年获得水库移民资金 5200 多万元，其中每年移民直补资金 3700 多万元，项目扶持资金 1500 多万元，而 2014 年项目扶持资金增加至 4700 万元。可见项目扶持是水库移民后期扶持政策的重要组成部分，是自上而下转移支付、完善乡村公共服务的主要方式。尽管水库移民后期扶持项目（下文简称：后扶项目）遵循村民自选、自建、自用、自有、自管和政府监管服务的原则，但后扶项目的审批以及资金的分配都掌握在县、市政府手中。在项目扶持方面，扶持资金坚持向库区一线村倾斜、向移民安置区倾斜、向移民与关联人口矛盾突出地倾斜的原则，因此，后扶项目调动了乡镇政府以及村庄的积极性，实现了科层制体系自上而下的动员。另外，后扶项目资金分配与管理需要移民局与财政局的共同参与，从一定程度上调动了职能部门的积极性。本研究在理论探讨的基础上，以 S 县后扶项目为例探寻项目制作为动员体制在形成、运行以及考核过程中如何导致农村公共服务供给碎片化。

1. 动员体制的形成拓展了碎片化的生存空间

项目制动员体制的生成是科层制组织结构内部权力的重新配置，是在常规组织中安排任务型组织的过程。它依赖于科层制体系内部的横向动员与纵向动员的结合。纵向动员和横向动员分别强化了原有科层制体系中的层级代理和专业分工，为农村公共服务供给碎片化提供了组织基础与生存空间。S 县后扶项目的形成实际上是将这一项目安排到原有的科层制体系中，也正是这一过程为农村公共服务供给碎片化提供了生存空间。

（1）纵向动员与层级代理

项目制的生成需要各级政府的参与与协作，因此也少不了对科层制体系自上而下的纵向动员。从委托代理的角度看，项目制实际上是上下级政府之间的契约，上级政府作为委托方将项目委托给下级政府，通过激励机制来调动下级政府的积极性以保证项目按期完成，而这种激励机制包括下级政府获取更多的项目资金，以及建立在地方经济发展基础上的官员晋升机制。上级政府的项目制动员旨在让下级政府有效地完成其政策意图，但这一激励机制决定了下级政府一方面积极响应上级政府地政策意图，另一方面又不择手段地将自身意图融入项目之中。有研究表明，上下级政府之间的契约是不完全的，契约的不完全导致最优契约的失效。在项目制嵌入型的供给机制下，上级政府为了加强对下级政府的控制，通过项目的转移支付实现农村公共服务的有效供给，但受信息不完全的影响，下级政府为"出政绩"而将自身的政策意图融入其中，致使农村公共服务的供给脱离了上级政府的协调，最终下级政府为打造地方特色，各自为政，形成农村公共服务供给的区域差异化。因此项目制在形成过程中便蕴含着下级政府公共服务供给碎片化的冲动。

后扶项目调动了村庄申请项目的积极性，尽管后扶项目是由村民代表大会确定，但乡镇那里还要协调，比如你们村去年拿了项目，如果今年资金不足，那你把这个机会留给其他村，等明年再给你安排项目。总之遵循的原则大概是：大家不要争，村村都有份。但是不得不承认镇中心村在项目资金方面比我们充足多了，其实这我们已经习惯了，毕竟是镇政府的一个门面。（S县1村村支书）

（2）横向动员与职能划分

项目制是依附于科层制体系而形成的，科层制的专业化分工是不同类型项目形成的重要组织基础。唐斯认为组织内部劳动分工增加了协调的难度，由于每个任务都被分割成许多小部分，人们难以了解整体情况，个体从业人员很少考虑如何使组织整体运行良好，更多的是考虑如何精通自己的所在部门的工作。进而形成官僚体系内部的隔阂，各机关组织朝向分立法方向发展，组织关系便呈现碎裂化的状态，韦伯式问题便导向碎裂化问题。在希克斯等的看来，如果不同职能部门在面临共同的社会问题时各自为政，缺乏相互协调、沟通和合作，致使政府的整体政策目标无法顺利达成，那么碎片化政府（Fragmented Government）就此形成。事实上，在政府内部，每个部门都在各自的地盘上制定自己的政策议程，并试图以最有效的方式运用自己的资源，达到自己设定的政策目标，与此同时，它们也发展出了自己的组织个性或意识形态。在缺乏沟通和协调的情况下，各部门为了保护地盘，通常在合作的时候保留实力或者牺牲整体利益，而在冲突的时候相互侵犯。从县级来看，后扶项目需要调动财政、审计和移民三个部门的参与，在省市层面会涉及发改委等部门。从笔者调研了解的信息来看，在县级层面这三个部门之间分工较为明确，最大的问题就是缺乏时效性，即移民部门审核的项目不能及时交由财政部门核准，以及在项目形成论证时和财务公开过程中，审计部门不能对项目进行及时有效的审计监督，实际上缺乏时效性的一个重要原因就是三个职能部门没有很好地将库扶项目这一职能整合。由于职能部门间缺乏协作，实际上后扶项目被割裂在三个不同的部门，因此呈现出当前的碎片化现象。另外，水库移民后期资助政策的出台，也推动各级政府成立相应的移民管理部门，县移民局的设立给县级政府职能部门的管理再添 "缝隙"。不仅如此，后扶项目涉及的面十分广泛，几乎渗透到乡村建设的各个方面，这也在一定程度上分散了项目资金，形成公共服务碎片化的供给。

移民后期扶持项目的内容主要为六大类：人畜饮水、农田水利、村组道路、文教卫生、农村沼气、小流域治理等公益公共服务，目前都是以村为单位的小型项目。（S 县水库移民局副局长）

2. 动员体制与项目制运行过程中碎片化的具体表现

（1）内部动员与主体多元化

内部动员实现了项目制显著提高科层制体系的运行效率的目标，尤其是对缓解积重难返的科层制组织结构运行僵硬、效率低下以及由此导致的资源浪费等问题具有重要作用。内部动员调动科层制体系中各层级以及各部门的积极性从而使项目制动员体制得以形成。项目制实际上就是自上而下的 "钓鱼工程"，上级政府利用以项目为载体的配套资金以及依托于项目制的考核机制来调动各级政府以及各部门积极性。项目制之所以能调动多元主体的积极性主要也是这两方面原因，一是项目资金能有效地促进地方建设，税费改革之后，乡镇政府财力骤减，财权与事权严重失衡，成为 "悬浮型" 政权。二是在自上而下的政绩考核体系以及官员晋升锦标赛体制下，下级官员为个人发展而积极发展地方经济，大搞 "形象工程"、"政绩工程"，由于资金相对匮乏，自上而下的项目资金成为乡镇之间以及村庄之间竞争的焦点，由此也形成所谓的 "跑项目"、"跑部钱进"、"争项夺资" 等现象。项目制对科层制体系的内部动员调动了下级政府之间围绕项目资金争夺的积极性，但是主体多元化以及主体之间的竞争使原本有限的项目资金更加分散，因此，乡镇或村庄在完善公共服务时也显得有心无力。

后扶项目的确给我们这些公共服务相对较差的村庄提供了发展机遇，但是扶持力度还不足以从根本上改善落后面貌，像我们这样的人口和库区移民相对较多的村庄，每年也就一个项目，预算资金最多也就25万元（2014年），实际上也就只够修一条1公里（4米宽）的水泥路，前几年预算都是10万元以下，根本做不了什么大事。（S县2村会计）

（2）外部动员与利益分散化

项目制的生成少不了社会力量的参与，外部动员调动了科层制体系外社会力量参与项目的积极性，但也由此导致不同利益主体的形成以及利益分散化的格局。与封闭的科层制组织结构相比，项目制一个显著优点就是组织的开放性，有助于社会力量参与项目制的运作，从而表达自身的利益诉求。项目的申报掌握在下级政府手中，下级政府会根据当地实际情况，有针对性地申报项目，尽管有学者指出某些项目的申报与执行遵循的是"行政的逻辑"而不是"服务的逻辑"，但项目的申请在一定程度上也反映了当地的实际需求，听取社会组织与群众的意见，但是由于社会力量分散，很难达成一致。在项目的实际运行过程中会形成不同的利益群体，而多元利益主体互动是村庄公共事务决策结构的一个重要特征。村庄公共事务决策过程中利益相关者包括村干部、家族、普通村民以及村民组长，作为理性的个体行动者，他们扮演着不同的角色，采取不同的措施试图影响村庄公共事务决策，以寻求自身利益的最大化。项目在运行过程中最终能给哪个村民小组带来实惠，实际上在很大程度上受村庄不同利益群体的影响甚至这些利益群体左右村干部的最终决策，而协调这一分散化的利益需求也正是村干部在项目运行过程中所碰到的难题。

这种自上而下以项目形式来实现村庄公共服务供给的方式实际上就是"哄你干"，天上不会掉馅饼，想拿项目就要付出一定代价，尽管绝大部分库扶项目不需要村庄自筹资金，但需要村民自建，我村有28个村民小组，对于后扶项目会存在一定的竞争，因而需要村干部多方协调，尽量满足大部分村民的利益，但这也是我们为难之处，毕竟上面安排的资金少，每年最多一个，给谁都有意见。（S县2村会计）

后扶项目不仅调动了村民的积极性还调动了乡镇企业参与竞标的积极性。尽管后扶项目绝大部分都是村民自建，但也存在一些技术较为复杂的工程需要招标。从对S县1村会计的访谈中笔者发现：近年来乡镇一级招标的公正性受到质疑，买标、串标、霸标现象难以控制，特别是个别村干部既当业主又参与投标，影响了移民群众对公开招标的信任度，导致信访问题，损坏了移民工作形象。尤其是乡镇企业或家族企业也想通过后扶项目"分一杯羹"。

3. 动员体制下的评估与碎片化的现实影响

项目制动员体制的形成过程为农村公共服务供给碎片化提供了动力基础，使项目制在运行过程中呈现出碎片化的特征，而项目制动员的间歇性、临时性以及分散化等特征导致项目的评估受阻、反馈滞后，从而加剧农村公共服务供给碎片化的现实影响。

（1）评估受阻与对项目制缺乏充足的认识

项目制是一种"重在参与"的动员机制，强调的各级政府以及职能部门的积极参与，而忽视对项目实施效果的评估。不仅如此，在动员体制下农村公共服务供给效果的评估也受到重重阻碍，从而使政府部门很难了解项目制的实际运行情况，主要表现在两个方面，一是项目制动员的临时性使评估非制度化。项目具有周期性，通常从申请——实施——评估，项目制动员所起的作用是递减的，在项目制的评估环节动员所发挥的作用微乎其微，项目制动员的周期性使对其的评估缺乏重视。二是项目制动员下的激励机制滋生基层政府共谋现象。在项目制的激励机制下，纵向动员所带来的层级之间契约不完全便于下级政府采取"上有政策，下有对策"的手段予以应付，导致项目实施效果偏离初衷。地方政府还会尽可能地与基层政府"共谋"，采取各种策略应付中央政府的政策法令和检查监督，而具体的项目实施几乎完全掌握在下级政府手中。

最近几年我们村没有领导过来视察，上次检查应该是三年前了（2011 年），检查基本上都是看看项目的进展如何，能不能按期完成，检查都是某一个部门单独行动，上次就是省财政局来检查，没有规定具体要检查哪些方面，也不是定期检查，也不是每个项目都检查，都是随机性的抽查。不仅是后扶项目，像"一事一议"项目也很少有领导来视察。(S 县 3 村村支书)

各部门零散化的考察很难及时准确地了解项目的总体情况。调研还发现，乡镇和村委会经常"合伙"应付上级检查，比如 S 县 1 村的一个水库副坝加固工程就成为省、市领导经常视察的后扶项目，这在一定程度上阻碍了上级领导的检查，使他们形成对项目实际情况的片面化理解。

（2）反馈滞后以及项目制有效回应机制的缺乏

项目不仅在评估过程中受阻，而且也面临着评估结果反馈滞后的问题。一方面，内部动员调动了各级政府部门申请项目的积极性，却忽视了对项目的评估和反馈，加上科层制体系层级节制的特征，使得项目评估结果的反馈严重滞后；另外多元主体参与项目的实施也给项目制运行结果的反馈带来"对比效应"，即谁先公布评估结果或公示项目财务状况，谁就处于被动地位，因此项目评估结果的反馈一拖再拖。另一方面，项目制在运行过程中牵涉的利益主体分散，仅仅局限于科层制体系内部，从项目制的外部动员中可知，项目的实施需要社会力量的参与，因此项目实施效果的反馈是建立在对各利益主体的评估基础上的，而利益主体的分散增加了项目的考核难度，制约了项目实施效果的及时反馈。项目实施效果的反馈滞后必然导致自上而下各级政府对于项目制运行过程中的问题束手无策，很难有效地回应项目制所存在的问题以便进一步完善这一制度。

后扶项目对于我们村小学也有很多资助，先是添置多媒体教学设备（2008年），后又对校舍进行加固。就多媒体教学设备而言，由于教师的水平有限，很多老教师不会使用多媒体教学设备，而且生源也逐年减少，都随父母去外地上学或想方设法转移到教学质量较高的中心小学了，因此这些多媒体设备的使用率并不高，甚至有很多已经老化。因此，我认为县、乡教委评估后应该了解农村生源不断减少的现实情况，会转移这些闲置的多媒体设备，没想到2010年又利用后扶项目对校舍进行加固，耗费30多万元不说，现在我们小学就20多位学生，现在已经招不到学生了，几年后学校将关停，但是剩下的这些硬件设施都会闲置。（S县3村小学校长）

事实上，县、乡教委对于村委会关于完善教育设施的项目重点关注的是项目资金的分配以及项目的落实，以及由此带来的"政绩"，而没有对项目的效果以及工程的管理给予过多的重视，有的也仅仅是走马观花式的视察，而且也并没有将视察的结果运用到后期的政策制定以及项目安排上，并没有将项目与村民的需求紧密结合在一起。

三、农村公共服务供给碎片化的治道变革

整体性治理理论为走出项目制动员所带来的农村公共服务供给碎片化问题指明了方向，是农村公共服务供给碎片化治道变革的理论基础。整体性治理理论兴起的背景是盛极一时的新公共管理的衰微和信息技术的发展，除此之外，还包括过分强调政府部门的专业分工、层级划分导致的政府职能碎片化趋势，以及20世纪90年代西方国家在此基础上展开的寻找公共部门协调与整合机制的改革运动。竺乾威就曾指出整体性治理主张政府内部机构和部门的整体性运作，主张管理从分散走向集中，从部分走向整体，从破碎走向整合。整体性治理的实现有赖于协调机制、整合机制和信任机制的培养和落实。整体性治理的关键理论内核在于破解主体单一、组织结构分割、功能重叠与服务真空等碎片化问题，注重多元主体的参与、机构边界的调整、职能权责的整合、运行机制的再造优化、无缝隙服务的优质高效、公民多元需求的充分满足等。事实上，协调、整合和信任是整体性治理理论关注的核心内容。以S县的后扶项目为例，项目制动员所带来的农村公共服务供给碎片化问题实际上是项目制动员的失序所致，县级政府应当在宏观上协调职能部门以及乡镇之间的利益关系，扮演组织协调的角色；乡镇政府应

当在中观层面整合自上而下的后扶项目资源，将项目资源配置到村民最需要的民生工程；而在村庄应当在微观上建立多元主体间的信任机制，包括村委会、乡镇企业、NGO以及村民，以实现后扶项目的透明化运行。

1. 县级政府：宏观层面的组织协调机制

整体性治理的重要一环就是建立有效的协调机制，在希克斯看来，协调指的是确立有关合作和整体运作、合作的信息系统、结果之间的对话、计划过程以及决策的想法。有效的协调机制是处理县乡关系以及县级政府与职能部门之间的关系的必要保障。从经典的官僚制理论所阐述的层级节制和职能明晰的科层机构到新公共管理运动所倡导的专业化和市场化改革都没有实现政府职能的有机协调，而整体性治理理论强调府际以及职能部门之间的协调与合作，以推动政府的整体性运作。在后扶项目中，县级政府对于农村公共服务供给碎片化的整体性治理主要体现在宏观层面的组织协调，要规范乡镇之间的竞争与合作关系，避免项目资源过度倾斜导致的碎片化问题以及由此带来的乡镇之间过度竞争。另外要动员职能部门有序的参与后扶项目，明确各职能部门在后扶项目从形成到实施再到评估反馈各环节中的责任。

2. 乡镇政府：中观层面的资源整合机制

整体性治理强调的另一个重要命题是整合，在希克斯看来，整合指的是通过确立共同的组织结构和合并在一起的专业实践来贯彻这些想法。笔者认为在县级政府主导的后扶项目中，整合主要体现在乡镇政府层面，在县级政府的宏观组织协调下，乡镇政府扮演了政策传递者的角色，将自上而下的项目加以整合、细化与分类，整合各方资源，细化政策目标，进行项目分类，并传递到村庄。因此在整体性治理体系中乡镇政府是从中观层面整合资源并进一步配置资源。从政府结构中可以看出，乡镇政府要处理与县级政府、同级政府、职能部门以及村庄等至少四类关系。乡镇政府要遵循县级政府的组织协调以及县级政府统筹全局的政策指向，实现上下级之间资源的有序流动。另外，由竞争为主转向合作式对抗（Cooperative Antagonism）是乡镇政府在整合资源过程中处理与同级政府关系的主要路径，合作式对抗强调乡镇政府之间以合作为主，竞争为辅，在合作的基础上形成府际间良性竞争。另外，对于基层组织，乡镇政府应当遵循县级政府的宏观协调，结合各村的实际情况部署具体的农村公共服务供给，实现资源有效配置。

3. 基层组织：微观层面的主体信任机制

农村公共服务供给是一个面向社会的开放系统，需要多元主体的参与执行，主体之间信任机制的建立是相互协作、实现农村公共服务的整体性供给的价值保障。整体性治理强调政府部门应当扩大授权，并实现公私之间的合作。村庄在贯彻执行后扶项目过程中，动员企业、非政府组织以及村民积极参与农村公共服务供给是"整体性"治道变革的重要环节。可以说农村公共服务整体性供给在村庄主要表现为微观行为主体之间的互动，在村庄"熟人社会"，主体之间的互动强调的是信任机制的建立。围绕基层组织构建的信任机制主要包括两个方面：一是与盈利组织以及其他基层组织形成互相为利的信任机制；二是与非营利组织以及村民形成认同为基础的信任机制。在主体信任机制建立的基础上，村委会可以就后扶项目通过公开招标的形式，实现村委会、企业、NGO 以及村民组织之间的相互合作与监督，最终达到迅速、连续地调配资源以及最大范围地整合资源的目标。

四、结语

项目制动员与农村公共服务供给碎片化之间存在着密切的联系。项目制从生成、运行以及评估反馈都呈现出碎片化的形态，可以说项目制的生成是农村公共服务供给碎片化的动力机制，项目制的运行是碎片化的具体表现形式，评估与反馈是碎片化的现实影响。而走出碎片化的供给路径恰恰是当前国家治理体系和治理能力在农村得以实现的题中之意。整体性治理理论为农村公共服务供给碎片化提供了理论指导，从整体性治理理论所倡导的协调、整合和信任机制中挖掘政府职能和层级整合的路径，不仅是对科层制过度分工和层级节制导致滥觞的回归，而且是调动社会资源参与农村公共服务项目制供给、以项目制为纽带建立各主体之间的联动机制、实现整体性政府的必然路径。同时，这也为农村公共服务供给碎片化供给提供可循的框架。

参考文献

[1] [3] [4] 陈家建. 项目制与基层政府动员——对社会管理项目化运作的社会学考察. 中国社会科学，2013（2）：64 - 79

[2] 孙立平等. 动员与参与. 杭州：浙江人民出版社，1999

[5] [6] 邓万春. 动员式改革：中国农村改革理论与经验的再探讨. 社会，2008（3）：156 - 179

[7] O. Hart, J. Moore. Default and Renegotiation：A Dynamic Model of Debt. Quarterly Journal of Economics, No. 1, 1998, pp. 1 - 41

［8］［美］安东尼·唐斯著，郭小聪等译．官僚制内幕．北京：中国人民大学出版社，2006

［9］韩保中．全观型治理之研究．公共行政学报（中国台湾），2009（31）：1－48

［10］［18］Perri 6，Diana Leat，Kimberly Seltzer and Gerry Stoker. Towards Holistic Governance：The New Reform Agenda. London：Palgrave Press，2002，pp. 33－34

［11］A. Simmons. Turf wars at Work．Strategic Finance，No. 2，2002. pp. 51－55

［12］周雪光．"逆向软预算约束"：一个政府行为的组织分析．中国社会科学，2005（2）：132－143

［13］吴理财．公共文化服务的运作逻辑及后果．江淮论坛，2011（4）：143－149

［14］张新文，杜春林．村庄公共事务决策结构的探讨——基于皖西 X 村"村村通"工程的个案．北京行政学院学报，2014（3）：31－35

［15］周雪光．基层政府间的"共谋现象"——一个政府行为的制度逻辑．社会学研究，2008（6）：1－21

［16］竺乾威．从新公共管理到整体性治理．中国行政管理，2008（10）：52－58

资源稀缺性感知对农户水资源
利用效率影响的实证分析

本文运用 810 户农户的调查数据，采用 DEA—Tobit 模型，基于稀缺性视角，考察农户水资源利用技术效率。结果表明，农户水资源利用技术效率平均处于51%的水平；影响因素方面，资源稀缺性认知对农户水资源利用技术效率有显著的正向影响；资源稀缺性感受与技术效率存在显著正相关关系，而水资源利用纠纷则抑制了农户水资源利用技术效率的提高；此外，农户的年龄、受教育程度也对农户水资源利用技术效率的提高有正向激励作用，而务农期限与技术效率提高关系不大。

一、引言

为满足日益增长的用水需求和缓解地表水资源短缺的压力，地下水资源被大量开发与利用，并已成为井灌区的主要供水水源。然而实践中，农产品的有效供给、质量安全和提升农业可持续发展能力仍然受到地下水资源的制约。一方面，水资源短缺加剧了对地下水资源（公共物品）的追逐，导致地下水资源过度开发，从而造成地下水位下降、地面沉降、水质污染以及荒漠化等严重生态问题。另一方面，农业用水效率低下，水资源浪费严重问题突出。因地下水资源稀缺引发的过度开发与用水效率低下间的矛盾已经成为理论研究和政府治理的热点。目前，在中国大多数村庄，地下水资源开发利用几乎不受监管，这使得水资源稀缺性问题更加突出，且严重制约了当地农村经济与环境的可持续发展。

面对资源硬环境约束的紧迫形势，2015 年中央一号文件强调，利用市场机制

本文作者：王昕，天津商业大学经济学院讲师。本文受到天津商业大学青年基金项目（编号：151104），天津市艺术科学规划项目（编号：B14025）、国家自然科学基金项目（编号：71173174、71503181、71473197），"十二五"农村领域国家科技计划项目（2011BAD29B01），以及清华大学中国农村研究院博士论文奖学金项目资助。

建立水权制度以缓解水资源短缺压力。微观经济学理论认为，只有当资源的稀缺性能被明确和真实地反映时，市场机制才可能发挥作用，实现资源有效配置。稀缺性资源反馈信号的不同会影响主体行为选择，进而关系到资源利用效率。随着气候变暖和用水需求增加，作为农业生产核心要素的水资源的稀缺性凸显。农户是农业生产的主体，也是水资源开发利用的主体，农户对水资源稀缺性感知的差异会影响水资源开发利用行为并进一步对水资源政策效果产生影响。农户对资源稀缺性认识不足，是导致水资源利用技术效率低下的重要原因。

理论界围绕农户水资源利用技术效率的影响因素进行了大量讨论，认为影响因素主要有：户主年龄、受教育水平、农业培训、农户规模、农户对水资源可利用程度的感觉、售后服务、耕种强度和化肥施用量、水价、水库数占比与旱灾比例。少部分文献试图讨论资源短缺对水资源利用技术效率的影响，但未形成一致的观点。大部分学者认为，资源短缺的地区对资源利用更为谨慎，有利于提高资源利用技术效率。也有少数学者提出相反的结论，认为资源稀缺条件下对资源进行专用性配置，意味着低利用率，稀缺性进一步导致利用的非效率，进而导致资源枯竭。现有研究主要是基于水资源短缺的现实，偏重于从制度方面解释地下水过度开发和低效利用问题，但未将水资源的社会属性——特别是水资源开发利用主体对水资源稀缺性的主观感知——对农户地下水开发利用行为的影响纳入研究范畴。因此，难以对"水资源短缺的北方地区，地下水超采现象严重，水资源利用技术效率较低"的问题给予合理解释。

基于以上背景，本研究以陕西省咸阳市三原县井灌区作为研究对象，运用微观农户调查数据，从农户需求角度阐明资源稀缺性感知对农户水资源利用技术效率的影响机制和作用机理，试图回答以下两个问题：①现有农户水资源利用技术效率如何，是否达到了最优化配置？②水资源的稀缺性感知是否是影响农户水资源利用技术效率的重要因素？通过回答这些问题，为农业水资源高效利用和粮食安全提供可靠的决策参考依据。

二、研究方法及变量说明

1. 效率测度模型

效率在投入产出关系中解释个体如何更好地利用最少的投入获得最大产出。Farrel 将技术效率定义为在既定投入下获得最大产出的能力或者用最少投入获得既定产出的能力。借鉴此定义，本文将水资源利用技术效率定义为测度一个农户用最少的水资源获得既定水平产出的能力。数据包络分析（Data Envelopment Analysis）

方法，即 DEA 方法，因具有无需设定特定的行为假设、估计参数、合理性检验、具体投入产出间的生产函数形式等，无需进行无量纲化处理，不受样本规模的限制等优势，成为目前比较常用的评价效率与生产率的一种分析方法。本研究采用投入主导型（VRS）条件下的 DEA 测度方法，重点考察农户水资源利用技术效率，即在给定农业产出和其他投入要素的条件下，最优农业水资源利用投入量与实际投入量间的比率。公式表达为：

$$\min_{\theta,\lambda} \theta_i, \tag{1}$$
$$s.t. \quad -y_i + Y\lambda \geq 0$$
$$\theta_i x_i^w + X^w \lambda \geq 0$$
$$x_i^0 + X^0 \lambda \geq 0$$
$$I1'\lambda = 1$$

式中：θ_i 是第 i 个农户水资源利用的技术效率得分；λ 是一个矢量，代表每个农户占全部农户数量的比重；y_i 是第 i 个农户的产出；Y 是所有农户的产出；x_i^w 是农户 i 的用水量投入；X 表示所有农户的用水量投入矩阵；x_i^0 是指除了用水量投入以外的其他所有投入；X^0 表示所有农户除了用水量以外的全部投入矩阵；I1′代表 N 维单位向量矩阵。参考王昕、陆迁[1]对农户水资源利用技术效率的界定，本文所选择的产出指标为有效灌溉面积的粮食作物产量，选取单位有效灌溉面积的农业用水量（立方米/亩）、农业劳动力人数（人/亩）、化肥投入量（吨/亩）作为农业生产的投入指标。所有数据为连续变量。

2. 影响因素模型

由于农户水资源利用的技术效率处于 0、1 之间，属于受限因变量，因此，可以采用 Tobit 模型。公式表达为：

$$TE = a_1 X_1 + a_2 X_2 + a_3 X_3 + \varepsilon \tag{2}$$

式中：TE 代表农户水资源利用技术效率，主要是根据 DEA 模型计算得出的效率得分；X_1 代表农户个体特征变量矩阵，主要有农户年龄、受教育程度和务农年限；X_2 代表农户家庭特征变量矩阵，选取农户家庭收入表征；X_3 代表资源稀缺性认知变量矩阵；X_4 代表稀缺性感受变量矩阵；a 表示不同因素的影响程度；ε 为随机干扰项，服从标准正态分布。

3. 变量说明

在梳理现有文献的基础上，本文选取的农户水资源利用技术效率的影响因素主

---

① 王昕、陆迁："中国农业水资源利用技术效率区域差异及趋同性检验的实证分析——基于 2003—2010 年的省际面板数据"，《软科学》，2014 年第 11 期，第 133～137 页。

要有以下几种。

①农户个体特征。选取农户年龄、受教育年限和务农年限作为表征农户个体特征的变量。年龄大和务农年限长的农户具有丰富的务农经验，能通过调整灌溉方式等手段提高水资源利用的技术效率。农户受教育年限的长短意味着劳动力素质的高低和职业能力的强弱，受教育年限越长，劳动力素质越高，具有开拓和进取精神，能够降低不确定性，从而提高农户水资源利用技术效率。

②农户家庭特征。选取农户家庭收入作为表征农户家庭特征的重要变量。农户家庭收入越高，经济水平越富裕。根据相关研究表明，收入高的农户家庭因用水量大，水费较高，节水意识更为明显，有利于提高效率。

③资源稀缺性认知。农户决策过程取决于对水资源稀缺性的抽象认知。本文采用是否缺水和水的重要性来表征农户对资源稀缺性的认知。长期持续缺水状态会提高农户的节水意识，促使农户对产业结构和农业种植结构进行一定程度的调整，从而提高水资源利用技术效率。水的重要性会提高农户对水资源的认知水平和依赖程度，这种危机感和依赖水平会促使农户更加珍惜和重视水资源使用，通过合理调整用水量和用水方式提高效率。

④资源稀缺性感受。在水资源稀缺性背景下，不同农户对资源稀缺性有独特的体验和感受，这种感受可能会对农户水资源利用技术效率产生影响。本文选取水费收取是否合理、水位下降的严重性、水资源利用纠纷表征农户对资源稀缺性的感受。农户是水价的被动接受者，水费收取需要考虑农户的感受和接受程度。合理的水费收取是维护农户水资源利用管理和正常运行的重要方面，有利于提高农户用水的技术效率。水位下降严重性衡量的是农户对现有水资源使用的心理状态，水位下降越严重，则农户越愿意调整自己的行为，提高水资源利用技术效率。水资源利用纠纷也是用来表征农户资源稀缺性感受的重要指标。调查表明，水权的不明确和水资源的短缺致使农户产生用水纠纷，造成水资源利用技术效率低下。水资源利用纠纷越频繁，越容易导致水资源利用技术效率低下。具体变量说明如表 1 所示。

表1　　　　　　　　　样本及主要变量的说明

影响因素	主要变量	变量含义及赋值	变量特征	平均值	标准差
农户个体特征	年龄	被调查者的年龄，17～30 岁 = 1，31～45 岁 = 2，46～60 岁 = 3，61～75 岁 = 4，76 岁及以上 = 5	定序变量	3.27	0.88
	受教育程度	文盲 = 1，小学 = 2，初中 = 3，高中 = 4，高中以上 = 5	定序变量	2.3	0.77
	务农年限	被调查从事农业生产的年限，以年为单位	连续变量	24.43	11.9

影响因素	主要变量	变量含义及赋值	变量特征	平均值	标准差
农户家庭特征	家庭收入	被调查者的家庭收入	连续变量	7757.5	13.34
资源稀缺性认知	是否缺水	非常缺水＝5，比较缺水＝4，一般＝3，不太缺水＝2，不缺水＝1	定序变量	2.4	0.93
	水的重要性	非常不重要＝1，比较不重要＝2，一般＝3，比较重要＝4，非常重要＝5	定序变量	4	1.4
资源稀缺性感受	水费合理性	合理＝1，不合理＝0	定序变量	0.09	0.29
	水位下降的严重性	非常不严重＝1，比较不严重＝2，一般＝3，比较严重＝4，非常严重＝5	定序变量	2.7	0.88
	水资源利用纠纷	非常不频繁＝1，比较不频繁＝2，一般＝3，比较频繁＝4，非常频繁＝5	定序变量	1.5	0.71

三、数据来源及样本说明

本文以陕西省咸阳市三原县为研究区域，数据来源于西北农林科技大学经济管理学院水资源调查小组于2011年4～6月和2012年3～5月的实地调查。采用随机抽样调查方法，随机选取新兴镇、渠岸乡、高渠乡、徐木乡、嵯峨乡5个乡镇40个村1000户农户进行调查。调查问卷主要围绕水资源的稀缺性、水资源利用感受、农业生产和水资源利用等问题展开。调查形式是与农户进行面对面访谈。本次调查回收问卷1000份，其中有效问卷810份，有效率为81.0%。

样本的基本特征为：以男性为主，男女分布较为均匀；以壮年为主，大体成正态均匀分布，他们长期生活在农村，对水资源组织和管理有深刻的体会，更能真实地反映实际情况；大部分农户处于初中及以下受教育水平。

四、实证分析

1. 农户水资源利用技术效率统计分析

本文采用DEAP2.0软件对农户水资源利用技术效率进行分析，得出统计结果如表2所示。由表2可知，农户水资源利用技术效率的平均水平为0.51，表明农户水资源利用技术效率不高，且有很大的节水潜力和空间。以0.2为间隔对技术效率进行分组，其中效率为0的农户占0.12%，表明有极少数农户水资源利用缺乏技术效率，存在极大的浪费问题。18.4% 的农户技术效率为 0 ~ 0.2，35.31 的农户技术效率为 0.2 ~ 0.4，20.62% 的农户技术效率为 0.4 ~ 0.6，约有八分之一的农户技术效率高于平均水平，12.72% 的农户技术效率为完全效率，表明该农户充分利用了水资源。大部分农户的水资源利用技术效率集中在 0.2 ~ 0.6，可见，该研究区域内农户水资源利用技术效率相对较低。

表 2 　　　　　　　　　　　农户水资源利用技术效率分组统计

效率分组	频数（次）	百分比（%）	平均值
0	1	0.12	0
(0, 0.2)	149	18.40	0.16
(0.2, 0.4)	286	35.31	0.3
(0.4, 0.6)	167	20.62	0.49
(0.6, 0.8)	74	9.14	0.69
(0.8, 1)	30	3.70	0.9
1	103	12.72	1
合计	810	100	

2. 影响因素分析

为了寻找影响农户水资源利用效率的深层原因，根据公式（2）计算出影响技术效率的外生变量参数。采用左侧截尾方法，利用 Stata12.0 统计软件，估计结果如表 3 所示。由表 3 可知，统计指标通过了显著性检验，表明模型的结果是可以接受的。

①农户个体特征。农户的年龄和受教育程度分别处于 1% 的显著正向水平，表明农户的受教育年限越长，年龄越大，农户水资源利用技术效率越高。这是由于受教育年限的长短直接决定劳动力素质的高低，进而影响农户对水资源的理解和认知程度。受教育程度高的农户对新事物和知识的接受程度高，便于采用新的手段管理水资源利用，降低水资源利用的交易成本，显著提高技术效率。此外，农户务农年限未通过显著性检验，但其方向是正向的，表明农户务农年限越长，越有利于提高水资源利用技术效率。

②农户家庭特征。农户家庭收入通过了 1% 的显著性正向检验，表明农户家庭收入越高，水资源利用技术效率越高。家庭收入高的农户因具有较强的节水意识，能够提高水资源利用技术效率。

③资源稀缺性认知。是否缺水和水的重要性分别通过了 1% 的显著性检验，表明意识到水资源短缺的农户能体会到水资源的珍贵，水资源的重要性也让他们

表3　　　　　　　　农户水资源利用技术效率影响因素的实证结果

影响因素	主要变量	系数	标准差	t 值	P 值
农户 个体特征	年龄	0.03	0.1	3.31***	0.001
	受教育程度	0.104	0.017	6.12***	0
	务农年限	0.001	0.0007	1.6	0.11
农户 家庭特征	家庭收入	0.0001	0.00008	4.35***	0
资源稀缺性 认知	是否缺水	0.026	0.001	2.62***	0.009
	水的重要性	0.027	0.006	4.01***	0
资源稀缺性 感受	水费合理性	0.14	0.045	3.06***	0
	水位下降的严重性	0.018	0.009	1.94**	0.053
	水资源利用纠纷	−0.05	0.013	−3.82***	0
常数项		0.49	0.069	0.71***	0
统计指标	LR = 97.89***				
	Pseudo R^2 = 0.43				
	Log likelihood = −64.0996				

注：所有计算结果应用 Stata12.0 软件，采用极大似然估计方法。*、**、*** 表示统计检验分别处于 10%、5% 和 1% 的显著性水平。

有了水资源节约利用的意识，从而约束自己的行为，提高水资源利用技术效率。也就是说，水资源利用行为会随缺水现状发生显著改变。这与高媛媛等[①]的论断基本一致，是否缺水是影响农户水资源利用技术效率的重要变量。缺水地区对水资源的利用更为谨慎。资源稀缺性认知对农户水资源利用技术效率有明显的正向影响。

④资源稀缺性感受。农户用水行为决策会受到稀缺性感受的影响。水费收取合理性处于1%的显著性检验水平，表明水费收取越合理，农户水资源利用技术效率越高。水费收取是否合理直接决定农户对水费收取的态度及承受能力。水费收取合理，充分考虑农户的承受能力，农户会更加关注水资源利用，提高水资源利用技术效率。水位下降严重程度处于5%的正向显著性水平，表明水位下降严重程度越高，农户水资源利用技术效率越高。水位下降严重性直接表明农户对未来水资源使用的心理感受。在稀缺性背景下，如果农户意识到未来水资源短缺的事实，会改变其用水行为，提高水资源利用技术效率。水资源利用纠纷通过了

① 高媛媛、许新宜、王红瑞、高雄、殷小琳："中国水资源利用效率评估模型构建及应用"，《系统工程理论与实践》，2013年第3期，第776~784页。

1%的负向显著性检验，表明水资源利用纠纷越频繁，农户水资源利用技术效率越低，这与农户水资源利用的态度和效用有关系。频繁的水资源利用纠纷致使农户关于水权的分配不明确，容易造成水资源的浪费和搭便车行为，导致水资源利用技术效率降低。

五、研究结论与政策含义

本文从资源稀缺性感知视角出发，运用 DEA—Tobit 模型，探讨了农户水资源利用技术效率及其影响因素。研究结果表明，农户水资源利用水平相对较低；资源稀缺性认知和稀缺性感受是影响农户水资源利用技术效率的重要变量，其中，是否缺水、水的重要性、水费收取合理性和水位下降严重性对技术效率有正向影响，而水资源利用纠纷则抑制了水资源利用技术效率的提高；此外，农户的年龄与受教育程度对农户水资源利用技术效率有正向影响，而务农期限对技术效率的影响不大。基于此结论，提出农户用水管理的政策建议。

①要采用多种途径增加水资源的供给。通过提高水资源获取能力，改变农户缺水认知，鼓励农户谨慎合理利用水资源。建立水资源短缺的积极适应机制，如改变农作物需水量、间接补贴鼓励种植需水量少的作物等。

②利用各种途径切实提高农民节水意识。在技术和经济条件可行的前提下，制定合理的水价，并对收费方式进行改进。与此同时，政府和灌区有关部门应该宣传水资源稀缺现状和可持续发展观念，逐步提高农民节水意识，使其不再浪费水资源。

③充分尊重农户感知，建立自下而上的水资源利用表达机制。基于稀缺性感受的相关指标，改善农户的水资源利用环境，继续发挥参与式管理的功能和作用，明确水的分配权和使用权，形成较为公平和高效的水资源利用机制。

参考文献

[1] Wang, J., J. Huang, S. Rozelle. Evolution of Tube well Ownership and Production in the North China Plain. The Australian Journal of Agricultural and Resource Economics, 2005 (a) 49: 177 - 195

[2] 于法稳. 水土资源是农业可持续发展的生态基础. 中国国情国力, 2015 (4): 12 - 14

[3] 王克强, 李国军, 刘红梅. 中国农业水资源政策一般均衡模拟分析. 管理世界, 2011 (9): 81 - 92

[4] 匡耀求, 黄宁生, 中国水资源利用与水环境保护研究的若干问题. 中国人口. 资源与环

境，2013（4）：29－33

[5] Arnold, J. E. M.. Managing Forests as Common Property. Forestry Paper 136. FAO, Rome，1998

[6] Molden, D., Oweis, T., Steduto, P., Bindraban, P., Hanjra, M. A. & Kijne, J.. Improving Agricultural Water Productivity：between Optimism and Caution. Agricultural Water Management, 2010, 97, 528－535

[7] 曹远征，邹蓝，资源稀缺性对于制度安排的重要作用——以西北水窖制度的演变为例. 中国制度变迁的案例研究，2004：97－112

[8] Hu, J. L., Wang, Ch. Shan., and Fang, Y. Y.. Total－factor Water Efficiency of Regions in China. Resources Policy, 2006, 31, 217－230

[9] Dhehibi B, Lachaal L, Elloumi M, Messaoud E.. Measuring Irrigation Water Use Efficiency Using Stochastic Production Frontier：An Application on Citrus Producing Farms in Tunisia. African Journal of Agricultural and Resource Economics, 2007, 1（2）：1－15

[10] Karagiannis, G., Tzouvelekas, V., Xepapadeas, A.. Measuring Irrigation Water Efficiency with a Stochastic Production Frontier. Environmental and Resource Economics, 2003, 26（1）：57－72

[11] 赵连阁，王学渊. 农户灌溉用水的效率差异——基于甘肃、内蒙古两个典型灌区实地调查的比较分析. 农业经济问题，2010（3）：71－77

[12] 黎红梅，陈惠敏. 中国粮食技术效率与灌溉用水效率交互影响——基于省区面板数据的 SFA－SEM 分析. 系统工程，2013（5）：117－122

[13] Osés－Eraso, N., Viladrich－Grau, M.. On the Sustainability of Common Property Resources. Journal of Environmental Economics and Management, 2007, 53：393－410

[14] Molden, D., Oweis, T., Steduto, P., Bindraban, P., Hanjra, M. A., Kijne, J.. Improving Agricultural Water Productivity：between Optimism and Caution. Agricultural Water Management, 2010, 97：528－535

[15] Molle, F., Wester, P., Hirsch, P.. River Basin Closure：Processes, Implications and Responses. Agricultural Water Management, 2010, 97：569－577

[16] 陈瑞剑，王金霞. 中国北方地区地下水市场特征及其与当地水资源禀赋的关系研究（英文）. 自然资源学报，2008（6）：981－989

[17] 高媛媛，许新宜，王红瑞，高雄，殷小琳. 中国水资源利用效率评估模型构建及应用. 系统工程理论与实践，2013（3）：776－784

[18] Grossman, H. I., Mendoza, J.. Scarcity and Appropriative Competition. European, Journal of Political Economy, 2003, 19：747－758

[19] Maldonado, J. H., Moreno－Sanchez, R. d. P., Does Scarcity Exacerbate the Tragedy of the Commons? Evidence from Fishers' Experimental Responses. American Agricultural Economics Association, 2008

[20] 王学渊. 农业水资源生产配置效率研究. 北京：经济科学出版社，2009

[21] 王昕，陆迁. 中国农业水资源利用技术效率区域差异及趋同性检验的实证分析——基于 2003－2010 年的省际面板数据. 软科学，2014（11）：133－137

[22] 张宁，陆文聪，董宏纪. 中国农田水利管理效率及其农户参与性机制研究——基于随机 前沿面的实证分析. 自然资源学报，2012（3）：353－363

[23] Varghese, S. K., Veettil, P. C., Speelman S., Buysse, J., Huylenbroeck, G. V.. Estima-ting the Causal Effect of Water Scarcity on the Groundwater Use Efficiency of Rice Farming in South India." Ecological Economics, 2013, 86: 55－64

[24] 于法稳，屈忠义，冯兆忠. 灌溉水价对农户行为的影响分析——以内蒙古河套灌区为 例. 中国农村观察，2005（1）

统筹推进传统民居保护与美丽乡村建设的探讨

——以闽南地区为例

在我国新农村建设中，乡村是传统文化的重要载体，发扬传统建筑及其装饰艺术特色具有重要意义。本文以闽南地区传统民居装饰的保护传承为重点，探讨传统建筑装饰的特点及其重要文化内涵，并进一步分析当前新农村建设中传统建筑及其装饰面临的巨大危机，强调新农村建设过程中要加强对优秀传统民居的整体保护，同时做好传统民居及其装饰的发扬与传承。

一、引言

我国新农村建设进入快速发展阶段，并取得显著成效。但不可否认的是，在这一过程中也逐步暴露出一些问题，如传统建筑的大面积拆迁、建筑地域特征的缺失、传统建筑的不当保护等。本文以闽南地区为例，闽南传统民居是中华民居文化的一部分，尤其是其建筑装饰工艺精美、造型丰富，是审美意识和地域文化的典型表达，具有极高的文化内涵和艺术价值。近年来，城镇化发展使得许多具有宝贵历史文化价值的传统民居面临巨大的挑战与生存危机，而且我国的新农村建设还需要长期的探索与实践，因此，加强传统建筑保护研究，进一步探索建筑文化遗产保护与新农村建设统筹的思路，是一项刻不容缓的命题。

二、闽南传统民居装饰之美

在新农村建设中，我们需要充分认识到传统民居在材料、工艺、色彩、几何

本文作者：郑慧铭，中央美术学院建筑系 2013 级博士研究生。

构成和意象内涵等方面的美学价值和地域性特征。闽南传统民居采用当地材料和工艺，展现了因地制宜、就地取材和顺应自然的智慧，典型的如红砖、瓦片、牡蛎壳和砖石混搭等。装饰材料与多样工艺手法相结合，如木雕、石雕、交趾陶、泥塑、砖雕、剪贴和彩绘等多种形式。木雕包括线雕、浮雕、透雕等技法并用。石雕运用于柜台脚、门窗、石鼓、石柱、石狮和石牌坊等。工艺手法有：素平、线雕、剔地雕、透雕、镂雕和圆雕等。交趾陶是低温烧制的陶件，主要用于庙宇、宗祠和民居。灰塑俗称"彩塑"和"泥塑"，成分主要是石灰和麻绒，流行于闽南地区、广东北部和中国台湾西部等。红砖白石和一些工艺如剪粘、砖雕、彩绘等相搭配，也形成了较强的色彩魅力。剪粘又称为"剪花"，利用的是破碎的瓷片等材料。剪粘与泥塑和彩绘相结合，常用于民居、祠堂和寺庙的屋顶、山墙、水车堵和壁堵等。砖雕又称为"画像砖"和"砖刻"，分窑前雕和窑后雕，主要用于凹寿牌楼面和对看堵等。彩绘能防潮和防风化，营造富丽堂皇的效果。闽南民居彩绘分为内檐和外檐彩画，将彩绘与泥塑、剪粘和交趾陶相结合，运用矿物质色粉和牛皮胶等调配，绘制花鸟、山水和人物等。闽南传统建筑也非常着意于通过建筑材料、装饰方法构成优美的几何图案。如在牌楼面、镜面墙、对看堵和窗棂等的装饰上，以各种形状的红砖，巧妙地运用重复、对比、近似、错视、集结和发散等手法，凸显建筑的整体美和视觉美。

三、闽南传统建筑面临着濒危的处境

闽南传统民居是传统建筑的重要组成部分，具有悠久的历史及丰富的文化积淀。目前尚存的传统民居大多是清末到民国时期建造的，其中很大部分是 20 世纪二三十年代回国的华侨所建，市区存留的很少，大部分存留在郊区和村镇，呈现散点分布。近年来，乡村建设使得传统建筑面临濒危的处境，新建筑的兴建伴随装饰元素的忽视和地域特征的消失。传统民居保护中也暴露出很多严重问题，亟须得到重视和解决。

1. 传统民居拆迁破坏现象严重

一些地区在城镇建设过程中搞大拆大建，这对于存世的传统建筑来说是一次空前的劫难，大量具有特色的传统民居面临被拆迁和整改的危险。有的地方领导为了政绩和面子工程，保护意识淡薄，保护措施不到位。如某县城改造时，著名马来西亚侨领李延年的故居被拆。有的精美传统民居因住户无力维修，列为危房，面临被拆迁。如厦门的卢厝是清末旅菲华侨卢安邦（又名卢国梁）在清光绪年间（1905 年）建造的一座红砖民居精品，其建筑的书法装饰出自历代名人之手，如明末著名学者与抗清民族英雄黄道周的书法、明代著名书画家张端图的书法、祖籍金门文人吕世宜的罕见书法，还有清代著名学者、书法家郭尚先和唐英等的书法雕刻作品，具有宝贵的历史价值、艺术价值和文化价值。目前，该民居因住户无力对其进行全面维修，政府没有将其列入文化保护范围，已被认定为危房，面临被拆迁。

在新农村建设过程中，很多精美的传统建筑还没有被列入保护范围和确定保护等级，就被改造和拆除。重建设、轻管养的现象也加剧了传统建筑的破坏。一些地方领导对建筑保护比较漠视，甚至暗示农民不要申报保护项目，且申报程序相当繁琐，使得一些农民退缩。因此，分布在村落和郊区的多数传统建筑，在城镇化改造过程中逐渐消失。

2. 传统民居装饰构件被盗严重

近年来，古玩市场的兴起加剧了偷窃行为，传统民居受盗贼的侵扰严重，尤其是精美的装饰被盗严重，严重损坏了传统民居的完整性、艺术价值、文化价值和历史价值。在闽南历史建筑的普查中，发现很多传统民居的装饰构件被盗，不仅是外立面的木雕和石雕，院内的木雕窗棂也难以幸免。伴随城镇化的发展，很多农民转向非农部门就业，大量年轻人外出打工，留下众多无人看管的旧宅，更谈不上建筑保护。

3. 建筑产权复杂致使房屋失修

首先，产权分散或产权不清给传统民居的保护和管理工作带来困难。传统民居建造者的后代子孙较多，经过上百年的传承，建筑分属于很多户主，产权复杂，多数户主对建筑的保护比较漠视，不愿承担维修费用，或是难以形成统一意见。访谈中发现，不少老建筑的住户期待政府尽早对其房屋进行拆迁，以便各自能够分到相关产权。其次，闽南传统建筑的数量多，维修规模庞大，需要的费用较高，仅凭政府无法全部承担，资金严重缺乏成为传统民居保护的瓶颈。据统计，仅厦门新垵的传统民居就高达500多座，这些有价值的建筑亟须整治、维修和修缮，但户主缺乏经济能力且维修积极性不高，同时，文物保护资金又不能用于私人文物，因无法获得足够的国家资金补助，得不到及时修缮的建筑加剧破损。

另外，原住民的搬迁造成房屋失修。随着原住民到附近的城市工作，有些传统民居无人居住，因水汽的渗透、污渍、磨损、力学破坏和材料的缺失而损毁严重。如海沧的万记万吉大厝的建筑元素鲜明、细节精美，但由于房屋无人居住，建筑结构已经损坏，破损程度严重，面临倒塌的危险。

4. 保护不当加重破坏，造成媚俗

随着物质生活水平的提高，农民对于住房条件有新的需求。但由于保护理念的错误、保护方法欠缺、科学的研究和保护技术相对缺乏等，加重了传统建筑的破坏。目前，从事传统建筑研究和保护的队伍分散，专业技术人才严重缺乏。由于传统建筑的市场不大，很多民间工匠的技艺面临失传和后继无人，同时市场上也缺乏可替换的传统材料及构件，加大了优秀传统建筑修缮的困难。例如，由农民集资修建（修缮）的宗祠、寺庙等传统建筑，因为工匠和施工队对古建筑工艺了解不多，以及缺乏传统材料，往往大量运用现代材料和营造手段，有的将传统瓦片换成琉璃瓦，立面贴现代瓷砖，甚至用玻璃与铝合金等材料替换传统材料，致使宝贵的古建筑文化遗产面貌遭到极大破坏，有损其历史价值和文物价值。

过度开发和改造也会影响历史建筑的真实性，降低其原有的价值。如晋江五店市的异地保护改造，使传统建筑原有的面貌可能发生变化，搬迁可能造成折损，费用较高，难以辨认历史信息的真实性等。过度设计也影响历史建筑的保护。如鼓浪屿的传统民居大夫第，现在被改造成茶庄，庭院布局变化很大，建筑装饰构件大量被替换和更新，文物与增添物难以分辨，造成对历史信息的误导。

同时，政策对传统建筑保护的影响也很大。村镇传统建筑保护法规缺乏，措施不到位，影响传统建筑的保护。如实行一户一宅，即不拆去老建筑就不允许建造新建筑等，导致有特色的传统民居加速消失。居民新建住宅没有考虑传统建筑的位置和风格，传统民居被包围在农村"白瓷砖"的高楼群内，新旧建筑的风格不协调，原有的乡土景观和地域特色遭到极大破坏。地方政府对传统建筑的保护缺乏详细的技术指导和政策引导，农村新建筑的风貌缺乏实施性强的规划引导，仅靠农民的力量很难做好传统建筑的修缮和村貌景观的协调。

观念的误区是传统民居保护与美丽乡村建设的重要障碍。一些地方领导对于"乡村美"的认识存在误区，以为美丽乡村建设就是追求时尚、模仿西方建筑和城市建筑，盲目建设高楼和欧式小镇，片面追求地产开发和经济价值。一些官员认为，新的才是美的，对传统建筑大面积更新材料，村镇景观片面追求大草地、大花园的唯美和修建风雨桥等伪古董。有些村镇为了搞形象工程，对古村落进行迁建，修建大马路、添加霓虹灯、引进外来植物、添加凉亭和水车等人造景观。一些村镇追求效益，借景点建设开发旅游地产，盲目效仿城市文化广场和高层住宅楼，不仅破坏了传统民居聚落的自然环境，也影响当地的人文景观和审美趣味，导致乡土景观地域特色缺失，在文化上趋于媚俗。

四、传统民居建筑保护的必要性

传统民居及其装饰文化是乡村历史的见证。宝贵的文化遗产、珍贵的记忆和不可再生资源对于乡村地域特色、文化底蕴、文化传承、乡村旅游和农民增收等具有重要价值。充分发挥传统建筑的优势，能够推进新农村建设。

1. 传统民居的历史价值反映乡村历史

建筑是石头的史书，凝固了地域的历史文化。传统民居是一种特殊的文物，是社会历史的活化石，包含地域文化的特征，反映劳动人民的智慧，体现当时的建筑工艺和审美意识，蕴含文化内涵。闽南传统民居装饰是文化的表达，反映地域审美、民俗文化和当地工艺等，是闽南文化的重要载体，具有历史价值。保护传统建筑能够为美丽乡村增添历史感。

2. 传统民居的艺术价值增加乡村美感

闽南传统民居往往运用木雕、石雕、砖雕和彩绘等工艺手法，体现材料美、工艺美、色彩美和构成美等。建筑装饰是建筑的组成部分，具有极高的艺术价值，有益于增加乡村美感。

闽南地区是著名的侨乡，现存的传统民居以清代和民国时期的居多。这些建筑广泛地运用了砖雕、石雕、红砖堆砌、交趾陶、彩绘、剪粘和贴金木雕等传统工艺手法，同时也具有典型的中西文化融合的特点。他们是历史文化遗产、不可再生资源和闽南传统文化的物质载体，也蕴含非物质文化遗产的传承，具有历史、文化、美学、科技和社会价值。如厦门院前村的传统民居，经过改造提升，已经成为当地宝贵的旅游资源，并具有审美教育作用。

3. 传统民居的文化价值体现乡村文化

文化在各个时期具有独特性和多样性，体现内在精神。传统建筑及其装饰记载文化的多样性、差异性，体现封建礼教、儒家文化、尊祖敬天和家族传承等。闽南传统建筑及其装饰是精心打造的生活艺术，充分反映闽南的民俗文化、生活习惯和宗教信仰等，是地域文化的体现。保护传统建筑及其装饰，有利于增强民族自信心、保护建筑文化遗产、传承优良文化传统、丰富建筑的语汇、发扬地域建筑特色、继承优秀建筑的基因、弘扬乡村的精神文化和建设美丽乡村等。

4. 传统民居的经济价值增加乡村收入

传统的乡村聚落及其建筑文化是乡村演变和发展过程中的文化遗产，记载不同时期的文化积淀。可依托典型的自然环境和乡土文化，通过发展休闲农业与传统建筑相结合的乡村旅游，使传统建筑成为珍贵的旅游资源。如金门地区国家公园的设立，将传统民居提升为旅游景点和民宿，历史文化遗产得到保护，居民也获得较大的经济收益。

目前，政府需要对闽南地区一些村镇的传统建筑和聚落进行整体规划，除了基础设施的投入，应该拿出一部分资金指导农民对传统民居合理地修缮。修缮后的传统民居可以开发成旅游设施，如厦门新坡村、院前村等，传统民居资源丰富，距离城区不远，如能开发成旅游专线，提供民宿和游客服务，能缓解鼓浪屿等热门景点的拥挤状况，为当地村民增加收入，为传统民居保护注入资金。规划可借鉴国外做法，如意大利、法国等国家通过保护建筑促进旅游产业的发展，为当地创造更多的就业机会，增加农民收入，美化村庄环境。新加坡的牛车水中国城，通过建筑内部的改造和内外环境的提升，成为古香古色的旅游景点。中国台湾地区的"富丽农村"和"农村新故乡运动"，结合农村景观生态、社区文化、环境建设和观光休闲产业等，引导民间资本投入农村的建设和发展。

五、乡村建设与传统建筑保护统筹发展的策略

党的十六届五中全会提出了新农村的具体要求，包括"生产发展、生活宽裕、乡风文明、村容整洁、管理民主"。传统建筑是村容的重要部分，是乡村不可再生的文化遗产。传统民居的保护兴起比较晚，原有的《文物保护法》以及《实施条例》未能完全适合，目前有关法规的研究还比较薄弱，技术标准、法规与实际的保护需要仍然有很大的差距。乡村建设与传统民居保护在根本上都是为了改善人居环境，在制定保护乡土建筑的政策时，需要将传统建筑保护和美丽乡村建设统筹起来，建议采取以下措施。

1. 传统民居整体环境的保护

美丽乡村建设需要保护传统建筑和周边环境。聚落保护需要落实乡村规划，使地域特色和乡村景观保持协调。对于文化价值较高的历史街区需要整体保护，保护建筑群及其装饰完整。对于已经破损的地方进行科学修复，委任专家团队指导民居的修缮和保护。保护传统民居及其装饰的同时，也要保护周边的自然环境、历史文化和聚落景观等，有利于人们理解和研究地域文化。

2. 传统民居内外环境的提升

传统民居对于现代化的生活居住来说，可能存在不便利。因此，在美丽乡村建设中，既要做好对传统建筑及其周边环境的整体保护，也要因地制宜，对民居的外部环境进行整治，对民居的内部设施进行提升，使居民能够在保护好传统建筑的同时也享受现代生活的便利，促进新农村建设与传统建筑保护协调发展。

3. 专业人员指导建筑保护

传统建筑保护与美丽乡村建设的统筹需要多方的努力。在这个过程中，需要政府的支持、专家的参与指导及人民群众和施工单位的配合实施，还需要加强相关专业人才的培养和队伍建设。国外历史建筑的保护工作中，建筑师参与全过程，包含调研、设计、施工到归档。国外建筑保护领域人才充足，保护和修复过程中有16种专业技术人才参与合作，建筑日常维护的技术指导全面细致，村民很容易通过各种手段获得技术指导等，这些经验值得我们借鉴。

闽南优秀传统民居的建筑装饰保护需要专业人员指导下的检修，保护其结构和装饰的完整性，预防自然和人为破坏等。我国还需要发掘具有地域特色和工艺技能的师傅，组建维修队伍，并授予相关资质。通过专家的指导、村民和施工单位的积极参与，利用保护基金，使传统建筑的修缮更加科学。

4. 传统建筑装饰重点保护

传统民居的优秀建筑中的装饰构件容易被盗窃和损坏，典型传统民居的装饰需进行重点保护，如增加监控防盗、局部构件加固、增加结构支撑和替换毁坏构件等。

针对闽南传统建筑受损的装饰，需分析其损坏的原因，优先采用传统工艺修复。如果传统工艺失传，采用现代可替换的工艺，材料、技术与原材料需协调，设法修复已经损坏的装饰，使其具有可辨别性，并尽量避免建筑构件的更换。

5. 旧建筑物的再生与管理

在美丽乡村建设过程中，对传统民居乃至更广意义上的优秀传统建筑都要采取保护、整治和利用相结合的方针。闽南传统建筑的保护应积极探索老建筑的活化利用，结合实际情况，在保护的前提下，把改造与利用相结合，引导农民合理利用老建筑，发挥其功能。再利用还包含老建筑所承载的民间工艺和民俗文化等非物质遗产的传承保护。闽南乡村建设中应保留和修缮具有历史价值的民居，部分可以改成特色的博物馆、民宿或商业建筑，还可以结合茶道、戏剧、酒文化等，改成茶馆、南音戏剧厅、酒吧、书吧等休闲场所。一些老建筑可作为公共性的空间载体，将社区活动、老年学校和居委会等机构搬入老建筑，赋予老建筑新功能，使其成为居民的服务设施。

传统建筑保护的管理需要从以下方面做出改进。

①应对传统建筑进行全面普查、评价并确定保护级别。把建筑结构材料、装饰特征和细部形式等加以记录，对于传统建筑的质量、年代、建造水平、艺术价值和文化价值等进行综合评估。深入乡镇开展传统建筑的普查，在调研方法、价值评定和评判标准方面进一步细化研究，促使传统建筑的新发现，并对传统建筑进行分级保护和登记公布等。如将保存较好、具有较高价值的建筑作为一类，将质量较好、可利用的建筑作为二类，将建筑质量较差、文化价值低的作为三类。

②发挥政府在传统建筑保护中的作用。政府需要发挥在制定政策、引导建筑保护与管理方面的主导作用。制定和执行传统村落的保护法规，完善领导责任制度，加强部门合作，将新农村建设和传统建筑保护统筹起来，寻求文化保护与地方经济发展的有效结合。在一些文化保护项目中，需要政府投入资金进行改造，将其承包给使用者，待市场成熟后，再运用市场化的经营和管理模式。在实际过程中需要完善相关法律法规，为传统建筑保护和美丽乡村建设提供法律保障，真正做到有法可依。

③应该探索多渠道资金来源方式。一方面，可申请国家对传统民居的保护资金，争取获得国家的支持。另一方面，当地政府也应根据自身的经济实力，对保护区内传统民居的保护与修缮给予补助。调动当地农民保护传统民居的积极性，对私有古建筑进行登记、申报和合理修缮者，政府部门给予一定的奖励。对于已将传统建筑开发为旅游景点的村庄，村集体应将旅游收入中的一部分用于修缮传统民居。在实际项目中，要探索传统建筑产权与使用权转让的方式，探讨农村发展的各种合作组织依靠自身的力量保护传统建筑的做法。

④加强规划管理，重点保护历史村落和历史地段，控制周边建设。加强管理体制的创新，树立建筑保护和乡村建设的典型，建设有示范意义的传统村镇。重视教育作用，普及正确的观念、建筑保护知识和方法。通过宣传，增加村民的建筑保护知识，避免认识不足造成的破坏。地方政府需总结有效的管理做法与经验，完善乡村建设，增强自身的造血功能，将传统建筑保护与乡村旅游、文化相联系，强化村民的保护意识和文化自豪感。

6. 传统装饰的传承与运用

传统民居是地区文化遗产和建筑文化的基因库。农村建设应传承当地的人文历史和建筑文化。闽南传统民居及其装饰积淀了深厚的文化内涵，如民俗、精神信仰、审美、情感等与时代和生活息息相关并不断向前发展的地域文化。传统民居的材料、色彩、工艺和装饰符号等是地域建筑和乡村景观的创作源泉。美丽乡村的旅游建筑和新民居，应该传承传统民居的地域特色，发掘民居装饰的精华，运用乡土材料和地域元素等。追求建筑与自然的和谐，形成具有地域特色的自然村落、乡土景观，防止"千村一面"。传统装饰符号在乡土景观的延续体现地域文化。

六、结语

传统民居伴随着人类的文明而产生，民居的装饰对于形式美的探索、地域材料的选择、工艺手法的运用和文化的表达等，体现形式美感、吉祥文化和建筑文化遗产，反映就地取材、因材施艺的地域文化，凝聚了古代劳动人民的智慧。我国农村的地域差异性大，民居文化形式多样，为美丽乡村建设增添特色美感和文化差异性等。传统建筑是珍贵的旅游资源，与旅游农业的结合模式能促进美丽乡村建设。因此，我们首先需要保护好古村落的传统建筑及其装饰艺术。其次，在美丽乡村建设中，因地制宜地传承和运用传统民居艺术及装饰风格。

参考文献

[1] ［美］J·柯克·欧文. 西方古建古迹保护理念与实践. 北京：中国电力出版社，2005
[2] ［美］Robert·A·Young 著，任国亮译. 历史建筑保护技术. 北京：电子工业出版社，2012
[3] ［德］盖奥格·瓦斯穆特著，魏闽译. 历史建筑保护和修复的全过程——从柏林到上海. 南京：东南大学出版社，2011
[4] 黎小容. 台湾地区文物建筑保护技术与实务. 北京：清华大学出版社，2008
[5] ［法］弗朗索瓦丝－萧伊. 建筑遗产的寓意. 北京：清华大学出版社，2013

第五部分
乡村治理

过去与现在：变迁中的农村纠纷解决

——一个新的解释框架

本文借用"超稳定结构"的社会发展理论分析框架，对当代我国农村纠纷解决模式的发展变迁进行梳理，认为农村纠纷解决方式变迁与社会结构从单一向多元化发展密切相关。因此，在多元化的时代背景下，重塑农村社会的纠纷解决模式是一项艰巨的任务，应以农村社会的现代化发展为重要保障。

一、问题的提出

在当代中国，农村的基层纠纷解决一直是社会治理的一个有机环节，服务于动员和组织全社会力量去完成党和国家在政治、经济等方面的任务[①]。有鉴于此，真切地关注并研究农村基层纠纷解决，对于维护农村社会稳定、促进农村经济发展具有重要的现实意义。这也是学界一个长盛不衰的重要话题，研究成果相当丰硕[②]。

本文作者：罗恬漩，法学博士，中山大学法学院博士后研究员。该文为司法部课题"民事审判组织与司法公信力建设研究"13SFB2024 和中国法学会课题"人民陪审员参审规范化研究"CLS（2014）C29 的阶段性成果之一。

① 王亚新："农村法律问题实证研究"，《法律与社会发展》，2006 年第 3 期。

② 笔者以为，不同时期的代表性著作有三本，分别是《乡土中国》、《送法下乡》、《宋村的调解》。三者都在广泛社会调研的前提下描绘了乡村图景，尤其是纠纷解决。《乡土中国》描绘的是我国农村典型的传统乡土社会，介绍了在传统礼教情境下着眼于大局和未来关系利益的纠纷解决方式；《送法下乡》是在生产力发生变革、人力开始流动的情况下借助我国本土资源建立现代法治，为求更恰切地解决乡土纠纷作出尝试性探索；而《宋村的调解》则从历史观和语境化角度，描述了中国农村自 20 世纪 80 年代至今三十余年经济发展、社会结构调整和意识形态变迁等方面的变化，以此为背景续写了以宋村为代表的中国农村纠纷解决方式的变迁。可参见费孝通：《乡土中国》，人民出版社 2008 年版；苏力：《送法下乡：中国基层司法制度研究》，中国政法大学出版社 2000 年版；董磊明：《宋村的调解：巨变时代的权威与秩序》，法律出版社 2008 年版。

纵观既有研究，我们不难发现，虽然研究对象都集中于乡土社会及其纠纷解决，但研究结果却呈现很大差异：从完全的礼治，到礼治与法治的冲突，再到礼治与法治的欠缺，因此也诞生了研究乡土社会纠纷解决的不同范式："无讼"、"送法下乡"和"迎法下乡"①。笔者认为，出现这种差异的重要原因在于时间："无讼"研究范式的对象是 1949 年前后的乡村社会；"送法下乡"研究范式的对象是 20 世纪 90 年代中后期的乡村社会；而"迎法下乡"研究范式的对象则是 2003 年以后的乡村社会。也就是说，此三种研究范式所体现出来的是不同时间段乡村社会在纠纷解决方面的景象。

为了研究的直观与便利，本文参照研究范式的变化，将当代中国农村发展变迁划分为三个阶段②：新中国成立后到 20 世纪 90 年代中期、20 世纪 90 年代中期至 2003 年、2003 年至今。第一阶段，我国农村处于匮乏的小农经济时代，发展缓慢，村民之间有一套内化于生产生活的纠纷解决方法；第二阶段，我国城镇化进程加快，从而带动农村现代化发展，生产力水平提高，进入丰裕经济时代，传统的纠纷解决方式开始受到挑战；第三阶段，受国家政策调整，农村纠纷解决方式日趋多元化甚至碎片化。具体而言，这样划分时间段的原因在于从第一阶段到第二阶段，中国农村实现从匮乏经济到丰裕经济的飞跃，同时伴随着意识形态的多元化，农村原有内在秩序的稳定性受到冲击，导致原有纠纷解决方式逐步解体；第二阶段与第三阶段的分界点是国家实行税费改革和废除农业税，在农村内在秩序逐渐瓦解的背景下，导致农村纠纷解决方式更加无序化。经过长期发展，我国农村已经由经济结构单一、意识形态单一、组织机构强大的社会模式转变成经济结构多样化、意识形态多元化、组织机构乏力化的复杂社会模式。通常来说，越是复杂，社会秩序就越需要制度的刚性维持。然而就当下中国农村而言，由于缺乏常规化制度的刚性运作，导致社会失范加剧、问题迭出。因此，研究乡土秩序的建立和维持刻不容缓。

探索乡土纠纷的解决应当以研究乡土秩序变迁的原因为前提。本文首先对三个时期农村的社会状况和纠纷解决方式进行描述，继而借用"超稳定结构"的

---

① 对于"迎法下乡"是否构成一个研究农村问题的新的范式，有学者有不同的意见，该观点将在本文第三部分进一步论述。参见郭星华、邢朝国："送法下乡到理性选择——乡土社会的法律实践"，《黑龙江社会科学》，2010 年第 118 期，第 129 页。

② 在此需要做两点说明：其一，并非所有农村发展都会经历这三个阶段，笔者只是抽象出农村发展的最大公约数路径，作出划分；其二，并非所有农村都已完成这三个阶段的发展变化，有些发展缓慢的农村，可能还处于第一阶段，有些发展较快的农村，则已经到第三阶段，甚至根据自身实际情况找到应对第三阶段问题的新的发展路径。

分析框架①，从社会意识形态、经济发展水平和政治结构三者之间的关系出发，对我国农村社会发展的几个阶段展开分析，探讨从"无讼"到"送法下乡"再到"迎法下乡"这一过程改变的原因，了解乡土社会结构的变迁趋势以及未来维护乡土社会稳定的方法，以期有益于解决农村纠纷。

二、不同时期农村纠纷解决的表现与特征

1. 匮乏经济下农村的纠纷解决

新中国成立后到20世纪90年代中期以前，我国农村都处于匮乏经济时期：以小农经济为主，生产力水平低下，农民主要依赖土地耕作维持生存，大部分农民的生活尚处于温饱线上下，在生产上不得不依靠户际之间的互助合作来争取更多的生存空间。在意识形态上，儒家的礼教仍然占据统治地位，父子一定程度上依旧是家庭轴心，妻女的依附地位仍比较明显；父权对子辈的制约作用依然较为强大，整个家庭/家族紧密联系在一起。在乡村治理（政治结构）上，主要依靠宗族长者和村干部：宗族长者往往是一个族门下公认的一两个权威人士，属于辈分、年龄、能力、威望都比较高的人，他们主要负责本宗族内部的生产活动、宗族事宜和纠纷解决，此外还出面负责宗族之间问题的商谈②；村干部主要通过村民自治机制选举产生，主要负责宗族之间或者与外村的纠纷解决③。

在匮乏经济结构下，无论是家庭内部还是户际之间，均联系紧密、依赖程度高、互信程度高。费孝通先生感言："乡土社会的信用不是对契约的重视，而是发生于对一种行为的规矩熟悉到不加思索时的可靠性。"④ 因此，虽然在生产或生活中难免发生纠纷，但由于相互之间有一套默认的纠纷处理行为规矩，即大部分纠纷通过自身的隐忍而消化，即使有爆发出来的冲突，也主要由宗族长者或者村干部协调解决，很少甚至没有纠纷会上升到需要乡政府或法院介入的程度。即使有宗族长者和村干部介入，也主要是通过说情、讲道理等方式，使纠纷双方着眼于长久的关系利益，通过"情理"的方式化解纠纷，法律规范对乡村秩序的影响甚微。

---

① "超稳定结构"的分析框架是金观涛、刘青峰两位学者在研究中国社会发展时提出的一种研究方法。参见金观涛、刘青峰：《兴盛与危机：论中国社会超稳定结构》，法律出版社2011年版，第219～227页；金观涛、刘青峰：《开放中的变迁：再论中国社会超稳定结构》，法律出版社2011年版。

② 费孝通：《乡土中国》，人民出版社2008年版，第66～72页。

③ 董磊明：《宋村的调解：巨变时代的权威与秩序》，法律出版社2008年版，第70～71页。

④ 费孝通：《乡土中国》，人民出版社2008年版，第66～72页。

可以说，这个阶段的农村社会，村民构成稳定，人员流通性小，相互之间共享传统礼教，共用相同的纠纷解决方式，是一个很稳定的社会结构。在这种社会结构中，乡土社会自身有一套处理矛盾和冲突的纠纷解决机制，农民遇到纠纷时通常诉诸私力救济和社会救济，习惯于当事人双方协商解决或者寻求"中间人"调解①。此外，虽然在乡村社会中难免存在"力治"情况，但也是在村民能够容忍的"强者—弱者"的"自然法则"范围内，是农民默认的纠纷解决方式。在这种社会结构下，村组织的行为能力应处于最高的时期，主要依靠农村的内生规则来维持社会的良好运转，地方性规范和传统的习惯法占主要地位，国家公权力和法律还难以深入到农村内部。

2. 匮乏经济到丰裕经济转变中农村的纠纷解决

从 20 世纪 90 年代中期开始，随着我国生产力的不断提高和城镇化进程对农村的影响，原有的农村社会结构开始解体。

经济上，随着农村与城市来往增多，城市需求能够直接作用于农村的种植，农民从原来的传统耕作转变为农田耕作＋种植大棚等复杂种植模式，并且城市的快速发展吸引了大批农村劳动力，有许多中青年农民在农闲时期到县城务工，赚取更多的收入，以改善生活。传统耕作式的单一家庭经济不复存在。与此相伴随的还有意识形态的变化。无论是种植大棚还是外出务工，原有的小农都不再局限于农地，而是更多地参与市场。受市场经济影响，农民进城后接受到区别于儒家礼教的教育，接受了市场经济的平等、自由、法制思想。个体争取"自由"的意愿逐渐在村民间传播；同时，电视、电脑等与外界信息接轨的媒体工具在农村出现并逐渐盛行，农民可以接受更多更为复杂的文化思想冲击，因此，农民的"自我"意识开始加强，逐渐摆脱原来情理法的约束，理性化程度上升②。并且，对外交流的增加使得农民不再单纯面向村里的熟人社会，熟人间的言论和评价对个人行为的影响变得越来越小。这一系列原因，促使农村家庭内外的结构产生前所未有的变化。概而言之，就社会结构而言，出现一个由"合"走向"分"的过程。

具体而言，首先在家庭结构上，父权式微，父辈对子辈的控制能力降低，这使得传统中国"父父子子"的纵向亲子关系的断裂产生可能；妇女在家庭中的

---

① 郭星华、邢朝国："送法下乡到理性选择——乡土社会的法律实践"，《黑龙江社会科学》，2010年第 1 期，第 129 页。

② 贺雪峰："论半熟人社会——理解村委会选举的一个视角"，《政治学研究》，2000 年第 3 期，第 61 页。亦可参见栗峥："乡土纠纷解决的路径选择与正义表达"，《中外法学》，2011 年第 2 期，第 303 页。

地位得到提高，从而使得家庭中父子轴心转变成夫妻轴心。为减少家庭内部的纠纷，分家成为越来越多家庭的选择，原有的大家庭开始分解为许多小家庭。在户际交往中，随着生产能力的提高以及劳动力的市场交易成为可能，村民为了避免原有生产生活过程中引发的纠纷，减少户际之间的互助合作，村民间彼此的依赖程度降低。在村内秩序上，村民之间交往的理性化增强，宗族长者在小亲族内以"情理"来解决纠纷的能力下降，即原生型权威式微。在这个阶段，某些领域村庄秩序的维持、部分纠纷解决开始依赖于以国家资源和能力做后盾的村干部这种次生型权威。

在这一阶段，虽然原有的乡村社会结构开始解体，但由于儒家礼教对村民的意识形态还有很大的影响，劳动生产也未完全独立开来，村民之间在生产生活中还存在一定的相互依赖性，村干部在乡村治理方面还能发挥一定作用。与此同时，村民在参与市场经济过程中学习了一些与自身利益相关的法律知识，在农村内生秩序开始解体的大环境下，现代法制思想开始弥补村庄自发规则的不足。

但是，由于原有的农村习惯规范与现代法律规范同时作用于纠纷解决过程，这既为乡土纠纷解决带来新的方法，也在一定程度上引发村民的价值判断困惑①。这也就是苏力在《送法下乡》中所描绘的法律与传统乡村纠纷解决的冲突现象。在此基础上，有学者对苏力的观点进行了一点修正，指出：他（法官）的知识已经超越了法律，也超越了礼和传统；他（法官）的知识是地方性的，但不是关于地方性规则的，而是关于地方性事实的②。笔者亦同意此观点。通过苏力的描述，读者可以体会到现代法律与传统礼教的一些矛盾，但在以维护地区稳定发展的目标下，若完全遵循法律判案，会让村民萌生冤屈之感；若仍遵守礼教断案，则属于明显有法不依的行为，不仅难以维护国家法律权威，法官自身仕途与生计也会受到牵连。在二者都难以取得圆满结局的情况下，以地方性事实为依据，技术性地详细设计结局方案成为基层司法者的两全出路。

当然，这种纠纷解决方式得以存在需要两个前提条件：第一，农村的大部分纠纷仍然可以通过宗族长者或村干部协调解决；第二，即使有较为难以解决的纠纷，也可以通过基层司法工作者在法律规定的框架下，结合当地风土民情，依据国家行政权力在基层的权威作用，得以解决。当然，由于这仅仅是一个过渡阶段，随着原生型权威的进一步萎缩和国家行政权力在乡村的放开，这种纠纷解决

---

① "秋菊打官司"和"被告山杠爷"的故事就是最好的例证。参见苏力：《法治及其本土资源》，中国政法大学出版社 2004 年版，第 23～40 页。

② 赵晓力："基层司法的反司法理论——评苏力〈送法下乡〉"，《社会学研究》，2005 年第 2 期，第 218 页。

方法逐渐不再起作用。

3. 市场经济下农村的纠纷解决

2003 年开始，国家对农村进行税费改革免除农业税，农民的税赋降到历史最低点。随着我国城镇化进程进一步加速，城市对农村的影响也愈加深入，与此相对应的却是农村经济结构与意识形态出现前所未有的复杂化与碎片化。在经济上，外出务工、大棚种植等非传统的家庭型生产已经成为家庭收入的主要来源。在这类更具独立性的劳动导向下，村民之间的互助合作变得更少，即使出现劳动力短缺的现象，也主要通过市场的方式补给，互不相欠人情债。在意识形态上，随着与外界交流的日益深入，村民的意识形态更加多元化、复杂化。现在的村民已经不同于传统乡土社会的农民，他们的自我本体意识进一步加强，以利益为导向注重自我价值的实现，情理化的软约束能力对他们很难再起作用。

费孝通先生曾断言：在一个变迁很快的社会，传统的效力是无法保证的[1]。在上述经济结构与意识形态的影响下，农村的社会结构也出现了中国历史上前所未有的变化。传统大家庭思想彻底消失，出现"直系家庭核心化"和"香火观念淡化"，普遍呈现为结构单一的原子化家庭[2]。在农村户际之间，村民彼此的依赖程度、期待值越来越低，相互之间关系利益变得越来越不重要，村庄的共同关系几近解体。虽然在这种生产生活日益独立的情况下，村民之间产生摩擦的机会减少，纠纷也大幅度下降，但是一旦发生纠纷，由于缺乏原有内生规则的软约束，村干部的次生型权威式微，纠纷变得难以调和。具体而言，村庄内生规则不能继续维护村庄的良性运转，以宗族长者为代表的原生型权威对村庄内部的纠纷解决能力几乎难以见成效。同时，由于税费改革和取消农业税，国家本来的目的是想使基层政府转型成现代服务型政府，但是，由于我国农村现阶段缺乏适合现代服务型政府生存的土壤，最终的结果是导致国家政权在基层层面处于"悬浮状态"，对农村基层缺乏动员力，无法有效运转[3]。如在办理村内公共事务上，主要依据国家分配资源的多少而表现出不同的执行能力。所以在国家资金分配到位

---

① 费孝通：《乡土中国》，人民出版社 2008 年版，第 64 页。

② 董磊明：《宋村的调解：巨变时代的权威与秩序》，法律出版社 2008 年版，第 43~50 页。

③ 周飞舟："从汲取型政权到悬浮型政权——税费改革对国家与农民关系之影响"，《社会学研究》，2006 年第 3 期。

的地方，村干部的协调能力就强①；但在国家无资源分配的地方，就几乎无法运行②。

在这一阶段，农村原有的社会结构可以说趋近瓦解状态，正如前所述，现在的村民越来越具有市场经济意识，村民在参与市场的过程中，懂得要遵守现代法律规范及市场经济规则，由此而形塑的行为习惯必将影响到其在农村的人际交往。同时，电视、电脑等媒体所传播的现代法律理念也在日渐深入村民生活③。但是，这是不是说明现阶段的农村已经完全有了适应现代法律规范的成熟土壤？答案也是否定的。虽然原有村庄的内生秩序被打乱，基层政权的常规性权力出现空缺，但现代国家司法制度仍不能与现阶段的乡土资源完全耦合。具体而言，当今的农村社会处于旧秩序解体、新秩序尚未形成的制度空缺期。但是，村民之间的矛盾却无法因为秩序的不足而搁置争议。农村社会内生秩序的能力严重不足，催生出了进一步通过强化农村基层组织能力和输入外来资源以外生农村基层社会秩序的要求④。虽然法律起到一定的调节作用，但是如果法律规定与地方性规范相冲突，地方性规范更能代表村民利益或者更符合村民的"情理"时，还是地方性规范容易获得胜利。与此同时，原来村庄的"力治"迎合了纠纷解决的需要而突起。并且，这种"力治"带上了灰色的小混混类暴力色彩，导致许多村民甚至村干部之间的纠纷也要通过小混混来解决。所以说，这是一个"结构混乱"的复杂阶段：旧的内生秩序已经解体，但残留部分仍然能够左右村民的行为；旁生的灰色治理进一步恶化了村民之间的生产生活关系，而新的现代法律规范制度尚未建立起来。

基于以上原因，有学者认为，乡村社会期待国家力量来维护秩序和保障稳定，这就是"迎法下乡"范式⑤。与之相反，还有另外一种对以上原因的解读：如果人们的"迎法"行为是基于对法律的信任，相信法律会公正地解决纠纷、提供正义、维护自身的合法权益，那么这种"迎法"是有发展潜力的，具有范式优势；但是，如果人们的"迎法"行为是基于私人关系网络之上，将法律当

---

① 例如在《宋村的调解》一书中，由于宋村是市委副书记的包点村，因此在硬件方面，资金很到位，所以宋村的硬件设施比起其他村庄就显得好很多。参见董磊明：《宋村的调解：巨变时代的权威与秩序》，法律出版社 2008 年版，第 167 页。

② 例如在《宋村的调解》一书中，宋村的环境整治与村内排涝问题，村干部对此几乎没有调动能力。这正好说明当下中国农村缺乏常规性权力的治理。同上注，第 205 页。

③ 例如现在有许多农民非常喜欢看《今日说法》、《法治在线》等节目，节目内容贴近生活，而村民也在不知不觉中接受了越来越多的法律知识。

④ 董磊明："强大的常规性权力何以必要——论村庄政治中的基层组织体系"，《学术前沿》，2012 年第 9 期。

⑤ 董磊明："宋村的调解：巨变时代的权威与秩序"，法律出版社 2008 年版，第 200～207 页。

作一种权势以及压制他人的工具，那么这种"迎法"也只是少数拥有特殊关系网络、在案件的社会地位结构中处于优势位置的人所借助的工具而已，其普遍性和潜力就需要被质疑①。

笔者认为，在原有父权、族权已经无法治理乡村的情况下，就需要有权威性的力量来维持乡村社会秩序，而此时的结构混乱又恰好说明法律尚未在农村树立权威，"公力救济"模式不能起到良好的治理效果，因而让小混混式的"私力救济"有了发展的空间。就农村目前阶段而言，需要的是一种权威性治理，无论是"公力"或"私力"，有效果者优先。因此，第二种观点无疑更具合理的解释力。

三、超稳定结构解释框架与农村纠纷解决模式的变迁

我国农村的纠纷解决模式在六十多年的时间里发生了翻天覆地的变化，而遗憾的是，到目前为止，这种变化未能将纠纷解决拉入良性循环。纠纷解决是一项复杂的系统工程，欲对其未来发展做出预测甚至将之改良，须先对其变化发展的原因作出分析和解释。研究我国乡村社会问题，需要运用本土的研究方法。我国乡村社会千百年来保持一贯稳定性，有其深层次的社会结构原因，而六十多年间的霎时改变，也与社会结构的变化有紧密联系。金观涛、刘青峰两位学者在总结我国古代社会结构变迁的基础上提出"超稳定结构"的研究范式。该理论的观点是：将社会结构规定为某一社会中由政治结构、经济结构、文化结构（或称意识形态结构）互相耦合而成的形态稳定的组织系统②。中国封建社会的宗法一体化结构（发达的地主经济，大一统的官僚政治，意识形态结构是儒家正统学说）在千余年中保持了巨大的稳定性③。两位学者通过"超稳定结构"的方法研究中国近现代历史变迁得出的结论是：一体化结构迟早会在意识形态认同危机扩展下瓦解，中国将碰到日益严重的社会整合危机，因此中国未来的发展应当顺应现代化的要求，放弃通过意识形态认同来构建现代社会的意图，这样才能使我国未来的发展站在一个新的起点上④。由于社会的纠纷解决方式与社会结构有密切联系，因此，探索纠纷解决变迁趋势，须对其背后的社会结构变化原因有更全面的把握。当代中国社会结构的变化，经历了"超稳定结构"从强到弱再到瓦解的过程。这种变化对农村纠纷解决产生了什么影响，如何从中把握未来农村纠纷解

---

① 郭星华、邢朝国："送法下乡到理性选择——乡土社会的法律实践"，《黑龙江社会科学》，2010年第1期。

② 金观涛、刘青峰：《兴盛与危机——论中国社会超稳定结构》，法律出版社2011年版，第11页。

③ 同注②，第219页。

④ 同注②，第424~430页。

决的趋势，这是接下来要重点讨论的问题。

由于乡村是宗法一体化结构的中心①，因此"超稳定结构"的研究方法可以解释我国乡村社会在 20 世纪 90 年代中期以前长期保持稳定的原因：乡土社会在经济结构、意识形态和乡土治理三个方面耦合而成稳定的结构。

农村社会结构大体上符合费孝通先生在《乡土中国》中描绘的模型，属于一个"有机的团结"的礼俗社会②。虽然新中国成立后废除了地主经济和官僚政治模式，但是地主经济的基础——小农经济仍然是农村主要的生产生活方式，官僚政治中的父权、族权为核心的思想在农村仍然占主导地位。因此，新中国成立后我国乡村的宗法一体化结构没有发生变化，即小农经济、儒家礼教和父权、族权为核心的治理模式三者之间耦合。改革开放后的二十多年里，国家经济建设的重心在恢复城市发展，城市在自身发展内力不足的情况下，还难以影响农村的发展。同时，国家通过户籍制度等行政手段，人为干涉城乡之间的交流，导致农村社会一直处于停滞状态。因此，在生产力水平和意识形态没有显著变化的情况下，这种宗法一体化的乡村社会结构得以持续到 20 世纪 90 年代中期，也就是前面谈到的第一阶段。由于这个阶段的乡村社会与传统乡土社会甚至古代的乡村社会差距不大，这也就呈现出长期以来农村纠纷解决的一贯性：农村纠纷主要通过隐忍或由族门内长者协调的方式解决，主要依据是情理法，即先情后理再法，纠纷解决的目标立足于长远的关系利益。

从第二个阶段即 20 世纪 90 年代中期开始，传统农村的经济、意识形态和政治治理三者之间开始出现相互不适应，甚至出现相互排斥。随着生产力的发展，农村经济生产条件已经有一定的改变，传统的小农经济开始向多元化生产发展，并产生劳动力剩余。与此同时，我国城镇化进程加快，城乡集市交易扩大，农村劳动力向城市转移，与之相适应的市场经济思想传入农村社会，坚固的儒家礼教意识形态也开始出现松动。而在乡村治理上，随着国家行政权力试图在乡村建立权威，慢慢渗入日常治理和纠纷解决中，与原来乡村的父权、族权治理模式在一定程度上产生了冲突。但由于传统习惯的惯性，使发生纠纷的村民不敢贸然打破原有的纠纷解决方式，即使有部分村民敢于尝试新的解决途径，裁判者也会从纠纷解决之"术"的实用角度，参照地方性知识予以保守性稳当解决，或者以行政权力直接进行干预。因此，这个阶段的纠纷解决既带有传统纠纷解决的特点，还部分带有行政干预色彩，游走在礼治与行政权力干预的夹缝中，给法律的空间

---

① 金观涛、刘青峰：《开放中的变迁——再论中国社会超稳定结构》，法律出版社 2011 年版，第 12～17 页。

② 费孝通：《乡土中国》，人民出版社 2008 年版，第 6 页。

非常有限。

第三阶段中，乡村的经济生产已经由小农经济转变为农业、非农产业和外出打工等多种生产方式相结合，原有的儒家礼教已破碎，并渐渐被市场经济中的自由平等思想取代，在经济生产方式和意识形态转向多元化甚至碎片化的同时，原有的乡村治理模式难以发挥效用，村民们只能转向找寻其他纠纷解决方式，如暴力、法律等，以求维护自身利益，保持生产生活的稳定性。由于村民的意识形态和经济生产活动都是随着我国社会的发展而发生变化，有一定的被动性，为重新回到农村社会的稳定中，村民们只能以治理为切入口，寻找与当下农村的意识形态和经济发展相适应的治理模式。应该注意，这个时候的农村已经完全不同于传统封闭的乡土农村社会，随着农村社会各方面的多元化发展，农村原有的宗法一体化结构已经瓦解，村民的纠纷可以通过白、灰甚至黑的渠道解决。无论是暴力还是法律，都是村民寻找救济的途径，与"迎法下乡"相伴随的是"迎暴下乡"，何者取胜，在乎何者更能保护村民的切身利益。因此，随着越来越多的农村进入第三阶段，在法治能够落实的地方，村民生活可以秩序井然，进入新农村的另一番面貌；而有些地方却秩序混乱，灰色暴力横生，民怨不断。可以说，我国农村当前面临的最大问题就是社会整合危机。

就以上分析而言，时至今日，无论是农村的经济结构还是意识形态，都已经由单一向多元化转变，而随着农村与城市往来的日益频繁，这种转变是不可逆的。原有的宗法一体化已经在农村消失，农村的秩序已经无法通过意识形态整合得到维持。因此，目前农村纠纷的解决也不可能再遵循传统的解决路径，而是呈现出多样化特征。然而，纠纷解决方式的多样化并不意味着每种纠纷解决方式都具有合理性，如一些灰色的小混混式的暴力手段就应当摈弃。

可以看出，农村纠纷解决的变迁与农村社会结构的变化密切相关，农村纠纷解决方式未来的发展也与目前农村秩序的建立相关。我国农村社会结构经历了"合——分解—瓦解"三个阶段，从上述三个阶段农村社会结构的变化来看，在我国当前国家与社会处于转型期的大背景下，农民的经济生活水平已经有了很大的提高，意识形态也从单一转向多元，我国农村的内生秩序却是在这个过程中经历了从有到微的过程，与此伴随的则是国家权力在农村从缩到放的变化，农村秩序的维护出现权威性空缺，暴力乱治给当前的农村社会新添灰霜，多种因素并发从而导致出现大量农村问题、农民问题。当下，要给复杂的农村社会构建一种合法、合理且有效的秩序，显然已经成为一种共识。然而，如何取其精华、去其糟粕，让农村纠纷解决回到良性轨道；如何构建新的秩序，从而让新农村的建设不仅仅停留在基础设施的初级层面，仍是值得认真探讨的问题。

四、结论并前瞻

笔者认为，当前农村纠纷解决所面临的既不仅仅是"送法"也不仅仅是"迎法"，而是内化于乡村社会现代化的需要，这种现代化中应当包含经济发展、村民文化素质的提高和乡村的科学治理。比如在经济上，应更进一步开放农村市场，加强农村与市场的联系，遏制破坏市场竞争的行为，完善以利益为导向的市场机制，弱化民众对国家资源的依附。又如，应进一步巩固国家对农村的技术控制能力，但同时塑造基层权威主体，保证基层政权在农村有强大的常规性权力，协调国家政权与基层的关系，恢复对村民集体行动的组织能力。再如，对于农村的法律建设，应当把重点放在实体层面而非程序层面上，尊重地方性价值观和现实，实现与地方性规范的巧妙对接，提高法律在农村的实践能力。必须承认的是，由于我国地域广阔，农村社会并非完全是一个模型，北方农村与南方农村、东部地区农村与西部地区农村、靠近城市的郊区农村以及远离城市的边远农村在意识形态、经济状况、社会结构等方面仍存在不小差异，因此，我们可能很难设计或框限出一条单一的线路，来引领农村社会纠纷解决模型的建构。但有一点共性是需要指出的：要合理化、规范化农村纠纷解决方式，是一个联动的社会系统工程，农村的现代化建设是一条必经之路。

此外，还应注意的是，前述农村社会变迁的三个阶段其实与我国城镇化进程密不可分。因此，研究我国的农村问题，应当将视野扩展至整个社会发展进程。随着我国城镇化进程加剧，2011 年末我国城镇人口占总人口的比重达到了51.27%，首次超过半数①。这表明，我国城镇化进程在经历了农村人口向城市涌入及城市区域向郊区扩展两个阶段后，可能马上要进入第三阶段，即城市人口向农村回迁的"逆城市化"现象。曾有学者描绘中国农村的未来发展规划：在几个超级城市和大城市外，形成星罗棋布的以中小城市为核心的城郊社区群，现有的农村变成中小城市的卫星社区②。或许到那个时候，农村的纠纷解决方式可以趋近于城市纠纷解决方式，有较为成熟的纠纷解决途径，法律的贯彻落实程度也较高，那将是一个美好的图景。但在当前环境下，建立农村新秩序依旧任重而道远。

---

① 朱隽："中国城镇人口比重首次过半、农民工去留面临两难"，网址：http：//news. sina. com. cn/o/2012－01－30/041223853955. shtml，2013 年 9 月 29 日访问。

② 林毅夫："中国的城市发展与农村现代化"，《北京大学学报（哲学社会科学版）》，2002 年第 4 期。

新简约主义治理机制

——一个国家与社会关系的理想类型

国家如何与农民打交道，以及推进国家治理体系和治理能力现代化，呼唤新的本土化理论范式指导。"国家发起＋社区参与"式的新简约主义治理机制，可以从治理能力、治理成本和治理活力三个层面分析国家与社会在第三领域的互动。新简约主义治理机制体现的是国家与社会在第三领域的协商性治理关系，形塑的是一个低成本、高效率和高活力的基层治理体制和"强国家—强社会—强治理"的国家现代治理结构，这也是我国国家治理体系和治理能力现代化改革的方向。

一、问题及研究进路

关于国家如何与近 9 亿农民打交道，实现基层治理体系和治理能力的现代化，政学两界的争论很大。大体而言，遵循的是三种进路。一是国家进路，援引的是理性的官僚制理论资源。自从韦伯将近代西方民族国家政府机关的逐步扩张概括为基于法理型权威的理性化进程，科层制化或官僚制化就被视为从传统治理走向现代治理的表征[1]。近百年来的国家政权建设可谓就是一条"官僚化"之路。在社会矛盾多发期，我国行政实践的主流做法依然是采取"官僚化"之路，如网格化管理、村干部的官僚化[2]。

本文作者：张雪霖，华中科技大学中国乡村治理研究中心博士生。本文得到教育部 2014 年重大攻关课题项目（14JZD030）的支持。

① 韦伯：《支配社会学》，简惠美译，广西师范大学出版社 2004 年版。

② 宁泽逵、柳海亮、王征兵、柴浩放："村干部向何处去——关于村干部'公职化'的可行性分析"，《中国农村观察》，2005 年第 1 期，第 58～65 页；欧阳静："村级组织的官僚化及其逻辑"，《南京农业大学学报（社会科学版）》，2010 年第 10 卷第 4 期，第 15～19 页。

二是社会进路，援引的是多中心治理、社会自组织理论以及市民社会等理论资源。社会自组织理论和哈贝马斯创设的公共领域与市民社会理论是一脉相承的，目的都是通过加强社会整合，限制国家权力和国家职能的扩张，从而保护个体的独立和自由。市民社会和多中心治理理论被引进中国后，就成为学界的主流，大力倡导培育市民社会和社会自组织。

三是本土化进路。黄宗智在反思国家和市民社会的争论基础上提出第三领域的本土化解释概念，用国家—社会—第三领域三分法取代西方的国家—社会二元对立的分析框架，并指出中国的第三领域是国家和社会合作互动的产物，而非西方的社会和国家的对立[①]。黄宗智进一步总结了帝国时期第三领域中以准官员和纠纷解决为主的半正式基层行政基础上集权的简约治理机制[②]。近来也有学者指出，中国的社会自组织不同于西方社会，具有"依附性自主"特征[③]以及自组织运作过程中的"能人现象"[④]。

国家进路和社会进路研究，都落入了西方理论的陷阱。西方资本主义工业社会是与统一的民族国家科层官僚机关的大规模扩张和市民社会以及全国性公众的联合崛起相伴生的，国家与社会在对立中实现统一和平衡。代表国家权力的科层官僚机关的扩张和代表社会自主性的市民社会与社会治理是一体两面的，是西方国家与社会二元对立关系的产物，因而在中国的社会场域里就产生不适应的社会后果。国家对西方式的社会自组织不信任，怕危及政权的稳定，而国家权力下沉和官僚化扩张消解了社区自治，挤压了社会自治的空间，导致社会矛盾的大量上移，整个行政体制不堪重负。国家治理体系和治理能力现代化呼唤新的理论范式指导。

以黄宗智为代表的学者提出的第三领域和集权的简约治理机制具有很强的解释力。集权的简约治理是传统帝国时期为维系世袭君主专制体制延续和"内卷化"小农经济支撑的治理成本有限而发育的高效率、低成本的治理体制。那么简约主义治理模式在 21 世纪新的公共服务型福利国家是否过时了？基于对赣西北 H 镇国家和社会的合作治理经验总结，笔者发现，在新的公共服务型福利国家，

---

① 黄宗智："中国的'公共领域'与'市民社会'？——国家与市民社会间的第三领域"，载《国家与市民社会》，邓正来、杰弗里·亚历山大主编，程农译，上海人民出版社 2006 年版，第 406 ~ 426 页。

② 黄宗智："集权的简约治理——中国以准官员和纠纷解决为主的半正式基层行政"，《开放时代》，2008 年第 2 期，第 10 ~ 29 页。

③ 王诗宗、宋程成："独立抑或自主：中国社会组织特征问题重思"，《中国社会科学》，2013 年第 5 期，第 50 ~ 66 页。

④ 罗家德、孙瑜等："自组织运作过程中的能人现象"，《中国社会科学》，2013 年第 10 期，第 86 ~ 101 页。

"国家发起＋社区参与"的简约主义治理机制并没有过时，在新时期赋予简约主义治理机制新内涵，并将其概括为新简约主义治理机制。

本文采取案例分析法，结合"过程—事件"和机制分析方法对案例进行描述。虽然个案的代表性问题一直受到质疑，但个案背后的机制具有普遍性，笔者正是在机制分析意义上使用个案分析法。文章的材料来源于笔者所在的团队2015年3月25日至4月15日在赣西北H镇的田野调查，采用参与式观察和半结构式访谈方法，访谈对象广泛，包括乡、村、组三级在任干部，以及退休干部、党员、积极分子和大量普通村民。

二、田野实践：国家和社会之间的合作案例

H镇地处赣西北，下辖10个行政村，2.6万人口。镇政府在组织修路、清洁工程、森林防火等公共事务时，特别强调群众参与，一般成立理事会、妇女代表会（简称妇代会）等社会组织，激发社会组织的活力。下面以2015年该镇推行的农村清洁工程以及修建组级公路两个案例为代表进行分析。

1. 案例一：农村清洁工程

随着现代性渗透和农村生活水平的提高，农村普遍面临着生产生活垃圾无法处理的难题，对清洁卫生工作有迫切的内生需求。但是农村清洁卫生工程浩大，首先要解决资金从哪里来和垃圾往哪里去两个问题。作为中西部普通农业型乡镇，镇政府财政收入不足，无力供给农村清洁卫生服务全覆盖。H镇采取"政府发起＋社区参与"的模式推动农村清洁工程，乡镇主要负责制定清洁工程目标、规划以及奖补措施，村庄则负责参与具体实施。该清洁工程力求做到"六有一无"：有垃圾清理日常机制，有垃圾桶和垃圾车，有垃圾掩埋场和回收焚烧厂，有保洁员和清洁工，有理事会和妇代会，有检查评比，无户外未清理的垃圾。

垃圾掩埋场和回收焚烧厂由镇政府负责提供，其余各项则是靠村庄自主解决。村庄清洁工程的资金主要来源于乡镇季度巡查的以奖代补资金、村集体收入和向村民收取的50元/户的卫生管理费自筹资金。以H村为例，村集体在清洁卫生中的支出包括：①村里集体购买垃圾桶100个，100元/个，住得邻近的一般两三户共用一个，少数住得比较稀疏的家庭单独用一个；②购买垃圾板车，3000元/辆；③聘请三个保洁员，负责清运垃圾，其中两个工资为500元/月，一个为600元/月。村民负责自家房前屋后的清洁卫生，将垃圾丢入垃圾桶中。

在社会组织建设上，村庄要成立理事会和妇代会，理事会负责制度执行和收集资金，以村庄德高望重的五老人员作为理事会成员，即老干部、老党员、老族

长、老教师和老军人；妇代会，以村庄妇女代表为成员，主要负责家庭房前屋后的清洁卫生检查评比。俗话说家庭是否卫生干净主要看女人，由妇女负责检查评比，家庭妇女之间就会相互比着干净。而理事会或妇代会在日常生活中对村民进行督导和检查评比，防止村民乱丢乱扔、乱堆乱放，并根据各家庭房前屋后清洁状况，在其门前贴上"不清洁"、"清洁"或"非常清洁"的红色便条，周边的村民就会前来观看，督促其保持清洁。

乡镇对辖区10个行政村进行季度巡查，实行以奖代补和流动红旗制，季度巡查中被评优村庄奖励2000元并发放流动红旗。流动红旗的发放要求村庄环境清洁卫生，同时还要具有示范效果，即成立理事会、妇代会等社会组织发挥社会参与作用，村庄清洁卫生工作具有可持续性。2015年第一季度巡查，有9个行政村都很清洁，但实际只发了7面流动红旗，原因在于其中两个村虽然村庄环境很干净，但是没有理事会或妇代会参与，不具有示范效果。H镇清洁卫生工程刚推行一个季度，村居环境得到很大改善，而且成立的理事会、妇代会等社会组织还在森林防火、社会治安等其他村庄公共事务方面自觉发挥治理功能。

2. 案例二：以村社为主位的组级公路

江西组级公路项目国家每公里补贴8万~10万元，30户以下的每公里补贴8万元，30户以上的补贴10万元。由于补贴少，资金缺口大，项目实施的主体由项目部门自上而下转移到村一级。由村庄采取招投标方式确定施工单位。但由于国家补贴少，资金缺口大，村庄无法采取正规的招投标和工程大包形式，只有采取工程小包形式，以节约成本。所谓的小包就是施工单位只包工不包料，施工单位把修建水泥路所需要的材料告诉村组干部，村组干部再组织组员去购买材料，小包成本只需要16万元/公里。而大包则是施工单位既包工又包料，由施工单位全部负责，大包成本需要25万元/公里。

资金缺口则采取组员集资、募捐和村集体收入等多方共筹的方式。公路里程长，资金缺口大的，组员集资就要多些；资金缺口小的，集资就可以少些。另外，小组长还要组织村民出义务工，先把路基铺好，在修路的过程中每天都有组员出义务工，给施工单位搭把手做小工。"修路的时候你若不出义务工，拉东西走在这条水泥路上，别人都会说你。你自己都会不好意思，别人不让你走。""小组的公共事务，会去的，一定要去，不去，别人会说闲话，当面就会说。"

修路过程中遇到的纠纷矛盾，也是在村庄内部自主协商解决。以H村水坑口（2组、9组）修组级公路为例，以前这个路基在2002年拓宽时，占用了14组一亩多田，取消农业税费前，两个组商量的是由2组、9组永远负担农业税费。后来农业税费取消，这次修路时，14组要求按照当地国家征地补偿的标准来补偿，即 3.4 万元/亩，而水坑口只愿意补偿 1.2 万元/亩，理由是已经负担了几年的税费，但是对方不同意，僵持不下，工程无法实施。最后水坑口的组员请出在两个小组内都比较有威信的精英人物雷克林出面去协商。由于雷克林和两个小组的精英人物之间都有关系，相互之间也会给个面子，最后就按照 1.2 万元/亩补偿，由 2 组、9 组平均负担。组级公路的设计、实施和监督都是以村庄为主体，修建成本低，质量有保证，村民的参与度高，村民的主体性得到发挥。

三、简约主义治理的新内涵：国家与社会间的第三领域

以上两个案例都是"国家发起＋社区参与"的典型代表，其典型意义不在于具体的事件和完成的具体任务，而是其折射的国家与农民打交道的组织机制，体现的是基层治理体系和治理能力现代化的探索。哈贝马斯的资产阶级公共领域理论在国家与社会二元对立的框架中也采取了三分法，国家代表公共权力机关，相对国家公权力而言的社会领域，具体细分了纯属个体性私域和个体间公域两类，个体性私域包括涉及市场、劳动以及家庭内的事务，个体间公域才是社会组织起来和国家互动紧张的区域①。黄宗智为避免概念混淆，将既不同于国家公权力，也不同于社会个体性私域，国家和社会相互作用和互动的领域称为"第三领域"②。

笔者借用黄宗智的"第三领域"来分析国家与社会之间的关系。H 镇的基层治理体系实质上就是国家和农民个体之间如何通过第三领域实现公共事务的治理。H 镇的基层治理体系包括行政体制末端的乡镇政府、行政村级组织、自然村组织、社会自组织和农民。在代表国家权力的乡镇政府和农民个体社会之间的行政村、自然村组织和理事会、妇代会等社会组织属于简约主义治理下的半正式基层行政。在 21 世纪新的公共服务福利型国家，从科层体制的治理能力、治理成本和治理活力三个层面来看，简约主义治理模式仍是国家与社会在第三领域互动的高效率、低成本、有活力的基层治理体制。

1. 治理能力

韦伯笔下的法理型科层官僚组织，具有明确的专业化分工、依据法律规则治理、去人格化以及职员在科层组织内的向上流动追求等特征，能够提高行政效率办大事，这是其优势。但当其延伸嵌入乡土社会时，也构成了其治理能力的限

---

① 哈贝马斯：《公共领域的结构转型》，曹卫东译，学林出版社 1999 年版。
② 黄宗智："中国的'公共领域'与'市民社会'？——国家与社会间的第三领域"，载《国家与市民社会》，邓正来、杰弗里·亚历山大主编，程农译，上海人民出版社 2006 年版，第 406～426 页。

度。正如案例一中的农村清洁卫生工程，村庄内部日常的清洁卫生只能依靠村组、理事会或妇代会等社区组织来监督。"科层系统用来办大事，扁平化的组织才能办小事。"[1] 首先，基层社会中的"小事"或一线工作往往是综合性和整体性的，非专业化分工的科层体系所能应对，因为部门化分工严格按照制度职责办事，实践中就会产生相互"踢皮球"的结果。村民的"小事"无法解决，就会拖成"大事"，矛盾就会向上涌现。其次，乡土社会中的"小事"多是因情、理而起，社会矛盾和纠纷的解决寻求的是依靠情、理以及乡土正义，而不是依靠法律。如果事情闹到依靠法律解决的地步，说明关系就到了彻底清算和断裂、无法修复的地步，典型的如电影《秋菊打官司》。而科层组织是依法治国的，是要按照法律规则办事的。

科层组织内的职员是以职位的向上流动为追求的。职位向上流动主要是依据上级行政考核的结果，必然产生的是对上级负责。笔者将行政任务分为两大类：Ⅰ类是事情大，量小，易于指标化、数量化和技术化考核的政务，这类多涉及发展和稳定类事务；Ⅱ类是事情小，量大，难以指标化、数量化和技术化考核的政务，这类多涉及基础民生类事务。科层组织内的官员在追求职位向上流动的过程中，会以政绩为导向，必然优先完成Ⅰ类任务，而和群众直接利益息息相关的Ⅱ类基础民生事务就会受到忽视。这在行政科层体制内部又被称为"一线工作"和"二线工作"，有限的行政资源会被优先用于完成"一线工作"，甚至形成"一线"吸纳"二线"的后果[2]。

2. 治理成本

进入 21 世纪后，我国基本实现了工业化，农业产业增加值占 GDP 的比重不足 10%，国家政权建设可以不依赖农业剩余而发展。所以，在世纪之交面临严重的农民负担危机时，国家有能力取消农业税费，且开始不断向农村输入大量惠农政策和资源。我国开始从提取—控制型国家走向新的公共服务型福利国家，九年义务教育、新型农村合作医疗、新型农村社会养老保险、农村最低生活保障政策相继出台。新的公共服务型福利国家的建设，并不意味着社区福利的供给必须采取国家中心主义。除了因为国家自上而下的供给与社区农民的需求有可能产生错位而导致国家资源的浪费外，更为重要的是国家也没有足够的财政收入和治理资源能对全国农村的社会福利实现全覆盖，依然要受到治理成本的限制。正如案

---

① 潘维："当前'国家治理'的核心任务"，《人民论坛》，2014 年第 5 期（上），第 45~48 页。

② 印子："治理消解行政：对国家政策执行偏差的一种解释——基于豫南 G 镇低保政策的实践分析"，《南京农业大学学报（社会科学版）》，2014 年第 14 卷第 3 期，第 80~90 页。

例一和案例二中共同反映的，不管是农村清洁工程还是组级公路，政府都没有足够的财政资源完全由政府自上而下地供给。

针对农民对改善道路、清洁卫生等村居环境的公共服务需求，政府在财政资源的限制下，只能采取"国家发起＋社会参与"的简约主义治理模式。特别是我国中西部农业地区，由于没有工业支撑，基层政府财政收入不足，国家的转移支付成为"吃饭财政"，只能养人而难以做事，更无力自上而下完全靠政府供给以满足农村社区的公共服务需求。同时，在农村社会快速变迁的过程中，农民对生产、生活和精神文化等方面的公共品需求是层出不穷和变化的，国家也没有足够的财政资源和治理资源自上而下地满足农村社区的所有需求。我国虽然已经成为工业大国，能够以工促农，但目前仍然是发展中国家，面临"中等收入陷阱"的挑战，科层官僚组织系统和国家资源应该集中于科技进步和产业升级等大事上来①。在广大农村社区生产生活中的"小事"，和农民的利益息息相关，让农民组织起来，依靠村组或社会性组织等扁平化的组织，采取"国家发起＋社会参与"的简约主义治理模式是高效率、低成本的基层治理体系。

3. 治理活力

"国家发起＋社区参与"式的简约主义治理模式在新的公共服务型福利国家时期还有一个被黄宗智忽视的重要功能就是激发社会治理活力、社区公共性和农民的公共参与。哈贝马斯讲述的资产阶级公共领域，除了指有钱且受过良好教育的公众可以自由进入开放的咖啡馆、沙龙、博物馆、音乐厅等物理公共空间以外，更为本质的则为公众基于运用理性而自由地发表意见和讨论而形成的公共舆论和公共性②。那么，公共性就是公共领域的本质特征，也是西方实现社会整合和社会自主性的精神纽带。我国国家和社会之间虽然不是二元对立的关系，但是国家和社会间的第三领域的公共性却是国家和社会之间实现良性合作互动的纽带，也是社会治理活力和社会公共参与的保障。"公共性"是促成当代"社会团结"的重要机制，对于抵御市场经济背景下个体工具主义的快速扩张有着实质性意义；是使个体得以超越狭隘的自我而关注公共生活的根基所在；还是形塑现代国家与民众间良性相倚、互为监督新格局的重要条件③。

国家中心主义式的福利供给，将国家与小私的农民个体直接对接，瓦解了社

① 贺雪峰：《城市化的中国道路》，东方出版社 2014 年版，第 126～131 页。

② 哈贝马斯：《公共领域的结构转型》，曹卫东译，学林出版社 1999 年版。

③ 李友梅、肖瑛、黄晓春："当代中国社会建设的公共性困境及其超越"，《中国社会科学》，2012 年第 4 期，第 125～139 页。

区的公共性和农民参与的主体性，农民只是被动地享受国家的福利供给，国家供给越多，却导致农民越来越冷漠和自私自利。我国农村社会不是依靠阶级和利益集团组织的，而是按照村社血缘和地缘关系组织起来的，公共空间和公共性的形成也是以村社为组织依托。"西方科层体系之外有政党竞争型选举，而且人民由形形色色的市民社会和社会团体组织起来，既制衡科层系统，又解决小事。中国的自然社区组织在功能上就等同于西方的多党竞选制加市民社会。"① 在新的公共服务型福利国家建设背景下采取"国家发起 + 社区参与"的治理模式，有助于激发社区的公共性，激活社会治理活力和农民的公共参与。正如案例一中农村清洁工程以村组干部以及理事会、妇代会等社会组织为依托，在社区普遍性的公共利益面前组织起来，实现自我决策、自我管理、自我监督和自我教育，约束机会主义行为；案例二组级公路的修建采取以村社为主体的模式，不仅降低了施工成本，工程质量有保障，而且极大地激发了村组的公共性和农民的公共参与，有利于自然社区单位的整合和社会治理活力的增强。

在第三领域的治理中存在精英和大众之间的分化，如案例一和案例二中的村组干部、理事会或妇代会成员。但是在以血缘和地缘关系组织起来的自然社区内部，精英和大众之间的分化依据的不是资本量的多寡，而主要是德行和声望的多寡。德行和声望的多寡，依据的是对集体公共事务的参与量和公共规范与价值的实践程度，这也是杜赞奇总结的第三领域权力行使的文化网络②。精英和大众在第三领域的公共参与方式不同，精英处于国家和农民大众之间的接点上，国家和农民个体是通过精英作为中介而连接。在日常生活中，大众参与闲话和舆论的生产，在闲话和舆论中生成德行和权威的分层，而这正是社区公共性的体现，人人都参与了对社区内精英人物的选拔和监督。在涉及个人切身利益的地方，农民能基于理性而自由表达意见和讨论，就是社区公共性的体现，也是农民在第三领域参与的重要方式。"国家发起 + 社区参与"的简约主义治理体制，采取以社区为主位的福利供给模式，能够激活第三领域的公共性，培育社区治理活力和农民的公共参与，国家与社会之间实现协商性合作治理，建设一个具有强大基础能力的基层组织③，实现基层治理体系和治理能力的现代化。

---

① 潘维："当前'国家治理'的核心任务"，《人民论坛》，2014 年第 5 期（上），第 45～48 页。
② 杜赞奇：《文化、权力与国家——1900—1942 年的华北农村》，王福明译，江苏人民出版社 1996 年版，第 13～33 页。
③ 贺雪峰："论农村基层组织的结构与功能"，《天津行政学院学报》，2010 年第 6 期，第 45～61 页。他将基层组织的能力划分为基础能力和具体能力两个维度，具体能力指完成国家自上而下转移的具体行政任务的能力，而基础能力则是指既能有效完成国家自上而下改造传统农村社会的规划任务，又能有效回应农村在快速的社会性质变迁中层出不穷的社会需求的一般性能力。

四、协商性治理：一个国家与社会关系的理想类型

"国家发起＋社区参与"的简约主义治理机制下的国家和社会之间形成的是协商合作性关系，而不是西方国家与社会的紧张对立关系，国家和社会之间不一定是零和博弈关系。"国家发起＋社区参与"的简约主义治理模式下，适宜由社区承担国家科层体制无力承担或者承担不经济的公共服务职能。以社区为主体参与实施，不仅能激发社区的公共性和社会治理的活力，还能降低国家治理成本，节约行政资源，集中力量办大事和增强国家能力。

那么，在"国家发起＋社区参与"的简约主义治理模式下，国家与社会在第三领域实施的就是协商性治理或合作性治理。从治理能力、治理成本和治理活力三个指标去分析，形塑的就是低成本、高效率和高活力的基层治理体制，最终形成的"强国家—强社会—强治理"的国家治理结构理想类型，也是我国国家治理体系和治理能力现代化的方向。

根据国家能力、第三领域社会力量、治理绩效三个变量，可以得出国家治理结构的四个理想类型。其中，治理绩效可从治理能力、治理活力和治理成本三个指标来判断。治理能力、治理活力与治理成本成反比。具体如表1所示。

表1　　　　　　　　　　国家治理结构的理想类型

理想类型	国家能力	社会力量	治理绩效	国家治理结构
I	强国家	强社会	强治理	现代型国家
II	强国家	弱社会	弱治理	威权型国家
III	弱国家	强社会	强治理	传统型国家
IV	弱国家	弱社会	弱治理	无政府社会

对上述表格中四个理想类型简单分析：I类型下的国家治理结构，国家能力强，第三领域的社会力量也强，社会治理绩效强，治理成本低而富有治理活力和治理能力，国家和社会之间在第三领域产生良性互动。此类型就是本文在"国家发起＋社区参与"式的简约主义治理经验基础上提炼的一个理想类型：国家和社会的关系不是西方式的紧张对立关系，而是一种协商合作关系。这也是我国国家治理体系和治理能力现代化的方向。

II类型下的国家治理结构，国家能力强，第三领域的社会力量弱，社会治理绩效较弱，表现为国家治理成本高而社会治理活力和治理能力不足，基层治理面

临内卷化的困境①。用迈克尔·曼的专断性权力和基础性权力来划分，反映的是国家的专断性权力强，而基础性权力不足，属于威权型国家②。这也是目前我国的治理现状，国家治理体系和治理能力的现代化，需要从威权型国家走向现代型国家。

Ⅲ类型下的国家治理结构，国家能力弱，但是第三领域社会力量强，即社会自治能力强，基本上能够实现低成本而高效率的社会治理，因而社会治理绩效也较强。而由于国家能力不足，国家对社会的控制能力较弱，属于传统型国家，典型代表就是黄宗智总结的中华帝国时期集权的简约治理机制。但由于我国进入工业化和城市化社会后，社会的流动性、复杂性和风险性增加，乡村社会在经历千年未有之大变局，需要建设一个具备强国家能力的现代民族国家，才能应对国内外复杂的社会环境。

Ⅳ类型下的国家治理结构，国家能力弱，第三领域的社会力量也弱，社会治理绩效也弱，社会呈现的是弱社会治理秩序，极端代表就是无政府社会下的"丛林秩序"，完全依靠社会中个体力量的强弱来博弈生存，遵循的是弱肉强食的"丛林法则"。

我们将以上四个理想类型进行比较可知，Ⅰ类型下"强国家—强社会—强治理"的国家治理结构是一种适合我国国家和社会关系现实的图景，也是我国国家治理体系和治理能力现代化探索的方向。它既不是完全采取国家中心主义的官僚化路径，也不是发育西方市民社会或多中心治理的社会路径，而是采取"国家发起 + 社区参与"的新简约主义治理路径，形塑的是"强国家—强社会—强治理"的良性互动治理结构。

五、结论

"国家发起 + 社区参与"的新简约主义治理机制，体现的是国家和社会的协商性关系和合作性关系，而非西方的紧张对抗式关系，是国家和社会在第三领域的协商性治理或合作性治理。适宜由村庄社区承担国家无力承担或承担不经济的公共服务职能，采取"国家发起 + 社区参与"的简约主义治理模式，这样不仅能激发社区的公共性和社会治理活力，降低国家治理成本，建设一个具有强大基础能力的基层治理体制，即形成低成本、高效率、高活力的基层治理体制，而且国家还能集中精力办大事和提高国家能力，形塑的是"强国家—强社会—强治

---

① 贺雪峰："论乡村治理内卷化——以河南省 K 镇为例"，《开放时代》，2011 年第 2 期，第 86～101 页。

② 迈克尔·曼：《社会权力的来源》，刘北成、李少军译，上海人民出版社 2002 年版，第 69 页。

理"的国家治理结构。根据国家能力、第三领域社会力量、治理绩效三个变量，可以得出国家治理结构的四个理想类型。其中，治理绩效可从治理能力、治理活力和治理成本三个指标来判断。对比分析得知，新简约主义治理机制下形成的"强国家—强社会—强治理"的国家治理结构是现代型国家治理结构，也是我国国家治理体系和治理能力现代化建设的方向。

农村的去阶层分化机制与中国社会稳定

在近三十余年里，中国社会发生了剧烈分化，诸多学者担忧地指出，巨大的底层社会将成为中国政治社会危机的根源。农村无疑是中国底层社会的主体部分，然而，农民之间"有分化无分层"的现象成为社会常态，这种现象源自于农村社会特有的去阶层分化机制。由拉平机制和转移机制组成的去阶层分化机制，将在村富人逐渐消解，将不能消解的富人转移出村，保持了村落阶层结构的均衡性、模糊性。去阶层分化机制不但保持了农村社会的稳定，而且为进城农民工提供了返乡的物质和社会基础，继而为中国经济转型提供了弹性空间。

一、问题的提出

中国是一个农业大国，至今尚有9亿在籍农民，其中2亿是往返于城乡之间的农民工，农村能否保持稳定直接影响着中国的政治社会秩序。近三十余年来，中国城乡社会发生了明显而深刻的阶层分化，农村在当前社会阶层结构中的位置如何，其自身有何独特的演化逻辑，这些都是需要回答的重大理论和实践命题。

有关中国社会阶层的相关文献已是汗牛充栋，其中较有代表性的有陆学艺的"十大阶层"理论，孙立平的"断裂"理论，李强的"丁字形"结构理论。陆学艺主持的课题组将劳动分工、权威等级、生产关系和制度分割视为阶层分化的机制[1]，并指出占有组织资源、经济资源和文化资源的量决定了个人在社会结构中

本文作者：魏程琳，华中科技大学中国乡村治理研究中心博士生。本文得到教育部重大攻关课题项目"完善基层社会治理机制研究"（14JZD030）和国家社科基金青年项目"中间阶层对农村社会治理的作用和参与机制研究"（14CKS037）的支持。

[1] 李春玲：《断裂与碎片：当代中国社会阶层分化实证分析》，社会科学文献出版社2005年版。

的位置①，由此测出当代中国的十大社会阶层，为阶层研究提供了基本的参照对象。此外，陆学艺较早关注农民阶层分化问题，并提出农民"八大阶层"② 的分析框架。可惜的是，之后本就不多的农村阶层研究大都是在"八个阶层"框架下进行的，未能取得质的突破和进展。

从 20 世纪 90 年代中期起，孙立平就关注中国的两极社会、贫富差距、不平等等问题。他指出，"总体性精英"③ 通过"官倒—进入干部体系—下海—买文凭"等四步形成，90 年代资源重新集聚的直接结果就是：一个具有庞大群体的"底层社会"在中国形成了，由农民、农民工和城市失业贫困人员组成的底层社会将给中国社会和政治带来巨大挑战④。上层精英有着独自的利益诉求，对社会形成总体性垄断，导致两极社会的形成，继而引发社会断裂。孙立平担忧地指出，这种断裂是全方位的，旧秩序和旧结构将要解体，社会将面临断裂带来的动荡和危机⑤。2005 年，李强⑥采用修正之后的国际社会经济地位指标研究发现，中国社会结构既不是金字塔形，也不是橄榄形，而是"倒丁字形"，巨大的底层社会群体构成"丁字"的一横，获得 23 分值的底层社会群体占全部就业者的63.2%，而该群体中，从事大田作物的农民占91.2%。"倒丁字形"结构与"断裂"论揭示了一个残酷的现实：中国有着庞大的底层社会群体，这个群体将成为政治社会动荡和危机的源泉。

既往研究在分析中国阶层结构变革及其带来的问题上做出了卓越贡献，但也存在以下几个方面的不足：第一，研究关注点集中在上层精英和上层社会的形成机制与过程上，采取自上而下的视角抽象地将农村视为城市社会结构的"底层"，忽略了底层社会阶层分化的逻辑；第二，对分层机制的探讨仍停留在"市场经济机制代替政治身份机制（身份制、单位制与行政制）"⑦ 的宏观判断上，缺乏深入细致的微观机制分析；第三，基于以上两点，学界无法解释既然"社会已经'断裂'并危机四伏"，三十余年来中国何以能在飞速发展中保持社会稳定。

与既往研究不同，有的"三农"学者注意到农村非但不是中国政治失序的

---

① 陆学艺：《当代中国社会阶层研究报告》，社会科学文献出版社 2002 年版。

② 陆学艺："农民的分化、问题及其对策"，《农业经济问题》，1990 年第 1 期。

③ 孙立平："总体性资本与转型期精英形成"，《浙江学刊》，2002 年第 3 期。

④ 孙立平："资源重新积聚下底层社会的形成"，《战略与管理》，2001 年第 1 期。

⑤ 孙立平："90 年代中期以来中国社会结构演变的新趋势"，载《转型与断裂：改革以来中国社会结构的变迁》，清华大学出版社 2004 年版。

⑥ 李强："'丁字形'社会结构与结构紧张"，《社会学研究》，2005 年第 2 期。

⑦ 李路路："当代中国社会分层的制度化结构"，《教学与研究》，1996 年第 3 期。

源泉，反而是中国社会的"稳定器"①。那么处于结构底层的农村社会是如何发挥稳定功能的，学界对此尚未进行细致探讨。近年来笔者及所在研究团队在全国二十余省城乡调研发现，相比城市，多数农村地区依然是一种相对封闭、相对均等的阶层结构体系，村民之间存在一定的分化，但没有出现固化的阶层，展现出一幅"有分化无分层"的现象。笔者提出"去阶层分化机制"来分析这一现象的成因机制，以此探究中国社会保持稳定的内在机理。为叙述方便，本文选取一对具有对比性的村庄：浙江店口金村（材料来自笔者 2013 年 10 月的田野调研）和山西河津北村（材料来自笔者 2014 年 5 月的田野调研），金村可以视为资源富集型村庄的代表，而北村可以视为资源非富集型普通村庄的代表。

二、"有分化无分层"的中国农村

无论是从客观角度对农村的社会阶层结构进行考察，还是从主观角度对农民的阶层体验进行分析，都会得出以下结论：绝大多数农民家庭处于均等的中层位置，农村社会展现出一幅"有分化无分层"的图像，即农民之间在社会地位、经济实力、生活消费等方面虽有一定程度的分化，但农民在社会结构中的地位流动性强，并未形成明显的阶层意识和阶层归属感，村庄阶层结构模糊。当然，并非所有的农村都是如此。我们首先对农村做一个初步分类，然后再展现绝大多数农村社会的阶层状态与分化机制。

1. 两类农村

当前中国农村大致可以分为两类：第一类是资源富集型农村，如发达地区（市场机会资源）、城市近郊地区（区位资源）和自然资源富集地区的农村，这类农村在全国约占 10%；第二类是在市场、区位和自然资源等方面都无优势的资源非富集型普通农村，这类农村在全国约占 90%②的比例。第一类农村的农民在市场竞争和资源分割中迅速分化，并形成较为明显的阶层结构，其分化的逻辑和表现形式与城市相似。限于篇幅，本文对第一类农村不作讨论。第二类农村既无市场、区位优势，又无资源优势，农民生计基本上依靠在家务农和外出务工，这类农村的农民占全国农村人口的绝大多数，可以说是社会结构底层的"底层"。

---

① 贺雪峰：《新乡土中国》（修订版），北京大学出版社 2013 年版。
② 10%与90%都是约数，全国有5%的农村是城郊村（包括发达地区农村），自然资源富集型农村最高占5%的比例，本文粗略地将第一类农村的比例估算为10%，第二类农村即普通农村占90%。

第一类农村的阶层分化已较为明显且阶层结构逐渐定型，第二类农村的阶层形态则是模糊的、均等的、动态的，是"有分化无分层"的。第二类村庄由于分化程度低，人们之间的交往也未发生明显的分层，"熟人社会"①的关系网络与地方性共识依然发挥主导作用，人们之间尽管有经济、社会地位的差异，但仍都深嵌于村落社会结构之中，共享一套社会评价体系，遵循传统礼俗而生产生活。

2. 农民的阶层分布及其地位流动

由于资源贫瘠普通农村生产富人的能力有限，所以，村中的上层家庭往往很少，以一个人口 1000、户数 300 的村庄为例，普通农村的阶层结构形态基本如下：上层家庭在村庄所占比例大约占 1%～3%（3～9 户），而长期性入不敷出的贫困户大约占 2%～4% 之间（6～12 户），90% 以上的农民家庭在中层上下徘徊，而且中层、中上层、中下层的界限比较模糊。一个家庭可能会因家庭劳动力老弱病残而沦落到社会中下层，也可能会因病、子女上学、意外伤害而致贫，这类贫困基本上都是阶段性的，等子女长大参加工作、家人病情转好、意外伤害消除，家庭经济就会复苏；而一个中下层家庭凭借勤劳节俭不久就可以上升到村落的中间阶层。

在农村调查发现，绝大多数村民都有从底层或者中下层走向中层、中上层的经历。分田到户三十年来，所有农民家庭的经济条件都得到了改善，经济社会地位绝对提高、相对均等，只有少数人由于懒惰、大病或者意外事件而出现地位下降。那些由社会底层或中下层变为中层、中上层的案例表明农民只要勤俭节约并遵守村落社会规范，就能够在经济地位和社会地位上获得改善达到中层状态。而且，家庭的阶层地位是代际关联的，父亲的努力和积累可以在子代家庭的地位上展现，他们也可以将地位改善的希望寄托在子代身上，只要子代家庭还在延续，农民的家庭地位就有向上流动的希望，村落社会也因此而充满活力。

---

① 费孝通：《乡土中国生育制度》，北京大学出版社 1998 年版。费孝通最先提出熟人社会的概念来理解乡土社会的特色，他指出村落社会不同于现代陌生人社会，农民世代居住生活在一个没有陌生人的"熟悉"的社会中，在熟人社会人们会"习得"一套礼俗（地方性共识），获得他人的信任，并接受村落社会规范共识的治理。概括地说，费孝通的《乡土中国》就是对农民熟人社会方方面面的经典描述。陈柏峰将熟人社会人们的行为逻辑总结为以人情为基础的乡土逻辑"讲情面，不走极端，歧视外人，重视乡情"，参见陈柏峰："熟人社会：村庄秩序机制的理想型探讨"，《社会》，2011 年第 1 期。尽管熟人社会在现代社会冲击下有所改变，但农村仍然是以熟人社会为底色的，农民的行为逻辑仍然以乡土逻辑为指导原则，农村的熟人社会与城市陌生人社会在社会性质、人们行为逻辑上仍有本质差异。

3. 农民的阶层意识

阶级（阶层）意识是阶层是否已形成的最主要的衡量指标之一，也是阶层研究中最复杂的问题之一，因为它涉及主观与客观、表象与实质等复杂内容。吉登斯①区分了阶级（阶层）感知（Class Awareness）与阶级（阶层）意识（Class Consciousness）。阶级感知是指阶级成员一般存在的一种相似或相同的态度、信仰和生活方式；而阶级意识则涉及阶级隶属或者归属问题。二者的区别是：阶级感知还没有意识到阶级归属，如果阶级意识未形成或者不强烈，就不会走向阶级行动。可见，阶级意识是阶层研究必不可少的内容。

通常来看，90%以上的农民家庭处于中间阶层，且阶层界限模糊、村民地位流动频繁，阶层结构始终处于变化之中，微量的富人不足以形成一个固定的阶层。阶层未形成或未固化，阶层意识就不可能产生和表现出来，这可以从农民的阶层感知中得到验证。例如，农民往往用下面的话回答阶层差异问题："大家都差不多，谁也不比谁强多少"。在村民的意识中，个人的经济社会地位是流动的，"三十年河东，三十年河西"讲的就是这个道理，农村结构在动态中达到均衡。低度分化、快速流动的阶层状态使得村民的阶层感知很弱，阶层意识并未形成，他们在村庄拥有的信仰、规范、生活方式是历史形成的，而非阶层分化形成的，他们有的是村庄归属感、家庭或家族归属感，而非某个阶层的归属感。在普通农村，"经济生活深嵌于农村社会之中"②，而非农村社会被市场经济和阶层结构主导。

笔者将在农村社会长期存在的"有分化无分层"现象，归结为农村社会"去阶层分化机制"作用的结果。基于农村社会经验材料，本文将从资源、制度和非正式制度等方面展现"去阶层分化机制"的组合要素与逻辑关联。"去阶层分化机制"由拉平机制和转移机制组成，下面分述这两个子机制。

三、农村去阶层分化的拉平机制

如下现象在农村社会常常可见：一个家庭在经济实力达到高峰之后，随之被逐渐拉平，最后归于中层。我们用拉平机制来解释这种现象。所谓拉平机制，就是指多个因素组合使得农民家庭在财富积累达到一定的高度之后又逐渐被稀释、

---

① Giddens, Anthony. The Class Structure of the Advanced Societies. New York：Harper & Row Publishers, 1975.

② ［匈］波兰尼：《巨变：当代政治与经济的起源》，黄树民译，社会科学文献出版社 2013 年版。

恢复到中层的原理。基于农村经验可知，土地（资源）制度、分家继承制度（文化）和意外变故因素是组成拉平机制的关键要素。

1. 均分地权的土地（资源）制度

土地是农民最为重要的生产资料和财富来源。长久以来，土地的占有量决定了个人和家庭在村落社会中的地位。1949 年以来，国家在农村实行过土地私有制、集体土地所有制和"集体所有制 + 承包制"三种制度，第一种制度大大促进了农村的阶层分化，第二种制度抑制了农村阶层分化，由前两种土地制度演化而来的"集体所有制 + 承包制"对农村阶层分化的作用经历了一个"从促进到抑制"的转变过程。

1949 ~ 1958 年，土地私有制是农村的基本经济制度。这个时期，农民之间买卖土地、宅基地的现象日益突出，贫富分化和阶层分化的趋势日益凸显①。为了控制贫富差距，国家采取了诸多措施，其中最为严格的措施莫过于人民公社制度的建立。人民公社实行的土地公有制将之前分化的农村社会结构再次拉平，并长期抑制了农村社会的阶层分化。1980 年左右，分田到户政策将农民的生产积极性激发出来，人们凭借家庭劳力、肥力、技术等要素在土地上获得了不均等的收益，农村再次出现分化，土地在农村阶层分化上发挥了显著的促进功能。20世纪 90 年代中后期，伴随着农业税费提高、国内粮价停滞不前等现象的出现，加之 2006 年前后打工经济的兴起，农地生产剩余变得有限，农业收入在家庭收入中所占的比重降低，土地在阶层分化中的作用从促进转变为抑制——限制土地过度集中。

均分地权基础上的集体土地所有制，为每户农民保留了长久的农地使用权，是当前农村盛行的"以代际分工为基础的半工半耕"②生产模式的制度基础。当前农村人均一亩三分地，户均不过十亩，农民仅靠土地无法完成家庭再生产，而举家外出务工又不现实，因而，老人或者妇女在家务农、青壮年劳力外出务工成为农民的理性选择。粗略计算，耕种一亩土地的年均纯收入为 800 ~ 1000 元，在家务农的成员如果耕种 5 ~ 10 亩地，一年收入在 4000 ~ 10000 元，这笔钱基本可以覆盖家庭生活、人情、子女上学等各项消费；而家人在外的务工收入（一对务

---

① 1951 年 4 月山西省委向中央、华北局写了题为《把老区互助组织提高一步》的报告，指出农民分化的问题，并在中央引起一场争论；毛泽东在 1955 年发表的《关于农业合作化问题》中明确指出农村阶层分化的问题，并提出用合作化加以解决。参见毛泽东：《关于农业合作化问题》，载《毛泽东文集》（第六卷），人民出版社 1999 年版，第 437 页；薄一波：《若干重大决策与事件的回顾》，中共中央党校出版社1991 年版，第 184 ~ 203 页。

② 贺雪峰：《小农立场》，中国政法大学出版社 2013 年版。

工夫妇一年大概节余3万~5万元）就可以作为剩余积累下来，操办人生大事，如为儿子建房娶媳妇、为老人送终等。当下农村农户的生产模式大致如此，家庭收入和年度剩余也大致相当。半工半耕生产模式既保证了家庭劳动力的再生产，又使得村民之间经济剩余相差无几，家庭经济地位相对均等。

土地制度作为去阶层分化机制的另一个表现就是限制土地过度集中。农村土地集体所有制保障了个人长久的土地使用权，限制了土地的永久性买卖或流转集中。外出务工农民将土地流转给留村之人耕种。留村农民若有20亩左右的土地，再做点小生意（例如养殖或者经销农资等），年收入约为3万元（不低于外出务工收入），他们的利益在村庄，也积极关心村庄公共事业，成为农村发展的中坚力量。这种土地流转的期限往往是短暂的、不确定的，它恰恰为外出务工者提供了随时返乡躲避意外风险的保障，同时也使得土地租金较低，降低了留村农民种地的成本。均分地权的土地制度，一方面使得农村最为根本的生产资源处于分散状态，另一方面又为村民提供了最基本的物质生活保障，遏制了地主富人阶层的产生。

2. 分家继承制度

中国素有"诸子均分"的继承制度传统。有学者称，古代诸子均分制度的确立是统治者加强中央权力的举措之一。无论这个论断是否准确，诸子均分的分家制度的确将父系家庭的实力大为削弱。瞿同祖[1]指出，在古代社会，一般的耕种人家因农地亩数限制，一个家庭大概只包括祖父母及已婚的儿子和未婚的孙子女，祖父母逝世则同辈兄弟分家，家庭只包括父母及其子女，在子女未婚嫁以前，家庭人口很少有超过五六口的。不同于古代的一次分家制度，当下农民往往采取多次分家的方式，即儿子结婚后不久就会进行第一次分家，等父母去世后再次分家。在此我们可举一例。

1980年，24岁的张三在父母的操持下结了婚，之后生了两个儿子。1980~1995年期间，由于孩子小、老人需要照顾，他无钱投资土地，农业收入微薄，在别的家庭蒸蒸日上时，张三家的经济地位在中下层徘徊，生活一直很拮据。1995年以后，两个儿子相继初中毕业，与他们夫妻一起外出打工，一家四人的务工收入一年可达6万元。未过几年，家里便建了两座新房，张三家在儿子结婚分家之前，经济实力达到了顶峰，经济地位上升到村落的中上层。大儿子于2004年结婚，随后与张三分了家，这次分家不但耗散了张三的货币资本，而且分去了

---

[1] 瞿同祖：《中国法律与中国社会》，中华书局2003年版。

家庭劳动力和土地资源；2005 年张三的母亲去世，花费 2 万元；到二儿子 2008 年结婚时，张三已感到力不从心，需要大儿子支持部分资金。等两个儿子的婚事完成后，张三夫妇已经 50 多岁迈入了老年阶段，经济地位停留在中层位置上。

绝大多数农民与张三的生命历程相似，他们从经济低谷走向高峰，之后随着儿子建房、结婚、分家以及家庭成员的生老病死，家产逐渐耗散，经济地位逐步下降，最终恢复到中层。以分家为核心的继承、生养死葬等文化制度在阶层流动和阶层分化中扮演了重要角色。张三也许是一个能力很强的人，也可能会生育三个儿子，儿子既是他奋斗的动力也是他能力的体现，但同时也是他家产消耗的主要因素。无论如何，他的生命历程都难逃脱"（中层—）低谷—高峰—中层"的地位流动逻辑。在儒家文化的影响下，中国农民有着超强的生育冲动（子孙崇拜），加之地主有很强的生育能力（可以纳妾），参加分家析产的男性人数平均超过 2 人，"这使得一个地主家庭经过七十五年三次分家析产之后，就有子孙变为无地的贫农，地主之家不待败家子的出现就会自然家道中落"①，这正是分家机制在阶层分化中发挥的拉平作用。

此外，一些意外变故因素同样发挥着阶层分化的拉平功能，例如自然灾难、家庭人员大病、意外伤亡等。这些因素具有偶然性，并无规律可循，但又的确存在并发挥作用。总之，农村曾阶段性地出现富人，但富人很快又会在家庭更替、分化、循环中被消解掉，这种财富分散机制一次又一次地将农村社会结构拉平。

四、农村去阶层分化的转移机制

村落社会除了阶段性、暂时性的富人外，还有一种在村落里见不到的富人或上层人士，他们通过经商、参军、从政、考学等方式在城市获得了正式工作，经济地位和社会地位高于一般农民。这些上层精英离村进城，他们的地位参照对象、阶层归属体系已脱离农村，对农村阶层结构的影响微乎其微，我们将之称为农村去阶层分化的转移机制。

1. 精英离村的逻辑

每个村庄都有富人，但真正处于阶层结构顶端的富人和精英又都不在村庄。以山西北村为例，该村有 3000 人、800 户，能够称得上上层精英的农户有 16 户（2%），其中，经商者（经济精英）10 户，做官者（副科级干部以上）和在外

---

① 赵冈：《中国传统农村的地权分配》，新星出版社 2006 年版。

工作者（知识或者权力精英）6户。10户经济精英要么在市里或省外开家具店、电器店，要么投资金矿、煤矿，他们无一例外都长久迁出农村在县级以上城市居住；经过考学或参军在外工作的6户知识或权力精英也都在县级以上城市居住。与此不同的是，发达地区农村的经济精英往往都不离村，而且带动了村落社会的消费竞争，形成一定的文化"区隔"①。可见，富人是否离村会影响村落社会生活的方方面面，因此，有必要对比两类村庄探讨一下普通农村富人离村的逻辑与影响。

普通农村资源贫瘠、市场化或者商品化程度低是经济精英离村的根本原因。在中西部地区矿产资源丰富的村庄，富人由村庄生产出来，由于资源掌握量不同，村民迅速产生社会分化；在浙江沿海发达地区，由于市场化和商品化程度较高，村民在市场中不断分化、分流、分层。依赖于矿产资源或市场资源积累财富的经济精英当然离不开村庄，即使他们在城里有了房子，他们的居住、生活、消费、人情交往仍然与村庄密切相关。他们往往将自己的经济实力在村落住房、酒席、耐用品消费上体现出来，造成村落内部明显的阶层结构和区隔。

由于富人离村，以上现象在第二类村庄通常不会出现。普通农村不但不足以生产富人，而且也无法为在村的富人提供货币资本储存、保值的手段。传统时期，回村买地是经济精英在外发财后常见的投资、保值方式，但而今的土地制度不允许富人有这种举动。为了寻找财富保值、增值的途径，富人们远离村庄。当然，有的富人也会在家建一座无人居住的豪宅，向大家宣告自己的成功，希望借此获得村落社会的认可，获得与其经济地位相匹配的社会地位，但由于其已离村，豪宅很难激起村落农民与离村精英的竞争意识。

村庄知识精英、权力精英离村的逻辑与富人离村的逻辑基本一致，离村成为他们实现命运转折的必然选择。普通农村在生产富人、货币资本保值和人生价值实现方面的贫瘠能力，使得村落上层精英逃离村庄，一次又一次将村落社会结构的顶尖部分削平，保持了整体结构均衡。

2. 离村精英与村落社会的关系

在浙江等发达地区的农村，不离村的经济精英阶层对村落社会形成笼罩性力量，他们占据村两委的职位，支配着村内公共资源的分配，主导着村落社会文化消费趋向，加剧了村落社会竞争和阶层之间的区隔，改变着农村社会的价值观和

---

① Bourdieu, Pierre. Distinction : A Social Critique of the Judgement of Taste. Cambridge Massachusetts: Harvard University，1984.

人际交往模式。学界对此已有不少研究①，而普通村庄离村精英与农村社会的关系却鲜有人论及。

普通农村的富人精英离村进城之后，无论其资产多么雄厚，职位和知名度多么高，他们都很难对村庄社会阶层结构有实际的影响。离村精英不在村居住，不参加村落社会竞争，加之社会空间的区隔，他们在生活方式、文化品位和耐用品消费等方面的奢华也不会引起村庄的消费竞争。村民在日常生活中感受不到离村精英的存在，也不会感受到来自离村精英的压制性力量，地位焦虑感、阶层感知或者阶层意识便无从产生。

离村精英虽然与村社结构已无关系，但他们与村庄仍有着密切的联系。在山西、陕西、江西等地的农村，经常可以看到返乡养老的退休干部、工人，他们回到村庄与世无争，在生活消费方面也不标新立异，而且往往能在社会公益事业方面发挥领袖作用。这类村庄价值生产能力强，离村精英对村庄有归属感，遵循"离村—回馈—返乡"的模式。相比之下，两湖平原地区的农村社会价值生产能力相对较低，离村精英的家乡归属感较弱，他们对村庄的正面功能相对消极，遵循着"离村—永别乡村"的模式。无论哪种类型村庄的精英，他们离村本身就将个人的阶层、财富、地位及其竞争转移到了城市社会，他们对村落社会阶层分化不再起作用，对村庄建设要么发挥积极作用，要么不起任何作用。

五、结论与讨论

既往阶层研究抽象地将农村视为中国阶层结构的底层，忽视了城乡社会、两类农村的区别，不能解释为什么处于底层的农村社会不但不是社会动荡的根源，反而在中国经济腾飞中扮演了稳定器的角色。本文通过对最为常见的农村现象的分析，揭示了农村本身蕴含的社会（去）阶层分化机制及其结构特征。

1. 去阶层分化机制的要素组合

学界采取自上而下的视角得出阶层分化越来越严重、社会断裂越来越加深的结论。不同于前者，本文采取自下而上的底层视角发现，广大农村社会本身就蕴含着去阶层分化的机制，在系统内部进行着阶层整合。

由土地制度、分家制度和意外因素组成的拉平机制，对一般农村的绝大多数村民都会发挥作用。在家庭财产积累和消费的过程中，农民往往依靠家庭劳动力

---

① 魏程琳等："富人治村：探索基层政治变迁的逻辑"，《南京农业大学学报（社会科学版）》，2014年第3期。

和资本投入缓慢地积累财富，达到顶峰之后，随着子女分家将迅速消解在村的富人，使得富人从阶层结构的上层逐步下降到中层。偶然的意外因素也会起到消解富人阶层的作用。当下均分地权的土地制度既抑制了在村农民的分化，也阻断了在外经济精英回村买地为财产保值、增值的路。受村庄资源和机会的约束，普通农村生产富人精英的能力有限，而那些经商、做官、考学参加工作的村落精英依赖村外资源积累财富，他们将个人的阶层地位竞争、消费竞争转移到了城市社会，不再对村落社会阶层结构和村民生活产生影响。由拉平机制和转移机制组成的去阶层分化机制，将在村的精英消解，将消解不了的精英转移到城市，保证了农村农民阶层地位的相对均等，保持了农村阶层结构的模糊性、均等化的特征。

由正式制度、非正式制度等要素组合而成的拉平机制和转移机制使得农村成为一个去阶层分化的社会。农民之间尽管有分化但没有形成固定的阶层结构，农民依然生活在"熟人社会"的差序格局之中而非阶层结构里，社会生活仍然由村庄文化规范主导而非由精英阶层主导，他们感受到的是地方性共识带来的压力而非阶层挤压，他们还在为家庭再生产不断努力，为获得社会好评不断进取，农村社会依然表现出蓬勃向上的活力。

2. 去阶层分化机制与中国社会稳定

现代化的过程往往伴随着政治上的动荡[1]。去阶层分化机制保持了农村社会结构的均衡状态，消解了可能发生的结构性紧张，保证了农村社会生活、社会价值的完整性，为国家发展转型提供了秩序保障。除了保证农村社会稳定之外，去阶层分化机制在城乡社会稳定上同样发挥着重要功能。当前中国有 2 亿农民工往返于城乡之间，他们大都怀揣着进城的梦想，但能够成功进城的人却寥寥无几。成功进城的农民缓解了村内阶层紧张，然而，进城失败的人该怎么办呢？

从事国际城乡建设比较研究的温铁军[2]指出，"但凡是人口超过 1 亿的发展中国家加快城市化，都有农村贫困人口转移带来的社会问题，贫民窟是最具代表性的问题，而中国是唯一的虽然有 2 亿的大规模人口流动，却没有出现大型贫民窟的国家"。中国经济社会正在快速发展变化，2 亿农民工不断往返迁徙，却既没有出现变化社会中的政治动荡，也没有出现印度、拉美等国家的贫民窟现象，根本原因在于中国农民"进得了城，回得了乡"。均分地权的土地制度是去阶层分化机制的核心要素之一，它保证了人人有其田，从物质上保障了农民返乡的能力；熟人社会为农民工提供了生活意义系统；均等化的阶层结构保障了他们体面

---

① [美] 塞缪尔·亨廷顿：《变化社会中的政治秩序》，上海人民出版社 2008 年版。
② 温铁军、温厉："中国'城镇化'与发展中国家城市化的教训"，《中国软科学》，2007 年第 7 期。

而有尊严的生活，这使得农民在外遭遇不利时不但愿意返乡而且能够返乡。拥有回乡退路的农民工，在城市失业后不愿滞留城市，这样一来，城市贫民窟就无法形成，由贫民窟带来的政治社会危机就不会存在。2008 年全球经济危机导致中国 2000 万农民工失业，然而，这个看似巨浪般的冲击却被中国 6 万个行政村轻松地消解了，中国社会在轻微波动之后迅速恢复平稳。这应归功于在去阶层分化机制作用下形成的农村超强的稳定结构，它不但保持了基层社会的稳定，还为中国发展转型提供了巨大的回旋余地和弹性空间。

有序公民参与视角下的农村治理分析

——基于山西典型农村的实证分析

本文采用实证主义的研究范式对有序公民参与下的农村治理进行了分析。文章基于有序公民参与这一理论框架,对山西省三个典型农村的发展历程、治理情况和未来愿景等分别进行了归纳和演绎。本文认为有序公民参与作为一种重要的农村治理理念,对于推动农村治理走出困境有着重要作用。有序公民参与下的农村治理现代化,作为我国国家治理现代化的一部分将是一种民主、科学、法治、系统的治理,其实践将成为我国渐进式民主政治改革的重要探索。

一、引言

农村治理是一项包含了农村政治、经济、文化、社会等各个方面的综合系统的工程,也是我国农村问题的核心之一,在党的十八届三中全会提出国家治理现代化的背景下,农村治理能否实现现代化与我国基层的繁荣与稳定息息相关。

近年来,对于农村治理的研究主要集中在三个方面,首先是对于农村治理中的政治特色如派系政治、集市政治、土地政治等的研究(孙琼欢,2012;吴晓燕,2008;邓大才,2010),其次是以某地的地域特色为主题的研究如三晋政治、巴蜀政治、岳村政治等(董江爱,2011;任中平,2010;于建嵘,2011),此外还有一批学者将农村选举融入农村治理的过程进行专门研究(徐勇,吴毅,2001;白钢,赵寿,2001;贺雪峰,2000;唐晓腾,2007),这些学者在研究中"深入探讨了农村治理模式与经济发展、民主选举和乡村政治稳定的依存关系"(郑应平等,2010)。

本文作者:郭栋,清华大学公共管理学院 2014 级博士研究生;姚金伟,清华大学公共管理学院 2015 级博士研究生。

海外学者对我国农村治理的研究形成了"现代主义、制度主义和政治文化"三种研究范式（郭正林，2003），主要研究者有欧博文（1994）、李连江（2001）、戴慕珍（1996）、史天健（1999）、罗伦丝（1994）等。改革开放后，这些学者获得了与国内学者进行合作研究的机会，由他们组织的课题组可以在中国的许多省份选择实地调查地点，通过选举观察或访谈等形式开展他们感兴趣的学术研究。

以上研究从政治学、经济学、社会学等不同视角对农村治理进行了全方位的剖析。尽管研究立场、视角等各异，但无一例外均采取了实证研究的方式。与此同时，尽管学者们在理论方面进行了很多努力的探讨，但分析过程中理论的支撑仍然薄弱，理论化程度仍显不足。"这种不足在众多的对农村非制度性研究中表现得更加明显一些，使得这方面的研究学术价值不能得到充分体现"（周红云，2007）。

本文选择的农村治理研究视角是有序公民参与。作为一个具有中国特色的政治术语，有序公民参与很好地实现了自我改革与吸收借鉴的有机结合，实现了社会治理与协商民主的有机结合，实现了价值理性与工具理性的有机结合。本文希望在前人学者所开拓的研究视角和研究实践基础上，通过有序公民参与视角下的农村治理结合实例探究，对我国农村治理的现代化提供一定的视角创新和理论参考。

二、理论背景

公民参与是民众与包含政府组织在内的大型社会组织之间的关系形态。在决定公共资源的分配领域，公众或决策涉及的利益关系人介入政策过程，向政策制定者施加影响并由此构成相互关系的过程，例如参与投票、讨论共同感兴趣的话题等，均可以视为公民参与。从最近几十年全球的实践来看，公民参与正经历着由代议民主向治理民主的嬗变（孙柏瑛等，2013）。公民参与的内涵主要包括六个方面（见表1）。

表1　　　　　　　　　　　　公民参与的内涵

公民参与的主体	发自于民间的非政府公民个体或者公民团体
公民参与的倡导	既源自于公民个体或群体的自发和自愿参与，也包含政府为达成某些政策目标而主张的参与行动
公民参与的形式	在宪法、法律框架内以合法的程序和形式进行
公民参与的领域	主要包括政治选举、合法性抗议、示威和静坐，涉及重大法委条款变更或撤销的创制与复决、相关人利益的公共政策制定、本地或社区公共事务执行中的合作与共同生产、公民基于互惠的互助行动等
公民参与的目的	促进公共利益的达成和公共政策的执行，保证公民有渠道影响政策过程，保障自身利益
公民参与的意义	公民参与既是公民的政治权利，也是保障公民经济权利的基础

资料来源：孙柏瑛．我国公民有序参与：语境、分歧与共识．中国人民大学学报，2009（1）：65－71。

海外对于公民参与的研究主要结合了西方的原创理论，包括公民社会理论、公民资格与公民身份理论、社会资本理论和社会建构理论等（Peter J. Burnell，Peter Calvert，2004；Jude Howell，Jenny Pearce，2001；Charles Tilly，1996；詹姆斯·科尔曼，1999；罗伯特·帕特南2001）。在国内，绝大多数研究是以西方的相关理论视角和方法作为分析解释的起点和框架的，包括了以治理理论为分析框架的研究、以个体权利理论为分析框架的研究和实证研究三种模式（孙柏瑛，2004；吴利平，2006；褚松燕2007；陈剩勇等，2008）。

在公民参与前加上"有序"二字，就成为我国社会的一个特有名词。"有序公民参与"昭示了人们对我国公民参与发展模式的愿望和期待，即在人们对于公民参与行动的政治冷漠与狂热投入这两种极端态度、情感和手段之间寻找合理的平衡支点，以谋求政治稳定、利益吸纳、民间强盛的平衡与有机统一。在国外，"有序公民参与"是一个鲜被使用的专门词语。

从特征、动力与制约因素来看，"有序公民参与"有如下特征（见表2）。

表2   **有序公民参与的特征**

有序公民参与的特征	实施参与的初始动机：推进公民权利的实现，提高公民自主管理的意识和责任，促进地方公共事务的管理和发展
	制度基础和运作平台：依托于国家民主政治制度的推进和发展
	价值和有效性：意味着理性地界定公共政策问题的性质、结构和政策议程的关键点，探求公共政策制定和执行过程中利益相关人的范围
	利益群体构成：公共参与过程应具有比较广泛的代表性，特别是能够包容和体现社会生活中弱势群体的利益和少数人的利益
有序公民参与的动力	诉求和利益：公民或某些利益群体的共同利益和共同要求
	兴趣和爱好：一定区域内居民共同生活所产生的共同兴趣和爱好
	美德精神与责任意识：公民内在的对自我参与责任的感知及其信念
有序公民参与的制约因素	人们的额外负担（职业工作之余时间有限）
	观望犹豫的态度
	国家的政治历史传统和公民性倾向
	现行国家政治体系安排及其开放与容纳程度

资料来源：孙柏瑛，杜英歌. 地方治理中的有序公民参与. 北京：中国人民大学出版社，2013：7 - 32。

本文中有序公民参与理论是在农村的环境中运用的。"现代国家与传统国家的最大区别，在于人们在大规模的政治单元中参与政治和受到政治影响的程度扩大了"（萨缪尔·亨廷顿等，1989），因此在基层实现"广泛"、"有组织"地参与民主建设，是农村基层政治改革发展的趋势（于毓蓝，2006），这种参与趋势就是"有序性"的不断强化。

三、分析框架

对有序公民参与下农村治理的分析可以分为政治的维度、经济的维度和社会文化的维度。

首先，在政治的维度之中，治理理论为有序公民参与提供了必要性和可行性的合理依据。治理是一系列活动领域里的管理机制，它们虽未得到正式授权却能有效发挥作用，是一种由共同目标支持的活动，这些管理活动的主体未必是政府，也无须依靠国家的强制力量来实现，治理所包含的基本含义是在一个既定范围内运用权威维持秩序，以增进公众利益（詹姆斯·罗西瑙，2001）。本文对农村治理的分析，在结合治理理论的基础上，着重分析了治理的参与者和内容。这里的治理参与者分为内部参与者和外部参与者，内部参与者主要是村民与村干部。外部参与者包括通过各种手段参与或干预了村治的外部力量，包括政府、企业和各类在村中成长、但在村外发展并有一定社会地位的精英等等。在治理内容中，主要选取了两委选举、利益分配和村民议事三个方面进行了分析，并在这些治理相关问题的分析中寻求有序公民参与的现实存量和发展基础。

其次，在经济的维度中，主要是对当前农村与农民的经济基础以及在此基础上形成的社会阶层分化程度的分析。陆学艺（2002）指出，改革开放以来，我国农村的社会阶层逐渐分化，农村社会的分化不仅形成了强势与弱势两个阶层，而且形成了诸多专业性的功能社团和唤醒了的传统宗族与地域性群体（贺雪峰，2003）。这种建构在经济基础上的阶层分化对有序公民参与的影响，也将在本文分析中有所涉及。此外，村庄的资源禀赋和发展机遇这两组经济维度的表现，是思考影响农村中有序公民参与的重要因素。

最后，针对社会文化的维度，社会资本理论提供了很好的分析思路。其后就迅速成为当代西方最有影响的分析框架之一。社会资本指的是社会组织的某种特征，例如，信任、规范和网络，它们可以通过促进合作行动而提高社会效益（罗伯特·帕特南，2001）。社会资本的形态对公民参与预期以及参与形式具有明显的影响；反过来，公民参与也促成富有信任、团结、宽容和遵守规范的社会资本的成长。本文在对个案的分析借用了社会资本的分析思路，特别是在有序公民参与的基础上，本文分内部因素（农村居民的参与动机、参与能力、结社情况、动员能力）及外部因素（政治运动、理念传播、外力渗入、社会关注）进行了深入系统的分析。

综上，本文形成了如下的有序公民参与下农村治理的分析框架。

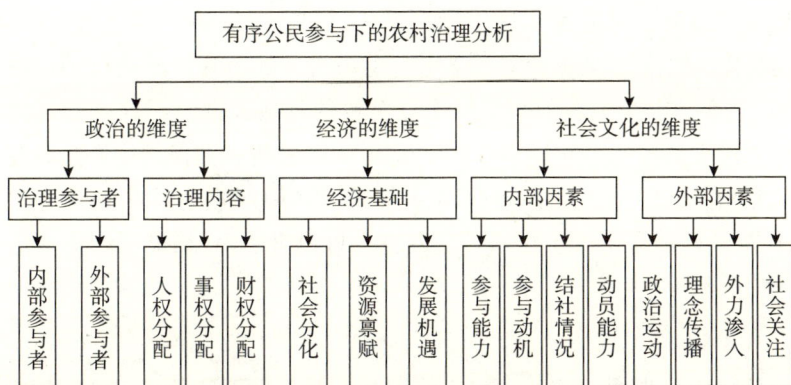

图1　分析框架

四、个案研究

在个案研究中，笔者选取了山西的 L 村、W 村和 J 村。"冲突"、"衰落"、"转型"是作者对每个村的资料进行整理分析后归纳得出的最契合该村发展实际的关键词。

1. 农村发展概况

（1）L 村

L 村位于山西省中部的 F 县。1991 年村里发现了大量的优质铁矿资源，随即，山西 T 钢集团在当地进行了大规模开发，仅三年时间，L 村就成为 F 县第一个村民享受各种福利的小康村。然而，随着村里各种资源（车轮矿、磁赤铁矿、白云岩等）被陆续发现，除 T 钢外，各类私有企业等也纷纷进驻 L 村。与此同时，村两委主要成员的"私产"也开始迅速扩张，连选连任至今的党支书 L 某和历届村主任均开办了自己的企业。企业的进驻离不开土地征用，不少村民表示，"自己的土地使用证是被村委会给骗去的①"，而村委会则借此以村集体的名义与各公司签订了土地租赁协议，所得款项"都进了支书主任的腰包②"。20 余年的时间里尽管物价上涨了好几番，但村里仍然按照当年 T 钢来村开发时的标准，每年只给村民每人 1000 元的分红。

在这种情况下，2008 年起，陆续有村民向上级部门检举村两委干部，反映

---

① ②　访谈记录 140216 – 1。

其采用隐瞒、虚报、捏造等非法手段倒卖土地的行为。2013 年部分村民联系到了某新闻媒体，希望通过媒体力量来引起上级机关的重视，清查村干部的渎职腐败行为①。然而，由于记者未拿到村干部腐败的直接证据，因此只能以计划生育为名来检举村干部违纪。2013 年 7 月，记者向乡政府和县信访中心反映相关问题后，乡政府相关部门却一再推诿。2014 年初，在山西强力反腐的形势下，原村委会主任 W 某已被县纪委工作组带走调查。村民表示 W 某很可能"成为其他村干部的牺牲品②"。

（2）W 村

W 村位于山西省西部的某国家级贫困县 L 县，由于地处黄土高原的山区，交通极为不便，加之平地较少，可耕地十分有限，自然环境恶劣，造成了 W 村长期贫穷的局面。20 世纪六七十年代 W 村尚有自己的小学，在此期间就读的学生很多都成为"知识改变命运"的一代（简称"改变命运者"），之后都在城市里落户发展。这一时期的村两委领导都在解放前参加过革命（简称"革命者"），为人正派，为村里发展尽心尽责。

从 20 世纪 90 年代起，村内青壮年劳动力进城务工增多，这批青壮年劳动力常年在外，无法作为常住人口参与农村治理的各项事务。在村两委中，"革命者"一代早已退出了历史舞台，现任的村两委班子成员中，村支书、村委主任均是通过开办"农民合作社"发家致富的，但在村民中威望有限。"改变命运者"对村里建设十分关心，在村里捐建学校、祠堂、庙宇等方面贡献颇多。

（3）J 村

J 村位于山西省西部的 L 市，是市辖区 X 街道办的沿川七村之一，是一个典型的纯农业村。作为山西省新农村建设试点村，21 世纪初，村里就已经实现"五通"（通路、通电、通水、通气、通信），村卫生院、农家书屋等配套设施也很齐全，近年来，该村的千亩核桃林建设有声有色，已经颇具规模特色，带动了一大批村民脱贫致富。截至 2011 年，J 村相继完成多项基础设施工程，建成了文化活动中心，还在外资捐赠下建成标准化明德小学一座。

2012 年随着 L 市新城的开工建设，J 村成为新城规划建设的文博中心核心区域。2013 年初，村里面临 L 市新城建设的拆迁任务，拆了之后往哪里搬，还没有确定。许多村民口耳相传的是，拆迁后当地新建楼房的房价将远远高于搬迁时每平方米的补贴。按照政府规定，"补偿方式可选择一次性货币补偿，也可选择

---

① 材料记录 140223 – 1。

② 访谈记录 140302 – 1。

产权调换安置补偿","符合条件的被征收人和村民可按成本价购买 10 平方米商业房①"。实际上随着当地市场上 L 市新城概念的炒作,房价在两年时间里已经翻了几番,而补贴标准依然是新城开工建设前的规定。在拆迁初期,多数村民的抵触情绪很大。然而,经过地方政府的动员,2013 年 4 月 1 日,J 村成为了"L市新城建设村民主动拆迁的第一村"。

2. 农村治理的现状分析——基于政治的维度

(1)L 村:"冲突"下的村治

①治理内容。

在连任村党支书数十年之久的 L 某多年经营下,L 村两委的主要领导都是 L 某的亲信。2011 年的两委选举中,一个靠创办企业发家致富的村里经济能人(简称"能人")发起了对 L 某的冲击。"能人"除了有多年积累的物质财富之外,其本身在村内年轻人中间有更大的影响力。换届选举即将开始前,两方开始了大规模的"拉票"竞赛。最终还是 L 某一方的人当选村主任,而 L 某本人由于在村内长期形成的更高的威望以及长期经营下与县乡两级政府形成的"良好"关系顺利连任村党支部书记。

在财务管理方面,L 村设有民主理财小组,组长由村党支部副书记 S 某(L某的外甥)担任。L 村财务是从 2011 年起"上网"(即在阳光农廉网公示)的,2011 年当年收支相抵,均在 110 万元左右,2012 年收大于支,收入 100 多万元,支出 70 万元左右。按照村民说法,这份财务报表完全是"应付上面检查的②"。

在议事方面,L 村的村民代表机构参与的机构党支部、村委会、村民主理财小组外、纪检监督小组。但由于这些组织成员主要是与 L 某关系较好的人,L 村的民主议事基本上是小范围内的小团体议事,而非覆盖了广大村民的集体议事。

②治理参与者。

L 村的内部参与者包括如下几个主体。

首先是 L 村村两委的主要干部,这是一个以家族和共同利益为纽带围绕 L 某形成的小团体。这个小团体中的主要领导者是作为村党支书数十年之久的 L 某。

其次是 L 村村干部外的其他村民,这些村民可以又分为三个部分。第一部分是当前村治的"反抗者",由于其利益多年来受到了 L 某集团的严重损害,因此这批人开始采取检举等方式希图改变现状,同时,这批人的反抗行为主要采取的还是体

---

① 材料记录 130217 - 2。

② 访谈记录 140320 - 1。

制内的合法有序手段；第二部分是针对村内业已形成秩序的"挑战者"，主要是以"能人"为首的一批年轻人，这些人思想文化水平较高，接受的外来信息较丰富，同时通过自身的打拼创造了一定的经济基础，这些人希望通过合法的选举途径上台，"打破"L某集团对 L 村的资源垄断；第三部分是既未参与"反抗"，亦未参与"挑战"的"沉默者"，从历次村两委选举的结果来看，"沉默者"还是占了大多数，他们在一定利益得到满足的前提下会默认村中长久以来形成的秩序。

外部参与者主要包括县乡两级政府、巡视组、企业和媒体。在案例中，县乡政府与村干部有利益共享；巡视组的作用主要是对村干部违法违纪问题的纠察；企业作为重要的外部介入者，与村干部之间经济联系较多，此外，这部分经济利益的不公开、不透明、不共享，也进一步加深了村干部与村民之间的矛盾；媒体报道了村内腐败问题，但未能起到实质性影响。

（2）W 村："衰落"中的村治

①治理内容。

从 W 村的选举来看，由于 W 村一无发展资源，二无发展机遇，在村两委中任职对村民来说并非很有吸引力，同时村里一半左右的人都是近亲或远亲，因此，"村里选举出的人基本是协商好的人选，基本没有实质竞争①"。

在财务方面，"村集体的钱少得可怜，国家拨款也是杯水车薪②"，"饮水改造也好，修路也好，都需要村民甚至在外工作的人凑钱来完成③"。村里的财务都会定期公开，但是"老人小孩都不识几个字，大多数人都不会特别关注④"。

从村民议事来看，尽管村两委和村民小组的组织结构都很完备，且村民大会也会定期召开，但由于常住的老人和小孩既无民主参与的动机，也无民主参与的能力，因此每次村民议事基本没有两委干部以外的村民参与。

②治理参与者。

由于落后的经济和艰苦的自然环境，W 村的治理参与者较为简单，从内部讲主要还是村内的经济能人，在外打工者除选举时期和过年回乡外，其余时间均无时间精力参与村治。从外部看，"改变命运者"对村治有较大影响，但其影响终究还是集中在经济发展方面，至于实际的村务管理工作影响相当有限。

（3）J 村："转型"中的村治

①治理内容。

J 村 2011 年的两委选举中，90%以上的有选举权的村民都参与了投票，包括

---

① ② 访谈记录 130212 - 1。
③ ④ 访谈记录 130212 - 2。

许多在外地的打工者①。除村支书是作为乡镇干部驻村挂职外（尽管也有形式上的选举），其余村干部选举均有充分竞争。

在村里的财务运行方面，近十年时间里村集体资产翻了几番达到了 2400 万元。然而，一些具体的资金补贴在村民中引发了一些争议。比如，国家实行的"一事一议奖补制度"在实际中并未解决村里的实际问题，还经常让村民筹资筹劳，增加农民的负担②。村民还表示，"农民的社会保障特别是'三险一金'存在到位不足的问题③"，对此，村干部的回应是"这个主要还是地方财政的问题。比如新农合，国家规定是中央和地方财政都要负担，实际情况常常是最后补到基层的只有中央的那部分钱。村里不敢截留给农民的社保资金④。"

从村民主议事方面来看，J 村运用的是"四议两公开"法。"四议"即党支部会提议、"两委"会商议、党员大会审议、村民代表会议或村民会议决议；"两公开"即决议公开、实施结果公开。在这一工作法下，2005 年，J 村曾结合该村村情制订了新农村建设第一个"五年规划"实施方案。

②治理参与者。

从内部参与者来看，J 村的党支部书记先后担任过 X 街道办（原 X 镇）党工委委员、企业服务中心主任和工会负责人，在 2004 年开始挂职 J 村党支书前，他曾先后在多个行政村作为乡镇驻村干部担任党支书。一份 J 村新农村建设的宣传材料中写道，"凡是他所任过职的村，都是由远近闻名的'落后村'、'上访村'，变为'先进村'、'文明村'，而且他离开后，该村的好作风、好风气能够长期保持⑤。因此，可以说村支书在村内是有绝对权威地位的领导。而村委会干部则在 J 村的治理历程中出现较少。此外，从村民来讲，"村干部选举有充分竞争"、"90% 以上的有选举权者都参与了投票"说明村民的"参政"积极性还是很高的。

从外部参与者来看，市、区、乡的党委政府都对 J 村的村治有较大的影响，这些影响主要体现在政治运动（"三大活动"等）、政策变革（新城建设等）、人员派出等方面。J 村还有上级派来的大学生村官，在村民看来，"大学生村官能力水平一般"，"可能只是为了捞一些资本，达到目的就走人⑥。"媒体也曾对 J 村情况有所报道，但是这些报道均是正向的。企业在 J 村中主要除收购农产品外，在城镇化的各类开发项目中也有所参与。社会组织对 J 村也产生过影响，例

---

① ②　访谈记录 130216 - 2。
③　访谈记录 130216 - 1。
④　访谈记录 130216 - 2。
⑤　材料记录 140315 - 2。
⑥　访谈记录 130216 - 1。

如"明德小学"就是某基金会投资建设的慈善项目。

3. 有序公民参与的困境与变革——基于经济和社会资本的维度

"冲突"、"衰落"和"转型"作为三个农村的治理特征，也是其治理中所面临的困境所在。面对困境，未来有序公民参与的基础主要依靠当地的经济和社会资本因素。

（1）经济因素

经济因素主要包括社会分化、资源禀赋和发展机遇三个方面。

L村的"冲突"来源于经济发展下的利益分配，植根于村内长久以来形成的小集团化的村治格局。当地经济发展成果的分配不均，导致村内部社会阶层分化程度较高。L有很好的资源禀赋，然而随着当前这种利益分配格局的延续，冲突程度的不断提升，有序公民参与的迫切性和必要性更加凸显。

W村的社会构成较为简单，但在资源禀赋和发展资源方面较为匮乏，因此，W村的有序公民参与的发展空间较为有限。

J村既有很好的发展机遇，又有很好的发展基础（虽然自然资源禀赋随着城镇化的进程将不复存在），尽管在此基础上形成了社会阶层分化，但这些阶层之间的冲突总体来说并非主流且秩序性较好，这些都为未来的有序公民参与创造了很好的条件。

（2）社会资本因素

在社会资本因素方面。由于公民的参与动机、参与能力、结社情况和动员能力四个因素中，参与动机、参与能力受公民精神、文化素质、利益相关程度、经济状况等的影响，结社情况和动员能力又可视作是与参与动机和参与能力同向度发展的两个因素。

结合L村的实际，可以对内部主体进行如下的划分。

从中，我们可以看到挑战者和反抗者是除村干部之外有较高参与动机和较强参与能力的，除此之外的沉默者则在这方面有较大差距。但挑战者和反抗者从数量上已经对村干部精英圈构成了压倒性的优势，因此可以预期的是随着时间推移和年龄结构变化，有知识文化的年轻一代崛起，L村有序公民参与在主体上的实现基础正在不断培育和发展。

从外部社会因素来分析，基层反腐的不断推进和媒体记者的跟进关注成了打破现有格局、促成有序公民参与的重要催化剂。

针对W村实际，可以对其内部主体做如下划分。

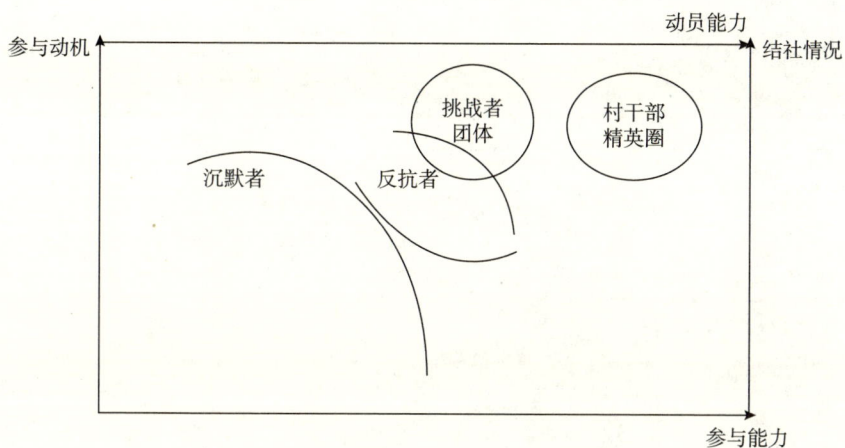

图2　L村治理主体的有序公民参与基础分析

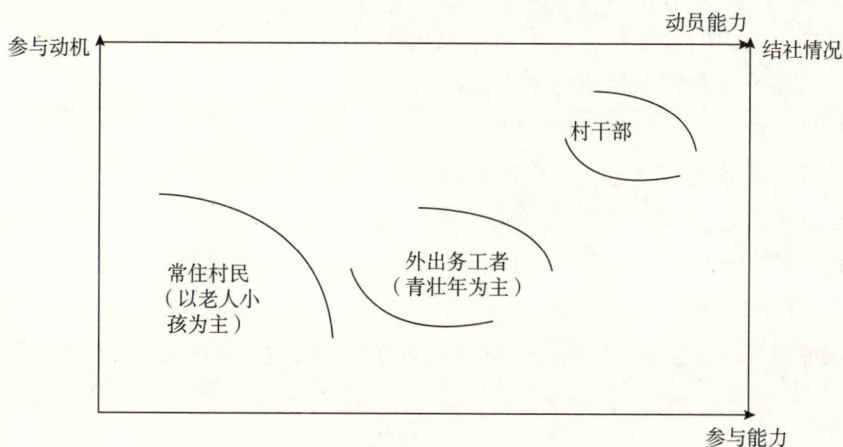

图3　W村治理主体的有序公民参与基础分析

从中我们可以看到，村干部之外的村民中常住村民参与动机和参与能力都比较弱，而外出务工人员参与能力、动员能力虽然略强于老人小孩为主的常住村民，但由于其一年中多数时间外出打工，因此公民参与的程度较为有限，村干部作为在村中的经济能人，四项指标都比较高，处于权力"垄断者"的地位，因此如何通过有效的机制加强青壮年的参与是未来有序公民参与的重点问题。

在外部参与者中，由于"改变命运者"对本村发展的关注，通过他们的社会地位和影响力，也能对村干部的行为形成一定程度的制约。

针对J村实际，可以对其内部主体做如下划分。

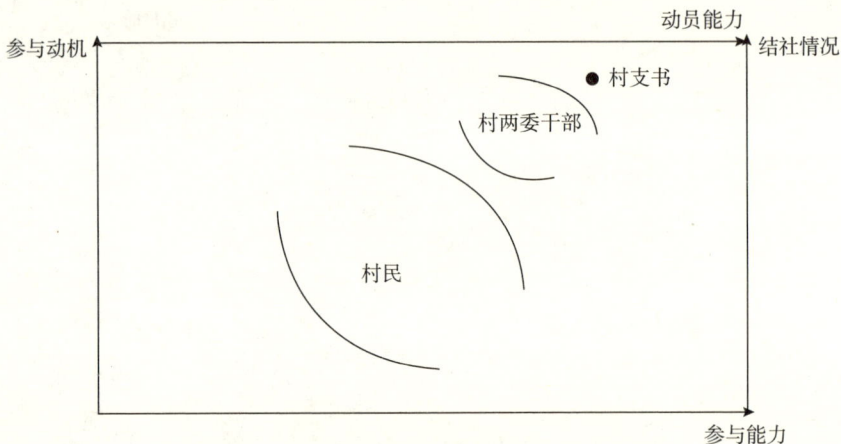

图4　J村治理主体的有序公民参与基础分析

从图4中的分析我们可以看到，J村的村民还是有相当的参与动机和参与能力，其中，村内的青壮年劳动力占了村内人口的45%左右，而这部分人将是未来推动有序公民参与下村治的主力所在。

从外部情况看，政治运动特别是当地进行的"三大活动"作为一项主要进行基层社会矛盾化解的运动，在这一过程中，政府与村民有很多交集，村民也有较高程度的参与。理念传播的影响主要体现在"四议两公开"的工作法上，这一工作法始于河南邓州。此外，由于社会组织的作为仅仅捐建学校，而未对村治产生实质影响，因此外来力量参与较弱。从社会关注来看，J村作为当地的典型，媒体报道很多，社会关注度很高，这一点对有序公民参与来说也会是正向的影响。

五、结论

农村治理现代化的实现既需要制度性的治理安排、工具性的治理方式，也需要科学性的治理理念，本文所提倡的有序公民参与正是这样一种治理理念。

从国家的相关政策来看，无论是完善乡村治理机制、城乡一体化下的农村发展，还是城镇化下的农村转型，这些提高农村政治经济社会发展水平的措施，均是朝着有利于未来农村有序公民参与的方向发展的。此外，在社会资本方面，消解传统的对农村治理有阻碍作用的社会文化因素，除了物质生产力的发展外，还需要加强社会体制对村落家族共同体的调控，在体制上做出新的选择和设计，以保证用新的方法和新的渠道提取现代化发展所需的必要的资源，特别是要积极推进乡村的文化教育。以物质力量冲击村落家族文化的物质部分，以精神力量冲击其观念部分（王沪宁，1991）。

　　而本文分析的农村有序公民参与的内生性因素则是推动这一变革进程的根本所在。一种理念观念的强大之处就在于，一旦越来越多的人认识到它的正确性，它就会顽强地存在于人们的意识之中，无论遭遇到的障碍有多大，它总有一天会变成现实（Eriksen，E. O.，Weigård，J.，2003）。有序公民参与指导下的治理将是一种民主、科学、法治、系统的治理，而治理的实践必将成为我国渐进式民主政治改革的重要探索。

参考文献

［1］孙琼欢．派系政治：村庄治理的隐秘机制．北京：中国社会科学出版社，2012

［2］吴晓燕．集市政治：交换中的权力与整合．北京：中国社会科学出版社，2008

［3］邓大才．土地政治：地主、佃农与国家．北京：中国社会科学出版社，2010

［4］董江爱．三晋政治：公共财产治理中的村民参与．北京：中国社会科学出版社，2010

［5］任中平等．巴蜀政治：四川省基层民主建设的制度创新研究．北京：中国社会科学出版社，2010

［6］于建嵘．岳村政治：转型期中国乡村政治结构的变迁．北京：商务印书馆，2001

［7］贺雪峰．乡村治理与秩序—村治研究论集．武汉：华中师范大学出版社，2000

［8］徐勇，吴毅．乡土中国的民主选举．武汉：华中师范大学出版社，2001

［9］白钢，赵寿星．选举与治理：中国村民自治研究．北京：中国社会科学出版社，2001

［10］唐晓腾．基层民主选举与农村社会重构．北京：社会科学文献出版社，2007

［11］郑应平，邵会廷，潘登．中国农村选举研究的现状与展望．经济研究导刊，2010

［12］郭正林．国外学者视野中的村民选举与中国民主发展：研究述评．中国农村观察，2003（5）

［13］O'Brien，K. Implementing Political Reform in China's Villages. Australian Journal of Chinese Affairs，1994，32

［14］Li，L. Elections and Popular Resistance in Rural China. China Information，2001，15（2）

［15］Oi，J. C. Economic Development，Stability and Democratic Village Self-Governance. China Review，1996

［16］Shi，T. Village Committee Elections in China：Institutionalist Tactics for Democracy. World Politics，1999，51（3）

［17］Susan Lawrence. Village Representative Assemblies：Democracy Chinese Style，1994，32

［18］周红云．社会资本与中国农村治理改革．北京：中央编译出版社，2007

［19］王巍，牛美丽．公民参与．北京：中国人民大学出版社，2009

［20］孙柏瑛，杜英歌．地方治理中的有序公民参与．北京：中国人民大学出版社，2013

［21］Peter J. Burnell，Peter Calvert. Civil Society in Democratization，London：Frank Cass，2004；Jude Howell，Jenny Pearce. Civil Society and Development：A Critical Considerations，Lynne

Rinner Publisher，2001

[22] Charles Tilly. Citizenship，Identify and Social History，Cambridge：The Press of the University of Cambridge，1996

[23] Putnam，R. D. Making Democracy Work ：Civic Traditions in Modern Italy. Princeton University Press，1993；Coleman，J．S. Foundations of Social Theory. Cambridge：Harvard University Press，1994

[24] Jun，J. S.，，Sherwood，F. P. The Social Construction of Public Administration：Interpretive and Critical Perspectives. New York：SUNY Press，2007

[25] 孙柏瑛．当代地方治理：面向 21 世纪的挑战．北京：中国人民大学出版社，2004

[26] 吴利平．中国转型期的公民政治参与．贵阳：贵州人民出版社，2006

[27] 褚松燕．权利发展与公民参与：我国公民资格权利发展与有序参与研究．北京：中国法制出版社，2007

[28] 陈剩勇，钟冬生，吴兴智．让公民来当家：公民有序政治参与和制度创新的浙江经验研究．北京：中国社会科学出版社，2008

[29] Huntington，S. P.，，Nelson，J. M. No Easy Choice：Political Participation in Developing Countries. Cambridge：Harvard University Press，1973

[30] 于毓蓝．农村基层民主的政治文化分析——苏南模式．北京：社会科学文献出版社，2006

[31] Rosenau，J. N.，，Czempiel，E. O. （Eds.）．Governance Without Government：Order and Change in World Politics（Vol. 4）．Cambridge：Cambridge University Press，1992

[32] 陆学艺．当代中国社会阶层研究报告．北京：社会科学文献出版社，2002

[33] 贺雪峰．乡村治理与秩序——村治研究论集．武汉：华中师范大学出版社，2000

[34] 王沪宁．中国的村落家族文化：状况与前景．上海社会科学院学术季刊，1991（1）

[35] Eriksen，E. O.，，Weigård，J. Understanding Habermas：Communicative Action and Deliberative Democracy. London：Continuum，2003

政府主导的土地信托与农村产业结构调整

　　土地细碎化和资金投入不足是制约当前农村产业结构调整的主要问题。本文首先简单回顾了农村土地制度的历史变迁，提出农村劳动力大量外流和农村产业结构调整是各地土地流转模式创新的主要动力。接着总结了两种不同土地产权制度条件下农村土地流转模式特征，探讨了中国农村土地权能及其配置情形，在此基础上提出破解土地细碎化和资金投入不足困境的地方政府依托政府信用为农村土地信托流转平台提供信托假说，并利用湖南沅江市农村土地信托流转的案例对假说进行分析验证。研究发现，在坚持农村土地集体所有和实现土地所有权、承包权和经营权三权分置条件下，政府主导的土地信托流转是实现农村产业结构调整，推动农业现代化、规模化，达成土地集中成片规模经营目标的重要创新。一方面，地方政府的信用担保消除了农民的担心和顾虑，增强了农户参与农村土地流转的意愿，增大了农村土地流转的规模和速度；另一方面，较好地解决了工商资本等外部资本投资农业推动农业现代化过程中土地细碎化及谈判成本、道德风险较大等问题。这种土地流转模式加快了农村产业结构调整的速度，提高了现代农业的生产效率和经营效益，实现了农村土地规模经营的目标。

一、引言

　　中国目前的农村土地制度历经曲折反复的历史变迁。1927 年通过的《井冈山土地法》规定土地实行社会共有，但随后为了调动其参与革命的积极性只能实行土地私有的妥协方略，直到新中国成立后 1950 年颁布的《中华人民共和国土地改革法》。1956 年，农村公社建立并逐步推广，规定土地归集体所有，个体农民与土地不再存在法律上的产权关系。1978 年党的十一届三中全会通过的《中

　　本文作者：刘卫柏，邵阳学院教授，中南大学商学院博士。

共中央关于加快农业发展若干问题的决定（草案）》开启了中国农村土地制度单纯集体所有向集体所有、家庭经营的两权分离模式转变的征程，1980年中央公布的《关于进一步加强和完善农业生产责任制的几个问题》逐步确立了以家庭承包经营为基础的农村土地制度框架，实现了所有权与承包经营权的分离。2014年中共中央通过的《关于引导农村土地经营权有序流转发展农业适度规模经营的意见》，继续推动农村土地制度深化改革，在坚持农业土地集体所有的基础上实现所有权、承包权、经营权三权分置，引导土地经营权有序流转。按人口均分农村土地承包经营权的一家一户分散经营在实现社会公平、调动农民生产经营积极性的同时客观地带来农地细碎化的难题。与此同时，中国广大农村地区的稀缺资金要素却通过不公平的工农产品价格剪刀差及因信贷资源约束和经济利润驱动由金融体系流入城市。在全球农业一体化条件下推动中国农村产业发展和农民收入增长面临土地细碎化和资金约束的两大障碍。

近年来，特别是随着工业化和城镇化进程的加快，城乡经济、社会结构发生了巨大的变化，中国城乡要素配置也发生了明显的改变：在劳动要素中数以亿计的农村劳动力外流成为产业工人；在土地要素中伴随土地价值的逐渐显现，农村土地流转的规模和范围在逐渐增多；在资本要素中伴随金融市场化改革和新设农村新型金融机构的举措顺利进行，更大范围的要素流动及配置赋予了中国农业现代化建设新的内涵：农村土地流转有利于充分利用土地，加速产业结构的调整优化，实现农业的规模生产、集约经营，促进现代农业的发展，但农村劳动力转移的程度、土地流转的规模和速度等会对土地的集约经营产生明显的影响；劳动力外流提高了农民的收入水平，增强了农户参与土地流转的意愿，实现农村土地资源要素的配置优化。而农村金融产品创新增大了农村金融的供给，部分满足了农户的信贷需求。因此，资源要素配置和流动的新变化使得中国农村产业结构调整、建设现代农业破解土地细碎化和资金投入瓶颈具备可行性。

与此相对应，国家在宏观层面根据经济形势的发展变化也适时发布了新的政策建议。首先，党的农村土地政策一直强调承包关系的稳定，1984年中央一号文件规定的土地承包期15年不变，1993年的11号文件规定承包期到期后再延长30年不变，1997、1998年中央先后两次发文再次强调承包期延长30年不变的政策。其次，2003年施行的土地承包法也为承包期不变提供了法律保障，同时在稳定农村土地承包关系的前提下，中央一直鼓励和允许承包期内土地使用权的流转。其内涵伴随时间推移也在逐渐发生变化，起初鼓励向种田能手集中，然后明确农户在自愿基础上依法、有偿流转，接着明确依法转包、入股等合法权益受法律保护。根据形势变化，2001年中央18号文件对土地使用权流转进行了更具体的规定，主要倡导农户间流转，不鼓励工商企业长期大面积经营和租赁农村土地。党的十八大报告强调要依法维护农民的土地承包经营权，培育新型经营主体，构建新型农业经营体系。十八届三中全会《中共中央关于全面深化改革若干重大问题的决定》提出要赋予农民更多的财产权，加快构建新型农业经营体系。2015年中央一号文件重申加快构建新型农业经营体系，引导土地经营权规范有序流转。在中央政策的鼓励和推动下，全国各地陆续开展了农村土地流转模式创新实践。如成都的土地股份合作模式、重庆的地票交易模式、宁夏平罗的土地银行模式、浙江嘉兴的两分两换模式、湖南沅江的土地信托流转模式等。

宽松政策环境条件下各地探索区域土地流转模式创新的动力主要来自两个方面：一是因农与非农收益的巨大差异带来农村劳动力大量外流，由此产生土地闲置甚至荒芜的推力；二是调整农村产业结构，发展现代农业迫切需要土地规模生产和集约经营带来的拉力，但实践中依然面临耕地细碎化和资金投入不足问题。这些问题的顺利解决就不得不考虑：在农村如何构建一个运转高效且能符合当地实践需要的土地流转市场？如何科学设置依法保护农民土地承包权和经营权的制度框架？将上述问题置于城乡一体化、农业现代化的大环境中则可表述为：究竟采取何种制度和模式，才能保证要素收益在农村土地流转各参与主体的公平、合理分配，满足中国统筹城乡发展的要求？因此，本文将从农村产业结构调整、城乡一体化视角，探讨中国农村土地流转存在的问题及地方政府、流入企业、农户等利益主体的行为表现，在此基础上阐述政府主导的农村土地信托模式对上述问题的解决思路，最后根据笔者的调研、访谈提供实地经验证据。

二、农村土地流转的主要模式

由于对土地所有权属的不同规定，目前世界上不同国家和地区的土地所有制度主要可以概括为如下两种类型：一类是个人拥有完全产权，即实行土地私有制的国家和地区；另一类是个人拥有不完全产权，即规定集体拥有土地所有权，但经营权归个人的国家和地区。土地权利的不同规定带给人们的收益也存在很大差别，可以依据土地流转期限和权力大小等特征对农村土地流转模式划分为不同类别，如表1所示。

表1 　　　　　　　　　农村土地流转模式的基本特征

流转模式	主要特征	交易方式	国家和地区实践
土地转包	经营权暂时让渡	直接交易	贵州湄潭
土地入股	产权转化为收益权	土地作为投入资本	俄罗斯、日本
	承包经营权转化为收益权	承包经营权作为投入资本	苏州、松江、重庆

续表

流转模式	主要特征		交易方式	国家和地区实践
土地抵押	违约后所有权完全让渡		土地作为抵押物	意大利，日本
	收益权让渡一定期限		土地收益作为抵押物	枣庄、武汉
土地信托	改变要素投入，未改变产权		土地信托	美国，日本，德国
			土地托管	湖南益阳
土地租赁	经营权转让一定期限		土地批租	大部分国家和地区采用
			直接租赁	
土地买卖	所有权永久转移		依托中介交易	印度，英国
			直接交易	俄罗斯

在上述不同类型的土地流转模式中，土地权属不同，市场在资源要素配置中产生的功能与作用也不同。如果个人拥有完全产权，这些土地流转模式依靠市场力量可以正常发挥要素配置作用；但如果个人拥有不完全产权，单纯凭借市场手段进行要素的资源配置就会出现如下问题：①"二地主"问题，承租人是"新佃农"，以流入的土地的经营权获取抵押贷款，如果违约，要么农民失地，要么信贷机构发生贷款损失；②抵押物同土地没有关联，经营权抵押价值是由租金价值测算而来，以种植物的价值为依据。而土地细碎化的现状导致抵押物价值普遍不高，需要土地成片集中成规模才能发挥价值。客观存在的实际问题使得信贷机构不愿意接受这些产权不完全的土地作为抵押物。而我们目前实行的农村土地制度正是集体所有，农民拥有承包经营权的不完全产权制度。因此，在统筹城乡发展，促进农村产业结构调整的大环境下，基于中国现行农村土地制度特征，如何科学设计农村土地流转模式，以实现要素收益在各参与主体的公平、合理分配？下文将从农户、农业企业、地方政府三个参与主体利益视角研究农业现代化过程中的农村土地流转问题及其解决方案。

三、理论框架与研究假说

伴随中国工业化和城镇化进程的加快，农村生产关系也发生了非常明显的改变：大量农村劳动力流入城市从事非农务工活动，外出务工人员在城市学到技术、带回资金也推动了农村非农部门的发展等等。在此过程中，农村一家一户的分散家庭承包经营由于比较效益低下，耕地出现抛荒或者弃耕现象。这些变化的累积促成了农村土地流转从最初亲戚或邻里代耕到转包、入股、信托等多种方式的出现。顺应了合理配置资源要素、提高要素使用效率的要求。但是，以代耕为代表的自发流转根本无法破解土地细碎化和资金投入不足的困境，也难以成为开启中国现代农业发展的钥匙。而广大农户由于自身文化和经历所限，对待外部资本又存在天然的不信任，而政府主导的土地信托流转模式由于依托政府信用，在一定程度上可以避免这些问题。

1. 农村土地流转现状

目前，我国农村土地经营存在三个突出的问题：一是农村劳动力大量外流，农业内部劳动力和资本要素供给不足抑制了土地利用，出现土地荒芜和弃耕；二是一家一户的分散经营带来的土地细碎化与农村产业结构调整要求的现代农业规模生产、集中连片经营存在矛盾；三是外部资本下乡动机不纯带来的"圈地"嫌疑使得农户不愿将其承包的土地轻易流出给外来者，难以实现土地要素与资本要素的有机结合。如何进行科学的机制设计，确保土地增值收益公平、合理地在各参与主体之间进行分配，同时又能增强彼此的信任，一直是学术界关注和探讨的问题。

首先，农村经济环境的巨大变化为农村土地流转奠定了现实基础。一是伴随对外开放，外向型经济发展，东部沿海发达地区经济繁荣带来的劳动力需求，农村劳动力纷纷离开土地，流入这些城市寻找非农务工机会，农村留下的是"386061 部队"①，只有部分老人和妇女在从事农业生产，劳动和资本要素供给不足导致土地出现闲置、荒芜现象，难以真正显现土地价值；二是伴随市场经济体制的逐步建立，市场观念深入人心，为了增加农户家庭收入，提高土地产出效益，基于利益考虑大部分农户会对比各种土地经营方式的收益高低而最终选择对其最有利的经营方式。这些因素的综合作用成为部分农户产生农村土地流转意愿的动力，最终成为农村土地流转流出方。与此同时，种田大户、家庭农场、农村专业合作社等新型农业经营主体的产生、发展也为现代农业的规模经营提供了强大的动力，增强了对集中成片土地的流入需求。从而为农村土地流转市场的产生、发展提供了主客观条件。

其次，一家一户家庭分散承包经营的土地细碎化特征与农村产业结构转型升级所需的土地规模化经营存在矛盾。农村产业结构调整面临的主要问题便是土地细碎化和资本投入不足。农民的专业化、土地的规模化是推动现代农业发展的前提和基础，而土地细碎化因素却成为现代农业发展的最主要障碍。从事现代农业生产的企业如果同一家一户的农户协商流入土地或协议签订土地流转合同必然带

_____

① 386061 部队：指的是劳动力外出务工后，农村留下的妇女、老人和小孩。

来较高的谈判成本和契约风险。由于广大农户法制观念不强，违约的随意性较大，存在较大的道德风险等问题。如果不能得到有效解决就会最终导致农村土地流转低效或者无法顺利进行。即使顺利流入土地，实行土地平整、重新分块满足现代农业生产的要求需要投入大量资金，光靠流入企业承担资金压力较大，同时由于农业生产的不确定自然风险，农业企业从事现代农业生产面临较大的资金约束。平整土地的支出类似于沉没成本，倘若农民违约提前要求收回流出土地还会付出较大的机会成本。因为存在这些影响因素，大部分流入土地的农业企业没有进行土地整理的动力，往往愿意流入已经平整可以满足现代农业生产的要求的土地。阿尔钦和德姆塞茨认为土地权利的稳定是激励从事土地生产企业或个人增加投入的关键因素，倘若这种权利受到影响就会导致他们立即缩减当前或未来的生产经营投入。农户对土地价值升值存在较高预期，城郊农民更是如此，城市化进程使得很多城郊农村因为城市扩容纳入城市范围，因此在签订农村土地流转合同的时候农户一般不愿意流入企业协议转让时间太长，如果协议流转期限难以达到流入企业的心理预期，就会影响其增加投入的积极性，而有效解决这些制约土地流转的因素都需要通过非市场的手段来实现。

最后，外部资本下乡动机不纯带来的"圈地"嫌疑，使得农户对投入农业的工业或商业等外部资本普遍持不信任和怀疑态度。在目前中国社会保障体系和保障程度未能完全满足广大农户基本需要的情形下，当农户认为农村土地流转收益同其心理预期存在差距时，由于存在对失去承担生活保障土地的担忧，即使耕种土地的效益不高，农户也会继续行使其法律赋予的承包经营权，选择自己耕种或荒芜，放弃参与农村土地流转。这样就会使得顺利推动农村土地流转的意图落空。

2. 政府信用在土地信托流转中发挥的作用

依托政府信用，政府主导的土地信托流转模式的出现为破解土地细碎化及资金约束困境提供了新的解决路径。农村土地经营权信托，关键环节是农户以土地经营权所有者身份将该项土地权利转移，通过委托授权其他机构从事农业生产。地方政府及授权成立的农村土地信托流转公司作为流出土地受托人，依靠授权获得的转移权利选择合适的流入主体，从事或者委托其他主体从事流出土地的现代农业生产经营与管理，达成农业生产的规模化、集约化目标，并将农业经营收益按照契约规定比例或金额返回给农户。

从基层地方政府视角考察，一方面，要为流出土地的农户提供稳定的基本生活保障，解决其后顾之忧；同时确保流出土地生产出足够的粮食，保障国家的粮食安全战略，解决粮食的安全生产与供应问题。另一方面，信托流入的土地要具备足够的吸引能力，能够为工业或商业等外部资本投入农业提供良好的投资环境，在实现地方经济发展目标的同时推动现代农业的发展。因此，在农村土地流转市场不完善、不发达的情形下，通过借助政府信用的土地信托流转模式可以部分解决目前农村土地流转面临的困境。

首先，地方政府通过乡（镇）政府及村两委摸清村组土地耕种的基本状况，了解农户诉求，通过典型示范、政策引导农户参与农村土地流转，推动农村土地集中成片规模流转。为了彻底破解土地细碎化困境，在农村土地信托流转中，乡镇政府及村两委、土地信托流转公司同广大中小农户采取多方主体参与协商、谈判的方式，推动农村土地集中成片流转，实现土地的规模经营，在这一过程中，主要充分发挥村组干部密切联系群众的积极作用。即使少数农户因为观念接受程度或自己耕种等原因不愿意参与流转，也不会影响农村土地流转的顺利进行，通过土地置换等方式充分维护了不愿参与土地流转农户的利益，在实践中充分体现了中央关于农村土地流转要坚持"自愿"的原则。

其次，我国现行土地制度规定农村土地由村集体所有。在稳定土地承包经营权的同时，村集体可以行使土地的调配与处置权利，确保村组成员获得最基本的社会保障权益。在农村土地信托流转实施过程中，地方政策参与的方式可以多种多样，但体现地方政府参与的核心在于其利用政府信用为流转协议按约履行提供承诺。亦即地方政府为流入土地的从事农业生产的外部投资者和流出土地的广大农户提供保障其协议权利的信用担保，保障流出土地的农户按期可以获得土地租金，保障其基本的土地承包权益；保障流入土地的企业在协议期内可以合法使用土地，稳定其农业生产预期。

再次，代表工业或商业资本的现代农业企业与地方政府参与土地流转有效地解决了土地细碎化和流转谈判成本过高、道德风险过大等弊端，确保参与农村土地流转各方主体的利益诉求和谈判权益的合理配置。依托地方政府的信用保证消除了农户对待外部资本投入农业生产的疑惑和不信任，吸引了那些有参与意愿因担心利益受损的潜在农户积极参与农村土地流转过程中来，增加了农村土地流转市场的土地流转规模。

最后，村组干部对域内农户和土地基本状况非常熟悉，确保了外部资本投资农业提供的农村土地流转收益能够在各个参与主体之间进行公平、合理分配，并确保广大农户的流转协议收益。地方政府综合利用农业和国土部门的土地综合开发项目和国土整治等项目推动土地平整，确保整治的土地能够适应现代农业生产的需要。财政支农项目资金在土地信托流转模式中的运用，减轻了外部资本投资农业初始投入资金过大的压力，部分解决了投资不足的问题。

3. 框架归纳与研究假说

根据上述农村土地流转现状阐述及政府信用在农村土地流转中发挥作用的分析，可以就此得出农村土地信托流转模式的理论架构，如图 1 所示。

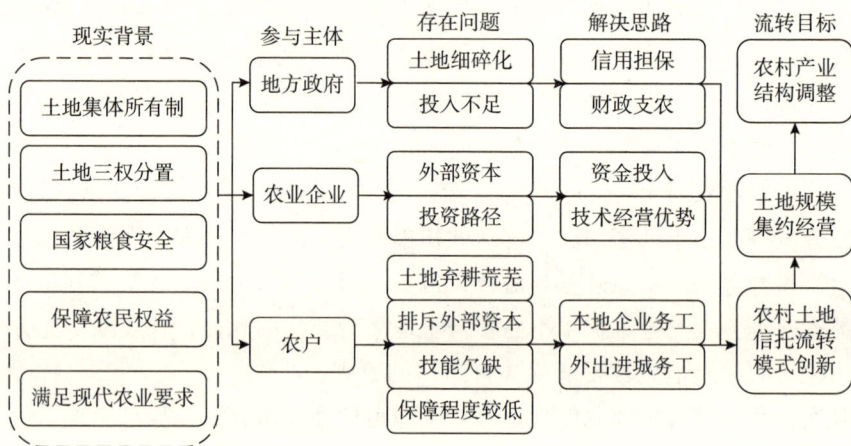

图1 政府主导的农村土地信托流转框架

在农村土地信托流转模式中，土地本身体现了承包权、经营权和产权三种权能。农户享有承包权，土地信托流转流出的是经营权，产权归村集体所有。地方政府提供信用担保，使得财政支农的项目资金，工商投资及银行信贷资金共同投入到土地整治当中来，在一定层面缓解了资金投入不足的困境。同时外部资本投入农业带来先进的技术和经营管理经验，推动了现代农业的发展，实现了农村土地的规模经营。

综合上述分析，可以就此提出：地方政府依托政府信用为农村土地信托流转平台提供信用担保，通过风险分担机制的科学设计，可以提高农户参与农村土地流转的参与意愿，增强外部资本投入现代农业的吸引力，减少企业对土地平整、规模使用的资金投入，破解土地细碎化和资金投入不足困境，实现农村产业结构调整，达成农业规模化经营、现代化生产目标。

在农村土地信托流转模式中，地方政府、农业企业、农户三方一起参与到土地流转过程中，保障了各参与主体的利益，创新出一套利益稳定的关系架构。下文通过湖南沅江市的实例详细阐述农村土地信托流转模式的地方实践。

四、农村土地信托流转模式实践：以湖南沅江市为例①

沅江市地处"八百里"洞庭湖腹地，呈"三分垸田三分洲，三分水面一分丘"的地貌特征。全市总面积 2177 平方公里，其中耕地面积 86.9 万亩，辖 16 个乡镇场街道，216 个行政村，总人口 75 万，其中农业人口 55 万，素有"鱼米之乡"的美称，是全国农村综合改革和湖南省经济强县试点县市。2014 年全市地区生产总值 217.65 亿元，比上年增长 10.6%；农林牧渔业总产值 77.11 亿元，其中农业产值 36.97 亿元；农村居民人均可支配收入 13202 元，比上年增长 12.2%。

1. 沅江市农村土地流转现状及存在的主要问题

改革开放以来，沅江市农村劳动人口同中国农村其他地区一样，离开农村流入城市务工以获取更高的劳动收入，留在农村种田的农民年龄一般在 50～70 岁之间，伴随劳动力的大量外流，当地农村的农业生产出现了一系列亟待解决的问题：一是由于大量适龄劳动力外出务工，很少有青壮年在农村从事农业生产，再加之分散经营的农业生产比较效益低下，农村土地荒芜、弃耕的现象越来越多。二是农村金融市场发展滞后，提供的信贷支持难以满足种田大户资金需求，农村金融服务供求失衡，而农村产业结构调整亟待获得信贷支持。三是代表先进技术的外部工商资本有参与现代农业生产的意愿，但由于农户普遍持怀疑态度，对其心理上排斥不接受，又加之土地流转期限较短，农业企业缺乏开展土地整治的动力，需要地方政府提供前期的支持和协助。

首先，从农户视角考察，农村土地流转主要面临土地荒芜、排斥外部资金及农业生产专业技术不强等问题。据统计，2014 年，全市累计外出务工人员达到 20.8 万人，大约相当于全市农村人口 39.19 万人的 57.47%。由于离开农村进城务工、经营的大多是青壮年，村组留下的基本是老弱病残劳动力，投入农业的劳动和资本要素不足。同时，由于农村社会保障体系不健全和保障程度不高，又进一步强化了农村土地的社会保障功能，这就加剧了农户对外部资本投入农业的抵触情绪，延缓了农村土地流转的规模和速度。

其次，从有意从事现代农业生产的投资考察，农户对外部资本投入农业的心理排斥使得工商资本务农受阻。即使有企业有从事农村土地经营的意愿，与农户

---

① 本节的数据根据笔者 2015 年 4 月在沅江市获得的调研数据整理而得。

一家一户谈判、协商达成签订土地流转协议带来的机会和交易成本也不低。另外，土地细碎化难以适应现代农业机械化生产的要求，需要进行土地整治。而企业直接签订的流转协议一般年限不长，企业没有动力进行土地整治，亟须地方政府参与解决前期的配套设施投入问题。因此，土地细碎化和资金投入不足在沅江市表现比较突出。

最后，从地方政府视角考察，确保粮食安全生产，实现国家粮食安全战略，维持农户基本生活需要是政府的基本工作目标和要求，达成目标和要求的路径主要是通过推动农村土地规模生产、集约经营，发展现代高效农业，实现农业增效，农民增收。而稳定粮食产量也亟须解决土地细碎化和资本投入不足困境。

2. 土地细碎化的解决方案——政府主导的土地信托流转模式

为了维护参与农村土地流转各方权益，推动沅江农村土地资源要素的优化配置，2010 年，沅江市首先在草尾镇试点开展农村土地信托流转试点工作，并陆续发布了《沅江市土地承包经营权质押贷款管理办法》、《草尾镇农村土地信托流转暂行办法》、《沅江市农村土地承包仲裁委员会章程》、《关于制定推进土地信托流转，发展蔬菜产业奖励办法的通知》等一系列政策措施，并最终建立了政府主导的土地信托流转模式。

首先，政府出资 200 万元成立信托有限公司。公司拥有资本 780 万元，其中储备金 200 万元，风险防范金 580 万元，土地预定金 150 万元，由财政纳入信用社专户管理。市农业综合开发办投入 105 万元开展中低产田改造，市财政局投入省级 300 万元现代农业建设资金，市委农村工作部投入 100 万元沼气建设项目资金支持草尾镇。

其次，建立镇村两级土地信托流转工作领导小组，完善镇、村、组土地信托流转信息网络，村会计、组长担任村组土地信托流转专职信息员，定期或不定期传递土地信托流转信息。镇政府建立了土地信息流转网站、信息发布平台、宣传窗口等，定期发布土地信息。

再次，建立规范制度为信托服务有序运行提供保障。规定公司不以赢利为目的，向受托方收取土地流转服务费 10 元/亩。建立董事会、监事会和经营班子，设立策划、产业、财务、服务、调解、城乡统筹、市场信息、土地储备部等 8 个部门，并明确分工及岗位职责。制定信托申报、受托、合同、风险防范、利益分配、资金管理、产业审定、资格审查、国家项目循环有偿使用、资金归档制度等 10 项制度，其中风险防范制度规定受托方须缴纳 100 元/亩的风险抵押金。

最后，严格土地信托流转的 11 个程序：农民向组长申报填表签字—组长代表农民向公司申报—公司受托—实地考察与农民协定信托协议—发布信息—老板申请受地—实地查看协议事项—签订合同—合同更正—交付土地，兑付租金—资料归档，形成沅江土地信托流转运作的规范流程，如图2所示。

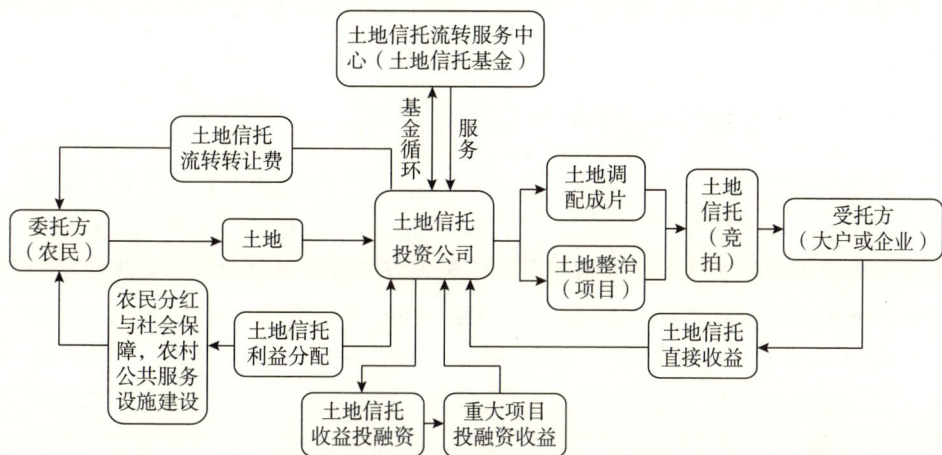

图2　沅江市土地信托流转运作流程图

从图2可以知道，沅江土地信托流转的关键流程主要有如下几个：第一，政府设立土地信托流转服务中心，设立土地信托基金，建立政府出资的土地信托投资公司；第二，土地信托投资公司使用信托基金支付土地使用权转让费从委托方（农民）手中获得土地；第三，土地信托投资公司对受托土地进行整治；第四，土地信托投资公司通过招标、竞拍方式确定受让方（大户或企业），获取土地信托收益；第五，土地信托投资公司将获得土地信托收益的一部分返还土地流转信托资金，循环使用；第六，依托信托平台进行投融资；第七，土地信托收益分配，主要用于壮大信托公司实力、建设农村公共服务设施及提高农民社会保障水平。截至2012年7月，沅江市分别成立了四家政府主导的香园、金园、兴园和富园土地信托有限公司。土地信托有限公司的成立标志着沅江市基本建立起农村信托流转的服务体系。由于土地信托公司都是地方政府主导的，消除了农民的疑惑和不信任，农户参与土地信托流转的意愿较高，同时信托公司对流入的土地进行土地整治，加快了农村土地流转的规模和速度，减轻了受托分的资金投入压力，增大了外部资本投入农业的积极性，推动农村产业结构调整进程。

沅江通过政府主导的土地信托流转模式，破解了农村土地流转困境：一是依托政府信用，成立政府主导的土地信托流转公司，直接从当地农户手中流入土地，成为连接农户与大户或企业的纽带；二是解决了土地细碎化问题，土地信托流转公司将流入的分散农户土地集中起来，如果成片土地中有不愿参与流转的农户则将村组最好的土地与其置换，实现了土地的成片、规模流转；三是减轻了受托方初始资金投入过大的压力，土地信托流转公司利用政府初始投入的启动资金、土地综合开发等财政支农项目资金、风险基金等对流入土地进行整治，解决的土地整治的资金来源，激发了种田大户和工商资本参与现代农业生产的积极性。

3. 沅江市土地信托流转模式的效果及评价

沅江市通过在草尾、黄茅洲、泗湖山、三眼塘四镇试点到推行全市的农村土地信托流转，大大提升了当地的土地利用效率，破解土地细碎化困境，并在引入外部资本投入现代农业促进农村产业结构调整方面取得显著成效，实现了全市农业生产的机械化和规模化。通过上述措施，截至 2014 年底，全市农村土地流转面积 42.3 万亩，耕地流转率达到 51.4%，其中农村土地信托流转面积 8.25 万亩，信托储备土地 1.6 万亩，引进规模经营农业企业 115 家。全市共有农民专业合作社 400 个，农业产业化龙头企业 68 家（其中省级 8 家），种养业规模经营户 6000 多户，带动农户 10.46 万户。农业产业结构持续优化，2014 年农作物种植面积 171.53 千公顷，比上年增长 1.5%。其中粮食播种面积 82.77 公顷，增长 2%，稻谷种植占粮食播种面积的 94.82%，比上年增长 2.3%。土地信托流转给沅江市带来了深刻变化，推动了农村经济的飞速发展，主要体现在如下五个方面。

第一，促进农业规模经营，提高了农业规模效应。土地信托流转后实现了土地的集中成片，通过引入大户和企业经营实现了农业生产的规模化、集约化。2014 年，草尾镇经营规模在 50 亩、100 亩、500 亩、1000 亩以上的农户分别为 398、189、21、13 户，粮食亩产比之前分散经营平均提高 100～150 公斤，蔬菜种植户亩均获纯利 1.2 万～1.8 万元。全镇成立了农业产业化服务组织、农机租赁公司和劳动服务公司，为委托方、受托方提供社会化服务。

第二，促进农村剩余劳动力转移，增加了农民收入。流出土地后，农民至少可以获得三笔收入：一是约 600 元/亩的土地租金；二是约 180 元/亩的国家粮食相关补贴；三是劳动报酬收入，一般而言，50 岁以下的青壮年劳动力外出务工年收入在 3 万元以上，50 岁以上的中老年劳动力在当地为受托方打工，年收入男劳力为 1.2 万～1.5 万元，女劳力为 0.8 万～1.2 万元。户均 3 万多元，比土地流出前户均增收 1.5 万元以上。

第三，促进了农业投入的增加，提高了农业综合生产能力。土地信托流转后，改变了国家投入的单一模式，国有、企业、工商、银行、社会资本纷纷进入农业市场，夯实了农业基础。受托方为改善地力，发展绿肥生产，投入大量资金完善基础设施。2013 年，草尾镇农业投入高达 9000 万元，其中大户、企业投入高达 3000 万元。

第四，促进了农村体制改革，发展了农村生产力。一是完善了城乡统筹规划，投入近 100 万元委托同济大学编制沅江市总体规划和城乡统筹专项规划；二是推动了农村集体土地所有权证、农村土地承包经营权证、农民房屋产权证、农民宅基地使用权证的确权颁证工作；三是加快了农村金融体系改革的探索，浦发村镇银行、小额贷款公司等金融机构在草尾镇设立分支机构，探索和建立以土地信托流转合同为抵押，为受托方贷款的制度；四是推动了涉农资金的整合，政府涉农资金集中重点扶持基地等基础设施建设，尽量使项目效益最大化；五是加速了村级新型治理机制改革，全市 268 个村级组织普遍实行以村党组织、村民议事会、村民委员会和村监事会的"四位一体"新型村级治理机制，村内矛盾纠纷明显减少；六是新型农村社区建设速度明显加快，有效改善了农村生态环境。

第五，培养了新型农业经营主体。土地信托流转试行成功后，沅江一些在外经商的企业家、大学生纷纷回乡承包流转土地，加入农业规模经营创业，一些受托方还成立专业合作社、家庭农村，成为推动农业产业化的中坚力量。2014 年，沅江市新发展农民专业合作组织 125 家，家庭农村 330 家，建立特色产业生产基地 90 多个。

五、结语

通过理论和案例研究发现，在坚持农村土地集体所有的前提下，实现土地所有权、承包权和经营权的三权分置条件下，政府主导的土地信托流转是实现农村产业结构调整，推动农业现代化、规模化、达成土地集中成片规模经营目标的重要创新。一方面，地方政府的信用担保消除了农民的担心和顾虑，增强了农户参与农村土地流转的意愿，增大了农村土地流转的规模和速度；另一方面，较好地解决了工商资本等外部资本投资农业推动农业现代化过程中土地细碎化及谈判成本、道德风险较大等问题。这种土地流转模式加快了农村产业结构调整的速度，提高了现代农业的生产效率和经营效益，实现了农村土地规模经营的目标。

虽然这种土地流转模式能够在一定范围内破解土地细碎化和资本投入不足的困境，但是在其运行过程中存在的一些问题和隐患值得大家研究和思考。

首先，政府信用属于一种公共资源，依托政府信用为参与农村土地信托流转的委托方和受托方提供信用担保可能会导致：①大面积流转带来的利益寻租问题。在笔者的访谈中正丰合作社负责人谈到湖区土地肥沃，种植能手多，2014 年风调雨顺，种植 2000 亩以上的大户年纯利都在 100 万元以上。在丰收年景中规模土地就属于稀缺资源，在受托方资格审查过程中是否存在寻租有待实践检验。②能否持续提供政府信用,提供政府信用保证需要地方政府主要领导人同意才能进行。而政府主要领导人的更替、政绩观念的改变对可能对信托流转产生显著的影响。

其次,虽然出台了地方土地承包经营权质押贷款制度,但是能够顺利获得贷款的种田大户少之又少,信贷需求主要通过民间信贷解决,无形中增加了种粮大户或企业的成本负担。即使获得贷款,可供质押担保的是一定年限的土地经营权或农业生产机械,而非土地。倘若开展规模化的土地经营权贷款,就需要考虑如何维护广大农户的权益保障和权衡"二地主"问题。

最后,大规模土地信托流转给某个大户或单一企业存在巨大的风险隐患。农业生产容易遭受天气等自然因素影响,在农业保险覆盖范围不全面、保障程度不高的情形下,100元/亩的风险抵押金未必能够充分抵补因经营不善可能带来的农户损失。从分散风险和我国农村实际情况的角度,60亩左右一户是比较理想的选择,但实践中不管是受托方,还是信托公司都愿意大面积流转土地,值得引发大家关注。另外,受托方流入土地更多考虑耕种便捷性,一些地理位置偏僻、难以使用机械耕作的梯田等农地依旧面临无人耕种的困境。

在统筹城乡发展,推动农村产业结构调整,实现现代农业规模化、集约化的过程中,面对农村劳动力大量外流、土地细碎化和工商资本投资现代农业冲动的现状,应积极稳妥地推动政府主导的农村土地信托流转模式,由此解决农村人力、资本要素配置不合理问题,但要注意利益寻租、政府信用持续性、流转土地非粮化、非农化与农户权益保障问题。

参考文献

[1] 黄祖辉,王建英,陈志钢.非农就业、土地流转与土地细碎化对稻农技术效率的影响.中国农村经济,2014 (11):4-16

[2] 国务院发展研究中心农村部课题组,叶兴庆,徐小青.从城乡二元到城乡一体——我国城乡二元体制的突出矛盾与未来走向.管理世界,2014 (9):1-12

[3] 汪昌云,钟腾,郑华懋.金融市场化提高了农户信贷获得吗?——基于农户调查的实证研究.经济研究,2014 (10):33-45

[4] 贾克玲.欠发达地区资金流动、缺口与回流机制研究.金融研究,2006 (2):185-190

[5] "城镇化进程中农村劳动力转移问题研究"课题组,张红宇.城镇化进程中农村劳动力转移:战略抉择和政策思路.中国农村经济,2011 (6):4-14

[6] 浙江大学农业现代化与农村发展研究中心、浙江省农业厅联合调查组.农村土地流转:新情况、新思考——浙江农村土地流转制度的调查.中国农村经济,2001 (10):11-18

[7] Y. Yao. The Development of the Land Lease Market in Rural China. Land Economics，2000（2）：252 – 266

[8] 陈锡文，韩俊. 如何推进农民土地使用权合理流转. 农业产业化，2006（1）：78 – 80

[9] 肖端. 土地流转中的双重委托—代理模式研究——基于成都市土地股份合作社的调查. 农业技术经济，2015（2）：33 – 41

[10] 尹希果，马大来，陈彪等. 我国农村土地流转四种典型运作模式及评析. 福建论坛（人文社会科学版），2012（2）：18 – 23

[11] 郭骊，陈少强，孙艳丽. 论建立中国特色的农村土地银行. 中央财经大学学报，2010（4）：36 – 42

[12] 杨卫忠，李勇. 基于农户效用的农地承包经营权流转意愿研究——以嘉兴市"两分两换"为例. 中国土地科学，2013（9）：64 – 70

[13] 邵夏珍. "增人不增地、减人不减地"试验与农村转型：黔省 500 农户样本. 改革，2014（12）：70 – 81

[14] E. V. Serova. The Impact of Privatization and Farm Restructing on the Russian Agriculture. Farm Profitability，Sustainability and Restructuring in Russia. IET Press

[15] 茆荣华. 我国农村集体土地流转制度研究. 北京：北京大学出版社，2010

[16] 宋华，周培. 发达国家土地信托经验分析及借鉴. 世界农业，2015（3）：65 – 69

[17] Z. Lerman. Policies and Institutions for Commercialization of Subsistence Farms in Transition Countries. Journal of Asian Economics，2004（3）：461 – 479

[18] 刘克春. 国外关于农地流转的理论研究与启示. 经济学家，2008（6）：20 – 24

[19] 李再杨. 土地制度变迁的比较研究. 当代经济科学，1999（5）：83 – 89

[20] S. K. Wegren. Why Rural Russians Participate in the Land Market：Socio – economic Factors. Post – Communist Economics，2003（4）：483 – 501

[21] 赵云旗. 我国粮食直补政策"效应递减"问题研究. 经济研究参考，2012（33）：3 – 17

[22] 李宏伟. 农村产权融资面临的问题与出路——基于承包地"三权分离"条件下的抵押担保. 西南金融，2015（4）：37 – 41

[23] A. A. Alchian，H. Demsetz. Production，Information Costs and Economic Organization. American Economic Review，1972（5）：777 – 795

[24] 韩俊. 准确把握土地流转需要坚持的基本原则. 农村经营管理，2014（11）：13 – 15

农信社改革做对了什么？

——有效治理"公地悲剧"的中国经验

本文关注资源"权—责—利"在政府组织体系内的分布与资源配置效率的关系。农信社 2003 年改革后，为什么能扭亏为盈并超常发展，地方政府为什么从攫取转变为助推？答案在于金融资源权利责任配置，契合于政府组织制度——中国不同地区互相竞争、下级服从上级、上下级收益共享和风险共担的体制。改革的关键，是把对农信社管理权和风险责任下放地方政府，从而降低了约束资源被政府和私人过度攫取的成本。未来，深化农信社改革需要"两头开工"，既有赖于加强对政府领导个人或集体重大经济决策的风险评估、责任记录，也要加强基层金融监管力量，加强农信社县域法人地位。

一、引言

农村信用社（简称农信社）是农村金融的"主力军"，其可持续发展和为农服务的水平，对"三农"改革发展非常重要。本文试图解释农信社 2003 年改革前后发展绩效的鲜明反差，提炼其对未来改革的启发意义。改革前，三个中央部门（农业银行、人民银行、银监会）依次管理过农信社，但农信社经营绩效都不好，经营决策一直不独立，管理松散，资金受到地方政府和私人关系的过度攫取。2003 年的改革，把对农信社的管理权与相应的收益和风险下放到地方政府，情况马上发生反转。地方政府大幅减少信贷干预，反而通过多种措施，保障农信社的独立经营地位，推动其改革发展，甚至帮助它清收欠款和吸引投资。此后，全国所有农信社都扭亏为盈，占全国金融业的存贷款份额不断上升，而且存贷款余额也赶超四大国有

本文作者：董玄，清华大学公共管理学院博士生；刘婧玥，清华大学公共管理学院博士生。

股份制商业银行。另外，2013 年年末，农信社不良贷款余额比 2003 年实际下降了 5600 多亿元，五级不良贷款率从 2006 年年末的 27.93% 降至 4.1%。

关于地方政府对金融资源配置影响的研究较少。部分原因是中国常常给人以财政分权、金融集权的印象①。固然，国有股份制商业银行已经完成收缩农村网点服务、上收经营决策权的改革，成功"上市"，确实在很多方面有"集权"。但是，与此完全相反，占县域存贷款市场三分之一份额、总业务量大于任何一家国有股份制商业银行的农信社，走了一条"下放"的改革道路。

研究忽视地方政府对农信社影响的另一个原因是学术思想中对"公地悲剧"的认识——也就是农信社改革前面临的地方政府和私人关系过度攫取问题——常常忽视了一个国家的中层制度。"公地悲剧"是指资源产权在没有得到有效界定和保护时，遭到无序、过度攫取，无法产生本来应有的总价值。例如公共的过道被私人占用导致大家通行困难，没有保护的公共草地被过度放牧导致荒漠化。已有理论对此主要有两种解决方案：私有化和国有化。这两种思想影响深远，在金融发展理论中也有对应——金融自由化和金融约束理论。前者强调自由市场、法治和减少政府干预，后者则认为某些政府干预可以发挥积极作用。然而，这些想法都忽视了一个国家的中层制度（本文指地方政府）的重要作用。

二、改革成效和已有分析

1. 现实经验：农信社改革的效果

本文认为，农信社管理的权、责、利从中央部门下放到地方政府，是改革取得显著成效的关键。这个经验得到来自数据资料的支持，也常被改革设计者和金融从业者强调。

第一，从 2003 年起，改革试点在全国陆续推开。到 2005 年上半年，全国农信社即实现盈余 93.36 亿元，同比增加 80.69 亿元，资本充足率从 2003 年以前的 -8.45% 提高到 5.89%，其中，第一批改革试点的 8 省份已达到 10.31%②。

第二，农信社贷款余额占全部金融机构贷款余额的比例逐步上升，农信社贷款余额在 2004 年以后出现明显的高速增长。最终，农信社市场份额超过最早完成市场化改革的建设银行，以及与农信社业务结构最相似的农业银行（见图1）。

---

① 丁骋骋、傅勇："地方政府行为、财政—金融关联与中国宏观经济波动——基于中国式分权背景的分析"，《经济社会体制比较》，2012 年第 6 期，第 87~97 页。
② 中国银监会副主席李伟在"2005 中国财富管理论坛"上的演讲，银监会网站，2005 年 8 月 26 日。

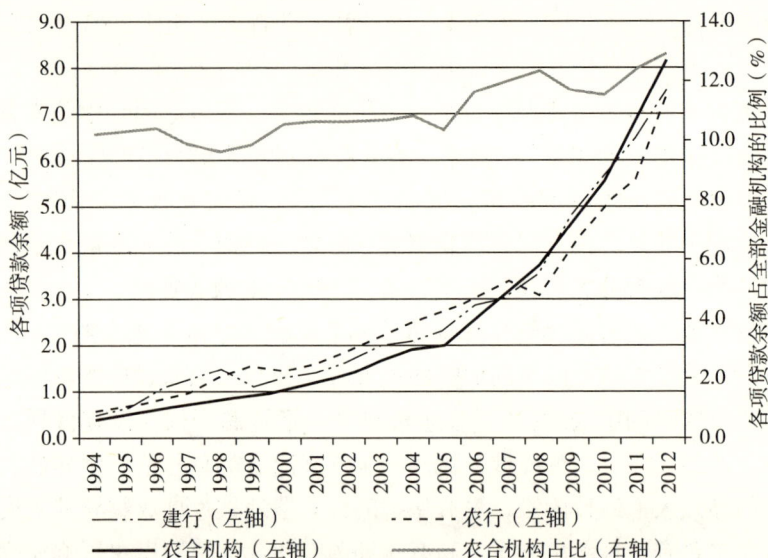

图1　农合金融机构与其他金融机构贷款余额情况（1994～2012年）

注：本文把农信社和农信社所转制而成的农村商业银行、农村合作银行，统称为"农合金融机构"。本文涉及2003年改革时仍使用农信社称呼，因为2003年还不存在后两种产权制度，不会产生混淆。

资料来源：《中国金融年鉴》、银监会《中国银行业农村金融服务分布图集》。

第三，比起农业银行和建设银行，农合金融机构每年的贷款增长率较为平稳，波动不大。而前两者在国家实施刺激政策时期（1998年前后、2008年前后）的贷款余额增幅很高，其他时期则低于农合金融各机构。

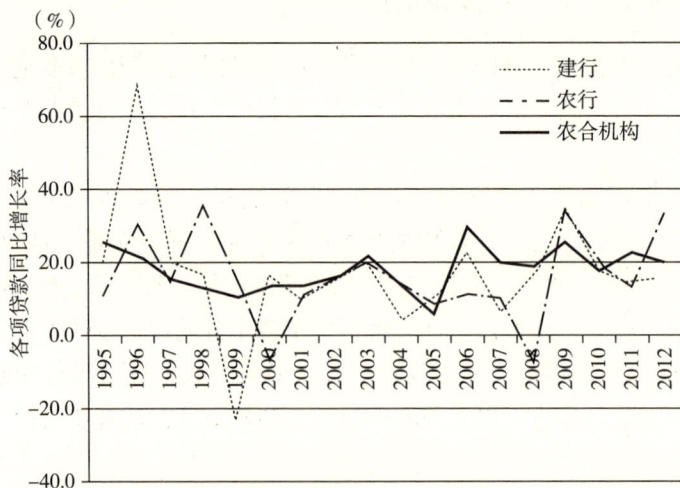

图2　农合金融机构、建行、农合贷款余额年同比增长率（1995～2012年）

资料来源：《中国金融年鉴》、银监会《中国银行业农村金融服务分布图集》。

表 1 农信社、农业银行不良贷款（2006~2012 年）

	2006	2007	2008	2009	2010	2011	2012
农业银行不良贷款余额（亿元）	7171.8	7955.9	1339.3	1204.2	1006.2	872.4	999.1
农信社不良贷款余额（亿元）	7327.3	6596.0	5939.0	5094.0	4204.0	3648.0	3540.0
农业银行不良率（%）	23.5	23.6	4.3	2.9	2.0	1.6	1.3
农信社不良率（%）	27.9	21.0	15.9	10.9	7.6	5.4	4.3

资料来源：农业银行年报（2006~2012）、《中国金融年鉴》（2007~2013）。

第四，中央为农信社改革付出的财政成本，远远低于四大国有银行。2009 年，中央财政为农信社支付了近 2000 亿元的改革成本（包括 280 多亿元的税收豁免，以及以专项票据或再贷款形式支付的 1656 亿元），农信社还有 6500 亿元左右的不良资产要自己解决①。相比之下，截至 2012 年，国有银行不良资产剥离原值总计 3.13 万亿元（中国信达资产管理股份有限公司招股说明书，2012），其中，仅农业银行于 2008 年就剥离处置不良资产 8157 亿元。

而在改革前，1994~2003 年，全国农信社连续 10 年亏损，2002 年当年亏损 58 亿元，历史亏损挂账近 1500 亿元。在这 10 年中，农信社更换了三个管理者——农业银行、人民银行、银监会。它们虽然都力图保护农信社免于地方干预贷款和关系贷款，提高农信社管理效率，但均没有取得显著成效。

总之，农信社"下放"改革花费了中央更少的财政资金，却取得了比四大银行"上市"改革更好的发展绩效。其中最关键的，就是走出了地方政府信贷干预"竭泽而渔"的困境。

2. 两种缓解"公地悲剧"的观点

农信社改革前的问题，是所有资源都可能面临"公地悲剧"的困境。资源具有稀缺性，如果毫无约束，每个相关者都想再多要一点，资源就会被过度攫取。因此，必须有某些主体或规则，对资源攫取施加约束。

传统思想有两种主要的解决办法，各自有其施加约束的成本。私有化解决方案强调市场机制，由公正的立法者和司法体系，依照形式理性的逻辑严格维护私有产权及其市场交易——只有价高者才能得到资源，其他人不能攫取。维护市场运作的成本，正是科斯所强调的"价格机制本身的成本"的一部分，另一部分是市场主体每次交易时的搜寻、谈判等成本。而国有化解决方案强调以"利维坦"式的公正、智慧的国家为主体，全盘考虑，直接分配资源，其他人不能随便

---

① "农信社 6500 亿坏账自己消化"，《南方都市报》，2009 年 4 月 15 日。

攫取。哈耶克和科尔奈等的研究，对这种办法的成本有过经典分析，如有限知识、有限理性、预算软约束等。

这两种思想在论述时，常常把其解决办法的成本假定得很小：要么是完善、无成本的法治和市场；要么是几乎全知全能的国家。由此导出的政策建议，要么是强调私有化、自由化，要么是强调政府实施金融控制、金融约束进行干预和补充。反过来，两种思想在互相批判的分析中，都指出对方的缺点——"市场失灵"或"政府失灵"。换句话说，上述两种思想都在强调对方的方案约束成本太高，约束力不足。

解释农信社缓解"公地悲剧"的经验，不在于分析它更符合两种方案中的哪一种，而是分析它实际发生的改革道路如何降低了约束成本。

3. 对农信社改革的已有研究

大部分关于农信社改革的研究，是关于它"做错了什么"或"缺什么"，对"农信社改革做对了什么"没有足够关注。一些研究批评农信社机构独立性不足、政府越界；还有一些研究批评农信社"离农脱农"、没有在农村扎根。

这两种评价有其思想根源。第一，在新自由主义视角下，金融机构和地方政府应该互相独立，政府将产权界定清晰并严格保护即可，商业机构应在市场中独立经营。实践中，地方政府竟然接过了中央部门的管理权，直接大力推动和帮扶农信社改革发展，这种改革很容易被视为政府"越界"、无效率。

第二，强调政府弥补市场失灵的视角，把政府的目标简化为支持弱势群体。但是，2003年农信社改革的主要目的，并非强化支农，而是提高机构可持续性、化解金融风险。用支农与否衡量改革，就会忽略改革"做对了什么"，也就不会想去探究"如何做对的"。

总之，农信社改革后取得的超常发展需要一个解释，应该多关注改革本身的规律，及时总结经验教训。

三、改革的经验：重置"权—责—利"降低约束成本

1. 改革设计者和实践者的阐述

无论是农信社改革的设计者还是实践者，都把管理权下放到地方政府视为改革的关键，与当时的理论认识形成鲜明矛盾。我们的调研也表明，管理权下放改革后，地方政府对农信社的信贷干预，不是变得更多，而是显著地减少了。

当时主管全国农村信用社改革工作的银监会副主席李伟，强调了调动地方政

府积极性的关键作用。"2003 年方案出台，对农信社管理体制交给省级政府负责的变革，社会舆论几乎没有支持的。我也曾多次与理论界人士探讨，但双方都没能说服对方"。"如果不把管理权交给地方，改革效果肯定不会这么好"。"我听说，有位省委书记曾对农信社的同志说，过去地方政府只管催你们贷款，管理责任下放以后不一样了，也要盯住你们的不良贷款、违法乱纪等问题。这句话对我们改革管理体制来说，是值得深思的"。另外，据李伟统计，配合中央对农信社的改革政策，各省出台的地方性扶持政策多达 18 种[①]。

农信社的管理者也强调管理权下放到地方政府后，农信社同时获得了经营灵活性和统筹资源的能力。湖北省联社理事长徐新总结道，"农信社改革 10 年了，发生了翻天覆地的变化，这主要源自农信社体制和机制的变革。如果没有把管理权交给省级政府共同治理，就没有今天"。在福建省联社理事长鄢一忠看来，农信社"小法人、大系统"的模式有长久生命力，县域"小法人"贴近市场、反应敏捷、决策迅速，在广大县城"短兵相接"的竞争中优势明显；而省联社"大系统"则可以有效克服"小法人"势单力薄的劣势，可以集中力量、整合资源办大事、难事[②]。

上述论证隐约为我们提供了分析的线索。但要论证地方政府的积极性是农信社经营绩效转变的关键，除了需要解释地方政府为何有激励推动农信社资金妥善管理——约束成本降低，更重要的是分析为何地方政府的激励如此重要——约束成本降低的幅度很大，以至于扭转了农信社经营绩效。毕竟，管理权下放改革前，三个中央主管的部门也都有改善农信社经营绩效的积极性，但成效却不显著。

2. 农信社改革前：地方政府干预与信贷错配

在农信社改革前，地方政府对农信社既没有管理权限，也不需要为其风险承担责任，农信社管理松散反而有利于政府信贷干预，资金资源即出现系统性错配。期间，地方政府放任、支持甚至带头不还款的问题十分严重。改革开放后乡镇企业兴起时，农信社就因此背上了沉重的包袱；随后，各县、乡镇甚至村干部一直把农信社当作自己的"小金库"，干预农信社信贷，不仅直接造成坏账损失，也让农信社产生经营道德风险。

[①] 韩瑞芸："注资农信社六大考问　银监会专项调查盈利真实性"，《21 世纪经济报道》，2005 年 7 月 20 日。

[②] 史进峰、张烁："农信社十年改革考'花钱买机制'还是'新瓶装旧酒'?"，《21 世纪经济报道》，2013 年 7 月 14 日。

另一方面，许多研究表明，中国经济增长奇迹的关键，在于地方政府围绕经济增长展开竞争的行为逻辑，包括改革开放前期政府直接参与企业经营，如乡镇企业，也包括分税制改革后，政府在争取租金最大化方面的竞争，特别是在县际竞争之下，为了全力招商引资而廉价出让土地，忽视劳动者权益，忽视自然环境风险。

我们用下列公式来表示改革前农信社资金被地方政府干预，以及地方政府在竞争下租金最大化的行为。

R 代表县政府希望最大化的总租值。F 代表辖区内经济活动创造的经济价值（如增值税、企业所得税、土地出让金等税源）。b 代表该政府从辖区经济新增收入中获得的分成比率，如增值税（税率 17%）中的 25%，以及与商业和房地产相关的大部分税费。地方政府在地区竞争下租金最大化的逻辑就是 R = F · b。

L 代表农信社信贷金额。p 代表每单位信贷资金给当地带来的经济价值（F），即资金的配置效率，所以 p = F/L。a 代表单位金额贷款拖欠变为不良贷款的概率。

企业如果借钱不还但不用承担责任，相当于产值增加，我们用 F1 代表企业借钱不还情况下的企业新增产值，F2 代表贷款归还情况下的企业新增产值，那么：

$$F_1 = a \cdot (L + p \cdot L), F_2 = (1 - a) \cdot p \cdot L$$

因为 R = F · b，地方政府的租金可以表示为：

$$F = F_1 + F_2 = a \cdot (L + p \cdot L) + (1 - a) \cdot (p \cdot L) = (p + a) \cdot L$$

地方政府租金最大化逻辑表示为：

$$Max(R) = Max[L \cdot (p + a) \cdot b]$$

农信社"公地悲剧"问题展现于上式。当农信社的可用贷款总额和不良贷款率一定的情况下，地方政府为了追求租金最大化，干预农信社资金资源配置是按照最大化（p + a），而非最大化资金配置效率 p。换句话说，因为贷款违约概率 a 与总租值 R 正相关，地方政府就有了"竭泽而渔"的激励。因此，贷款资源存在系统性的错配——能用贷款创造最多价值的客户不一定能得到贷款，而赖账不还的企业得到贷款的可能性反而更大。

3. 改革：对攫取行为施加约束

（1）省政府和省联社施加的约束

农信社改革方案（国发〔2003〕15 号）的核心是"谁的孩子谁抱走"，要求省政府对农信社负起管理责任，同时对农信社的金融风险，以本省接受中央的财政转移支付为担保负全责①。此项改革让省政府有了约束下级地方政府干预农信社行为的激励——控制和降低金融风险 a。

改革方案实施后，省政府为了执行中央政策，通过目标考核等手段，要求下级政府帮助农信社清收欠款，推动农信社改革和发展。这增加了农信社的风险内控——降低 a，同时提高了资金管理运用效率——提高 p。

例如《河北省人民政府办公厅关于支持农村信用社改革配套扶持政策的意见》（冀政办〔2004〕20号），明确了各级政府财政出资帮助农信社增资扩股的比例、税费减免方式、清收贷款的任务分解、公职人员欠款零容忍、各政府部门把资金和业务交给农信社办理等要求。省以下各级政府、各部门又有更细致的任务分解。

（2）监管部门施加的约束

改革后，金融监管部门引导农信社改革、监督其合规经营的方法主要有三种。首先，央行用票据或专项借款置换农信社坏账时，设置了相应的考核标准。只有在资产质量、治理结构等方面达标，才能获得②。为了获得中央票据援助，地方各级政府都有激励动用政府权威协助农信社达标。最终结果是产权制度改革提高了资金效率 p，清收坏账工程对未来潜在赖账者是较强可置信威胁，降低了坏账概率 a。从2003年试点至今，各地都有农信社陆续达标并获得中央票据援助。

其次，绩效指标达到转制为农商行的标准，是省、县政府协助农信社增资扩股、提高资产质量、改善治理结构的一大激励。中央对农信社的单笔贷款上限（单户贷款余额不超过资本金的10%、集团贷款余额不超过资本金的15%）和增资扩股设置了较严格的限制。农信社转制成农商行后的限制就相对更为宽松，更

---

① "统一组织有关部门防范和处置辖内信用社金融风险，今后对高风险机构的处置，在省级人民政府承诺由中央财政从转移支付中扣缴的前提下，中央银行可以提供临时支持"；"省级人民政府应坚持政企分开的原则，对信用社依法管理，不干预信用社的具体业务和经营活动，不把对信用社的管理权下放给地（市）和县、乡政府。地（市）级不再设立联社或其他形式的独立管理机构"（国发〔2003〕15号）。

② 人民银行按2002年底实际资不抵债数额的50%，发放专项再贷款或专项中央银行票据，刚开始设置的主要要求是：实行信用社和县（市）联社两级法人体制的信用社资本充足率达到2%，实际统一法人体制的信用社资本充足率达到4%，农村商业银行或农村合作银行资本充足率达到8%；按"一逾两呆"口径考核，不良贷款比例较2002年12月末降幅不低于50%。来源：中国人民银行关于印发《农村信用社改革试点专项中央银行票据操作办法》和《农村信用社改革试点专项借款管理办法》的通知（银发〔2003〕181号）。随后，到2006年第一批试点农信社票到期应兑付时，50多家申请者中只批准了18家，因为期间央行和银监会又增加了兑付条件，加强了达标情况考核。资料来源：中国人民银行、中国银行业监督管理委员会关于印发《农村信用社改革试点专项中央银行票据兑付考核操作程序》的通知（银发〔2005〕247号）。

有能力支持地方经济。为了转制为农商行，农信社需在资本充足率、内控制度、不良贷款等方面达标①。其结果和票据的激励一样，坏账概率 a 下降、资金效率 p 上升。

最后，改革后的中央监管部门只负责合规监管和贷款规模管制（又称"合意贷款规模"），不负责农信社业务发展管理。这不仅加强了对农信社合规经营与风险监察的防控力度，也减少了监管腐败。因为能够直接决定融资便利的监管部门，产生监管腐败的可能性更大。

4. 改革后的政府与农信社：激励相容

在上述改革施加的约束下，农信社获得良性发展、资金配置效率提高、不良贷款率下降，符合地方政府（主要是县区政府）追求经济增长最大化的利益。

总体来说，农合金融机构在县域市场上占据主导地位（见表2）。例如，其贷款份额稳定在三分之一左右，这个比例已经足以让它在大多数地区的县域正规金融市场中排名第一。毫无疑问，在大型国有股份制商业银行纷纷撤离县域或者一时"转身"不及的情况下，农合金融机构对县域发展非常重要，可以满足招商、建设项目的融资需求。

表2　　　　农合机构经营量占县域总量的比例（2006~2010 年）　　　单位:%

年份	2006	2007	2008	2009	2010
人员数	48.3	45.3	48.3	45.8	45.8
各项贷款	31.8	33.1	36.4	33.9	33.4
各项存款	28.3	27.9	28.7	27.5	27.5
网点数	50.7	50.8	51.4	52.0	52.5
有贷款功能的网点数	59.0	59.0	60.0	60.8	67.0

注：整理的方法，是将行政单位名称中不带"区"的筛选出来作为县域样本，包括县、市（在原始数据中代表县级市）、旗、自治县。历年的波动有可能来源于各年行政区划调整、数据缺失或错误，但全国加总层面的数据较为平稳和可信，即使有误差也足够支持文中论点。

资料来源：笔者根据银监会《中国农村金融服务分布图籍》（2006~2010 年）整理得出。

辖内金融机构（包括农信社）把存款用于当地贷款的金额越大，以及单位贷款金额转化成的经济价值越大，地方政府能获得的财政收入分成就越高。这是农信社资金配置效率提高和业务超常发展的基本动力。如果某个辖区政府继续"竭泽而渔"攫取农信社资金，不仅无法完成上级考核任务，也无法获得央行票

---

① 中国银行业监督管理委员会关于印发《农村商业银行管理暂行规定》和《农村合作银行管理暂行规定》的通知（银监发〔2003〕10 号）。

据。农信社如果管理松散就无法识别更有效率的企业，而且也会因考核不达标而无法改制成为单笔放贷金额和可用资金规模更大的农商行。这样的地区，在与同层级其他地区的招商引资、项目建设和经济金融发展竞争中，基本上无法胜出，从而倒逼其改革。

以公式表示，改革后县政府租金最大化的逻辑如下：

$$R = F \cdot b = L \cdot (F/L) \cdot b = L \cdot p \cdot b$$

改革的关键就在于此。地方政府租金最大化逻辑下的行为激励，从之前由（p+a）的高低变为由 p 的高低引导着资金资源的配置，让资金配置到最能产生经济价值的地方，最符合地方政府的利益。

地方政府成了促进农信社发展的积极因素，不管是短期的清收欠款与改革，还是长期的业务发展。例如，各地政府开始推动建立银政企合作，让农信社与优质客户建立信任和联系，特别是在中国第一家上市的农商行——重庆农商行那里完全实现制度化。由政府推荐项目，重庆农商行独立审贷，双方联合监管，争取政府对"三农"贷款给予贴息或免税支持，对农业生产过程中各种自然风险造成的损失争取由政府财政适当承担一部分；对于农村基础设施贷款，一般由政府平台提供土地抵押。

5. 经验：管理权配置与约束成本最小化

第一，在大多数省区，农信社的主要经营法人在县一级（县、区联社），业务重心也在县一级。如表 3 所示，2006 ~ 2010 年，农信社县域各项存、贷款余额占本机构的比例为 60% 左右，而其他金融机构都低于 25%。用县域贷款比县域存款计算出县域存贷比，农合机构的该值是 68%，其他金融机构只有 50%。

表3　本机构在县域业务的比例：农合机构与其他金融机构（2006 ~ 2010 年）单位:%

指标	机构	2006	2007	2008	2009	2010
员工数	农合机构	71.1	70.8	72.9	66.2	75.6
	其他金融机构	35.8	33.2	34.7	33.0	39.3
网点数	农合机构	72.5	72.3	72.2	72.0	71.7
	其他金融机构	48.3	48.3	48.2	47.5	47.9
有贷款功能网点数	农合机构	75.4	75.1	75.6	75.5	74.1
	其他金融机构	42.1	42.1	46.6	45.6	44.9
各项贷款余额	农合机构	59.6	59.9	60.1	59.2	59.1
	其他金融机构	17.9	19.1	17.4	18.3	19.1

续表

指标	机构	2006	2007	2008	2009	2010
各项存款余额	农合机构	58.9	59.5	59.8	58.8	58.1
	其他金融机构	22.5	25.5	22.5	23.6	24.4
县域存贷比	农合机构	68.0	69.2	67.6	67.8	66.7
	其他金融机构	51.5	51.1	47.6	53.0	56.2

资料来源：同表2。

第二，条块分割体制下，中央垂直管理部门约束信贷干预的成本显著高于地方管理部门。改革前，农业银行、人民银行、银监会依次管理农信社。它们对县市和基层政府信贷干预的约束力非常有限，有信息不对称问题，更有施加可置信惩罚的执行能力问题，常常产生"鞭长莫及"的无奈[1]。特别是农信社的资金关系到地方的项目建设和招商引资，即使存在有力的文件或法规，地方政府也很会变通应付。

第三，改革后，地方政府获得管理权，省政府既可以通过政治权威，以目标考核和规范性文件约束下级政府，调动其积极性；也可以通过省联社进行更专业和精细的管理。另外，县级政府在激烈的招商引资竞争下，出于优化信用环境、提高融资效率和融资量的考虑，也有动力让资金配置效率提高。总之，比起中央部门管理，地方政府管理的执行环节更为有效。

此外，监管部门剥离对农信社的行业管理职能后，只需要专注于对业务指标的合规监管，如票据兑付、贷款规模、转制农商行达标审核等，信息不对称问题大大减少，执行成本也更低了。

最后，约束成本最小化的逻辑，可以帮助我们理解为何国家强调禁止管理权进一步下放。在农信社改革方案（国发〔2003〕15号）中，明确要求省政府"不把对信用社的管理权下放给地（市）和县、乡政府。地（市）级不再设立联社或其他形式的独立管理机构。"此外，改革的主要设计者李伟在《人民日报》撰文中又再次强调[2]。所以，各地农信社一般在地市设立省联社派出机构（通常

---

[1] "由于经济、财政、人事管理体制的复杂性，过去由中央部门负责管理，实际上是层层弱化，鞭长莫及，名为负责，实则难以到位。相当数量的县、乡、镇级政府及干部，虽名无管理权，却坐镇一方，拥有难以置信的干预权，且不计后果。地方基层政府关心的只是如何能增加贷款数额，风险与己无关。这种权利、责任、利益的不对称，正是过去农信社管理混乱，产生大量不良贷款的根本所在。"资料来源：木人："农村信用社改革的探索与实践"，《人民日报》，2005年8月18日（第六版）。

[2] "现在有一个重要问题，就是省级政府既不能把管理权再下放到地、市、县政府，防止基层政府和领导个人干预农信社经营……"。资料来源：李伟："对农村信用合作社改革的思考"，《人民日报》，2003年9月18日。

称"办事处"），没有下放管理权。

中国行政区划的现实，是有 34 个省级区划、333 个地级区划和 2853 个县级区划。如果管理权下放到地和县，会增加两方面的约束成本。一方面，中央下达改革发展政策时，不再面对各个省区，而可能面对成百上千个县市；另一方面，省政府虽然名义上承担农信社的最终风险责任，但如果某些拥有管理权的县市发生金融风险需要补贴救助，那么在县市、省甚至中央的分担比例确定要耗费调查、审计、谈判成本，也失去了以省政府转移支付资金作担保的意义。

四、中国的体制性收益和成本

之前的研究忽视了国家中层制度和政府组织体系。本文发现，企业组织的管理权限、风险责任、利益分享要与政府组织权力结构互相契合，不断减少约束成本（约束稀缺资源被无度攫取所需要的成本），才能提高资源配置效率，促进其发展。

本文认为，农信社管理权从中央部门下放到地方政府的改革，让地方政府的作用从干预农信社信贷转变为促进其发展，解决了"公地悲剧"困境。这不是通过法律强化私有产权，不是通过中央政府的宏观政策作用，而是通过调动地方政府对下级的政治权威、各种社会经济资源的能力，以及强烈的发展动力。

权、责、利的重心朝地方政府下放偏移，之所以具有比集中于中央部门更低的约束成本：首先，源于农信社法人和业务重心在县域和基层，加上条块分割的体制，中央部门履行很多管理职能都显得"鞭长莫及"；第二，地方政府在地区竞争下有强烈的发展动力，一个拥有充足金融资源和高效资金配置能力的农信社更符合其利益；第三，省一级党委政府承担了风险责任，可以较有效地约束下级"竭泽而渔"的行为。

黄宗智[①]提出"体制性成本与收益"，是理解中国经济奇迹的关键。体制性收益指地方政府为招商引资可以有弹性地提供很多资源或服务，如廉价出让土地、漠视法规提供庞大的廉价非正规经济、显性与隐性补贴等。体制性成本则是指这种发展模式所积累的社会、自然和生态风险。

本文可以看作对体制性收益概念的拓展。中国的地方政府体制——以县一级为重点的地区竞争、上级和下级收益贡献风险共担、下级服从上级——不仅提高了中国土地、资本、劳动力配置效率。更一般性地，当某种有利于促进地方发展

---

① 黄宗智："改革中的国家体制：经济奇迹和社会危机的同一根源"，《开放时代》，2009 年第 4 期，第 75 ~ 82 页。

的资源或机构，权—责—利契合于地方政府体制，它的配置效率很可能得到提升。另一方面，关于农信社改革遗留下的体制性成本，在下文政策建议部分有具体阐述。

五、政策建议

2003 年开始的农信社改革，将管理权利和风险责任的配置更加契合政府权力结构，但仍有很多不契合的部分，未来需要对农信社和政府权力"两头开工"，深化改革。

第一，加强地方党委、政府领导个人或领导集体对重大经济项目的决策责任界定，例如建立决策评估、记录机制。在当前政府体制下，政府主导或协调的投资，高回报带给决策者的好处常常大于高风险带给决策者的损失。金融决策尤甚。省以下领导调动频繁，金融风险累积周期长，加大了投资决策的风险与回报不对称问题。现在，农信社风险责任是由省政府以接受中央的财政转移支付为担保，但这还不够，应该允许在当地长期从事投资、商业经营的机构，参与评估、记录政府领导重大经济决策的风险与责任。

第二，加强金融监管。强化省级党委、政府防范风险的激励，应加强省政府对金融监管的配合。另一方面，加强县及县以下金融监管机构的人员力量和制度建设，对县及县以下法人机构采取分类监管。

第三，稳定农信社县级法人。虽然省一级统一法人可以提高资金跨地区调剂效率，增强高投入、高回报的大项目融资的能力。但是，这两个目标可以通过加强县级法人主体地位，组成更高层级的联合社、联合贷款等合作方式完成，不一定要取消县级法人。当前，对县及县以下提供金融服务最多的金融机构是农信社，省统一法人会造成信贷决策链条拉长、资金支配权集中，不利于为基层提供金融服务。

参考文献

[1] 丁骋骋，傅勇. 地方政府行为、财政—金融关联与中国宏观经济波动——基于中国式分权背景的分析. 经济社会体制比较，2012（6）：87 – 97

[2] Coase, R. H. The Nature of the Firm, Economica New Series, Vol. 4, No. 16 (Nov., 1937), pp. 386 – 405

[3] (LLSV) Rafael La Porta, Florencio Lopez – de – Silanes, Andrei Shleifer, Robert Vishny. Investor Protection and Corporate Governance, Journal of Financial Economics, Volume 58,

Issues 1 – 2, 2000, pp. 3 – 27

［4］ (LLSV) La Porta, R., Florencio Lopez – de – Silanes, Andrei Shleifer. Chapter 6 – Law and Finance after a Decade of Research, In: George M. Constantinides, Milton Harris and Rene M. Stulz, Editor（s）. Handbook of the Economics of Finance, Elsevier, 2013, Volume 2, Part A, pp. 425 – 491

［5］ Beck, T., Asli Demirgü？ – Kunt, Ross Levine. Law, Endowments, and Finance. Journal of Financial Economics, Volume 70, Issue 2, November 2003, pp. 137 – 181

［6］ Stiglitz, J. E. and Weiss, A. Credit Rationing in Markets with Imperfect Information. The American Economic Review, Vol. 71, No. 3（Jun., 1981）, pp. 393 – 410

［7］ Stiglitz, J. E. Information and the Change in the Paradigm in Economics. The American Economic Review, Vol. 92, No. 3（Jun., 2002）, pp. 460 – 501

［8］ Hellman, T., Murdock, K. and Stiglitz, J.. Financial Restraint: Towards a New Paradigm; Aoki, Masahiko et al.（eds.）. The Role of Government in East Asian Economic Development: Comparative Institutional Analysis. Oxford: Clarendon, 1997

［9］ 巴曙松，林文杰，袁平. 当前农村信用联社体制的缺陷及出路. 中国农村经济，2007

［10］ 谢平，徐忠，沈明高. 农村信用社改革绩效评价. 金融研究，2006（1）：23 – 39

［11］ 张杰，高晓红. 注资博弈与中国农信社改革. 金融研究，2006（3）：48 – 56

［12］ 李伟. 对农村信用合作社改革的思考. 人民日报，2003 – 9 – 18

［13］ Naughton J. B. The Chinese Economy: Transitions and Growth, MIT Press, 2006

［14］ 谢平. 中国农村信用合作社体制改革的争论. 金融研究，2001（1）：1 – 13

［15］ 李新章. 改革与发展的成本：农村信用社不良资产形成与处置. 金融研究，2004（11）：138 – 142

［16］ 木人，农村信用社改革的探索与实践，人民日报，2005 – 8 – 18（第六版）

［17］ Oi, Jean C.. Fiscal Reform and the Economic Foundations of Local State Corporatism in China. World Politics, Vol. 45, No. 1（Oct.）, 1992, pp. 99 – 126.

［18］ Walder, A.. Local Governments as Industrial Firms: An Organizational Analysis of China's Transitional Economy. The American Journal of Sociology, Vol. 101, No. 2（Sept.）, 1995, pp. 263 – 301.

［19］ Qian, Yingyi and Barry R. Weingast. Federalism as a Commitment to Preserving Market Incentives. J. of Economic Perspectives 11, 4（Fall）, 1997, pp. 83 – 92

［20］ 张五常. 中国的经济制度. 北京：中信出版社，2009

［21］ 黄宗智. 中国发展经验的理论与实用含义——非正规经济实践. 开放时代，2010（10）：134 – 158

［22］ 孙秀林，周飞舟. 土地财政与分税制：一个实证解释. 中国社会科学，2013（4）

合作社与政府

——制度性建构优于物资性支持

本文研究以数理的经济学模型来研究合作社与政府之间的确切关系，政府的资助不改变合作社社员均衡路径上的资本存量水平，但可以加速社员积累的资本存量向均衡点移动。当合作社面临现金约束时，政府资助所提供的流动性价值具有特别的意义。政府对合作社提高其运营规范化程度的激励相当于一个在合作社之间展开的规范化量表得分"锦标赛"。而且，一个合作社的治理规则必须是时间一致的，这样，才能在动态上保证合作社的总体福利最大化。因此，政府在对合作社的支持上，应该是少一些物资性方面的，而多一些制度性建构方面。

一、引言

合作社作为农业经营方式的一种类型，其在经济学的传统中是一个经典问题。重农主义代表人物魁奈将当时法国农业的落后与衰败归因小农经营方式，针对性提出，推广"大农经营"即资本主义大农场经营方式，以恢复和发展农业生产，增加财富和人口，促使法国走上繁荣富强之路。马克思进一步发扬了魁奈关于农业生产经营方式的思想，也认为：和在工业中一样，在农业中也是大生产优于小生产，大生产排挤小生产；由于农民家庭农场的落后性，它最终的命运，不是为资本主义的大农场所替代，就是为社会主义的大农场所替代。"大工业在农业领域内所起的最革命的作用，是消灭旧社会的堡垒——"农民"，并代之以

本文作者：许建明，清华大学中国农村研究院博士后；李文溥，厦门大学宏观经济研究中心教授、博士生导师。本文的研究得到了国家社会科学基金一般项目（16BJL050）与中国博士后科学基金（2016M590075）的资助。

雇佣工人"（马克思，1972）。"农业和工业完全一样受资本主义生产方式的统治，也就是说，农业由资本家经营"（马克思，1995）。

19 世纪末 20 世纪初时，关于农业经营方式问题，也即大生产是否比小生产更优越，在西欧和俄国分别发生了两场著名的争论。

先是社会民主党领袖大卫和伯恩斯坦等人质疑马克思的论断，认为以家庭为经营单位的农业经济还有进一步发展的潜力，这是因为农业经济与工业经济之间的差异——由于农业生产的空间广泛，大规模农业企业对劳动力的持续监督就更加困难；而农业生产是一种周期较长的自然生产过程，因此农业生产的最后结果的影响因素是复杂的，难以清晰区分的；在工具的使用方面，手工操作在大规模农业企业中比在工业中重要得多；农业企业规模越大，它所承受的市场风险就越高（爱德华·大卫，2008）。而考茨基在其著作《土地问题》中坚持之前马克思的论断，认为"资本主义性质愈来愈发展的大农业"正在替代农民家庭农场的小生产，"社会发展方向在农业中和在工业中是一样的"（考茨基，1955）。

这一争论随后也发生在俄国的学术界。列宁在《俄国资本主义的发展》中赞同了考茨基的观点，他认为，原来传统的农业自然经济的状态已改变，伴随着农业资产阶级（富农）的兴起，农业中雇佣工人的数量在飞快增长，资本主义已经是当时俄国农业发展的主导趋势，因此，俄国的农村和城市一样，也需要一场社会主义革命（列宁，1960）。列宁的这一想法，其后在社会主义体制的苏联就成为了现实。而恰亚诺夫对当时苏联的这一农业发展道路表示了不同的观点。他认为，农民家庭农场，是为了家庭的生存需要——其与追求利润的资本主义农业有着本质性的区别——将长期持续存在，并且继续占据主导地位。因此，俄国需要的既不是资本主义也不是农业集体化，而是在一个市场经济环境中，通过农民之间合作组织，为家庭农场提供"纵向一体化"（从生产，到加工，再到销售）的服务（恰亚诺夫，1996）。

合作社作为一个弱势者在市场竞争中为自己谋取力量的联合，也具有与政府的源于社会契约论的合法性论证和要求相重叠之处，因此，也会涉及合作社与政府之间的关系问题——合作社是作为一个富有理念色彩的组织而存在的，作为一个为全体社员谋求利益的组织，其会面临类似于公共机构那样的"搭便车"问题，因此，其需要政府的支持。但政府的支持，则有可能会使得合作社有沦为政府附庸、失去独立性的危险。

关于合作社与政府之间的关系，张晓山（1995）、苑鹏（2001）的观点在合作社研究中颇具有代表性。张晓山（1995）认为，合作社需要得到政府的支持或者干预，发展中国家如此，发达国家也是如此，只是程度上不同而已。而且这个支持是符合经济规律的。发达国家的合作社是自发产生的，国家通过立法，通过财政补贴、政策优惠以及支持合作社的教育培训等宏观调控手段（今村奈良臣，1992）。发展中国家的合作社是由国家发起、倡导的，而且往往是直接干预合作社，甚至合作社的官员由政府之间任命，收益分配也受到政府干涉。而联合国的调查结论也支持了这一点："如果政府现在撤销建立合作社的立法以及支持性的机构，在大多数被调查的国家中，就可能得不到足够的支持使合作社维持下去。"张晓山（1995）、苑鹏（2001）认为，合作组织制度的反市场性决定了其对国家扶持具有天然的倾向性，政府对农民合作组织的作用更多地体现在加强合作组织立法建设、制定经济扶持政策、提供公共物品等方面，为农民合作组织健康营造良好的外部环境，而不是过多地介入农民合作组织的日常决策中。合作组织和政府之间而是为了实现各自利益目标而相互利用、相互依存。地方政府通常将合作组织视为实现政府经济政策的有效组织载体，利用合作组织推进产业结构调整，实现产业化、最终提高农民收入的经济政策目标。而合作组织则尽可能利用政府的特殊组织资源优势去协调外部关系，改善外部经营环境，提供依靠自身力量难以实现或交易成本过高的服务，实现自身的加速扩张。因此，有学者建议，政府应当从财政支持、税收优惠、金融信贷和生产资料等方面给予合作社扶持（牛若峰、李成贵、郑有贵等，2004；参见韩俊，2007）。并且，这一建议在最近由农业部、发改委、财政部等全国农民合作社发展部际联席九部门联合下发的《关于引导和促进农民合作社规范发展的意见》中得到了政策支持响应①。

但政府干预可能是积极的，也可能是消极的。因为政府的优先目标与合作社的优秀目标不一致，政府的优先目标是促进社会发展，合作社的优先目标是改善自身的经济条件。合作社得到国家支持时，很可能失去成员的支持，因为国家支持合作社，必将国家目标强加于合作社，其必有与成员目标冲突之处。而且，政府的支持主要是应从物质性方面的，还是应从制度性建构方面的，才能取得更好的成效呢？这是本文所要探讨的。

奥地利学派的代表性学者米塞斯在1947年的论文《合作社运动之观察》对

---

① 农村经济体制与经营管理司：《农业部等《关于引导和促进农民合作社规范发展的意见》》，中国农民合作社研究网，http://www.ccfc.zju.edu.cn/a/zhengcefagui/2014/0916/19190.html，上网时间：2014年9月16日，查询时间：2014年9月17日。《意见》要求充分发挥政策激励和导向作用，进一步完善财政税收金融等支持政策，重点扶持运行规范的合作社。各级财政要增加合作社发展资金，扩大农村土地整理、农业综合开发等涉农（林）项目由合作社承担的规模，允许财政项目资金直接投向符合条件的合作社，允许财政补助形成的资产转交合作社持有和管护。落实和完善合作社税收优惠政策，支持合作社发展农产品生产加工流通。对信用等级较高的合作社在同等条件下实行正向激励措施，提供贷款担保服务，有条件的地方给予贷款贴息，创新适合合作社生产经营特点的保险产品和服务。合作社生产设施用地和附属设施用地按农用地管理，在国家年度建设用地指标中单列一定比例专门用于合作社等新型农业经营主体建设配套辅助设施，合作社从事种植、养殖的用水用电及本社成员农产品初加工用电执行农业生产相关价格。

于合作社研究的贡献，应该如奥斯卡·兰格在 1936 年的名著《社会主义经济理论》中，对米塞斯教授对社会主义计划经济的批评而对社会主义的贡献，值得在社会主义的殿堂中为他树立一座雕像。同样，米塞斯的论文《合作社运动之观察》也值得在合作社研究的殿堂为他树立一座雕像。这是一篇关于合作社研究的重要文献，特别是对于合作社与政府之间关系的探讨。它应当为每一个合作社研究者注意到，但它却为几乎所有的合作社研究者所忽略。

米塞斯认为，从 19 世纪的空想社会主义者罗伯特·欧文、威廉·金与社会民主主义者费迪南·拉萨尔开始的把某种工业生产的合作组织作为改造社会而建立"新社会体制"的计划，都令人痛心疾首地失败了。而"农民的合作社并不是组织具有农业生产者身份的农民，它们只是组织作为生产所需之各种设备及材料的购买者，及产品的销售者的农民团体。个体农民仍然是独立的企业家，而在涉及其生产活动时没有被整合为一个合作社生产单位。"（米塞斯，2007）他进而指出，合作社不是世界重建的方法。

米塞斯警告，农民合作社"它们只是农民组织的开展复杂的农业政策和政治活动体系中的一个工具。作为一个压力团体，组织化的农民追求提高农产品的价值。"（米塞斯，2007）他严厉批评合作社运动，"从一开始，合作社运动就主要是一场政治运动。"（米塞斯，2007）在米塞斯看来，诸如农民合作社与消费者合作社这样两个追求目标"截然相反"的、"不可调和的"合作社，"竟然组成合作社同盟，这实在令人惊奇。"（米塞斯，2007）而它们之所以能形成合作社联盟，"它们的主要目标是借助政府的各种措施，提高食品及其他农产品价格。"（米塞斯，2007）其实质是，"为了获得增加收入的特权，他们运用他们的政治实力，组建压力团体。他们总盼望着比其他人少交税，又获得公共资金的补贴，让国家用进口关税保护他们，享受各种各样的特权和特免权。"（米塞斯，2007）这里的特权是指"政府授予合作社的税收特权和其他特权"（米塞斯，2007），即"税收减免，廉价的政府信贷及其他特权。"（米塞斯，2007）因为"在这种没收性税制（confiscatory taxation）时代，税收减免是很值钱的，会使有此特权的人发达起来。"（米塞斯，2007）

但是，这种特权与市场经济的本质是相冲突的，"市场经济就是一种消费者的民主制（democracy of consumers）"（米塞斯，2007），而且"生产者与消费者是同一群人"（米塞斯，2007）。市场经济"的驱动力量是每个明理的人正确理解的自利（rightly understood selfishness）"（米塞斯，2007）。而"授予某个特殊生产商群体以某种特权，确实可以在短期内改善这些以损害他人为代价而享有特权的人的物质状态。"（米塞斯，2007）拥有这种特权的合作社却几乎"看不到有什么创新"（米塞斯，2007）进一步地，"这种特权对合作社越来越重要，对

国民的整个产业活动和经济福利越是有害"（米塞斯，2007），最后的结果是"所有人的物质福利变坏。"（米塞斯，2007）

这可能带来的是，不仅仅物质福利的损害，而且，还有一种更可怕的极权主义的全面控制风险，其会取缔个人自由与消费者裁量权，使得不负责任的"生产沙皇"居于整个社会的主宰地位（米塞斯，2007），合作社运动"趋向垄断和极权事业"（米塞斯，2007），追求"在经济活动的所有领域享有垄断地位"，"所拥有的将是一种与纳粹授予德国经济部（Reichswirtschaftsministerium）或苏联授予其国家几乎当局类似的极权主义的权力。"（米塞斯，2007）这样的合作社就只剩下一个术语把戏（米塞斯，2007），而毫无实质内容。

其实，米塞斯只是反对合作社的特权，并不是反对合作社本身，"农民合作社省钱的努力，是完全正当的，只要他们不要求获得特权让其他人付出代价即可。"（米塞斯，2007）而且，他提出了一个合理的建议，合作社要证明自身的正当性，必须去除附加于它身上的"寄生性"。"合作社类型的商业组织只有在放弃了它今天享有的特权后，才有可能证明自己的合理性。只有在合作社有能力不靠税收减免、廉价政府信贷及其他照顾错误地维持自己的生存，合作主义才能被视为自由社会中一种做生意的正当方式"（米塞斯，2007）。

其实，关于合作社对于政府的独立性问题，在国内外的合作社研究中已有共识了。"自治与独立"是合作社的一个重要原则，"合作社是由其社员控制的自治的、自助的组织"（1995年国际合作社联盟100周年代表大会上通过的《关于合作社界定的声明》）。比如，日本的合作社学者泽村康在《合作原理》中将"自助的原则"列为合作社的第一原则（泽村康，1979），"当其（指合作社——引者注）经营事业时，不依赖国家的补助，资本家的援手，而需要完全以社员的自力来办理；换言之，合作社，并不是依赖他力的团体，而以自力救助为本质，这，就是自助的原则。""合作社的社员，为了筹集合作社的资金，应负担出资的义务；又为巩固合作社的财产基础，对于合作社的债务，负有一定的责任与义务，这无非是自助的表征。"（泽村康，1979）在1979年的联合国《农民宪章》，便是明确号召："鼓励农民组织起来，以便通过亲身的参与，开展自救活动。"国际合作社联盟成立一百周年代表大会的《关于合作社界定的声明》（The Statement on the Cooperative Identity）指出，"合作社是建立在自助、自担责任、民主、平等、公平和团结的价值基础上的。"

这一点也得到了许多中国的合作社研究学者的认同。唐宗焜认为，"'自助'是合作社的根本立足点"（唐宗焜，2012）。而且，张晓山（1995，2007）认为，国家的干预对于合作组织的创建和发展来说，是不可缺少的，它可作为"第一推动力"来弥补个人主动性的不足。但是，这种干预也存在潜在的危险。因此，在合作组织的起步阶段之后，经济活动已经走上正常的轨道，政府"第一推动力"的功能就已经完成了。这时，在合作组织日常事务中的国家干预就应降到最低程度，合作组织应以自力更生为基点来处理与政府机构和其他组织的关系。事实上，在合作组织具备一定经济实力后，原有国家干预与合作组织自身的主动性之间的平衡也已打破，合作组织的领导人及农村合作组织成员必然倾向于更多的自主权及决策权，这时的关键是政府是否愿意抽身、减少干预。

但是，很少有学者研究政府对合作社的资助到底改变的是合作社的哪些方面？而无法改变合作社的哪些方面？作为学者，我们应当持有的不偏不倚的、客观、中立、理性的立场，对合作社与政府之间的关系进行了理论上的反思，这是米塞斯对合作社的严厉批判给我们带来的警示。

二、政府资助对合作社的作用机理

因为合作社作为一个可以自由进出的社团组织，是一个开放的小型社会契约，因此，我们可以用代表者（效用函数）模型来刻画合作社全体社员的总体福利状况，并能回答阿罗不可能定理关于社会福利函数的存在性问题的责难（许建明，2014）。因此，我们在这一节里，将在一个动态的代表者模型中考察政府资助对合作社将产生怎样的效果？将在哪些方面，以及何种程度上改变合作社社员的经济行为。

1. 政府资助对合作社的资本积累影响

一个代表性社员的效用函数如下：

$$\max \int_0^\infty u(c)e^{-\beta t}dt \tag{1}$$

受约束条件：$\dot{k} = f(k) - c + g_s$ (2)

其中，初始资本存量 $k(0) = k_0$ 给定，g_s 为政府的资助，为外生给定的参数。这里的 $c(t)$ 为人均消费水平，效用函数 $u(c(t))：R_+ \to R_+$ 为非降的、边际效用递减的二阶连续可微函数；$k(t)$ 为人均资本存量水平，生产函数 $y = f(k)$ 为连续可微的、递增的、边际效用递减的、一阶齐次函数。

定义汉密尔顿（Hamilton）函数，由最优控制原理得到最优条件：

$$u'(c) = v \tag{3}$$

$$\dot{v} = \beta \cdot v - v \cdot f'(k) \tag{4}$$

和横截性条件：$\lim_{t \to \infty} v \cdot k \cdot e^{-\beta t} = 0$ (5)

从而得到关于消费水平和资本积累的动态方程：

$$\dot{k} = f(k) - c + g_s \tag{6}$$

$$\dot{c} = -\frac{u'(c)}{u''(c)}[f'(k) - \beta] \tag{7}$$

同时，均衡时的资本存量和消费水平满足下面的条件：

$$f(k^*) - c^* + g_s = 0 \tag{8}$$

$$f'(k^*) - \beta = 0 \tag{9}$$

从以上的方程，我们得知，均衡点的资本存量与政府的资助无关，还是满足修正的黄金率，仅仅依赖于时间的偏好率。因此，政府的资助不影响均衡点的资本存量水平，但从上面的第一个方程，我们可以得到

$$\frac{\partial c^*}{\partial g_s} = 1 \tag{10}$$

也就是，增加的政府资助会全部被用来增加消费者的消费。同时，我们知道，资本存量的收敛速度与 g_s 有关。因此，政府的资助的增加可以加速合作社的发展加速向均衡点移动。

2. 政府资助对合作社的现金约束影响

以上的一节，我们是在一个标准的动态代表者模型中考虑政府资助对合作社社员的资本积累与消费的影响。但现实中，人们购买消费品、投资品和提供公共品，都需要用现金进行支付。在现金约束上，农村更是特别严重。近三十年来的国内外的理论研究和经验分析都表明，发展中国家农村金融抑制的程度普遍相当严重。与其他发展中国家相比，我国农户金融抑制的程度尤其严重，有研究发现，中国农户金融抑制的程度为 70.92%（李锐、朱喜，2007）。因此，我们在这一个部分中将从比较接近现实的约束条件——农户受到现金约束——出发，来讨论政府资助对合作社及其社员的生产经营行为与福利水平的改变状况。

合作社与社员购买消费品、投资品和提供公共品，都需要用现金进行支付。在 t 时刻，政府对合作社的瞬时资助 $g_{s,t}$ 是以现金的形式支付的。M_{t-1} 是社员在 t 时刻持有的，即他在 $t-1$ 时刻留下的现金。同理，M_t 是社员在 t 时刻留下的、而为 $t+1$ 时刻持有的现金。

一个典型的合作社社员，其目的是通过选择消费和资产持有额度的轨迹来最大其效用。

社员的问题可以写成：

$$\max \sum_{t=0}^{\infty} \beta^t u(c_t) \tag{11}$$

其中，$0 < \beta < 1$，$u(\cdot)$ 是一个有界、连续可微、严格递增及严格凹型的效用

函数。人们的行为不仅受到常规的预算约束外，还受到现金先行的约束。比如，人们在购买消费品和资本品时被要求用现金支付。

受约束条于件：

$$w_t \equiv f(k_{t-1}) + (1-\delta)k_{t-1} + M_{t-1} + g_{s,t} + (1+r_{t-1})b_{t-1} \geq c_t + M_t + k_t \quad (12)$$

$$c_t \leq M_{t-1} + g_{s,t} \quad (13)$$

另外，合作社与社员所拥有的初始资本存量与现金水平给定。

这里，$w_t \equiv f(k_{t-1}) + (1-\delta)k_{t-1} + M_{t-1} + g_{s,t} + (1+r_{t-1})b_{t-1}$ 为 t 时刻上社员拥有的总财富。它是 t 时刻的社员进行生产所形成的收入 $f(k_{t-1})$、上一期余留下的资本存量 $(1-\delta)k_{t-1}$、现金持有量和政府资助的实际价值，以及由社员在 $(t-1)$ 时刻持有的一期债券 b_{t-1} 本息收入的总和。r_{t-1} 是从 $(t-1)$ 时刻到 t 时刻的利率，δ 是实物资本是折旧率。社员运用其拥有的财富来购买消费品以及留在 $t+1$ 时刻作为资本、债券与现金。

那么，社员在 $(t+1)$ 时刻所拥有的实际资源是：

$$w_{t+1} = f(k_t) + (1-\delta)k_t + M_t + g_{s,t+1} + (1+r_t)b_t \quad (14)$$

合作社社员在 t 时刻的状态，可以用去拥有的财富 w_t 和现金持有额度 M_{t-1} 来刻画。社员的消费选择收到资源和现金持有额的约束，所以，我们在分析社员的行为决策时，这两个约束条件都需要考虑到。

模型的第一个约束条件是社员的预算约束，它的含义是：t 时刻的社员总收入等于其总花费。第二个约束条件是现金（Cash - in - Advance）约束，社员为购买其消费品必须以现金形式支付，也就是，他购买商品之前必须先拥有现金。

利用 Bellman 原理得到递归方程：

$$V(M_{t-1}, w_t) = \max_{\{c_t, M_t, b_t, k_t\}} \sum_{t=0}^{\infty} \{u(c_t) + \beta \cdot V(M_t, w_{t+1})\} \quad (15)$$

$$S.T.$$

$$w_t \geq c_t + M_t + k_t \quad (16)$$

$$c_t \leq M_{t-1} + g_{s,t} \quad (17)$$

社员通过在 t 时刻的变量 c_t、M_t、b_t、k_t 的选择，来最大化其效用函数。

应用拉格朗日方法求上面方程的解。定义拉格朗日函数为：

$$L_{\{c_t, M_t, b_t, k_t\}} = u(c_t) + \beta \cdot V(M_t, w_{t+1}) + \lambda_t [f(k_{t-1}) + (1-\delta)k_{t-1} + M_{t-1} + g_{s,t}$$
$$+ (1+r_{t-1})b_{t-1} - c_t - k_t - M_t] + \eta_t [M_{t-1} + g_{s,t} - c_t] \quad (18)$$

其中，λ_t、η_t 分别为预算约束与现金约束的拉格朗日乘子。

由库嗯—塔克（Kuhn - Tucker）定理，最优性条件为：

$$u_c(c_t) = \lambda_t + \eta_t, \quad (19)$$

$$\beta[f_k(k_t) + 1 - \delta]V_w(M_t, w_{t+1}) = \lambda_t, \quad (20)$$

$$\beta(1 + r_{t-1})V_w(M_t, w_{t+1}) = \lambda_t, \tag{21}$$

$$\beta V_M(M_t, w_{t+1}) + \beta V_w(M_t, w_{t+1}) = \lambda_t, \tag{22}$$

以及松弛条件：$\eta_t(M_{t-1} + g_{s,t} - c_t) = 0$，$\eta_t \geq 0$。

由包络定理，得到：

$$V_w(M_{t-1}, w_t) = \lambda_t \tag{23}$$

$$V_M(M_{t-1}, w_t) = \eta_t, \tag{24}$$

从以上两式，知道：λ_t 是财富的边际效用。

从上面得到的第一个最优性条件（19）式，得到：消费边际效用等于财富边际效用与现金流动性服务 η_t 的价值之和。每个人都必须持有现金才能进行消费，因此，其为消费而必须留有现金的"成本"即是消费的边际效用，等于财富边际效用加上媒介交易所必需的流动性服务的成本；在消费的最优状态时，消费的边际效用与消费的边际成本相等。

可以将（21）式写成是：$\beta(1 + r_{t+1})\lambda_{t+1} = \lambda_t$ \hfill (25)

结合（23）、（24）式，（22）式可以写成：$\lambda_t = \beta(\lambda_{t+1} + \eta_{t+1})$ \hfill (26)

如果现金约束起作用的话，那么，由于现金产生有价值的流动性服务，政府资助的现金形式发放本身所产生的流动性服务就具有了价值。这时，合作社社员的消费即等于他手头所持有的现金数额。

由包络定理，得到：$V_g(M_{t-1}, w_t) = \lambda_t + \eta_t$ \hfill (27)

也就是，政府资助的现金形式发放本身所产生的价值等于消费的边际效用。

由（25）、（26）式，得到：

$$\lambda_t = \beta(\lambda_{t+1} + \eta_{t+1}) = \beta(1 + r_{t+1})\lambda_{t+1} \tag{28}$$

我们可以在稳态路径上将（27）式表示的政府资助以现金形式发放的边际效用改写为：

$$V_g(M_{t-1}, w_t) = \lambda(1 + r) \geq \lambda \tag{29}$$

也就是，政府资助以现金形式发放的边际效用超过其对于合作社社员的财富增量本身的意义。

三、政府对合作社规范化程度的激励

1. 合作社运营的规范化问题

自从 2007 年《合作社法》实施以来，中国农村合作社发展迅猛。截至 2014 年 7 月底，合作社已达 119.29 万家。按全国 589874 个行政村计算，每个村平均约有两个合作社①。

但关于现实中的合作社的性质，在学术界存在着诸多的质疑。比如，杜吟棠、潘劲（2000）发现，在他们所分析的案例中"没有一个符合传统合作社规范"。苑鹏（2001）也认为，农民合作经济组织出现了许多"异化现象"。应瑞瑶（2002）考察了江苏省与山东莱阳的农民专业协会和农民合作社，也得出了类似的结论：这些组织绝大多数并不是真正意义上的合作社，而是异化了的合作组织，因为它们背离了合作社的基本原则。潘劲（2011）通过调查研究发现，伴随着各地农民专业合作社的迅猛发展，各种"假合作社"、"翻牌合作社"、"精英俘获"、"大农吃小农"等现象层出不穷，以至于他惊呼——"合作社原则，最后还能坚守什么？"邓衡山、王文烂（2014）甚至质疑："中国到底有没有真正的合作社？"

虽然许多学者指出中国目前的合作社异化之严重，但现实中的合作社可能并不只是端点分布：或是假合作社，或是真合作社。现实中的合作社更可能是从"完全不是"到"完全是"两个端点的光谱上近似连续分布的。我们于2013年通过对福建6个县的合作社的抽样调查，发现，有没有加入合作社对社员的收入影响在统计上是不显著的；规范化程度越高的合作社，对社员的收入提高影响越大（许建明，2014）。作为佐证，我们还分析了作为农业产业集群的漳浦县的2000～2010年的小农户收入，发现大量的台湾农业企业进入该县并没有提高该地小农户的收入②。也就是，提高合作社运营的规范化程度对于改善农户收入的意义重大。

国际上，合作社在现代农业和农村发展中发挥着重要作用（管爱国、符纯华，2000；杜吟棠，2002；世界银行，2006；唐宗焜，2012）。"在美国由合作社加工的农产品占农产品总量的80％，合作社提供的合肥、石油占44％，贷款占40％。在法国，由合作社收购的农产品，牛奶占50％以上，谷物占71％。法国食品出口中，通过合作社出口的谷物占45％，鲜果占80％，肉类占35％，家禽占40％。在日本，市场销售农产品绝大部分是由农协提供，其中米、面占95％，水果占80％，家禽占80％，畜产品占51％；提供生产资料，肥料为92％，饲料为40％，农机为47％，农药为70％。"（农业部农业产业化办公室，2002）与之形成强烈对比的是，国内许多合作社的"有名无实、流于形式，制约了合作社功能作用的充分发挥"（张红宇，2014）。

因此，2014年8月27日，农业部、发改委、财政部等九部门下发了《关于引导和促进农民合作社规范发展的意见》（后文简称为《意见》），要求各级各有

---

① 引自于中国农民合作社研究网的微博，2014年10月13日。

② 许建明、王建武、李文溥，即将发表。

关部门把加强农民合作社规范化建设摆在更加突出的位置，把运行规范的农民合作社作为政策扶持重点。《意见》的重要参与人张红宇（2014）在做解读这一政策时，认为："这既是加快构建新型农业经营体系、推进农业现代化的重要举措，也是维护成员合法权益、增强合作社发展内生动力的客观要求，还是承接国家涉农项目、创新财政支农方式的重要基础。"而且，"当前和今后一个时期，应把规范化建设摆在更加突出的位置，不断提高合作社发展质量和水平。"

米塞斯在 1947 年发出警告，政府的过多资助可能会使合作社蜕变成为一个特权组织，进而伤害市场经济的平等原则。因此，政府对合作社的资助只能是很有限的。而且，对于合作社而言，政府的资助并非是免费的午餐。政府对合作社的支持与干预有可能会使得合作社有沦为政府附庸，失去独立性的危险。这是20 世纪五六十年代强制性的农业集体化及其带来的灾难性的后果给我们的警示。同时，一旦合作社沦为基层政权的附庸，合作社就很可能将成为政府的财政包袱和社会包袱。

因此，在保障合作社独立性原则的前提下，政府如何利用有限的资助来激励合作社提高其运营的规范化程度，这是我们需要解决的一个问题。

2. 合作社规范化的锦标赛模型

让我们考虑政府试图对两个合作社 i、j 进行激励，以促使它们提升运营的规范化程度。这两个合作社是同质且风险中性的。因为米塞斯的警告，政府对合作社的资助只能很有限，因此，政府为激励合作社提高自身运营的规范化程度，不可能是高成本的"撒胡椒面"式的平均主义惠施，而是有选择性地对他们进行奖励。即对它们的规范化程度让他们之间进行评分比赛，分别为胜利者、失败者设立 A_h、A_l 的奖励。这一对合作社规范化程度的激励相当于一个在合作社之间展开的"锦标赛"。

一般性的做法是政府指派第三方对各个合作社的运营的规范化程度进行量表打分，在这个量表中，将包括有登记注册、社员与合作社的产权关系、理事会与监事会的人员与权责、财务管理制度、社员账户和管理档案、按惠顾额返还与按股分红的比例关系、定期公开社务、诚信经营，信用合作信息化建设等内容①。在这个量表得分竞赛中，得分的可能性取决于各个合作社自身进行的规范化运营

---

① 最近由农业部、发改委、财政部等九部门下发了《关于引导和促进农民合作社规范发展的意见》明确了规范合作社发展的主要任务，要求合作社发挥章程的规范作用，依法登记注册，明晰产权关系，完善协调运转的组织机构，健全财务管理制度，建立成员账户和管理档案，公平合理分配收益，定期公开社务，坚持诚信经营，稳妥开展信用合作，推进信息化建设。

的努力程度。努力程度—得分结果可以看作是除去误差项（ ε_i 、ε_j ）的一一映射，合作社的规范化量表得分过程可以看作是一个随机过程，为了简单起见，假定合作社 i 、j 的规范化程度得分函数由下列等式给出。

$$y_i = e_i + \varepsilon_i \tag{30}$$

$$y_j = e_j + \varepsilon_j \tag{31}$$

其中，e_i 、e_j 分别表示合作社 i 、j 为实现规范化运营所进行的努力水平，误差项 ε_i 、ε_j 分别表示影响合作社 i 、j 规范化量表得分的不可控因素，它们是一个零均值、标准差为 σ 的分布。y_i 、y_j 分别表示合作社 i 、j 的规范化程度量表得分结果。因为规范化程度量表得分 y_i 、y_j 是可以被第三方观察的，而合作社 i 、j 为实现规范化运营所进行的努力 e_i 、e_j 却是无法被第三方观察，只是合作社的私人信息。因此，政府对于合作社规范化程度比赛中的奖励，只能依据其规范化量表得分结果 y_i 、y_j ，而不是其规范化努力水平 e_i 、e_j 。

我们先考虑合作社 i 为规范化运营所进行的努力结果。

$$\max_{e_i} A_h P + A_l (1 - P) - C(e_i) \tag{32}$$

其中，A_h 是胜利者的奖励，A_l 是失败者的奖励，$C(e_i)$ 是合作社 i 为实现规范化运营所付出努力水平 e_i 而带来的痛苦的货币价值，且 $C' > 0$ ，$C'' > 0$ 。P 是在合作社 i 看来它在规范化量表评比竞赛中获胜的概率，这取决于合作社 i 、j 各自进行的规范化的努力程度。即 $P = \mathrm{Prob}(y_i > y_j)$ ，合作社 i 比合作社 j 在规范化量表得分评比中表现更优而赢得比赛。$P = \mathrm{Prob}(e_i + \varepsilon_i > e_j + \varepsilon_j) = \mathrm{Prob}(e_i - e_j > \varepsilon_j - \varepsilon_i)$ ，即合作社 i 比合作社 j 要在规范化量表得分评比中表现更优，那么，合作社 i 就需要他的净努力水平超过不可控制因素对他的净负面影响。

（21）式的一阶条件是：

$$(A_h - A_l) \frac{\partial P}{\partial e_i} = C'(e_i) \tag{33}$$

上面式子的左边是优胜者、落后者之间的奖励差距（ $A_h - A_l$ ）与因边际努力水平带来的获胜边际概率的乘积，即为合作社 i 进行规范化的努力水平的边际收益。式子的右边是合作社 i 进行规范化的努力水平的边际成本。

二阶条件是：

$$(A_h - A_l) \frac{\partial^2 P}{\partial e_i^2} - C''(e_i) < 0 \tag{34}$$

（22）、（23）式子中的关于 $C(e_i)$ 的性质是清晰的：$C' > 0$ ，$C'' > 0$ 。但关于努力水平与获胜概率之间的关系却是需要进一步论证的。下面将对这二者之间的关系给予揭示。

合作社 i 在规范化量表评分比赛中获胜的概率由下式给出。

$$P = \text{Prob}(e_i - e_j > \varepsilon_j - \varepsilon_i) = G(e_i - e_j) \tag{35}$$

其中，G 是随机变量 $(e_i - e_j)$ 的分布函数，g 是其对应的密度函数。

这样，$G(e_i - e_j)$ 就是表示 $(e_i - e_j)$ 小于 $(\varepsilon_j - \varepsilon_i)$ 的概率。但在这里我们感兴趣的是 $\frac{\partial P}{\partial e_i}$，并不是 P。因此，我们需要将 P 对 e_i 求微分，从而得到 $g(e_i - e_j)$。记 $x = \varepsilon_j - \varepsilon_i$，那么 $g(e_i - e_j)$ 可以写成是 $g(x;0,\psi)$，x 是一个均值为 0，方差为 ψ 的分布。那么，P 是不可控制因素的密度函数到上限 $(e_i - e_j)$ 的积分，即 $P = \int_{-\infty}^{e_i - e_j} g(x;0,\psi)dx$。合作社 i 通过改变自己规范化的努力水平来抗衡不可控制因素的密度累积的临界值。

我们将获胜概率 P 对努力水平 e 进行一阶微分：

$$P' = g(x\,|_{x=e_i-e_j};0,2\sigma^2) \tag{36}$$

这是规范化努力水平差距点所对应的密度值。该点刻画着参加规范化量表评分比赛中的某一合作社获胜的概率，它是由合作社所进行规范化的努力水平、对手所进行规范化的努力水平与不可控制因素的分布所共同决定的。

同样的分析也应用于对手合作社 j 为规范化运营所进行的努力结果上。由于合作社 i 和合作社 j 是同质的，因此，我们可以假定他们之间的博弈形成了一个对称的 Cournot - Nash 均衡。这意味着，在预期对手的既定策略行为下，每个参与者都最优化他的策略行为而不改变他的策略。

给定双方都进行 Cournot - Nash 竞争策略的情况下，这个均衡就是 $e_i^* = e_j^* = e^*$。也就是，合作社 i 和合作社 j 都选择了相同水平的规范化努力程度。

并结合（35）式，（33）式就转化为：$(A_h - A_l)g(x\,|_{x=0}) = C'(e^*)$ （37）

上式的含义是：对于每个参赛者的一阶条件是努力带来的边际成本等于优胜者 - 落后者的奖励差额与密度函数在 $(e_i^* - e_j^*) = 0$ 处的高度的乘积。

由于 $\frac{\partial^2 P}{\partial e_i^2} = g'(x\,|_{x=0}) = 0$，那么 $(A_h - A_l)\frac{\partial^2 P}{\partial e_i^2} - C''(e_i) < 0$ 即二阶条件（34）式满足。

3. 比较静态分析

下面我们进行比较静态分析。

合作社所进行规范化的最优努力水平可以写成下列式子：

$$e^* = e^*[(A_h - A_l), \sigma] \tag{38}$$

上列的 $e^*(\cdot)$ 是由每个合作社所进行规范化的最优努力水平的一阶条件和二阶条件确定的。

由（37）式分别对 A_h、A_l 一阶求导得。

$$\frac{\partial e^*}{\partial A_h} = \frac{C''(e^*)}{g(0)} > 0 \tag{39}$$

$$\frac{\partial e^*}{\partial A_l} = -\frac{C''(e^*)}{g(0)} < 0 \tag{40}$$

每个合作社所进行规范化的最优努力水平与胜利者的奖励成正方向效应，与失败者的奖励成负方向效应，而且这两个效应的绝对值是相等的。

由（37）式对 $(A_h - A_l)$ 一阶求导得：

$$\frac{\partial e^*}{\partial(A_h - A_l)} = \frac{C''(e^*)}{g(0)} > 0 \tag{41}$$

由于 $C' > 0$，$C'' > 0$，因此，随着 $(A_h - A_l)$ 的增大，e_i 将相应增大。也就是，为胜利者、失败者所设立的奖励差距的扩大，将使得参与规范化量表评分竞赛的合作社更加努力地提高自身运营的规范化程度。

由（37）式对 σ 一阶求导得：

$$\frac{\partial e^*}{\partial \sigma} = \frac{(A_h - A_l)\frac{\partial g(0)}{\partial \sigma}}{C''(e^*)} \tag{42}$$

上列式子的正负符号由 $\frac{\partial g(0)}{\partial \sigma}$ 的正负符号所决定。根据我们前文所假定的 ε_i、ε_j 是零均值、标准差为 σ 的分布，也就是，$g(0) = \frac{1}{2\sigma\sqrt{\pi}}$。那么，$\frac{\partial g(0)}{\partial \sigma}$

$= -\frac{1}{2\sqrt{\pi}\sigma^2} < 0$。因此，$\frac{\partial e^*}{\partial \sigma} < 0$ $\tag{43}$

上式的经济含义是，不可控制因素影响的增大，将导致参赛者所进行规范化的努力水平的下降。

$g(0)$ 的位置越低，将使得参与竞赛之中的合作社的均衡状态的规范化努力水平降低。这是因为 $g(0)$ 是对合作社之间进行的规范化量表得分比赛过程中的不可控制因素的重要性的衡量指标。当不可控制因素越不重要时，即 $(\varepsilon_j - \varepsilon_i)$ 趋于退化时，$g(0) \to +\infty$。当不可控制因素越重要时，即 $(\varepsilon_j - \varepsilon_i)$ 两侧尾部变得厚实时，$g(0) \downarrow$。也就是说，如果不可控制因素发挥的作用比较重要时，那么为胜利者、失败者所设立的奖励差距所激励的规范化努力水平将会下降，合作社 i 和合作社 j 将不会努力去提高自身运营的规范化程度。

四、合作社原则的时间一致性问题

合作社的五大原则，从 1844 年的英格兰罗虚戴尔合作社诞生开始，就基本上不变，但是至今尚未有学者用正式的模型研究为什么它们是不变的。本文将它转化为规则的时间一致性问题来讨论。并已证明了只有这样，才能解决时间一致性问题。时间一致性问题其实是所有规则都面临的问题。

合作社规则的设定必须考虑时间一致性问题的检验。所谓时间一致性（time consistence）问题，是指当期选择的最优规则在未来各期也是最优的。如果我们所设计的合作社原则是时间不一致的（time inconsistence），那么这将影响到合作社原则的可信度与有效性。

我们这里考虑一个两期的合作社原则选择模型，模型中的状态变量为 x ，规则变量为 R ，状态变量 x 在第 1 期和第 2 期由以下方程给出：

$$x_1 = X_1(R_1, R_2) \tag{44}$$

$$x_2 = X_2(x_1, R_1, R_2) \tag{45}$$

也就是，在第 1 期状态变量 x_1 不仅取决于当期的规则变量为 R_1 ，也取决于第二期的规则变量为 R_2 。而在第 2 期，状态变量 x_2 取决于上一期的状态变量 x_1 、上一期和当期的规则变量为 R_1 和 R_2 。

假设合作社总体福利函数为 $U = U(x_1, x_2, R_1, R_2)$ $\tag{45}$

合作社的社会计划者在第 1 期考虑规则时，即在既定的状态变量方程约束下，通过选择规则变量 R_1 和 R_2 使得合作社的总体福利函数达到最大值，得到的最优解记为 $(x_1^*, x_2^*, R_1^*, R_2^*)$ 。

由于在实践中是先进行第 1 期的规则决定，然后才是第 2 期的规则决定，也就是第 2 期的规则决定是在第 1 期规则产生的效果的背景下进行的。因此，我们在思想实验，需要先考虑第 2 期的规则决定所产生的效果，然后在第 2 期的规则决定产生的效果下，再考虑第 1 期的规则决定问题。这一思想实验顺序与实践中的决策顺序是颠倒的。这一逻辑与 Stackelberg 动态博弈模型的逻辑是相似的：

将状态变量方程代入合作社的社会福利目标函数，得到：

$$U = U\{X_1(R_1, R_2), X_2[X_1(R_1, R_2), R_1, R_2], R_1, R_2\} \tag{46}$$

上面的方程对规则变量 R_2 进行微分，得到一阶条件为：

$$\frac{\partial U}{\partial x_1}\frac{\partial X_1}{\partial R_2} + \frac{\partial U}{\partial x_2}\frac{\partial x_2}{\partial x_1}\frac{\partial X_1}{\partial R_2} + \frac{\partial U}{\partial x_2}\frac{\partial X_2}{\partial R_2} + \frac{\partial U}{\partial R_2} = 0 \tag{47}$$

这是合作社的社会计划者根据合作社的总体福利函数进行两期整体性的对第 2 期的规则变量 R_2 选择的结果。

下面，我们再分阶段地考察合作社的社会计划者就合作社第 2 期的规则变量 R_2 进行选择，而对合作社的总体福利产生的结果。即第 2 期的规则变量 R_2 选择是在第 1 期得到的解 (x_1^*, R_1^*) 的既定背景之下进行的。

求解以下方程：

$$\max U(x_1, x_2, R_1, R_2) \tag{48}$$

$$s.t. \quad x_2 = X_2(x_1, R_1, R_2), x_1 = x_1^*, R_1 = R_1^* \tag{49}$$

上述方程对规则变量 R_2 进行微分，得到一阶条件为：

$$\frac{\partial U}{\partial x_2}\frac{\partial X_2}{\partial R_2} + \frac{\partial U}{\partial R_2} = 0 \tag{50}$$

比较上面得到的两个一阶条件（47）与（50）式，可以看到，这两个一阶条件并不完全相同。这说明，在第 1 期时，整体性的对第 2 期的规则变量 R_2 选择的结果，与仅仅在第 2 期时就当期进行规则变量 R_2 选择的结果，是不相同的。因而，在第 1 期时整体性的对第 2 期所选择的规则变量 R_2，在第 2 期时不是最优的。即最优规则是时间不一致的。

要使在第 1 期时整体性的对第 2 期所选择的规则变量 R_2 最优解在第 2 期时仍然是最优的，就必须满足以下条件：

$$\left(\frac{\partial U}{\partial x_1} + \frac{\partial U}{\partial x_2}\frac{\partial x_2}{\partial x_1}\right)\frac{\partial X_1}{\partial R_2} = 0 \tag{51}$$

通常情况下，（51）式括号中的项的值不为零，因此，满足（51）式就需要 $\frac{\partial X_1}{\partial R_2} = 0$。这式子表明，第 1 期的状态变量方程仅仅依赖于规则变量 R_1，$x_1 = X_1(R_1)$，而与规则变量 R_2 无关。这与状态变量方程 $x_1 = X_1(R_1, R_2)$ 是不一致的。要使 $x_1 = X_1(R_1)$ 与 $x_1 = X_1(R_1, R_2)$ 同时成立，就必须满足 $R_2 = R_1$。即一个合作社的治理规则必须是稳定的，时间一致的，不是"具体问题具体分析"式的相机处理方式（discretion）。这样，才能在动态上保证合作社的主体福利最大化。

五、结论

本文以数理经济学模型来研究合作社与政府之间的确切关系，即在博弈论的框架中，研究政府如何激励合作社的规范性程度；以动态方法研究，政府的资助对于合作社在稳定状态中的资本效果与合作社运营的流动性意义，以及合作社原则的一致性问题。这样，可以让我们能够更深刻理解，政府对于合作社的扶持在学理上的合理性与其限度。

也就是，从本文在对合作社与政府之间关系的理论分析的发现，我们可以得到一个启示：政府对于合作社太多的物资方面的支持，意义并不太大，政府更应该的是在对合作社运营的规范性程度提高上，对合作社的运营规范性方面进行监督、引导和奖励。政府在对合作社的支持上，应该是少一些物资性方面，而多一些制度性建构方面。最近由农业部、发改委、财政部等九部门下发了《关于引导和促进农民合作社规范发展的意见》已经在合作社运营的制度性建构方面给予了重视。《意见》要求各级各有关部门把加强农民合作社规范化建设摆在更加突出的位置，把运行规范的农民合作社作为政策扶持重点。

参考文献

[1] 巴罗，萨拉－伊－马丁著，夏俊译．经济增长．上海：上海格致出版社，2010

[2] 爱德华·大卫．农业经济与工业经济的差异．杨云善译，载何增科，周凡主编．农业的政治经济分析．重庆出版社，2008

[3] 邓衡山，王文烂．合作社的本质规定与现实检视．中国农村经济，2014（7）

[4] 杜吟棠主编．合作社：农业中的现代企业制度．南昌：江西人民出版社，2002

[5] 管爱国，符纯华译著．现代世界合作社经济．中国农业出版社，2000

[6] 韩俊主编．中国农民专业合作社调查．上海：上海远东出版社，2007

[7] 黄宗智．中国的隐性农业革命．法律出版社，2010

[8] 今村奈良臣．世界各主要国家中的政府与农民的关系问题．中国农村经济，1992（10）

[9] 魁奈．魁奈《经济表》及其著作选．晏智杰译．北京：华夏出版社，2006

[10] 考茨基［1899］．土地问题．梁琳译．北京三联书店，1955

[11] 李锐，朱喜．农户金融抑制及其福利损失的计量分析．经济研究，2007（2）

[12] 列宁［1899］．俄国资本主义的发展．人民出版社，1960

[13] 林坚，王宁．公平与效率：合作社组织的思想宗旨及其制度安排．农业经济问题，2002（9）

[14] 马克思（1867）．《资本论》第一卷．中共中央马克思恩格斯列宁斯大林著作编译局译．北京：人民出版社，1972

[15] 马克思（1861－1863）．剩余价值理论．中共中央马克思恩格斯列宁斯大林著作编译局译．北京：人民出版社，1995

[16] 米塞斯（1947）．合作社运动之观察．载米塞斯《货币、方法与市场过程》．戴忠玉，刘亚平译．姚中秋校，北京：新星出版社，2007

[17] 牛若峰，李成贵，郑有贵等．中国的"三农问题"：回顾与展望．中国社会科学出版社，2004

[18] 农村经济体制与经营管理司．农业部等《关于引导和促进农民合作社规范发展的意见》．中国农民合作社研究网，http：//www.ccfc.zju.edu.cn/a/zhengcefagui/2014/0916/19190.html，上网时间：2014－9－16，查询时间：2014－9－17

[19] 农业部农业产业化办公室．借鉴国外合作社经验，应对 WTO 的挑战．农业经济导刊，2002（4）

[20] 潘劲．中国农民专业合作社：数据背后的解读．中国农村观察，2011（6）

［21］恰亚诺夫著，萧正洪译，于东林校．农民经济组织．北京：中央编译出版社，1996

［22］世界银行．中国农民专业协会回顾与政策建议．赵钧等译．北京：中国农业出版社，2006

［23］唐宗焜．合作社真谛．北京：知识产权出版社，2012

［24］许建明．合作社的政治经济学研究．厦门大学博士学位论文，2014

［25］许建明，王建武，李文溥．农业企业对农民收入的增益效应——来自于福建漳浦农业企业集群的"自然实验"．即将发表于《中国乡村研究》国际版。

［26］徐旭初．中国农民专业合作经济组织的制度分析．北京：经济科学出版社，2005

［27］应瑞瑶．合作社的异化和异化的合作社．江海学刊，2002（6）

［28］苑鹏．中国农村市场化进程中的农民合作组织研究．中国社会科学，2001（6）

［29］张红宇．把合作社规范化建设摆在更加突出的位置．农民日报，2014 - 9 - 16

［30］张晓山．关于发展中国家合作社的特点和问题．载农业部农村合作经济指导司、农业部经营管理总站、中国农村合作经济管理学会编：《发展中的农村合作经济——中外合作经济研讨班论文集》，北京：中国农业出版社，1995

［31］张晓山．中国发展农民合作社的实践与合作社的基本原则．经济研究参考，1999（75）

［32］泽村康．合作原理．周建卿译．台湾商务印书馆，1979

［33］Kydland, Finn E. and Edward C. Prescott. Rules Rather than Discretion：The Inconsistency of Optimal Plans. Journal of Political Economy，1977，85（3）：473 - 492

［34］Lazear, Edward P. and Sherwin Rosen. Rank - Order Tournament as Optimum Labor Contracts. Journal of Political Economy，1981，89（5）：841 - 864

［35］Mundlak, Yair. Agriculture and Economic Growth：Theory and Measurement. Cambridge, Massachusetts：Harvard University Press，2000

［36］Shen, Minggao, Scott Rozelle and Linxiu Zhang. Farmer's Professional Associations in Rural China：State Dominated or New State - Society Partnerships. Working Paper，Center for Chinese Agricultural Policy，Chinese Academy of Sciences，2005

［37］Walsh, CarlE.. Monetary Theory and Policy（3rd ed）．Cambridge, Mass.：MIT Press，2010

附：2015 清华农村研究博士生论坛参会博士生代表名单

姓名	院校/工作单位	论文题目
陈 杰	南京农业大学	土地流转、土地生产率与规模经营
董 玄	清华大学	农信社改革做对了什么？——有效治理"公地悲剧"的经验
杜春林	南京农业大学	项目制动员与农村基础设施供给碎片化——基于 S 县水库移民后期扶持项目的实证考察
杜洪燕	中国农业大学	生态服务、精准扶贫与生态就业——生态补偿项目如何一石二鸟？
冯华超	华中农业大学	农民农地再分配偏好的影响因素研究——基于 2006 年中国综合社会调查的实证分析
冯晓龙	西北农林科技大学	气候变化适应性行为对苹果种植户生产性收益的影响分析
高叙文	浙江大学	小农户适应全球化研究综述
郭 栋	清华大学	有序公民参与视角下的农村治理分析——基于山西典型农村的实证分析
郭海月	浙江大学	外资对我国农产品加工企业出口溢出效应研究——基于 2005 - 2007 年中国工业企业数据的实证分析
贺海波	湖北工程学院	农村养老的层次性差异与阶段性问题
胡振通	中国农业大学	草原超载过牧的内在机理研究：从草畜平衡到人畜草平衡的分析框架——基于内蒙古自治区 320 户样本牧户的实证研究
赖和平	北京大学	创造性复兴乡村"养教并重"传统之初步探索
刘明月	西北农林科技大学	禽流感疫情冲击下疫区养殖户生产恢复复力研究
刘卫柏	邵阳学院	政府主导的土地信托与农村产业结构调整
卢 华	南京农业大学	土地细碎化、地块规模与农业生产效益——基于江苏省调研数据的经验分析
罗恬漩	清华大学	过去与现在：变迁中的农村纠纷解决——一个新的解释框架
吕少德	清华大学	论文1：浅谈刘易斯对马克思产业后备军理论的误解 论文2：家庭共产主义原则下的中国农村住户劳动力转移
孟 璐	柏林自由大学	城镇化促进三农转型的政企合作模式研究
聂文静	南京农业大学	蔬菜种植户农药施用行为的监督力度研究
普冀喆	中国人民大学	现行粮食价格调控政策的社会福利影响分析——以小麦为例
钱 龙	浙江大学	农地产权是"有意的制度模糊"吗——兼论土地确权的路径选择

续表

姓名	院校/工作单位	论文题目
史常亮	中国农业大学	我国小麦化肥投入效率测度与影响因素研究——基于全国 15 个主产省的面板数据
史恒通	西北农林科技大学	生态系统服务功能偏好异质性研究——以渭河流域环境改善为例
史新杰	浙江大学	农村劳动力外流会促使农业减收吗？——基于全国"十县百村"的实证分析
谭林丽	华中科技大学	派性政治——城镇化中农村基层民主运行机制
田书芹	西南财经大学	统筹城乡发展中新生代农民职业教育培训模式比较研究
王建英	浙江大学	水稻生产环节外包决策实证研究——基于水稻种植季节层面数据和农户层面数据的证据
王可园	华东师范大学	心理基础、触发机制与规制网络：再探农民维权行动的逻辑——基于对浙北 Y 村"群体性上访"的调查
王全忠	南京农业大学	农户水稻"双改单"、种植业结构调整及决策独立性检验
魏程琳	华中科技大学	农村的去阶层分化机制与中国社会稳定
文龙娇	西北农林科技大学	农地流转公积金制度初探
徐玉婷	南京大学	农地流转如何影响农户收入——对中部五省千户流转户的调查
许建明	厦门大学	作为社会契约的合作社：理解合作社核心原则
杨金阳	南京农业大学	农地产权强度、劳动力转移与城乡收入差距
杨志军	贵州大学	建设性后现代主义农业模式：反思现代农业的导向
张 珩	西北农林科技大学	产权改革、区域差异对农村合作金融机构资本充足率影响研究
张 敏	南京农业大学	绿箱"环境计划下支付"条款的改革
张 陶	复旦大学	中国沿海地区农业适度规模化经营和中国农村改革：以江苏省海安县为考察对象的实证研究
张雪霖	华中科技大学	新简约主义治理机制——一个国家与社会关系的理想类型
张 毅	清华大学	"三权分置"条件下土地承包经营权及其可能形成的股权权能探析
张颖举	河南农业大学	已建新型农村社区农民入住意愿
赵 冰	中国农业大学	新常态下农业创新的特征及政府干预创新的原因
赵明正	南京农业大学	玉米国际市场可依赖程度研究——基于四种粮食作物的对比分析
郑慧铭	中央美术学院	传统民居的保护与美丽乡村建设的统筹探讨——以闽南地区为例
朱慧勇	清华大学	农民工市民化：自主选择与社会秩序统一
朱哲毅	南京农业大学	畜禽养殖末端污染治理政策对养殖户清洁生产行为的影响研究——基于环境库兹涅茨曲线视角的选择性试验